U0862658

中华人民共和国

医师法
理解与适用

刘　鑫　陈　伟　张宝珠　编著

中国法制出版社
CHINA LEGAL PUBLISHING HOUSE

本书作者

于潇洋（中国中医科学院西苑医院）
王秀红（贵州医科大学）
王将军（中日友好医院）
王思思（中国人民解放军总医院）
尹　媛（中央人民广播电台）
刘　鑫（中国政法大学）
刘诗卉（北京积水潭医院）
刘洪雷（北京积水潭医院）
任美华（首都医科大学附属北京天坛医院）
陈　伟（北京积水潭医院）
陈　妍（北京回龙观医院）
陈德华（广西中医药大学第一附属医院）
张宝珠（中国人民解放军总医院）
张喻佳（中国政法大学）
张　冲（北京市大兴区人民检察院）
苏光明（咸阳市第一人民医院）
佘　苗（西安交通大学第一附属医院）
沈燕飞（甘肃省人民医院）
李欣慧（首都医科大学附属北京中医医院）
李志远（贵州医科大学附属口腔医院）
李宜泓（甘肃省人民医院）
李汶真（成都市武侯区人民法院）
邵莫童（北京积水潭医院）
宋　萍（四川大学华西医院）
杨华丽（北京积水潭医院）
宋赛男（中国政法大学）
郑秋实（北京大学肿瘤医院）
郑　娇（四川西南司法鉴定中心）
苑　冲（天津市河西区人民法院）
赵　帆（石家庄市妇产医院）
赵　双（北京积水潭医院）
赵海涛（北京积水潭医院）
胡佩佩（临沂市妇幼保健院）
施云涛（石家庄市中医院）
敖丽丹（贵州省高级人民法院）
殷　琦（柳州市工人医院）
徐天龙（石家庄市妇产医院）
徐　婷（通用医疗三二〇一医院）
曾跃萍（首都医科大学附属北京儿童医院）

何以为医，如何为医（代序）

医师担负着维系人类生命健康的神圣职责，是具有悠久历史的古老职业之一。医师采取的对患者生命健康实施干预的技术、方法又具有侵害性、风险性、结果不确定性，医师对患者实施医疗行为时，既给患者带来了希望，也给患者带来了未知的风险，可谓机会与危险共存，利弊双重性伴随医疗活动的始终。因此，世界各国对医师执业都实施了严格的监管，都有医师资格准入、医师开展执业活动的相关立法。那么，具有什么条件的人可以从事医疗工作？获得了医疗执业资格的人如何开展医疗工作？如何提升医务人员技术能力和执业水平？在医疗过程中如何最大限度地保护医患双方的合法权益？医务人员违法违规开展医疗执业活动将面临什么法律责任？这些都是医疗执业管理的核心问题，也是《医师法》的主要内容。

一、《医师法》的亮点和主要内容

自 1999 年 5 月 1 日《执业医师法》实施以来，中国的经济建设、社会发展、科技进步得以全面提升，尤其在人民健康保健方面更是发生了根本性改变。一方面，医疗技术、医疗能力、医疗条件全面提升：医疗机构的数量和品质，医务人员的人数和水平，医疗服务的范围和品质，医疗保障覆盖的人群和范围，都得到了全面改善。但医疗资源分布不均、看病难、看病贵的问题仍然存在，导致患者在就医上的获得感、满意度仍不足，人民日益增长的美好生活需要和不平衡不充分的发展之间的矛盾仍然存在。另一方面，医疗机构及医务人员面临的问题也出现了一些新情况。比如，医疗纠纷发生率居高不下，暴力伤医、杀医事件仍有发生，假冒伪劣医疗机构、医务人员、医疗服务也时有发生，违法医疗执业、坑害患者利益、恶性医疗事故时见报端。面对这些新情况、新问题,《执业医师法》施行20余年来仅进行过一次修改,已经不能完全适应现实需要,其在规范医疗行为、提升医疗质量、保护医患双方合法权益等方面的规定都有待完善,非常有必要进行修改。

2021年8月20日,第十三届全国人大常委会第三十次会议表决通过了《医师法》,该法自2022年3月1日起施行,《执业医师法》同时废止。

《医师法》共计七章67条。分别是总则、考试和注册、执业规则、培训和考核、保障措施、法律责任、附则。较《执业医师法》增加了一章(第五章保障措施),多了19条。《医师法》根据医疗卫生保健工作的现实情况及所面临的新问题,在内容上作了较大修改,回应了社会关切。具体来说,本次《医师法》立法有如下亮点。

(一)吸收最新研究成果,融入先进人文理念

人类社会在进步,医疗服务也在升级。针对医疗服务、医院管理的研究成果不断,尤其在涉及医师执业资格、医疗执业规则、医师能力提升、医师违法规制与处罚等方面的研究成果层出不穷,这些最新的、被验证过的研究成果在《医师法》的修改工作中都得到了不同程度的体现,有的成果直接被运用于法律之中。比如,我国在抗击新型冠状病毒肺炎疫情中总结出来的关于公共卫生防控以及中西医结合的防疫效果,在《医师法》的相关制度设计中就得到了体现。

与此同时,在人类进步、社会发展的进程中,尤其是中国在开展中国特色社会主义政治体制建设、经济建设的过程中,也形成了不少能够充分体现社会主义制度优越性的价值观,《医师法》也予以吸收。比如,在《医师法》第1条对立法宗旨的阐述中,就提到了"健康中国"的概念。2016年8月19日,习近平总书记在首届全国卫生与健康大会上提出"健康中国",[①] 随后,中共中央政治局于2016年8月26日召开会议,审议通过了

① 《习近平出席全国卫生与健康大会强调把人民健康放在优先发展战略地位　努力全方位全周期保障人民健康》,载《人民日报》2016年8月22日,第1版。

"健康中国2030"规划纲要。[①] 2016年10月，中共中央、国务院印发了《"健康中国2030"规划纲要》。[②]《医师法》第3条关于医师职业精神的阐述则吸收了习近平总书记在首届全国卫生与健康大会上对医师职业精神的总结——"敬佑生命、救死扶伤、甘于奉献、大爱无疆"[③]，这段话也被用作国家卫生健康委员会和中央广播电视总台联合主办的"2018寻找最美医生"大型公益活动颁奖晚会的大会主题。[④] 这是当代中国医师职业精神的最佳凝练，是中国医师用血汗铸就的职业精髓。

（二）完善医师权益保障，体现医师社会价值

医师是医疗活动的主体，是医疗服务的核心，医务人员的医疗技术水平提高，医务人员在医疗过程中能够做到以人为本，医疗服务质量就能得到提升和保证。所以，从根本上来说，在医疗服务领域，人的因素是主要的，医师对于医疗品质起着决定性作用。但是，如果医师自身的权利得不到保障，医师的福利待遇得不到落实，医疗纠纷、医疗投诉不断，医师在诊疗活动过程中时时有"暗礁"，甚至人身安全都难以保障，那么医师又怎么可能安心实施医疗服务呢？这要求医师"用心"服务，只有真诚地关心、爱护患者，才能让患者真正感受到医疗服务的品质，而这是难以通过外部压力实现的。所以，只有从根本上保障医师的基本权利，让医师在医疗活动过程中不再面临利益纠结，才能让医务人员安心、放心、用心地实施医疗活动。《医师法》在第三章"执业规则"、第五章"保障措施"中对这些问题作了必要的回应，对过去的一些不合时宜的规定作出了调整。

---

① 《中共中央政治局召开会议审议"健康中国2030"规划纲要》，载中国政府网，http://www.gov.cn/xinwen/2016-08/26/content_5102636.htm，最后访问日期：2021年8月20日。

② 《中共中央 国务院印发〈"健康中国2030"规划纲要〉》，载中国政府网，http://www.gov.cn/xinwen/2016-10/25/content_5124174.htm，最后访问日期：2021年8月20日。

③ 《习近平出席全国卫生与健康大会强调把人民健康放在优先发展战略地位 努力全方位全周期保障人民健康》，载《人民日报》2016年8月22日，第1版。

④ 《敬佑生命，救死扶伤，甘于奉献，大爱无疆》，载央视网-CCTV 10科教频道，http://tv.cctv.com/2019/03/15/ARTIey4RxE0XgHlKHjq5cXpY190315.shtml?spm=C59377.PnlFk9VVatFS.E6Pv349yf4Rm.2，最后访问日期：2021年8月20日。

（三）优化医师执业环境，提升医疗质量安全

当前，医师开展医疗服务的氛围和环境尚待完善。在日常诊疗工作过程中，患者数量大，诊疗任务重，医师常常疲于应付；患者及其近亲属对医疗过程不满意，对医疗行为不满意，对医疗结果不满意，对医疗费用更不满意，所以投诉不断，纠纷不少，医务人员在完成诊疗工作的同时，还需要对投诉进行解释、答复，甚至要为自己的医疗行为引起的诉讼参加鉴定答辩和诉讼答辩；医师是逆行者，在重大传染病疫情、重大灾难事件、各种突发公共卫生事件发生时，医师必须冲在第一线。卫生防护是否到位，作息时间是否有保证，自己的家人是否有人照顾等问题都须置后解决。医师作为一种专业技术性极强的工作，有着严格的准入和能力要求，学历、培训、考核、职称，也是医师面临的问题。总之，在当前的社会环境下，医师在执业过程中面临的问题太多，其中部分问题是社会发展中的问题，部分问题是可以通过社会治理、法律调整逐步解决的问题。《医师法》第二章、第五章对这些问题作了必要的回应。

（四）凸显"强基层"，加强基层医师队伍建设

长期以来，我国医疗资源分布不均衡，尤其是优质医疗资源分布不均衡的现象比较明显。大医院、知名专家常常在大城市，而边远、贫困地区、基层，医疗机构和医师数量都十分有限。但是，我国长期以来的情况是农村人口众多。生活在县城及以下的镇、乡、村的人口占我国人口的绝大多数，医疗需求量巨大。

与患者的就医需求量相比，基层的医疗资源匮乏。县级医疗机构虽然有一定数量的医师，能够满足一般疾病的诊疗，但总体上医疗技术水平不高。乡镇卫生院、社区卫生服务中心的情况就更糟，有的地方的乡镇医疗机构基本上只能满足公共卫生管理工作，缺少有执业资格的医师。这种现状不改变，基层医疗机构便会陷入恶性循环，分级诊疗将成为空话，老百姓看病更成问题。

这是非常紧迫的问题。2019 年 12 月 28 日通过的《基本医疗卫生与健

康促进法》对此作出规定，《医师法》在多个条文中也贯彻了“强基层”的指导思想。比如，第 15 条规定的多点执业，鼓励医师定期到基层执业；第 37 条规定加强以全科医生为重点的基层医疗卫生人才培养和配备；第 39 条规定优先保障基层、欠发达地区和民族地区的医疗卫生人员接受继续医学教育；第 40 条规定的加强基层医疗卫生机构的医师培训；第 41 条规定的在定向培养、委托培训方面，加强基层和艰苦边远地区医师队伍建设；第 44 条、第 45 条、第 46 条对于医师待遇保障也特别对基层医师作出规定。

（五）明晰医师执业规则，规范医师执业行为

医师依法执业，有两个方面的核心要求：一是医师有执业资格，二是要求医师遵守法律规定，根据诊疗规范开展医疗活动。因此，医师执业规则是《医师法》的重点：在《执业医师法》规定的医学文书填写规则、医疗告知与说明义务规则、紧急救治规则、使用合格药物规则、服从国家调遣规则，不得索取收受红包回扣和不当利益规则的基础上，《医师法》增加了合理使用药物规则、临床试验规则、远程医疗服务规则。

此外，《医师法》还对紧急救治规则作了重大调整，将紧急救治分为三种情况：(1) 自愿实施的紧急救治予以免责；(2) 履行医疗职务行为时的紧急救治要求；(3) 紧急情况下不能取得患者及其近亲属意见时，由医疗机构负责人批准后实施的紧急救治。这些规定与《民法典》第 184 条、第 1005 条、第 1220 条的规定基本一致，但针对医师的执业情况作出了更为详细的规定。

在合理用药规则中，增加了对超说明书用药的规定。长期以来，超说明书用药一直困扰着医疗界，在国外的药事法律中可以见到对超说明书用药的明确规定，比如英国的“优良处方和医药器械管理准则”（GMC）、法国的“药物使用的临时建议”（RTU）。[①] 我国的法律对此没有规定，但是在司法裁判中认可了超说明书用药。《医师法》第 29 条第 2 款规定，在尚无有效或者更好治疗手段等特殊情况下，医师取得患者明确知情同意后，

---

① 郭卓瑶、梅枚、王立波等：《国内外超说明书用药政策评价》，载《世界临床药物》2018 年第 8 期，第 579-582 页。

可以采用药品说明书中未明确但具有循证医学证据的药品用法实施治疗。

强制报告规则是执业规则修改中的一大亮点。由于医师执业活动的特殊性，医师经常会接触或者了解到一些常人难以知悉的信息，比如传染病疫情、公共卫生事件，故意伤害、故意杀人犯罪，虐待等。近年来，为了保护特殊人群，国家有关部门专门出台了特殊行业、特殊执业从业人员的强制报告义务规定。比如，2020 年 5 月 7 日，最高人民检察院等 9 部门印发的《关于建立侵害未成年人案件强制报告制度的意见（试行）》中规定，医务人员在诊疗过程中如果了解到未成年人出现的 8 种情况应当报告，否则将可能被追究相应的责任。《医师法》第 33 条在《执业医师法》第 29 条的基础上作了较大修改。

（六）完善医师资格管理和执业能力提升机制

医疗执业活动管理的核心是对医师进行管理，而对医师进行管理的核心是对医师准入资格的管理。

《医师法》对医师资格的取得、执业注册、执业资格的丧失等作出了调整，资格的取得条件更为严格，获得大专以上临床医学文凭的人才可以参加医师资格考试。对于已经取得中专医学文凭的人参加医师资格考试则设立了一个过渡期，过渡期的长短由国务院卫生健康主管部门根据实际情况来确定。对那些严重违反医师职业道德、医学伦理规范，造成恶劣社会影响的人，作出了五年直至终身禁止从事医疗执业的规定（第 58 条）。进一步完善医师培养、培训、考核制度和专业评价机制，对毕业后教育作出了分类规定，包括住院医师规范化培训、全科医师规范化培训、专科医师规范化培训；同时对在职医师的继续教育培训也作出了规定。这有利于促进医师队伍专业水平的持续提升（第四章第 37 条至第 43 条）。

（七）设立医疗责任保险，明确医疗风险分担机制

医疗风险与医疗行为相伴，随着越来越多的医疗新技术在临床上的运用，新的医疗风险也不断涌现。但不能因为有风险就放弃医疗活动，毕竟疾病给人身带来的痛苦和损害难以承受。选择医疗服务，就意味着选择医

疗风险，医疗风险的客观存在不以人的意志为转移，医务人员可以尽最大努力减少医疗损害的发生，但难以彻底避免医疗损害的出现。如果患者在医疗过程中出现了不良后果，并将这些医疗后果全部归诸医疗机构及医务人员，那么就可能打击医务人员开展医疗活动的积极性，最终将导致医疗服务的萎缩和退步。面对难以避免的医疗风险，世界各国的成熟经验是通过商业化的医疗责任保险分担损失，所以，域外医疗法律对此有明确规定：医师注册执业的同时必须购买医疗责任保险，这既是医师开展医疗业务的保障，也是对前来就诊的患者的保护。

我国的医疗责任保险在20世纪80年代即开始试点，[①] 该制度比较成熟地开始实施，北京是在1998年，上海是在2002年，大多数城市开展医疗责任保险基本上是在2005年前后。[②] 医疗责任保险在我国试点已经近20年，但一直不温不火，保险公司操作不规范，医疗机构不愿意购买。其中的原因虽然很多，但不可否认的是，我国法律对此没有明确规定。2018年出台的《医疗纠纷预防和处理条例》及2019年出台的《基本医疗卫生与健康促进法》对此都只停留在“鼓励医疗机构参加医疗责任保险”的层面上。《执业医师法》修改过程中，在一审稿、二审稿中也一直使用“鼓励”一词，直到三审稿才变为“应当”。最终出台的法律文本第52条明确规定：“国家建立完善医疗风险分担机制。医疗机构应当参加医疗责任保险或者建立、参加医疗风险基金。鼓励患者参加医疗意外保险。”这是一个可喜的进步，对于缓和医患关系，减轻医师的医疗风险压力具有非常重大的意义。

（八）加大违法处罚力度，提高依法执业要求

法律需要国家强制力来保障实施，没有责任，法律便显得空洞无力。国家在法律上的强制力，体现为法律明确规定由国家授权的机关依法追究相关违法人员的法律责任，对其实施法律文件规定范围内的法律制裁。法律责任的追究强调依法实施，且符合比例原则。但是，如果法律本身对违

---

① 刘鑫、张宝珠主编：《医疗纠纷预防和处理条例理解与适用》，中国法制出版社2018年版，第545页。

② 吕群蓉：《医疗责任保险制度法理基础与制度构建》，中国政法大学出版社2014年版，第149-151页。

法情形、处罚方式规定不明确，便很难保证公平、公正地执法，对相关人员的法律责任的追究也会有失水准，既没有说服力，也没有预防和教育意义。《医师法》在法律责任方面作了比较大的修改，体现出三个特点：第一，处罚情形更为清晰，比如将医师执业资格相关的违法情形分为考试违纪、违规获取资格、非法使用证书三个层次，并区分了相应的责任形式；第二，对多种违法执业情形增加了罚款处罚，提高了处罚额度，将医师违法执业分成不牟利和可能牟利的情况分别处罚；第三，作出了差别对待的禁业规定。这样的法律责任规定，可以让卫生行政执法工作目标更为明确，对医师的教育意义、违法预防作用更强，有利于促进医师依法执业，从而促进医疗质量安全的提高。

二、《医师法》实践的效力问题

（一）《医师法》的空间效力

法律的空间效力是指法律规范在哪些地方生效。在中华人民共和国境内及享有中华人民共和国主权的领土、领海、领空、内水，除我国香港地区、澳门地区、台湾地区外均适用《医师法》。需要说明的是，驻外机构、公海及境外的船舶、航空器等内设的医疗机构的医务人员均应当遵守《医师法》的规定。在公海及境外的船舶、航空器上有人员突发疾病，生命垂危的，适用的是《医师法》第27条和《民法典》第184条、第1005条等的规定。

在中国空间站上，[①] 航天员需要在空间站中驻留相当长的一段时间，他们需要实施自我体检、健康维护，甚至对常见病进行诊疗。[②] 航天员针对自己的身体进行检查、治疗，不是针对不特定对象进行的并以诊疗活动为业

---

① 空间站（Space Station）又称太空站、航天站。是一种在近地轨道长时间运行、可供多名航天员巡访、长期工作和生活的载人航天器。中国空间站是中华人民共和国计划中的一个空间站系统，预计在2022年前后建成。

② James M. Pattarini, Stephan Moll, Ashot Sargsyan, Venous Thrombosis during Spaceflight. N Engl J Med, 2020, 382: 89-90, DOI: 10.1056/NEJMc1905875.

的行为，[①] 因而不属于《医师法》所规定的医疗行为，不涉及医疗执业资格，不适用《医师法》的规定。但为了保护航天员的身体健康，其自我体检、诊治的行为应当接受医疗卫生人员的专业培训，在具体实施过程中应当有医务人员隔空指导。

在我国的香港、澳门特别行政区，因这些地区属于中华人民共和国特别行政区，受其基本法的调整，实行“一国两制”，因而也不适用《医师法》。

（二）《医师法》的时间效力

根据《医师法》第 67 条的规定，《医师法》于 2022 年 3 月 1 日起施行，《执业医师法》同时废止。但需要注意的是，《医师法》既有程序性规定，也有实体性规定，在法律的时间效力上，一般实体性规定严格遵循“法不溯及既往的原则”，即在《医师法》生效前的行为，适用《执业医师法》的规定，《医师法》生效后的行为，适用《医师法》的规定。但在程序问题上，在《医师法》生效后办理相关事项时，按照《医师法》的规定办理。比如，2022 年组织的医师资格考试，关于报名程序、条件审核、组织考试等，都以《医师法》为准。关于学历问题，《医师法》第 64 条对此专门作出规定，因此医师资格考试报名条件的规定，仍然涉及《医师法》实施前取得的学历。

《医师法》	《执业医师法》
第 67 条　本法自 **2022 年 3 月 1 日**起施行。**《中华人民共和国执业医师法》同时废止。**	第 48 条　本法自 1999 **年 5 月 1 日**起施行。

① 关于医疗行为的判断，我们强调应当同时具备两个条件：一是有医学理论知识支持；二是行为的实施存在对人的身体、生命、健康危害的可能。实施的是医疗行为才要求行为人应当具有医疗执业资格。所谓非法行医，在认定上强调需要具备几个条件：其一，实施的是医疗行为；其二，行为人没有医疗执业资格；其三，行为人针对不特定的对象实施；其四，行为人的行为具有长期性；其五，行为人以医疗活动为业。参见刘鑫：《医事法学》（第 2 版），中国人民大学出版社 2015 年版，第 14-19 页。

（三）《医师法》对人的效力

拟在中华人民共和国境内以“医师”的名义行医的人，都适用本法。所以，《医师法》实际上强调的是空间效力，而非对人的效力。换言之，外国人在中华人民共和国境内行医，也要遵守《医师法》，只不过《医师法》对其行医资格的取得及注册有特殊规定。

1. 关于“军医”

军队系统里的医疗机构及医务人员开展医疗活动，既要遵循开展医疗活动的一般法律规定，又由于军队系统内医疗活动有其特殊性，也要遵循军队医疗活动的专门规定和要求。换言之，军医开展医疗活动，也应当适用《医师法》。《医师法》在第65条专门规定，由国务院、中央军事委员会依据《医师法》制定军医开展医疗活动的具体实施细则。

《医师法》	《执业医师法》
第65条　中国人民解放军和中国人民武装警察部队执行本法的**具体**办法，由国务院、中央军事委员会依据本法制定。	**第46条　军队医师**执行本法的**实施**办法，由国务院、中央军事委员会依据本法**的原则**制定。

2. 关于境外人员报考医师资格

关于境外人员参加医师资格考试、申请注册、执业或者从事临床示教、临床研究、临床学术交流等活动，《医师法》第66条授权国务院卫生健康主管部门另行制定管理办法。不过，需要说明的是，这里的“境外人员”情况比较特殊，包括以下情况：其一，外籍人员持境外的医学学历证书在我国报考执业资格；其二，拥有中国国籍的人员持境外的医学学历证书在我国报考执业资格；其三，外籍人员持我国的医学学历证书在我国报考执业资格。这里主要涉及学历教育所在国家的问题，因而在境外取得的医学学历需要经过教育主管部门的认定。

3. 关于境外医师在中国开展医疗活动

关于持境外国家或者地区的医师执业证书的人员，拟在中华人民共和国境内开展一定期限的医疗活动，因期限的不同、医疗活动的性质不同，由卫生健康主管部门区别对待，作出相应的细致化规定。

《医师法》	《执业医师法》
第66条 境外人员**参加**医师**资格**考试、**申请**注册、执业或者从事临床示教、临床研究、**临床学术交流**等活动的**具体管理办法，由国务院卫生健康主管部门制定**。	**第47条** 境外人员**在中国境内申请**医师考试、注册、执业或者从事临床示教、临床研究等活动的，**按照国家有关规定办理**。

三、《医师法》存在的问题及对策

（一）医师资格考试问题

医师资格考试变化快、影响因素多，没有必要在《医师法》中规定。在我国，法律职业资格考试等重要的资格考试，《法官法》《检察官法》《律师法》等对此均无规定，而是由主管部门制定部门规章。况且，提高报名考试门槛争议大，但最终《医师法》还是保留了相关规定，针对提高医师考试学历门槛，最终采用了第64条过渡期的规定，授权国家卫生健康主管部门会同国务院教育、中医药等有关部门制定相应的规范。对于考试，第11条第2款规定的“以师承方式学习中医或者经多年实践，医术确有专长”人员考试的实施办法，第66条规定的境外人员参加医师资格考试的管理办法，也由国家卫健委另行制定。

（二）医师注册管理问题

目前，我国医师执业注册采取“一刀切”的唯一注册方式。这种做法虽然简单、好操作，但是给临床实践带来了不少问题。比如，医学院校教学见习、医学生毕业前的临床实习、已经拿到临床医学专业毕业证书参加住院医师规培人员的临床实践，显然不都适用《医师法》第35条。这些人对医学理论和技术掌握的程度不同，如果都要求上级医师在身边“监督、指导”才可以开展医疗活动，若没有医师愿意做带教老师，实习人员便得不到锻炼和学习，难以成长。在人事管理学上有一个管理理念——“分类管理，分级定岗”。医师执业资格注册应当区分以下情形分别设立注册种类：实习医师、见习医师、规培医师、长期与短期进修医师、外籍来华医师等。我国可以尝试构建一套采取多种注册、多种证书、权限有差别的方式的医师执业注册体系。

（三）“伪造”“篡改”病历的认定问题

病历是非常重要的医疗文件，也是医师执业活动留下的专业痕迹，不仅医疗纠纷处理需要用到病历，很多法律事务的办理也需要病历。但近年来“伪造”“篡改”病历成了卫生执法、医疗侵权、医疗鉴定中的高频词，患者及利益相关方对不利于自身的病历往往向行政部门、司法机关、鉴定机构提出医师伪造、篡改病历，要求认定病历无效。加之《民法典》有“医疗过错推定”的规定，最终，医疗侵权纠纷的处理演变为举证责任倒置。但是，法律对如何认定病历的伪造、篡改却没有规定。实践中，有的执法人员、司法人员简单以现象上的不一致来认定，这显然与伪造、篡改中“伪”“篡”的本义不符。因此，《医师法》在征求意见时，我们曾建议在法律文件中对此予以规定，但最终没有被采纳。

我们建议国家卫生行政部门可以在后续的行政规章中增加以下规定：对隐匿、伪造、篡改或者擅自销毁医学文书，应当结合医师的主观造假故意和具体的行为表现加以认定。

当然，我们也建议最高人民法院针对该问题出台详细的、具有可操作性的司法解释，国家卫生行政部门可以出台较为详细的规定，相关行业协会、学会可以出台技术指南或者专家共识。

（四）医疗损害鉴定人取得医师资格的问题

医疗损害鉴定的实质，是对医疗服务活动的内容、程序甚至细节加以评价，其中涉及对疾病诊断是否正确、医疗方案是否正确、医疗行为是否有过错即是否违反法律法规诊疗规范的评价，还涉及更为专业的医疗行为与损害后果之间是否具有因果关系的评价，因果关系的评价涉及全面掌握有关的循证医学证据，并对这些循证医学证据等级进行准确判断、取舍和把握。因此，《医师法》在征求意见时，我们曾经建议在法律文件中对此加以规定，但最终没有被采纳。我们建议国家卫生行政部门可以在后续的行政规章中增加以下规定：对临床诊断、治疗方案、医疗过错、因果关系等专门问题的评价，应当由具有相应医疗执业类别、执业范围的医学专家进行评价，出具专业性的鉴定意见。

目　录

Contents

附　录

第一章

总则的主要内容

总则是《医师法》的序言，是对本法立法目的、适用范围、基本原则、总括事项和基本内容作出的纲领性、概括性规定。一部法律的总则是它的总纲，贯穿这部法律的始终，具有统领和指导其他各章的作用。鉴于《医师法》总则中第 5 条、第 6 条的内容与第七章有交叉，本书将对这两条的解读和理解放在第七章。

一、《医师法》立法宗旨

（一）医师法立法宗旨概述

《医师法》的立法宗旨，集中体现了《医师法》的根本精神以及内涵、价值和意义，阐明了《医师法》的目的和任务，是整个《医师法》的灵魂和核心，也是理解《医师法》其他条款的指导思想和理论依据。

《医师法》建立在《执业医师法》的基础上，两者的立法宗旨有相同之处，也有新增变化。相同之处在于，均强调保障医师合法权益及保护人民健康。不同之处在于，《医师法》删除了《执业医师法》中关于“提高医师的职业道德和业务素质”的表述；增加了“规范医师执业行为”“推进健康中国建设”的内容；此外，就是逻辑顺序的变化，顺序的变化体现了立法宗旨中价值取向的重要程度有所不同。《医师法》的立法宗旨为“为了保障医师合法权益，规范医师执业行为，加强医师队伍建设，保护人民健康，推进健康中国建设”，将“保障医师合法权益”调整到首句，开宗明义，彰显出国家对保障医师权益的重视。

（二）医师法立法宗旨的理解

《医师法》	《执业医师法》
第1条 为了保障医师合法权益，规范医师执业行为，加强医师队伍建设，保护人民健康，**推进健康中国建设**，制定本法。	**第1条** 为了加强医师队伍的建设，**提高医师的职业道德和业务素质，保障医师的**合法权益，保护人民健康，制定本法。

1. 关键词

健康中国

健康是人类永恒的追求，关系着千家万户的幸福，关系着国家和民族的未来。习近平总书记在全国卫生与健康大会上提出“健康中国”这一概念，[①] 后来这一概念为党中央、国务院以规划纲领文件确认。[②] 这是一项战略目标，也是我国社会主义建设的新方向。党中央发出建设健康中国的号召，明确了建设健康中国的大政方针和行动纲领，人民健康状况和基本医疗卫生服务的公平性、可及性持续改善。尤其是在抗击新冠肺炎疫情的斗争中，我国坚持人民至上、生命至上，始终把人民生命安全和身体健康放在第一位，把人民健康放在优先发展的战略地位，努力全方位、全周期保障人民健康。人民健康是现代化最重要的指标，也是人民幸福生活的基础。中国特色社会主义进入新时代，人民群众对美好生活有了新期盼，对卫生健康事业提出了新要求。人民群众不仅要求看得上病、看得好病，看病更舒心、服务更体贴，更希望不得病、少得病。

2. 条文含义

《医师法》第1条就开宗明义，规定了本法的立法宗旨，本法的立法宗旨有五个方面的内容，这五个方面的内容既相互关联、不可分割，又有一定的逻辑顺序。

---

① 《习近平出席全国卫生与健康大会强调把人民健康放在优先发展战略地位　努力全方位全周期保障人民健康》，载《人民日报》2016年8月22日，第1版。

② 《中共中央　国务院印发〈“健康中国2030”规划纲要〉》，载中国政府网，http://www.gov.cn/xinwen/2016-10/25/content_5124174.htm，最后访问日期：2021年8月20日。

（1）保障医师合法权益。新中国成立以来，党和政府一直十分重视医疗卫生工作。但近年来侵犯医师人身安全和名誉、扰乱医师正常执业活动和正常生活的违法行为时有发生，若医师的合法权益得不到保障，医师的工作热情和为病人生命安全承担风险的责任感必然受到挫伤，这会妨碍医师队伍的稳定和发展，对保障公众的生命健康也不利。《医师法》的开篇明确了保障医师合法权益，将保障医师合法权益调整到第一句，体现出国家对医师权益的重视和保护。全社会应当尊重医师，激励医师更好地为社会大众提供高质量服务。这一立法安排也与《教师法》《护士条例》的相关规定一致，与《基本医疗卫生与健康促进法》关于医疗卫生人员的合法权益受法律保护的规定一致。[①]

（2）规范医师执业行为。该规定内容亦与《基本医疗卫生与健康促进法》关于医疗卫生人员应当遵守行业规范的规定一致。[②] 规范医师执业行为，一是要规范医师多点执业，明确卫生健康主管部门，医疗卫生机构应当加强对相关医师的监督管理；二是要明确医师不得出具虚假医学证明文件，不得对患者实施过度医疗；三是要完善法律责任，对违反《医师法》的行为加大惩处力度。

（3）加强医师队伍建设。医师是我国医疗卫生技术人员队伍的主体。广大医师群体在救死扶伤的岗位上无私奉献、努力工作，担负着我国医疗卫生事业发展和保护人民生命健康的重大职责。近年来，我国医师人数有较大幅度的增加，截至2020年年底，我国共有医师408.6万人，覆盖内科、外科、妇科、儿科等所有医学主要专业，每千人口的医师数达到2.9人，但仍低于中等收入国家的平均水平。医师队伍中具有本科以上学历的占59.5%、具有中级以上技术职称的占45.8%。我国的医师队伍建设取得了历

---

① 《基本医疗卫生与健康促进法》第57条规定，全社会应当关心、尊重医疗卫生人员，维护良好安全的医疗卫生服务秩序，共同构建和谐医患关系。医疗卫生人员的人身安全、人格尊严不受侵犯，其合法权益受法律保护。禁止任何组织或者个人威胁、危害医疗卫生人员人身安全，侵犯医疗卫生人员人格尊严。国家采取措施，保障医疗卫生人员执业环境。

② 《基本医疗卫生与健康促进法》第51条规定，医疗卫生人员应当弘扬敬佑生命、救死扶伤、甘于奉献、大爱无疆的崇高职业精神，遵守行业规范，恪守医德，努力提高专业水平和服务质量。医疗卫生行业组织、医疗卫生机构、医学院校应当加强对医疗卫生人员的医德医风教育。

史性成就，支撑起世界上最大的医疗卫生服务体系，[①] 但与发达国家之间的差距仍然较大。

（4）保护人民健康。我国人均预期寿命由新中国成立初期的35岁提升到了2019年的77.3岁，孕产妇死亡率、婴儿死亡率由1500/10万、200‰左右下降到2020年的16.9/10万、5.4‰，人民健康水平总体优于中高收入国家的平均水平。[②] 我国《宪法》规定，国家保护人民健康。[③]《基本医疗卫生与健康促进法》也规定了医疗卫生与健康事业应当坚持以人民为中心，为人民健康服务，各级人民政府应当把人民健康放在优先发展的战略地位。[④] 保护人民健康是国家医疗卫生事业的宗旨，国家投入大量资金进行医疗卫生设施建设，培养大批医务人员，救死扶伤、治病救人，目的就是保障人民的生命与健康。在医疗卫生事业中，医师的执业直接关系人民健康，只有把医师队伍建设好，把医师管理好，使医师具有良好的医疗执业水平，才能达到保护人民健康的目的。

（5）推进健康中国建设。《基本医疗卫生与健康促进法》规定，要推进健康中国建设，国家实施健康中国战略。党的十九大作出了实施健康中国战略的重大决策部署，[⑤] 党的十九届五中全会提出了全面推进健康中国建设的重大任务、重要要求和重大举措，为实施健康中国战略提供了行动指南。医疗卫生人才是我国卫生健康事业发展的第一资源，是建设健康中国的重要支撑。

---

① 白剑峰：《我国医师队伍达408.6万人》，载《人民日报》2021年8月20日，第4版。

② 白剑峰：《我国医师队伍达408.6万人》，载《人民日报》2021年8月20日，第4版。

③ 《宪法》第21条第1款规定，国家发展医疗卫生事业，发展现代医药和我国传统医药，鼓励和支持农村集体经济组织、国家企业事业组织和街道组织举办各种医疗卫生设施，开展群众性的卫生活动，保护人民健康。

④ 《基本医疗卫生与健康促进法》第3条第1款规定，医疗卫生与健康事业应当坚持以人民为中心，为人民健康服务。第6条规定，各级人民政府应当把人民健康放在优先发展的战略地位，将健康理念融入各项政策，坚持预防为主，完善健康促进工作体系，组织实施健康促进的规划和行动，推进全民健身，建立健康影响评估制度，将公民主要健康指标改善情况纳入政府目标责任考核。全社会应当共同关心和支持医疗卫生与健康事业的发展。

⑤ 《习近平：决胜全面建成小康社会　夺取新时代中国特色社会主义伟大胜利——在中国共产党第十九次全国代表大会上的报告》，载《人民日报》2017年10月19日，第1版。

3. 操作要求

《医师法》的立法宗旨是贯穿整部法律的指导事项。《医师法》的主体框架如何构建，相关内容如何规定，条文如何分布等，都与立法宗旨密切相关。学习《医师法》的立法宗旨，有利于准确把握《医师法》的精神实质，有利于准确理解《医师法》的内容，有利于落实《医师法》的相关规定。具体要注意：其一，在保障医师合法权益和保障医师执业安全方面，新增医师执业保障措施，规定关于医师获得劳动报酬、津贴、表彰、奖励等权益，以及国家完善医疗风险分担机制等内容。其二，在规范医师执业行为方面，《医师法》通过规定医师的义务的形式，对规范医师执业行为进行了规定，如谨遵医学伦理和职业道德的义务，尊重、保护患者人格权、财产权的义务。在保护患者隐私权，如患者的病历资料复印、生物信息保护等方面，医疗机构和医师需要引起高度重视，同时，只有取得了医师执业资格并遵守医疗卫生法律法规的要求才能执业。其三，在加强医师队伍建设方面，提出了要加强紧缺人才的培养、要加强基层医疗卫生建设等基础建设要求。

二、医师的定义与分类

（一）医师的定义与分类概述

《现代汉语词典》中对医师的定义是“受过高等医学教育或具有同等能力，经国家卫生部门审查合格的负医疗责任的医务工作者”①。《基本医疗卫生与健康促进法》规定，执业医师、执业助理医师属于医疗卫生人员。②《医师法》中的医师，是指依法取得医师资格，经注册在医疗卫生机构中执业的专业医务人员，包括执业医师和执业助理医师。执业医师或者执业助

---

① 中国社会科学院语言研究所词典编辑室编：《现代汉语词典》（第5版），商务印书馆2005年版，第1603页。

② 《基本医疗卫生与健康促进法》第107条第5项规定，“（五）医疗卫生人员，是指执业医师、执业助理医师、注册护士、药师（士）、检验技师（士）、影像技师（士）和乡村医生等卫生专业人员”。

理医师需要具备两个方面条件：第一，依法取得医师资格。《医师法》规定了医师资格考试和助理医师资格考试不同的报考条件。第二，经注册在医疗卫生机构中执业。

（二）医师的定义与分类的理解

《医师法》	《执业医师法》
第2条 本法所称医师，**是指**依法取得医师资格，经注册在医疗**卫生**机构中执业的专业医务人员，包括执业医师和执业助理医师。	**第2条** 依法取得**执业**医师资格**或者执业助理医师资格**，经注册在医疗、**预防、保健**机构中执业的专业医务人员，**适用本法**。 本法所称医师，包括执业医师和执业助理医师。

1. 关键词

医师

医师是一个高尚、严肃、专业的执业称呼，能称其为医师者，必须具有一定的条件。《医师法》第2条即对医师这一概念作出了权威的立法定义，强调在中华人民共和国境内以“医师”的名义开展医疗活动，为患者提供诊断、治疗、康复等医疗行为的人，必须符合《医师法》第2条所规定的医师的要求。该条同时还规定，医师包括执业医师和执业助理医师两类，延续了《执业医师法》第2条对医师的定义和分类。但是在执业医师和执业助理医师之外，还出现过“乡镇执业助理医师”，并组织过相关资格考试，[①] 后将其更名为“乡村全科执业助理医师”。这都属于执业助理医师的范畴，按执业助理医师进行执业管理。

2. 条文含义

本条是关于医师的法定概念及分类的规定，在《执业医师法》的基础上有所修改。《执业医师法》第2条中规定了适用范围为“以医师为背景”，

---

① 2010年在江西、贵州、云南和甘肃4省开展乡镇执业助理医师资格考试（以下简称考试）试点工作。该考试是在现行执业助理医师资格考试中增设的，针对乡镇卫生院在岗行医但无执业助理医师资格人员的单独考试。该考试与国家医师资格考试统一组织，单独命题，单独划定合格线，考试合格发给执业助理医师资格证书，限定在乡镇卫生院执业。见《关于开展乡镇执业助理医师资格考试试点工作的通知》（卫医政发〔2010〕33号）。

未取得医师资格即行医、非法行医则无法适用《执业医师法》。《医师法》第 2 条取消关于适用范围的表述，将医师资格与注册、非法行医等问题纳入《医师法》的调整范围，任何以医师为名开展相关医疗活动的都应当适用《医师法》。医师应当具备以下三个条件：（1）依法取得医师资格，包括通过全国统一的医师资格考试，也包括师承和确有专长的、经省级卫生健康主管部门评价和通过考试的；（2）在相关卫生健康主管部门履行执业注册手续或者备案，获得执业证据；（3）在医疗卫生机构中执业。为方便人民群众就医，保障医师正确行使职责，并与其他场所区别，医师应当在专门的、固定的场所即医疗卫生机构内执业。

3. 操作要求

本条应当与《医师法》第 8 条、第 9 条、第 10 条关于医师资格考试制度、报考条件及第 13 条关于医师执业注册制度的规定协调适用。《医师法》第 34 条规定，执业助理医师独立从事临床活动，也属于医务人员，发生医疗行为中的人身损害事故，构成医疗损害责任。不具有医务人员资格的，即使发生医疗损害，也不认为是医疗损害责任。例如，非法行医的医生或者非医生，都不适用医疗损害责任的法律规范，而应当适用《民法典》第 1165 条[①]侵权行为一般条款进行规制。对于取得医师资格但未经执业注册的人员私自开展家庭接生造成孕妇及新生儿死亡的有关人员，尽管其具有医师资格，但由于其未经执业注册，仍视为非法行医，造成医疗损害的，也应当按照一般侵权行为处理。对于未取得医师资格的医学专业毕业生（包括本科生、研究生、博士生以及毕业第 1 年的医学生[②]），应当区分情况，违反规定擅自在医疗机构中独立从事临床工作的，不认为是医务人员；[③] 但在上级医师的指导下从事相应的医疗活动的，不属于非法行医，可以认定为医务人员，可以是医疗损害责任的行为主体。

---

① 《民法典》第 1165 条规定，行为人因过错侵害他人民事权益造成损害的，应当承担侵权责任。依照法律规定推定行为人有过错，其不能证明自己没有过错的，应当承担侵权责任。

② 参见 2004 年 6 月 3 日《卫生部关于取得医师资格但未经执业注册的人员开展医师执业活动有关问题的批复》第 3 条的规定。

③ 参见 2005 年 9 月 5 日《卫生部关于医学生毕业后暂未取得医师资格从事诊疗活动有关问题的批复》。

（三）案例分析

【案例1-01】不具备麻醉医师执业资格的“麻醉师”对医疗事故担责[①]

2012年6月18日，彭某英因病入住某医院，被诊断为肠梗阻。6月22日，彭某英在某医院进行全身麻醉卵巢囊肿切除手术后，因大脑缺氧昏迷。2012年7月16日，该医院与其家属王某签订和解协议。协议签订后，该医院支付了家属212000元，彭某英即从该医院出院，住院计28天，后彭某英又多次入该院治疗。彭某英出院后，于2014年1月14日被注销死亡。双方为医疗赔偿责任诉讼。一审中，经河南大学司法鉴定中心法医临床司法鉴定：“某医院的医疗行为存在过错，与被鉴定人彭某英目前的损害后果有因果关系，推断该医院的过错参与度为40%-60%。”一审法院采纳了该鉴定意见，判决该医院对彭某英的损失承担60%的民事责任。

双方均不服，提起上诉。二审法院认为，根据《执业医师法》第2条、第21条之规定，给患者彭某英做全身麻醉手术的医师郭某强未通过麻醉专业考试，未通过麻醉专业注册，也未取得麻醉执业医师资格。该医院称根据卫生部《关于医师执业注册中执业范围的暂行规定》（卫医发〔2001〕169号），郭某强系外科执业医师，具有外科专业，外科专业含运动医学专业、麻醉专业，即郭某强具有麻醉医师执业资格的理由不能成立。且根据鉴定意见，该医院在给彭某英进行诊疗的过程中，医疗行为不符合医疗流程，导致发现患者异常情况不及时，和彭某英的植物人状态存在部分因果关系。根据《侵权责任法》第58条之规定，该医院在对患者彭某英的诊疗过程中存在过错，与彭某英成为植物人状态及最后死亡存在部分因果关系。该医院过错责任较大，彭某英存在过错的责任较小。鉴定意见在未充分考虑麻醉师不具备麻醉资格的情况下，推定医方诊疗行为不足的参与度为40%-60%，继而一审法院也在未考虑麻醉师不具备麻醉资格的情况下判决医院承担60%的赔偿责任欠妥，故二审法院对一审判决予以纠正。二审法

---

① 本书所引案例如无其他说明，均来自中国裁判文书网。王某等与某医院医疗损害责任纠纷案，河南省温县人民法院（2015）温民重字第00014号民事判决书；河南省焦作市中级人民法院（2016）豫08民终1号民事判决书；河南省高级人民法院（2018）豫民再1352号民事判决书。

院推定由医院承担80%的赔偿责任为妥。彭某英的总损失为798888.39元，该医院承担639110.71元。

分析与讨论

本案在审理过程中，二审法院认为，鉴定意见在未充分考虑麻醉师不具备麻醉资格的情况下，推定医方诊疗行为不足的参与度为40%-60%。结合本案案情综合考虑，医院过错的责任较大，患者存在过错责任较小，故推定医院承担80%的赔偿责任。这警示医院应当严格管理医师的执业资格情况，医师不具备资格而从事相关的诊疗活动，出现医疗纠纷，医院将承担更重的责任。

三、医师的职业精神

（一）医师的职业精神概述

最早从事医师这个行业的，是一些充满智慧、甘于奉献、心系病患的人，医师的职业精神几乎伴随着医师这个职业一起产生。早在公元前400年，古希腊医学先驱就提出了希波克拉底誓言，成为最早的医师职业精神宣言书。医师职业的后来继承者在此基础上不断提炼、升华，并结合社会发展而赋予了其新的内容。1948年，世界医协大会（World Medical Association，WMA）对希波克拉底誓言加以修改，并将其定名为《日内瓦宣言》（Declaration of Geneva），现代意义上的医师职业精神就体现在其中。

2002年由美国内科基金会、ACP基金和欧洲内科医学联盟共同发起和倡议的《新世纪的医师职业精神——医师宣言》（Medical Professionalism in the New Millennium：A Physician Charter）更是把医师的职业精神具体反映在国际认可的文件中。[①] 其中的3项基本原则和10条职业责任则构成了现代医学职业精神的主要内容。中国医师协会于2005年正式签署该宣言，加入

① ABIM Foundation. American Board of Internal Medicine；ACP-ASIM Foundation. American College of Physicians-American Society of Internal Medicine；European Federation of Internal Medicine. Medical Professionalism in the New Millennium：A Physician Charter. Ann Intern Med. 2002 Feb 5；136（3）：243-6. DOI：10.7326/0003-4819-136-3-200202050-00012.

推行该宣言的行列。[①] 至此，我国的现代医师职业精神走向成熟。但这只是医师行业组织开展的活动，尚未得到相关部门的正式认可，也没有出现在规范性文件之中。

（二）对医师的职业精神的理解

《医师法》	《执业医师法》
第3条 医师应当**坚持人民至上、生命至上**，发扬人道主义精神，**弘扬敬佑生命**、救死扶伤、**甘于奉献、大爱无疆的崇高职业精神，恪守**职业道德，**遵守执业规范，提高**执业水平，履行防病治病、保护人民健康的神圣职责。 医师依法**执业**，受法律保护。医师的人格尊严、人身安全不受侵犯。	**第3条** 医师应当**具备良好的**职业道德**和医疗**执业水平，发扬人道主义精神，履行防病治病、救死扶伤、保护人民健康的神圣职责。 **全社会应当尊重医师**。医师依法**履行职责**，受法律保护。

1. 关键词

人民至上，生命至上

没有人，就没有人类文明和社会进步。医学为维系人的生命健康而产生，依赖于人，服务于人，造福于人，成就于人。在医疗界一直有“患者是上帝”“人文关怀”“人性化服务”“以患者为中心开展医疗服务”等理念。近年来，习近平总书记在多个重要场合多次重申“人民至上、生命至上”。习近平总书记在党的十九大报告中指出，人民健康是民族昌盛和国家富强的重要标志。要完善国民健康政策，为人民群众提供全方位全周期健康服务。2020年2月10日，习近平总书记在北京市调研指导新型冠状病毒肺炎疫情防控工作时指出，始终把人民群众生命安全和身体健康放在首位。[②] 2020年9月8日，在全国抗击新冠肺炎疫情表彰大会上，习近平总书记发表重要讲话，精辟概括并深刻阐释了生命至上、举国同心、舍生忘死、

---

① 庞国明：《恪守职业道德，加强行风建设：新世纪医师职业精神——医师宣言高层论坛特别报道》，载《当代医学》2006年第12期，第52-56页。

② 《以更坚定的信心更顽强的意志更果断的措施　坚决打赢疫情防控的人民战争总体战阻击战》，载《人民日报》2020年2月11日，第1版。

尊重科学、命运与共的伟大抗疫精神。[1] 在对医师职业精神的阐述中，表明人民至上、生命至上是医师职业的根本，是医师开展医疗活动的目标。在此基础上，要进一步“弘扬敬佑生命、救死扶伤、甘于奉献、大爱无疆的精神”，习近平总书记在多个涉及医疗卫生的场合有相关表述，如 2016 年 8 月 19 日首届全国卫生与健康大会。[2]

2. 条文含义

医师的职业精神与医师职业密切相关，与医疗技术能实现的功能密切相关，更与一个国家和社会的具体情况密切相关。当代中国医师的职业精神，既要体现医学的目标和任务，也要体现新中国的国家性质，更要体现当前的国情、民情。概括、总结中国医师的职业精神，要充分体现社会主义国家的性质，体现人民当家作主；要明确社会主义建设的目标和任务。因此，当代中国医师的职业精神，应当围绕人民、围绕改革开放、围绕社会可持续发展这样的大目标、大背景来做文章。

早在新民主主义革命时期，为人民谋幸福就是中国共产党的目标和任务。在取得全国解放的胜利之后，建设社会主义新中国更成为中国共产党的新目标。从 1949 年新中国成立，到 1978 年的改革开放，发展生产、改善生活、提高人民生命质量的目标就没有动摇过。当前，我国的改革开放取得了一定的成绩，物质的丰富程度得到了提升，人民的生活水平也得到很大程度的提高，而提升健康指标、延续生命也变成了社会主义建设的重要内容。围绕这一目标，近年来，在改善环境、提升卫生质量、加强健康保障等方面做了更多的工作，也取得了更大的成效。但是，这只是阶段性成果，这项工作还必须继续推进，为此，必须从立法层面对此予以保障。《基本医疗卫生与健康促进法》对医师职业精神作出了概括。[3] 本次《医师法》重申了该内容，并赋予了新内容、新要求。在医师职业精神 4 句经典之基

---

① 《全国抗击新冠肺炎疫情表彰大会在京隆重举行　习近平向国家勋章和国家荣誉称号获得者颁授勋章奖章并发表重要讲话》，载《人民日报》2020 年 9 月 9 日，第 1 版。

② 《习近平出席全国卫生与健康大会强调把人民健康放在优先发展战略地位　努力全方位全周期保障人民健康》，载《人民日报》2016 年 8 月 22 日，第 1 版。

③ 《基本医疗卫生与健康促进法》第 51 条第 1 款规定，医疗卫生人员应当弘扬敬佑生命、救死扶伤、甘于奉献、大爱无疆的崇高职业精神，遵守行业规范，恪守医德，努力提高专业水平和服务质量。

础上，进一步用“人民至上、生命至上”“遵守行业规范，恪守职业道德，提高执业水平，履行防病治病、保护人民健康的神圣职责”进行补充，使得医师职业精神的目标、任务，执业要求更为凸显，更有利于医务人员在日常工作中落实。

3. 操作要求

医师职业精神不是空洞的，而是历史的、具体的，需要落实的。

医师职业精神与一定的社会历史密切相关，与那个时代人们的文化生活水平、医疗保健能力、思想认识等密切相关。

医师职业精神作为一种抽象的、概括的阐述，有着极高的理想性、目标性，可以成为每一名医师的信仰和行为准则，成为每一名医师在艰难条件下开展医疗工作的精神支柱，也可以成为每一名医师在经过不懈努力治病救人之后的心灵慰藉，但是这些都是抽象的，需要医师自己理解，所以，医师职业精神作用的发挥会因人而异、因地而异、因时而异。只有将医师职业精神具体化、本土化、本体化，才可以最大限度地发挥它的作用。具体来说，应当从以下几个方面落实工作：（1）卫生健康主管部门、医师行业协会及医疗机构，应当加强对医师职业精神的宣教。（2）医院文化建设。医师职业精神的具体化工作与医院文化的建设与形成密切相关，医院应当建立与本院情况相适应的医院文化。（3）医院文化的精髓体现在医院院训上。医疗机构应当做好院训的提炼与形成工作，医院应当根据本医院的发展历史，本医院发展的人文环境，本医院医务人员群体的认知和贡献，形成一种内心信仰。

（三）案例分析

【案例 1-02】急诊转运医院因未能“生命至上”而承担责任的案例①

2015 年 11 月 5 日，华某因“突发头晕、昏迷半小时”被家人送到苏州市某区医院急诊就医。医院检查患者呼吸浅表，呕吐物，胃内容物一次，

① 曹某、华某与苏州市某区医院、某急救中心医疗损害责任纠纷，苏州市相城区人民法院（2015）相民初字第 02172 号民事判决书；江苏省苏州市中级人民法院（2017）苏 05 民终 4995 号民事判决书。

无抽搐和大小便失禁，因 CT 机故障，告知病人家属转院。华某家属第一次拨打 120 急救电话，要求将华某转送至某大学附属第一医院（以下简称附一院），因附近无车，调度人员将事件挂起；此后，华某家属及被告某区医院医护人员三次拨打 120 急救电话，9 时 28 分，被告某急救中心调到急救车辆，该车辆于 9 时 36 分到达被告某区医院，并于 9 时 37 分驶离；9 时 51 分，该急救车辆到达附一院。10 时，附一院向华某家属开具病危通知书，后经 CT 拍片诊断为脑干出血，病情危重，预后差，死亡率极高，家属同意放弃治疗。出院后，华某于当日在家中死亡。华某的近亲属认为两被告医院存在过错，向法院提起了医疗损害赔偿诉讼。诉讼期间，法院委托苏州市医学会进行医疗事故技术鉴定。苏州市医学会于 2016 年 10 月 18 日作出医疗损害鉴定书［编号为苏州医损鉴（2016）084 号］，结论性意见为："在患者转院过程中，车辆调度存在延迟，具体责任由法院根据相关规定判定，但该延迟与患者华某的死亡之间不存在因果关系。"一审、二审法院审理认为，在被告某区医院医护人员知晓被告急救中心的车辆在外执行任务，故暂时无车辆可供调配时，在明知华某病情危重的情况下，在长达 54 分钟等待调派救护车的过程中，仅对华某进行了补液、测量血压等简单的监护，一味消极等待，未能以生命至上的理念践行医疗机构应负之救死扶伤义务，也未能采取积极有效的行为协助华某进行转院，故就该情形来看，被告某区医院亦存在一定的过错。最终法院判决被告苏州市某区医院赔偿原告 83003.4 元；被告某急救中心补偿原告 10000 元。

分析与讨论

法院在审理过程中，认为被告医疗机构在患者病危的情况下，未能协调转运车辆及时将患者转运至有条件的医疗机构就医，耽误了患者后续的救治，并将该行为归纳为"未能以生命至上的理念践行医疗机构应负之救死扶伤义务"，对救死扶伤的救治义务赋予了具体的内容。这可能成为法院判决急诊转运、转院纠纷案件的风向标。

四、医师执业管理的行政部门

（一）医师执业管理的行政部门概述

世界各国的医师法都规定了医师执业的管理机构。从全球来看，对医师执业进行管理的机构分为两种：一种是国家卫生行政部门，如日本的厚生大臣、厚生省等；另一种是医师行业协会（公会），比如英国、美国。[①]

我国医师执业管理的主体是卫生健康主管部门，其他国家机关不得行使该项管理职权。在中国，对医师的管理历来由国务院卫生健康主管部门行使，且多年来已形成了一套行之有效的模式、制度和经验。医师行业具有特殊性，医师的执业活动直接关系到人民的生命健康，不同于其他行业。卫生健康主管部门应当明确规定具备什么条件的人能成为医师，能以医师的名义提供基本的、可靠的、高质量的医疗卫生服务。医师的配置是根据本国国民的卫生需求、医疗卫生资源的分布情况及卫生发展方向而定的。卫生健康主管部门要根据实际需要不断调整，引导医师资格认证工作适应国家医疗卫生事业发展的需要。同时，卫生健康主管部门只有掌握医学领域的最新进展，才能及时调整医师资格考试的标准和内容。总之，中国实行卫生健康主管部门管理医师执业的制度，而非医师协会、公会等行业组织管理的制度，符合中国国情。

（二）医师执业管理的行政部门条文理解

《医师法》	《执业医师法》
第4条　国务院卫生**健康主管**部门**负责**全国的医师**管理**工作。**国务院教育、人力资源社会保障、中医药等有关部门在各自职责范围内负责有关的医师管理工作。**	**第4条**　国务院卫生**行政**部门**主管**全国的医师工作。 县级以上地方人民政府卫生**行政**部门负责管理本行政区域内的医师工作。

① 宋瑞霖：《中华人民共和国执业医师法释义》，中国法制出版社1999年版，第7-8页。

续表

《医师法》	《执业医师法》
县级以上地方人民政府卫生**健康主管**部门负责本行政区域内的医师**管理**工作。**县级以上地方人民政府教育、人力资源社会保障、中医药等有关部门在各自职责范围内负责有关的医师管理工作。**	

1. 关键词

医师执业行政管理

医师执业行政管理分广义和狭义两层。根据《现代汉语词典》的解释，“行政”有两层含义：一是指行政国家权力；二是指机关、企业、团体等内部的管理工作。前者属于广义上的理解，《医师法》规定了国家在何种条件下授予公民医师资格，在何种情形下经注册许可其取得医师执业资格，以及对医师执业应如何进行管理活动，着重调整代表国家的行政主体与医师之间的管理和监督关系，属于公共行政。[①] 后者属于狭义上的理解，医疗机构对医师的日常工作安排、监督检查、表彰奖励等属于单位内部的管理，属于私行政。《医师法》第 4 条规定的行政管理部门是指前者。

2. 条文含义

本条强调各级政府主管部门及相关部门管理医师工作的职责。

《宪法》对我国的行政区划作了明确规定。《宪法》第 30 条规定，中华人民共和国的行政区域划分如下：(1) 全国分为省、自治区、直辖市；(2) 省、自治区分为自治州、县、自治县、市；(3) 县、自治县分为乡、民族乡、镇。直辖市和较大的市分为区、县。自治州分为县、自治县、市。自治区、自治州、自治县都是民族自治地方。

按照不同的标准，行政机关可以分为不同的种类，一是中央行政机关和地方行政机关。本条第 1 款中的国务院卫生健康主管部门、国务院教育、人力资源社会保障、中医药等有关部门属于中央行政机关，本条第 2 款中的县级以上地方人民政府卫生健康主管部门、县级以上地方人民政府教育、

① 黄清华：《中日英三国医师法的理念及立法表现——兼议行政法的管理，控权和平衡理论》，载《法律与医学杂志》2001 年第 2 期。

人力资源社会保障、中医药等有关部门属于地方行政机关。二是一般行政机关和专门行政机关。一般行政机关是指与人民代表大会相对应的一级政府，如省政府、市政府、县政府；专门行政机关则是指一级政府的组成部门。本条中各类部门都属于专门行政机关。

医师的培养和管理是一项复杂的系统性工程，不仅是卫生健康主管部门的事情，而且涉及对多个部门的复杂监管。《医师法》在原有卫生健康主管部门的基础上扩充了人力资源社会保障、中医药等有关部门。

中央和地方各部门对医师管理的权限来源于法定的授权。作为对医师资格、医疗执业进行管理的行政部门，在国家层面是国家卫生健康委员会、国家中医药管理局，在地方层面则是各级地方人民政府卫生健康委、中医药管理局（处、科）。国务院卫生健康主管部门负责全国医师管理工作的权力来源于《国家卫生健康委员会职能配置、内设机构和人员编制规定》第3条第7项的规定，即制定医疗机构、医疗服务行业管理办法并监督实施，建立医疗服务评价和监督管理体系。会同有关部门制定并实施卫生健康专业技术人员资格标准。制定并组织实施医疗服务规范、标准和卫生健康专业技术人员执业规则、服务规范。此外，《国家卫生健康委员会职能配置、内设机构和人员编制规定》第3条第9项规定，指导地方卫生健康工作，指导基层医疗卫生、妇幼健康服务体系和全科医生队伍建设。

除国务院卫生健康主管部门外，《医师法》还规定了其他相关部门的权责。《医师法》第11条规定，以师承方式学习中医，或经多年实践，医术确有专长的，由至少2名中医医师推荐，经省级人民政府中医药主管部门组织实践技能和效果考核合格后，即可取得中医医师资格及相应的资格证书。本条规定的相关考试、考核办法，由国务院中医药主管部门拟订，报国务院卫生健康主管部门审核、发布。

中央和地方各部门由内设机构具体承担管理工作。例如，国务院卫生健康主管部门人事司负责拟订卫生健康人才发展政策，承担机关和直属单位的人事管理、机构编制和队伍建设等工作，负责卫生健康专业技术人员的资格管理。医政医管局负责拟订医疗机构及医务人员、医疗技术应用、医疗质量和安全、医疗服务、采供血机构管理以及行风建设等行业管理政策规范、标准并监督实施，承担推进护理、康复事业发展工作，拟订公立医院运行监管、绩效评价和考核制度。科技教育司负责组织开展住院医师、专科医师培训等毕业后医学教育和继续教育工作，协同指导医学院校的教育。综合监督局承担对公共卫生、医疗卫生活动等的监督工作，查处医疗服务市场上的违法行为。

3. 操作要求

（1）行政管理强调依法、依职权进行

依法行政是现代国家行政管理的基本理念。依法行政就是要求行政管理部门在履行行政管理职权时，要做到合法（法律、法规、规章）、合理、程序正当（公开行政管理内容、严格遵守法定程序）、高效便民、诚实守信、权责统一（依法履行职责、依法承担法律责任）。行政部门对行政管理相对人的管理，基于法律规定的职权或者法律授权。在行政管理层面，法无授权不可为，法定职责必须为。有权必有责、违法须担责。① 在医师执业管理方面，很多条文都是明确规定了行政主体的级别和职权范围的，行政部门应当严格按照职权规定履行法定职责，既不能不作为，也不能乱作为（违法的作为、没有法律依据的作为）。

（2）正确认识"一事不再罚"原则

医疗卫生机构和医师面对不同政府相关部门的监管，在面临行政处罚时，不免会产生"为什么一件违法行为要受到不同部门的处罚"的疑问，因此有必要弄清"一事不再罚"的概念。《行政处罚法》第29条规定，对当事人的同一违法行为，不得给予两次以上罚款的行政处罚。同一违法行为违反多个法律规范应当给予罚款处罚的，按照罚款数额高的规定处罚。所谓的"一事"指的是同一违法行为，如果存在两个或两个以上的违法行为，就不存在再罚的问题。"不再罚"之罚，是指如果一个违法行为仅违反一个法律规范，只侵犯一个具体社会关系，则只能由有权的行政机关给予一次处罚，其他行政机关不得再处罚，如果一个违法行为同时违反多个法律规范并侵犯了两个以上的具体社会关系，就出现了行政违法行为的法条竞合，有权的行政机关应当分别作出处罚决定，只是不得作出两次以上的

---

① 马怀德：《法无授权不可为　法定职责必须为》，载《人民法院报》2018年1月31日，第2版。

同类型行政处罚。例如，未取得医师资格证书和医师执业证书的叶某经营一家经营范围为保健按摩服务（不含治疗）的养生馆，违规开展针灸推拿诊疗活动。叶某的行为看似是一个违法行为，但实际上是两个违法行为，其一是叶某未取得医师资格证书和医师执业证书从事诊疗活动的行为属非法行医，其二是叶某未取得《医疗机构执业许可证》擅自开展诊疗活动。卫生健康主管部门对叶某的行为进行分别处罚并不违反“一事不再罚”原则。①

（3）区分卫生监督执法部门与卫生健康主管部门

卫生健康主管部门负责职责范围内的职业卫生、放射卫生、环境卫生、学校卫生、公共场所卫生、饮用水卫生等公共卫生的监督管理，负责传染病防治监督，负责卫生健康综合监督，具有卫生监督执法权力。各级卫生监督执法部门承担各级政府卫生健康主管部门的卫生监督执法职责，是各级政府卫生健康主管部门的内设机构，不是行政部门，除非得到法律、法规、规章的特别授权，一般不能成为行政主体，属于行政法上规定的“法律法规授权的组织”，既不能以自己的名义行使权力，也不能独立承担相应的法律责任，即使以自己的名义行使了行政权力，如果发生纠纷，也应当以其所属的行政机关为主要责任部门。

（三）案例分析

【案例 1-03】张某平与国家卫生和计划生育委员会行政复议诉讼案②

2016 年 3 月 4 日，张某平以黑龙江省卫生计生委为被申请人，向国家卫生和计划生育委员会（以下简称国家卫生计生委）提起行政复议，要求：(1) 撤销被申请人作出的《关于张某平同志认定执业医师申请的答复》；(2) 监管被申请人履行法定职责“按照老人老办法”认定申请人的执业医师资格，或监管被申请人作出行政赔偿决定和补偿决定（具体数额协商解决）；(3) 依据《行政复议法》和《行政复议法实施条例》的相关规定查清事实，公开听证、质证之后出具行政复议决定书。

---

① 徐某刚与重庆市某区卫生健康委员会行政处罚行政诉讼案，重庆市第一中级人民法院（2020）渝 01 行终 502 号行政判决书。

② 张某平与国家卫生和计划生育委员会行政复议案，北京市第一中级人民法院（2016）京 01 行初 517 号行政判决书；最高人民法院（2017）最高法行申 7443 号行政裁定书。

2016 年 5 月 25 日，国家卫生计生委作出复议决定：申请人（张某平）以被申请人未履行法定职责“按照老人老办法”认定申请人的执业医师资格，未在法定期限内作出答复为由，已向人民法院提起行政诉讼。黑龙江省哈尔滨市中级人民法院对申请人提出的医师资格认定申请事项及被申请人 2014 年 12 月 17 日、2015 年 4 月 28 日两次作出的答复均予以审查，并已作出终审判决。2015 年 6 月 1 日，申请人向法院提起行政赔偿诉讼。申请人基于同一事实提出的行政复议申请不符合《行政复议法实施条例》第 28 条第 7 项规定的受理条件（其他行政复议机关尚未受理同一行政复议申请，人民法院尚未受理同一主体就同一事实提起的行政诉讼）。申请人提出的要求被申请人作出行政赔偿或补偿的请求没有法律和事实依据。根据《行政复议法实施条例》第 48 条第 1 款第 2 项，决定驳回申请人复议申请。

张某平不服国家卫生计生委作出的行政复议决定，向北京市第一中级人民法院提起行政诉讼。2016 年 10 月 31 日，北京市第一中级人民法院作出行政判决，认为国家卫生计生委复议决定认定事实清楚、适用法律正确、程序符合法律规定，驳回张某平的诉讼请求。张某平不服一审判决，向北京市高级人民法院提起上诉。2017 年 12 月 26 日，最高人民法院裁定驳回张某平的再审申请。

分析与讨论

行政复议机关是指依照法律、法规规定，有权受理行政复议申请，依法对被申请的行政行为进行合法性、适当性审查并作出决定的机关。我国实行“条块结合”（受政府和上级机关双重领导）的行政管理体制。县级以上地方人民政府卫生健康主管部门的行政复议机关，既可以是作出行政行为的部门的本级政府，也可以是上一级政府的主管部门。故本案中，作为行政复议申请人的张某平，对黑龙江省卫生计生委的答复不满意，既可以向黑龙江省人民政府申请行政复议，也可以向国家卫生计生委申请行政复议。

五、医师参加行业协会的权利

（一）医师参加行业协会概述

行业协会是指介于政府、企业之间，商品生产者与经营者之间，并为其服务、咨询、沟通、监督、公正、自律、协调的社会中介组织。行业协会是一种民间组织，不属于政府的管理机构序列，而是政府与企业间的桥梁和纽带。行业协会具有非政府性、自治性、中介性等特点。

世界各国都立法规定了行业协会的设立及权能。英国《医疗法（1983）》第1条规定，医师总公会是本法设立的法人机构，行使本法规定的职能。该法第五章关于“执业指导与适合行医”的规定首先赋予了“总公会对医师行医中的品行或者医德问题发出告诫的权力”，“总公会有权以其认为合适的方式对从事医疗执业的人员在职业品行规范或者医德方面进行忠告”等。日本《医师法》规定，拟成为医师的人必须经过医师资格考试，取得厚生大臣的许可。该法第7条第2款规定，当医师具有第4条各款之一或发生损害医师品德的行为时，厚生大臣可以取消之前的医师执业资格的许可，或者责令其限期停止执业。[①]

在我国，行业协会属于《民法典》规定的社团法人，是民间组织社会团体的一种，即国际上统称的非政府机构（又称NGO），属非营利性机构。目前，我国对行业协会的成立、登记和管理依据的法规是《社会团体登记管理条例》。我国医疗行业的行业协会比较多，包括中华医学会、中国研究型医院学会、中国医师协会、中国医院协会等。

与医师有关的行业协会、学会是由医师组成的对其自身进行自律和监督管理的社团组织。在各国的医师管理体系中，医师协会都是医师执业管理工作中的重要组织机构，但各国国情不同，医师协会的权力和作用的大小也不一样。在英美国家，医师协会（公会）在医师执业管理中发挥的作用举足轻重。在日本和我国台湾地区，医师公会的权力、作用相对较小，

---

① 宋瑞霖：《中华人民共和国执业医师法释义》，中国法制出版社1999年版，第7-8页。

但在医师执业管理中不可或缺。考察世界范围内各个国家和地区的医师执业管理制度可以发现，医师协会、公会是伴随医师行业管理制度的产生逐步发展起来的，并在医师行业中起着重要作用。虽然各国及各地区的医师协会、公会的性质、地位、产生方式、功能、作用等各有特点，但在促进医师团结、规范执业、加强自律等方面基本上是一致的。我国的医师行业协会、学会在医师执业管理中具有重要作用，主要体现为：其一，对医师实行行会管理，加强自律；其二，总结、交流医师工作经验，开展学术研究，促进医疗质量安全的提升；其三，利用协会组织的技术力量对医师进行在职技术培训；其四，进行专科医师资格认定；其五，组织医师开展对外交流；其六，保护医师的合法权益。[1]

（二）医师参加行业协会条文理解

《医师法》	《执业医师法》
第 7 条　医师可以依法组织和参加医师协会**等有关行业组织、专业学术团体**。 **医师协会等有关行业组织应当加强行业自律和医师执业规范，维护医师合法权益，协助卫生健康主管部门和其他有关部门开展相关工作。**	**第 7 条**　医师可以依法组织和参加医师协会。

1. 关键词

行业自律

行业自律是建立在个体自律和组织自律上更高层次的自我规制活动，主要通过从业者自发形成的行业组织及行业协会实现。[2] 2014 年党的十八届四中全会指出，要依法推进行业自律，实行自我管理、自我服务、自我教育、自我监督，支持行业协会商会类社会组织发挥行业自律和专业服务功

---

① 宋瑞霖：《中华人民共和国执业医师法释义》，中国法制出版社 1999 年版，第 11-12 页。

② 金平阅、陈淑蓉、饶克勤：《加强我国医疗卫生行业协会的行业自律职能建设》，载《中华医院管理杂志》2015 年第 3 期。

能。[①] 行业自律是医疗行业的基本原则和重要特征，[②] 是行业协会参与社会管理的主要形式，[③] 在提升执业医师的能力、保障医疗质量和安全方面发挥着核心作用。[④]

近年来，医疗行业的自律日益受到国家重视，《基本医疗卫生与健康促进法》第51条规定，医疗卫生行业组织、医疗卫生机构、医学院校应当加强对医疗卫生人员的医德医风教育。第86条规定，国家建立健全机构自治、行业自律、政府监管、社会监督相结合的医疗卫生综合监督管理体系。县级以上人民政府卫生健康主管部门对医疗卫生行业实行属地化、全行业监督管理。第95条规定，县级以上人民政府卫生健康主管部门应当积极培育医疗卫生行业组织，发挥其在医疗卫生与健康促进工作中的作用，支持其参与行业管理规范、技术标准制定和医疗卫生评价、评估、评审等工作。从行业自律的地方立法来看，深圳市走在全国前列。深圳市充分利用经济特区的体制机制优势，依据全国人大常委会授予深圳市人大的特区立法权，借鉴美国、德国等国家医疗立法经验，积极探索，将深圳医疗体制改革的经验上升为地方性法规，对医师行业自律管理进行了积极的创新和探索。《深圳经济特区医疗条例》有很多创新性规定，值得研究和借鉴。

2. 条文含义

《宪法》第35条规定，中华人民共和国公民有言论、出版、集会、结社、游行、示威的自由。《执业医师法》第7条规定，医师可以依法组织和参加医师协会。因此，医师依法组织和参加医师协会等有关行业组织、专业学术团体具有法律基础。除了《执业医师法》规定的医师协会，《医师法》在第7条第1款中还增加了专业学术团体，体现出专业学术团体在医师发展中的重要地位和作用。

---

① 新华社：《中共中央关于全面推进依法治国若干重大问题的决定》，http：//www.gov.cn/zhengce/2014-10/28/content_2771946.htm，最后访问日期：2021年8月30日。

② Collier R. Professionalism：the privilege and burden of self-regulation. CMAJ. 2012，184（14）：1559-1560. DOI：10.1503/cmaj.109-4286.

③ Hartkamp S F . Self-Regulation：A Cognitive Perspective Towards Restoration of Medical Practice. Legisprudence，2010，4（3）：243-258.

④ Crosson，Francis J. Physician Professionalism in Employed Practice. JAMA，2015，313（18）：1817-1818.

《医师法》第 7 条第 2 款概括了医师协会等有关行业组织的在医师管理中的三项重要职责：一是要加强行业自律和医师执业规范，提高医师执业能力和素养，属于加强医师内功建设。二是要维护医师合法权益，面对暴力伤医、行业政策制定等各种情况，医师协会作为医师的专业组织，应当承担起“家长”的职责，积极发声、建言献策，切实维护医师合法权益。三是要协助卫生健康主管部门和其他有关部门开展相关工作。

3. 操作要求

（1）处理好医师协会与卫生健康主管部门及其他有关部门之间的关系

当前，政府与行业协会间的核心问题是政府没有将本该属于行业协会的权限全部转移，所以行业协会在处理问题时没有实权：行业管理中存在资质审查、行业准入以及行业标准等内容，但这些权力都需要政府完全授权才能够真正展开。若行业协会具备相应的行业管理权，就能够在整个行业内获得更高的地位，从而保证自身的自主性与独立性。①

（2）加强协会自身能力建设，更好地为医师服务

部分医师认为，对医师的管理权应归属政府相关部门，而医师协会作为民间行业组织，缺乏专业技术人员，无法胜任行业自律管理和服务。医师协会应注重加强行业协会自身能力建设，通过建立健全医疗各专业的二级专业组织，由各二级专业组织对本专业医师进行专业技术管理服务、良好医德风范和诚信服务行为指引、合理合法权益维护等自我管理事务，取得各级医疗机构的信任，同时，医师协会应逐步开展专科医师和亚专科医师队伍的培养、考核和资质认证工作，加强医疗行业自律的职能建设，依法促进和保障医疗行业自律的可持续发展。

为更好地履行自律职能，行业协会必须具备一套系统、科学的内部治理结构，包括可执行的自律规章（自律公约）、专门的自律机构（自律小组、自律委员会等）、便捷的违规审查渠道、有效的激励机制等。②

---

① 崔丹丹：《行业协会与政府良性关系构建研究》，载《管理观察》2016 年第 31 期。

② Bauchner H, Fontanarosa P B, Thompson A E. Professionalism, Governance, and Self-regulation of Medicine. JAMA, 2015, 313 (18): 1831-1836.

（3）多渠道保障医师协会的经费

行业协会的经费来源一般包括会员交纳的会费、服务性收费、政府财政拨款、社会捐赠和自办事业收入。医师协会作为非营利机构，提供的行业自律管理和服务是利国利民的“公共产品”，这类产品具有极大的“外部经济性”，尽管行业协会属于非政府机构，但由于其要协助政府进行行业管理，因此应该获得政府的财政资助。

（三）案例分析

【案例 1-04】医师协会援助的李某某涉嫌医疗事故罪二审宣判无罪案①

2011 年 12 月 28 日下午，产妇陈某芳到长乐市某医院妇产科办理分娩住院手续，之后多次离院，31 日 14 时回医院待产。其间，主管医师轮休，相关检查结果未能及时主动跟踪，也未交代接班医生查看，值班医生未主动进行查看，以致分娩时，陈某芳检验结果异常的情况既无首诊医生也无值班医生查看、了解。21 时，陈某芳被送入产房，由助产士帮助分娩。21 时 24 分，陈某芳顺产一女婴后出现阴道出血不止的情况。21 时 45 分左右，李某某接产房电话后前往处理，发现陈某芳宫缩欠佳，注射药液后，阴道仍有出血，便通知二线值班医生王某一起处理。2012 年 1 月 1 日 3 时 20 分，陈某芳出现谵妄、躁动，值班医师李某某及上级医师对此进行紧急处理，医嘱输血但血库无血。陈某芳于当日 3 时 50 分许心电波消失，4 时 30 分临床宣布死亡。

2012 年 1 月 2 日，在没有医疗事故鉴定的情况下，李某某以涉嫌医疗事故罪被刑事立案。福州市医学会和福建省医学会医疗事故技术鉴定意见认为：陈某芳因产后出血导致失血性休克死亡；产妇入院分娩前存在子痫前期重度、低蛋白血症，与宫缩乏力导致产后出血有一定关系；医方对病情认识不足，抢救措施不力，与患者的死亡存在因果关系。本病例属于一级甲等医疗事故，医方承担主要责任。

2015 年 2 月 11 日，李某某向中国医师协会提出救助申请。经多方了解和调查后，中国医师协会认为该案不良后果发生的原因是医疗风险及医疗

① 李某某医疗事故罪案，福建省福州市中级人民法院（2017）闽 01 刑终 1458 号刑事判决书。

失误，在该案中，医师团队成员负有一定责任，但不至于追究刑事责任。因此，中国医师协会医师维权救助专项基金决定给予李某某法律援助，为其进行无罪辩护。

2017 年 12 月 4 日，福州市仓山区人民法院审理并作出一审判决：李某某犯医疗事故罪，免予刑事处罚。2020 年 6 月 11 日，福建省福州市中级人民法院作出终审判决：李某某无罪。

历经八年五个月的等待，李某某等来了无罪的终审判决。

分析与讨论

医疗行业具有未知性和高风险性，医师的执业风险很高，工作压力很大。据统计，在美国 1/3 的临床医生在其职业生涯中至少会被起诉一次，外科医生被起诉的概率甚至会更高。[①] 医疗纠纷、医疗诉讼处理周期长，医师要花费大量的时间、金钱和资源，往往“谈诉色变”。作为行业组织，医师协会理应承担起提供法律援助和医学专业援助的责任，协助医疗机构和医生依法依规妥善处理医疗纠纷，构建和谐的医患关系。

① Bono MJ, Wermuth HR, Hipskind JE. Medical Malpractice. [Updated 2020 Nov 15]. In: StatPearls [Internet]. Treasure Island (FL): StatPearls Publishing; 2021 Jan. Available from: https://www.ncbi.nlm.nih.gov/books/NBK470573/.

第二章

考试与注册·医师资格的取得

当今世界，几乎在每一个国家或者地区开展医疗执业活动都有资格的限制和要求。取得医师执业资格，是开展医疗活动最基本的条件。拟开展医疗执业活动的人，应当先以国家规定的方式取得医师执业资格，才可以在拟执业的医疗机构所在地卫生行政部门进行注册，获得医师执业证书，成为实施医疗活动的主体，开展医疗执业活动。本章就医疗执业资格的取得方式、条件、程序及要求等进行阐述。

第一节　医师资格的取得方式

一、医师资格考试

（一）医师考试制度概述

1. 制度介绍

医疗行业是一个技术含量高、风险高、责任大、关系到国民人身健康的专家型职业，这种职业性质要求决定了其从业人员的高素质特性。医师资格考试是世界各国普遍采用的医师资格认可形式，世界各国都设立了较为严格的医师资格准入制度，并制定有相应的法律法规。美国实行医师资格考试已经近百年，英国、德国等欧洲国家已实行了数百年，日本、韩国等亚洲国家在第二次世界大战后也开始实行这种制度，其在我国台湾、香港地区业已执行多年。[1] 在我国，临床执业医师是医疗行业人才队伍的主体，承担着主要的医疗任务。临床执业医师资格考试是我国医师资格考试中最重要的类别，用于衡量报考者是否具备从事临床执业工作所需要的知识和技能。作为资格准入考试，临床执业医师资格考试对于卫生人才队伍建设乃至卫生事业的发展都具有举足轻重的作用。[2] 严格规定有关执业资格考试制度，体现了医师职业在技术上的垄断性。

2. 医师考试制度历史沿革

我国的医师考试有很长的历史，远在西周时代就有对医师进行考试的记载。《唐律》规定官方征用的医师必须考试合格；《元典章·礼部》规定每 3 年举行 1 次大考，合格者方可行医；《大明会典》规定太医院的医生须经考试录取；1939 年颁布的《高等考试西医医师考试条例》规定西医医师必须参加该条例规定的医师考试；1943 年颁布的《医师法》进一步明确了医师考试制度。[3] 新中国成立之初，由于医师缺乏，医师考试并没有形成制度。直到 1998 年 6 月 26 日，第九届全国人民代表大会常务委员会第三次会议通过了《执业医师法》，从法律上规定了我国实行医师资格考试制度，使我国的执业医师考试开始走向法制化。1999 年 9 月，医师资格考试的实践技能考试第一次开考，此次考试由各考区组织，同年 11 月，医师资格考试的综合笔试考试第一次在全国 31 个考区近 400 个考点同时进行。从 2001 年起，医师资格考试的实践技能考试和综合笔试考试每年统一时间、统一试题在全国进行。

---

① 张鸣、温吉元：《我国医师资格考试制度的建立与完善》，载《中华医院管理杂志》2001 年第 8 期，第 453-455 页。

② 于惊涛：《我国临床执业医师资格考试的信度和效度研究》，载《中国卫生事业管理》2008 年第 25 期。

③ 张鸣、温吉元：《我国医师资格考试制度的建立与完善》，载《中华医院管理杂志》2001 年第 8 期，第 453-455 页。

（二）医师考试条文理解

《医师法》	《执业医师法》
第 8 条 国家实行医师资格考试制度。 医师资格考试分为执业医师资格考试和执业助理医师资格考试。医师资格考试由省级以上人民政府卫生**健康主管**部门组织实施。 医师资格考试的**类别和具体**办法，由国务院卫生**健康主管**部门制定。	**第 8 条** 国家实行医师资格考试制度。医师资格考试分为执业医师资格考试和执业助理医师资格考试。 医师资格**统一**考试的办法，由国务院卫生**行政**部门制定。医师资格考试由省级以上人民政府卫生**行政**部门组织实施。
第 9 条 具有下列条件之一的，可以参加执业医师资格考试： （一）具有高等学校**相关**医学专业本科以上学历，在执业医师指导下，在医疗**卫生**机构中**参加医学专业工作实践**满一年； （二）具有高等学校**相关**医学**专业**专科学历，取得执业助理医师执业证书后，在医疗**卫生**机构中**执业**满二年。	**第 9 条** 具有下列条件之一的，可以参加执业医师资格考试： （一）具有高等学校医学专业本科以上学历，在执业医师指导下，在医疗、**预防、保健**机构中**试用期**满一年的； （二）取得执业助理医师执业证书后，具有高等学校医学专科学历，在医疗、**预防、保健**机构中**工作**满二年的；**具有中等专业学校医学专业学历，在医疗、预防、保健机构中工作满五年的**。
第 10 条 具有高等学校**相关**医学专业专科**以上**学历，在执业医师指导下，在医疗**卫生**机构中**参加医学专业工作实践**满一年的，可以参加执业助理医师资格考试。	**第 10 条** 具有高等学校医学专科学历**或者中等专业学校医学专业学历**，在执业医师指导下，在医疗、**预防、保健**机构中**试用期**满一年的，可以参加执业助理医师资格考试。
第 64 条 **国家采取措施，鼓励具有中等专业学校医学专业学历的人员通过参加更高层次学历教育等方式，提高医学技术能力和水平。** **在本法施行前以及在本法施行后一定期限内取得中等专业学校相关医学专业学历的人员，可以参加医师资格考试。**具体办法由国务院卫生**健康主管**部门会同国务院**教育、中医药等有关**部门制定。	**第 43 条** **本法颁布之日前按照国家有关规定取得医学专业技术职称和医学专业技术职务的人员，由所在机构报请县级以上人民政府卫生行政部门认定，取得相应的医师资格。其中在医疗、预防、保健机构中从事医疗、预防、保健业务的医务人员，依照本法规定的条件，由所在机构集体核报县级以上人民政府卫生行政部门，予以注册并发给医师执业证书。**具体办法由国务院卫生行政部门会同国务院**人事行政**部门制定。

1. 关键词

国家医师考试制度

1999 年 11 月，我国首次进行中国医师资格考试，以后每年 9 月进行。执业医师资格考试是即将从事医疗工作的医学专业的毕业生必须通过的医学专业知识与临床技能考试。[①] 执业医师资格考试是医学生获得执业医师资格证的唯一途径，考试分为实践技能考试和综合笔试考试两大部分。

2. 条文含义

《医师法》第 8 条明确规定国家实行医师资格考试制度，医师资格考试的类别和具体办法由国务院卫生健康主管部门制定，目前实施的是原卫生部发布的《医师资格考试暂行办法》。关于医师资格考试的学历，《执业医师法》规定，我国医师资格考试的学历起点为中专。本次《医师法》第 9 条、第 10 条突破了既往管理思路，将参加医师资格考试的最低学历起点由中专提升为大专，删除了《执业医师法》中“具有中等专业学校医学专业学历”的报考规定，提高了医师的准入门槛。同时，考虑到新法施行前后中等专业学校相关医学专业学历的人员参加医师资格考试的衔接问题，《医师法》在第 64 条进行了补充性规定，即在本法施行前以及在本法施行后一定期限内取得中等专业学校相关医学专业学历的人员，可以参加医师资格考试。具体办法由国务院卫生健康主管部门会同国务院教育、中医药等有关部门制定。

3. 操作要求

《医师法》明确规定，国家实行医师资格考试制度的重点在于：医疗的关键是医疗质量的优劣，医师执业水平直接关系到医疗质量的高低，关系到公民的生命权和健康权。《医师法》明确规定，国家实行医师资格考试制度就是为了最大限度保护患者的医疗安全。

“将患者安全视为卫生部门政策和规划中的一项优先卫生重点，使其成为加强卫生保健系统以实现全面健康覆盖的重要组成部分”是 WHO 在《全球患者安全行动》（EBl44. R12 号决议）中督促各成员推进患者安全运

---

① 朱璨、李尧锋、彭芳等：《执业医师分阶段考试背景下生理学课程改革探索》，载《基础医学教育》2018 年第 20 期。

动的第一条要求。我国正在大力推进以人民健康为中心的健康中国建设，强调把人民健康放在优先发展的战略位置，将健康融入所有政策，并在各医疗机构推行以“患者为中心”的医疗服务理念。因此，提高医师准入门槛，确立国家医师资格考试制度，是守护好人民健康，保护患者安全的关键环节，也是国际上医师行业管理的普遍做法。

《医师法》在与国际医师行业管理标准接轨的同时，也考虑到了我国的具体国情，尤其是提升执业助理医师考试的学历起点将会面临两个现实问题：一是其可能加剧基层及经济欠发达地区医师短缺的情况；二是已经获得中专学历但尚未考试通过的人员如何获得更高学历，参加医师资格考试，依法取得医师资格等仍是问题。因此，《医师法》第七章附则第 64 条明确规定，国家采取措施，鼓励具有中等专业学校医学专业学历的人员通过参加更高层次学历教育等方式，提高医学技术能力和水平。

医师资格考试是评价申请医师资格者是否具备从事医学实践所必需的基本知识与技能的考试，不同于医学生在医学院校内的毕业考试，也不同于临床实习时的出科考试。医师资格考试是评价申请医师资格者是否具备执业医师所必需的专业知识与技能的国家级考试，是保证医学人才准入质量的第一关，是评价医师能力和水平的基本手段，更是社会公平的保障。

医师资格考试是法律规定的全国统一考试，一旦作弊就有可能涉及“组织考试作弊罪”。2015 年 11 月 1 日起实施的《刑法修正案（九）》第 25 条增设了组织考试作弊罪，我国《刑法》第 284 条之一第 1 款规定，在法律规定的国家考试中，组织作弊的，处 3 年以下有期徒刑或者拘役，并处或者单处罚金；情节严重的，处 3 年以上 7 年以下有期徒刑，并处罚金。《医师资格考试违纪违规处理规定》规定，一旦发生替考，被替考者将终生禁考。在校学生、在职教师参与有组织作弊的，由卫生计生行政部门将有关情况通报其所在学校，由其所在学校根据有关规定进行处理。在校学生参与有组织作弊情节严重的，终身不得报考医师资格。医师参与有组织作弊的，已经取得医师资格但尚未注册的，卫生计生行政部门将不予注册；已经注册取得医师执业证书的，由注册的卫生计生行政部门依法注销其执业注册，收回医师执业证书，并不再予以注册。有其他违纪违规行为的，卫生计生行政部门将依法处理并通报其所在单位。

同时，现行《医师资格考试暂行办法》《医师资格考试报名资格规定》《医师执业注册管理办法》《关于医师执业注册中执业范围的暂行规定》等也应作出相应调整，与《医师法》衔接，以利于《医师法》的有效落地。

（三）案例分析

【案例 2-01】医师资格考试报名条件之诉[①]

2001 年，侯某位参加某县乡村医生行医资格考试，考试成绩为 175 分。某县卫生局依据某卫〔2002〕8 号文件，以侯某位未达到录取分数为由，未向其颁发乡村医生行医资格证书。2008 年 4 月 28 日，侯某位向市卫生局交纳了 150 元报名费，要求参加医师资格考试。侯某位称，自 2008 年至 2015 年，每年向某县卫生局及某市卫生局口头提出参加医师资格考试的申请，相关单位均答复因侯某位持有的是结业证书，不符合报名条件，不允许参加考试。某市卫生局依照《医师资格考试暂行办法》第 12 条、第 13 条，认为侯某位持有的结业证书，不是省级以上教育部门认可的毕业证，不具备医生资格考试资格。侯某位不服，将某县卫生局起诉至人民法院，请求人民法院：（1）依法确认被告某县卫生局 2008 年至 2015 年不准许侯某位参加执业助理医师资格考试的行政行为违法；（2）依法判决被告重新作出具体合法行政行为（给原告补发乡村医生执业证书，准予考试）；(3) 依法判决被告赔偿侯某位因不能如期执业而造成的未能执业的损失（经常性开支、车船费、误工费 110 万元）。法院一审判决，驳回了侯某位的诉讼请求。侯某位不服，提起上诉，请求二审法院撤销一审判决，并支持自己的诉求。二审法院终审驳回上诉，维持原判。

分析与讨论

本案争议的焦点是侯某位是否具有参加医师资格考试的资格以及成绩是否合格。依据 2004 年 1 月 1 日起施行的《乡村医生从业管理条例》第 10 条“本条例公布前的乡村医生，取得县级以上地方人民政府卫生行政主管

---

① 侯某位因诉某县卫生局、某市卫生和计划生育委员会不履行法定职责案，河南省鹤壁市中级人民法院（2015）鹤行终字第 41 号行政判决书。

部门颁发的乡村医生证书，并符合下列条件之一的，可以向县级人民政府卫生行政主管部门申请乡村医生执业注册，取得乡村医生执业证书后，继续在村医疗卫生机构执业：（一）已经取得中等以上医学专业学历的；（二）在村医疗卫生机构连续工作20年以上的；（三）按照省、自治区、直辖市人民政府卫生行政主管部门制定的培训规划，接受培训取得合格证书的”之规定，同时依据《执业医师法》第10条“具有高等学校医学专科学历或者中等专业学校医学专业学历，在执业医师指导下，在医疗、预防、保健机构中试用期满一年的，可以参加执业助理医师资格考试”之规定，及《医师资格考试暂行办法》第12条第1款“凡符合《执业医师法》第十条所列条件的，可以申请参加执业助理医师资格考试”之规定认定，其报名参加执业助理医师资格考试，应提交省级以上教育行政部门认可的学历证书及其复印件，而其提交的学历证书不符合《医师资格考试暂行办法》规定的报名条件，市卫生计生委拒绝为其发放准考证，符合法律规定，并无不当。

二、医师资格的特殊取得

（一）医师资格特殊取得概述

医师资格一般通过国家组织的医师资格考试取得。但考虑到医疗工作的特殊性，尤其是在我国民间确实存在祖传中医，长期以来一直以“师带徒”的方式传授医疗技术，有的民间中医医师还具有独到的技术和经验，其对于一些疑难杂症有特殊的疗效。另外，也有一些没有经过高等医学院校正规教育，但对诊疗工作有特殊兴趣的人，长期以来也在钻研诊疗技术，虽然他们没有医学专业的学历，对疾病的诊治完全凭经验，但也有独到的治疗效果。这两类人对患者生命健康的保障也发挥了作用，不能因为其没有接受过医学专业教育就否定他们的存在和价值，长期以来，国家对这两类人的医师资格都是认可的。因此，《执业医师法》对上述人员有专门的考试规定。《医师法》延续了这一制度。2017年7月1日起施行的《中医药法》创设了中医医术确有专长人员考核获取医师资格的特别机制，即以师承方式学习中医，或者经多年实践，医术确有专长的人员，经考核合格者，即可取得中医医师资格，在注册范围内，以个人开业的方式或者在医疗机构内从事中医医疗活动。2017 年 11 月 10 日，由国家卫生计生委公布的《中医医术确有专长人员医师资格考核注册管理暂行办法》对这两种特殊取得方式进行了规制。《中医药法》较《执业医师法》的不同在于变考试为考核。《医师法》综合了《执业医师法》和《中医药法》的规定，对确有专长人员取得医师资格设计了“推荐+考核”取得、“考核+考试”取得两种方式。

（二）医师资格特殊取得条文理解

《医师法》	《执业医师法》
第 11 条　以师承方式学习**中医**满三年，或者经多年实践医术确有专长的，经县级以上人民政府卫生**健康主管**部门**委托**的**中医药**专业组织或者医疗**卫生**机构考核合格并推荐，可以参加**中医医师**资格考试。 **以师承方式学习中医或者经多年实践，医术确有专长的，由至少二名中医医师推荐，经省级人民政府中医药主管部门组织实践技能和效果考核合格后，即可取得中医医师资格及相应的资格证书。** **本条规定的相关考试、考核**办法，由国务院**中医药主管**部门**拟订，报国务院卫生健康主管部门审核、发布**。	**第 11 条**　以师承方式学习**传统医学**满三年或者经多年实践医术确有专长的，经县级以上人民政府卫生**行政**部门**确定**的**传统医学**专业组织或者医疗、**预防、保健**机构考核合格并推荐，可以参加**执业医师资格或者执业助理医师**资格考试。考试**的内容和**办法由国务院**卫生行政**部门**另行制定**。

1. 关键词

中医师承方式

中医执业的“师承”，即中医师以“师带徒”的方式传授中医传统诊治技术。在中国古代，中医人才的培养始终伴随中医的发展而存在，其最主要、最普遍的形式就是师承教育。[①] 从《黄帝内经》的记载中就可看出，

① 李磊、陈仕杰：《论中医师承教育研究进展》，载《中医药管理杂志》2017 年第 10 期。

当时即有“岐伯师承僦贷氏，黄帝师承岐伯、雷公又师承黄帝”的师承授受关系。[①] 中医师承授受包括“亲炙”和“私淑”两种基本形式。[②] 其中，“亲炙”是指老师耳提面命，学生得到老师的当面指教；“私淑”则是指因为仰慕某位名家的医术，遂以其著作为师，自行研习，在学术理论上承袭其衣钵，这两种师承关系往往同时存在、相辅相成。

医术确有专长

医师资格的特殊取得方式之一。无论是采取师承方式者，还是长期实践者，都是医师资格特殊考核、考试人员的来源。师承方式强调“师带徒”，有国家认可的、具有中医资格的中医师为带徒的“师”，在其指导之下，经过一段时间的言传身教的教学、练习和实习，最终出师而参加医师资格特殊取得方式的考核、考试。而“长期实践”的方式，则属于“无师自通”“自学成才”，他们经过多年摸索、实践，掌握了一定的临床诊治技能，有一定的医疗效果，这样的人经过考核、考试也可以获得医师资格。医术确有专长是“师承”和“长期实践”的结果，既是取得医师资格的依据，也是考核的重要指标。

2. 条文含义

《医师法》第 11 条，即“以师承方式学习中医满三年，或者经多年实践医术确有专长的，经县级以上人民政府卫生健康主管部门委托的中医药专业组织或者医疗卫生机构考核合格并推荐，可以参加中医医师资格考试。以师承方式学习中医或者经多年实践，医术确有专长的，由至少二名中医医师推荐，经省级人民政府中医药主管部门组织实践技能和效果考核合格后，即可取得中医医师资格及相应的资格证书”是本法新增的内容，将有助于推动我国中医人才的发展与成长。

3. 操作要求

中医药是中华民族的瑰宝，记录着华夏儿女几千年来同疾病做斗争的悠久历史和宝贵经验，也从中华民族几千年的历史长河中汲取了传统文化

---

① 翟双庆、石琳、李蔓荻：《中医人才培养的历史、现状与展望》，载《中医教育》2007 年第 26 期。

② 李磊、陈仕杰：《论中医师承教育研究进展》，载《中医药管理杂志》2017 年第 10 期。

精华，造就了独特的中医医学体系和鲜明的中医药文化。在新冠肺炎疫情防控的过程中，中医药就很好地向世界提供了中国智慧、中国方案。

在考试、执业范围方面，《医师法》提高了行业的门槛，将报考助理医师资格考试的学历条件由中专提升为大专；以师承方式学习中医满三年或医术确有专长者，可以参加中医医师资格考试；医师经培训考核可以增加执业范围；中医、中西医结合医师可以在其他临床科室执业；中、西医师可以互相学习相关技术，经培训考核合格可以使用相应技术。

中医是经验性和实践性很强的学科，培养优秀的中医临床医生的关键在于自主思考能力、临床思维模式及实践应用能力的培养。随师临证，耳濡目染，将老中医或可言传或无法言传的临床经验，在扎实的理论基础上通过理解和感悟，总结提炼，内化成自身的临床能力，并进行再次实践和应用。随着中医传承辐射面的扩大，传承教育的人才培养对象也应该是多样化及多层次的，包括中医高等院校在校学习或临床实习的本科生、研究生，医学院中医专业规范化培训医师，在职在岗的各级中医师，参加“西学中”培训班的医师等。此外，基于属人效力和特别法优于一般法的法律适用原则，《中医药法》对中医医师的监管属于特别法，而《医师法》适用于所有医师，属于一般法，因此以师承方式学习中医或经多年实践，医术确有专长的人员优先适用《中医药法》，① 即优先适用通过资格考核取得中医医师资格；而对学校教育学习中医专业的人员因《中医药法》未作特别规定，所以应适用《医师法》的规定，即应通过国家医师资格考试制度报考中医类别，进而取得中医医师资格。

确有专长人员通过特殊渠道可以取得医师资格，这本来是为特殊中医人才设计的特殊渠道，但是近年来却变成了一些钻空子的机会，有人瞄准该领域并予以商业化运作。比如，有商业资本与某些知名老中医签订合作协议，大量招募徒弟传授传统医疗技术，同时收取“拜师费”，出现了一名老中医带几十名甚至上百名徒弟的极端事件。还有些商业运作公司，设立“中医专长孵化基地”，招募人员“长期实践”，“孵化”其专长，再向卫生

① 胡晓翔：《整体观下之辨证论治——〈中华人民共和国中医药法〉评析》，载《南京中医药大学学报（社会科学版）》2017 年第 18 期。

行政部门申请考核授予医师资格，对这些现象需要警惕。需要特别说明的是，在医师资格的取得上，参加全国医师资格统一考试是一般的、常态化的渠道，考核取得是特殊取得，只能是个案，不可“批量生产”。

三、医师资格证书

（一）医师资格证书概述

医师资格证是行业准入考试合格颁发的证书。医师资格证考试是评价申请医师资格者是否具备从事医师工作所必需的专业知识与技能的考试，可以评价申请医师的专业知识能力。拟申请开展医疗执业活动的人，先要获得医师资格证，才能持该证及其他有关材料到有管辖权的卫生行政部门办理执业注册。根据《医师法》及相关法律、法规规定，医师资格证包括：（1）医师资格证；（2）助理医师资格证；（3）中医（专长）医师资格证书。注意，根据《乡村医生从业管理条例》的规定，乡村医生只有执业证，没有资格证。

（二）医师资格证书条文理解

《医师法》	《执业医师法》
第 12 条　医师资格考试成绩合格，取得执业医师资格或者执业助理医师资格，**发给医师资格证书。**	**第 12 条**　医师资格考试成绩合格，取得执业医师资格或者执业助理医师资格。

1. 关键词

医师资格证书

资格是指从事某种职业所应具备的条件、身份等，执业医师资格是指一个人从事医师职业所应具备的条件、身份等，经医师资格考试合格者即可依法取得相应的医师资格（执业医师资格或执业助理医师资格）。取得医师资格即具有了法律规定的医师行业的准入资格，按照法律及有关规定经注册后可从事医师工作，医师资格一经合法取得，不得剥夺。

2. 条文含义

按照学界通说，医患关系属于特殊的民事合同关系，医疗合同的当事人是患者和医疗机构。医疗机构是法律上的义务承担者，医务人员是义务的实际履行者。医疗机构是义务人，医务人员是义务人的履行辅助人。根据合同全面履行的原则，医疗机构应当安排有相应资格的医务人员提供诊疗服务，即只有具有相应资质的人才能成为合同的履行辅助人。因此，《医师法》第 12 条规定，医师资格考试成绩合格，应当颁发医师资格证书，以明确医务人员的相应资质。

3. 操作要求

执业医师资格作为一种行政许可，受《医师法》的规范和约束；《政府信息公开条例》《行政许可法》作为行政许可领域的基本法律，对行政机关所进行的各项行政许可活动均有约束力，执业医师资格当然也受《行政许可法》约束，也应该按照《行政许可法》的要求对执业医师资格的考试条件作出规范。所以对参加医师资格考试报名资格、考试成绩公布、医师资格证的颁发等事项，都可以提起行政复议、行政诉讼。

以具备本科以上学历的人为例，《医师法》第 9 条规定，具有高等学校医学专业本科以上学历，在执业医师指导下，在医疗卫生机构中参加医学专业工作实践满一年的，可以参加执业医师资格考试。《医师法》下位法的医疗方面的行政法规、规章或者规范性文件如果想要对参加执业医师资格考试的条件作出细致规定，需要符合《行政许可法》对于行政许可实施条件设置的形式要件和实质要件。

第二节 医师执业注册的相关规定

一、医师执业注册制度概述

（一）医师执业注册制度介绍

我国实行医师执业注册制度。医学院校毕业的学生只有取得执业医师资格或者执业助理医师资格，才能按照注册的执业地点、执业类别、执业范围，从事相应的医疗、预防、保健活动。卫生行政部门对于医师的执业注册，不只是一个简单的审查发证行为，而是依靠注册对医师进行行业管理。医师经注册后，可以在医疗、预防、保健机构中按照注册的执业地点、执业类别、执业范围执业，从事相应的医疗、预防、保健业务。未经医师注册取得执业证书的，不得从事医师执业活动。

（二）医师注册制度历史沿革

1999 年 5 月 1 日起施行的《执业医师法》确定了医师注册制度，对于医师的变更注册、重新注册、个体行医注册、卫生行政部门对医师资格注册的公告及备案要求等均作出了相关规定。1999 年 7 月 16 日，卫生部根据《执业医师法》颁布实施的《医师执业注册暂行办法》、2001 年 6 月 20 日颁布的《关于医师执业注册中执业范围的暂行规定》、2004 年 1 月 1 日起施行的《乡村医生从业管理条例》和 2017 年颁布的《医师执业注册管理办法》均对注册的条件和内容、注册程序、注册变更的具体要求进行了规定。

二、医师执业注册条文理解

《医师法》	《执业医师法》
第 13 条　国家实行医师执业注册制度。 取得医师资格的，可以向所在地县级以上**地方**人民政府卫生**健康主管**部门申请注册。医疗**卫生**机构可以为本机构中的**申请人**集体办理注册手续。 除有本法规定**不予注册**的情形外，卫生**健康主管**部门应当自**受理**申请之日起**二十个工作日**内准予注册，**将注册信息录入国家信息平台，**并发给医师执业证书。 **未注册取得医师执业证书，不得从事医师执业活动。** **医师执业注册管理的具体办法，由国务院卫生健康主管部门制定。**	**第 13 条**　国家实行医师执业注册制度。 取得医师资格的，可以向所在地县级以上人民政府卫生**行政**部门申请注册。 除有本法**第十五条**规定的情形外，**受理申请的**卫生**行政**部门应当自**收到**申请之日起**三十日**内准予注册，并发给**由国务院卫生行政部门统一印制的**医师执业证书。 医疗、**预防、保健**机构可以为本机构中的**医师**集体办理注册手续。

（一）关键词

医师执业注册

医师执业注册是指医学院校毕业生通过执业医师资格考试，取得医师资格后，可以向所在地地级以上地方人民政府卫生健康主管部门申请注册，获得合法执业权。执业注册实质上是一种行政许可，行政许可的目的在于加强行政管理部门对许可事项的监管，未经有权限的国家行政部门作出的行政许可，任何人不得擅自开展医疗执业活动。我国实行医师注册制度，目的是加强对执业医师的管理，保证医疗服务质量。

（二）条文含义

《医师法》第 13 条中将“卫生行政部门”修改为“卫生健康主管部门”，将“医疗、预防、保健机构可以为本机构中的医师集体办理注册手续”修改为“医疗卫生机构可以为本机构中的申请人集体办理注册手续”。医师执业注册由原来的 30 个工作日内准予注册变更为 20 个工作日内准予注册，并将注册信息录入国家信息平台，同时发放医师执业证书。医师经过注册、取得医师执业证书，便取得了执业许可，就可以从事医师执业活动了。同时，本法还明确规定，未经医师注册取得执业证书，不得从事医师执业活动。这是对于禁止非医师擅自行医进行的法律规定。

医师执业资格是以注册作为审核是否能够达到执业的条件。一般来说，取得资格后，要从事特定专业技术岗位的工作，就必须进行注册。注册标志着资格所具有的权能实现。依法取得医师资格证书后，必须经过执业注册才可以按照注册的执业地点、执业类别、执业范围从事相应的医疗服务活动。

（三）操作要求

当前，我国对执业医师的注册管理主要依据2017年起施行的《医师执业注册管理办法》来进行。医师在取得执业医师资格证书后，须准备医师执业注册申请审核表、近6个月内的2寸白底免冠正面半身照片，以及医疗、预防、保健机构的聘用证明等注册材料向所在地县级以上地方人民政府卫生健康主管部门申请注册。获得医师资格后2年内未注册者、中止医师执业活动2年以上的医师申请注册时，还应当提交在省级以上卫生计生行政部门指定的机构接受连续6个月以上的培训，并经考核合格的证明，方可进行注册。但上述管理办法是根据《执业医师法》制定的。《医师法》于2022年3月1日起施行，因此上述管理法需要进行相应的修改。

有关非医师行医的认定，可参阅本书第九章第二节的有关内容。

三、医师注册执业类别、执业范围条文理解

《医师法》	《执业医师法》
第14条　医师经注册后，可以在医疗卫生机构中按照注册的执业地点、执业类别、执业范围执业，从事相应的医疗**卫生**服务。 **中医、中西医结合医师可以在医疗机构中的中医科、中西医结合科或者其他临床科室按照注册的执业类别、执业范围执业。**	**第14条**　医师经注册后，可以在医疗、预防、保健机构中按照注册的执业地点、执业类别、执业范围执业，从事相应的医疗、预防、保健业务。 **未经医师注册取得执业证书，不得从事医师执业活动。**

续表

《医师法》	《执业医师法》
医师经相关专业培训和考核合格，可以增加执业范围。法律、行政法规对医师从事特定范围执业活动的资质条件有规定的，从其规定。 经考试取得医师资格的中医医师按照国家有关规定，经培训和考核合格，在执业活动中可以采用与其专业相关的西医药技术方法。西医医师按照国家有关规定，经培训和考核合格，在执业活动中可以采用与其专业相关的中医药技术方法。	

（一）关键词

医师执业类别

医师执业类别，即医师是从事医疗、预防、保健三类医务工作中哪类执业活动，分为四类，分别有临床、中医、口腔、公共卫生。

医师执业范围

医师执业范围，即医师的具体诊疗科目，四个类别各自有相应的执业范围。①

1. 临床类别医师的执业范围：内科专业、外科专业、妇产科专业、儿科专业、眼耳鼻咽喉科专业、皮肤病与性病专业、精神卫生专业、职业病专业、医学影像和放射治疗专业、医学检验病理专业、全科医学专业、急救医学专业、康复医学专业、预防保健专业、特种医学与军事医学专业、计划生育技术服务专业、省级以上卫生行政部门规定的其他专业。

2. 口腔类别医师的执业范围：口腔专业、省级以上卫生行政部门规定的其他专业。

3. 公共卫生医师的执业范围：公共卫生专业、省级以上卫生行政部门规定的其他专业。

---

① 原卫生部、国家中医药管理局《关于医师执业注册中执业范围的暂行规定》（卫医发〔2001〕169号）。

4. 中医类别医师的执业范围：中医专业、中西医结合专业、蒙医专业、藏医专业、维医专业、傣医专业、省级以上卫生行政部门规定的其他专业。

（二）条文含义

《医师法》第14条明确规定，只有经过注册的医师才可以在医疗卫生机构中按照注册的执业地点、执业类别、执业范围执业，从事相应的医疗卫生服务。医师如果需要从事其注册范围之外的医疗活动，需要经过专业培训和考核，通过后才可以增加执业范围。医师不得从事执业注册范围以外其他专业的执业活动。

这是《医师法》中非常重要的一条规定，医师执业活动中长期存在的一些争议都得到了澄清。它有四层含义：（1）医师执业，仍受其注册的执业地点、执业类别、执业范围的限制，但执业地点不再局限于某一个医疗机构，而是以省级行政区划为执业单元，省内多点执业只需要备案，跨省多点执业需要注册，并且执业范围可以调整；（2）允许中医类别的医师在医疗机构中的中医科、中西医结合科或者其他临床科室按照注册的执业类别、执业范围执业；（3）医师经相关专业培训和考核合格，可以增加执业范围；（4）解决了中医开西药、西医开中药的困境，经考试取得医师资格的中医医师按照国家有关规定，经培训和考核合格，在执业活动中可以采用与其专业相关的西医药技术方法。西医医师按照国家有关规定，经培训和考核合格，在执业活动中可以采用与其专业相关的中医药技术方法。

关于对医疗执业范围的理解和认定，不宜过分狭隘和苛刻。现实中经常出现内科医师为未成年患者诊疗诸如感冒、胃肠炎等普通内科疾病而被认定为超范围执业甚至非法行医的案例。在医师的执业范围内，虽然有一些特殊专业的范围规定，比如儿科、急救医学等，但需要说明的是，在医师执业范围的分类上是以疾病种类为分类依据的，而并非以患者的年龄或者性别为分类依据。所以，儿科执业范围涉及的疾病应当是指只有儿童才会患上的特殊疾病或者发生在儿童患者身上具有特殊性的疾病。同样，急救医学的执业范围应当是针对急危重症患者的抢救、处置、转运等有关工作的，主要涉及院前急救工作。但是，对急危重症患者的抢救和处理，是一般医师都应当具备的医学能力，不能因为一名外科医师参加对急危重症患者的抢救就将其视为超范围执业，也不能因为一名内科医师参加急诊室工作、院前急救出诊工作就将其视为超范围执业。内科医师具有对一般外伤患者的清创缝合的能力，因此内科医师在急诊室为外伤患者做清创缝合术也不宜认定为超范围执业。在认定医师执业范围时应当排除作为医师应当具备的基本的诊疗技能所及的疾病范围，而特指那些需要很强的专科性医学知识和技能才能处置的病症。

在新冠肺炎疫情防控中，我国形成了以中医药为特色、中西医结合救治患者的系统方案，成为中国方案的亮点。在中医用西医的技术方法，西医用中医的技术方法方面，《医师法》做了很好的制度构建。第 14 条明确规定中医、中西医结合医师可以在不限于中医科、中西医结合科的临床科室执业，经过考试取得中医执业资格的人员经过培训、考核合格，西医经过培训、考核培训，可以取得与其专业相关的西医药技术方法或中医药技术方法。

（三）操作要求

1. 新规定，新要求

随着我国相继出台各项中医药政策法规对中医药行业予以大力支持，以及中医医疗不断得到人民群众的广泛认可，中医药事业的发展正迎来关键时期，2017 年《中医药法》的实施，开启了我国中医药事业发展的新篇章。中西医结合是大势所趋。《医师法》顺应趋势，规定执业医师经过培训、考核合格后，在执业活动中可以采用与其专业相关的中西医药技术方法，打破常规，提出了全新的执业类别与执业范围理念。

2. 执业范围的调整

医师分为 4 类，类别不能调整，只能通过考试取得。换言之，一名经考试取得中医资格的医师要想取得西医类别的医师资格，就必须通过国家组织的西医类别的临床医师资格考试。但是医师执业的范围可以在本医师类别下的执业范围内，经过必要的培训、考核，完成相应的程序后，在其执业证书上增加或者变更执业范围。

3. 中医用西医药技术和西医用中医药技术新规定

新法突破既有的管理模式，明确医师经过专业培训和考核合格后，可以根据自己的兴趣意愿，申请增加执业范围。在临床工作中，西医医师如果想开具“中成药”处方，就必须经过省级卫生主管部门的周期培训学习，全部培训学习合格者，允许其在临床工作中提供中成药、医疗机构中药制剂、中医适宜技术、中药饮片等中医药服务。中医医师按照国家有关规定，经所在执业机构考核确认所需专业技术达到相应水平的，可以开展手术等现代诊疗技术。

经过考试取得的中医类别执业医师按照国家有关规定，经培训、考核合格后，可开展关节置换、介入等限制类医疗技术。西医医师按照国家有关规定，经培训和考核合格，在执业活动中可以采用与其专业相关的中医药技术方法。可以理解为经过培训的中医医师可以在临床工作中从事与其专业相关的西医药技术方法；西医医师在临床工作中遵循中医辨证施治的临床思维，融合中西医优势，可以采用与其专业相关的中医药技术方法。

有关超执业地点、超执业类别、超执业范围的认定，请参阅本书第九章第二节的有关内容。

四、医师多点执业条文理解

《医师法》	《执业医师法》
第 15 条　医师在二个以上医疗卫生机构定期执业的，应当以一个医疗卫生机构为主，并按照国家有关规定办理相关手续。国家鼓励医师定期定点到县级以下医疗卫生机构，包括乡镇卫生院、村卫生室、社区卫生服务中心等，提供医疗卫生服务，主执业机构应当支持并提供便利。 卫生健康主管部门、医疗卫生机构应当加强对有关医师的监督管理，规范其执业行为，保证医疗卫生服务质量。	新增条款

（一）关键词

多点执业

医师多点执业是指符合条件的执业医师注册后，受聘在两个以上医疗机构执业的行为。医师多点执业分为政府指令型、医疗合作型和主动受聘型三种。符合条件的执业医师申请多点执业，经卫生行政部门在两个或两个以上的医疗单位注册后，按照所注册的执业地点、执业类别和执业范围从事诊疗活动，不包括医师外出会诊，[①] 更不包括“走穴”。

（二）条文含义

2009 年 3 月，《中共中央、国务院关于深化医药卫生体制改革的意见》首次提出研究探索注册医师多点执业，标志着我国正式启动医师多点执业制度。2009 年 9 月，原卫生部下发《关于医师多点执业有关问题的通知》，开始在北京市、云南省、四川省、海南省、广东省开展医师多点执业试点。2011 年 7 月，原卫生部下发《关于扩大医师多点执业试点范围的通知》，将医师多点执业试点范围扩大至全国所有省份。2014 年 11 月，原国家卫生计生委等五部门联合下发《关于印发推进和规范医师多点执业的若干意见的通知》，为医师多点执业给出了具体化、可操作性强的指导意见。

我国医师多点执业试点，历经了多点执业由“审批制”转向“备案制”、多点执业职称从“高级”降为“中级及以上”、执业地点由“定点制”扩大为“区域制”的历程。在临床实践中，多点执业能有效缓解各地区“看病难，看病贵”的医疗现状，让广泛集中于城市的医疗卫生人才向周边区域流动，均衡医疗资源分布。因此，《医师法》第 15 条规定，国家鼓励医师定期定点到县级以下的医疗卫生机构，包括乡镇卫生院、村卫生室、社区卫生服务中心等，提供医疗卫生服务，医师所在的主执业机构也应当支持并提供便利。卫生行政部门应及时做好备案医师执业注册信息管理，便于查询和监督。

《医师法》第 15 条为新增条款，医师多点执业入法是亮点之一。根据《中共中央、国务院关于深化医药卫生体制改革的意见》中“稳步推动医务

---

① 陈刚：《利用多点执业推进公立医院改革的路径及策略》，载《卫生软科学》2012 年第 26 期。

人员的合理流动，促进不同医疗机构之间人才的纵向和横向交流，研究探索注册医师多点执业”的要求，2014 年 11 月，原国家卫生计生委等五部门联合制定了《关于印发推进和规范医师多点执业的若干意见的通知》，明确规定医师多点执业实行注册管理。2017 年 2 月，原国家卫生计生委公布《医师执业注册管理办法》。《医师法》吸取了此前出台的一系列多点执业政策规定，使医师多点执业入法，以法律的形式确认医师只需要确定一个主执业机构，其他执业机构的数量没有限制，规定了医师在多机构执业所享有的执业权利，将多点执业从政策转向实践，鼓励医师到基层医疗机构多点执业。

（三）操作要求

医师多点执业按照《医师法》第 15 条，《医师执业注册管理办法》第 10 条、第 11 条、第 20 条，《关于印发推进和规范医师多点执业的若干意见的通知》等规定办理。比如，临床、口腔和中医类别医师可以多点执业；在公立医院担任院级领导职务的医师不得参加主动受聘型多点执业；多点执业医师一般具有中级职称等。[①] 医师在注册了一个执业地点并有了一个主要执业机构后，如果要到其他机构多点执业，应当向准予其注册的卫生行政部门提出增加注册执业地点的申请，申请多点执业的医师执业类别和执业范围应在拟聘用该执业医师的医疗机构的诊疗科目范围内。得到批准后，医师可以在新增执业地点从事诊疗活动。2017 年施行的《医师执业注册管理办法》第 10 条规定，在同一执业地点多个机构执业的医师，应当确定一个机构为其主要执业机构，并向批准该机构执业的卫生计生行政部门申请注册；对于拟执业的其他机构，应当向批准该机构执业的卫生计生行政部门分别申请备案，注明所在执业机构的名称。医师只有一个执业机构的，视为其主要执业机构。同时，第 17 条规定，医师跨执业地点增加执业机构，应当向批准该机构执业的卫生计生行政部门申请增加注册。执业助理医师只能注册一个执业地点。但结合全国各地医疗机构对新冠肺炎疫情防

---

① 国家卫生计生委、国家发展改革委、人力资源社会保障部、国家中医药管理局、中国保监会《关于印发推进和规范医师多点执业的若干意见的通知》（国卫医发〔2014〕86 号）。

治的跨省跨市驰援互助行动，《医师法》第 18 条第 2 款明确规定，承担国家任务或者参加政府组织的重要活动等，可以不办理变更注册手续。

在劳动关系方面，医师与主要执业的医院建立的是劳动合同关系，签署劳动合同，享受相应的劳动待遇和权利保障，用人单位要给医师购买包括医疗保险在内的社会保险，缴纳住房公积金。医师与其他非主要执业的医疗机构之间建立的是劳务关系，分别签订劳务协议。鼓励多点执业的医师通过购买补充保险或商业保险等方式提高医师的医疗、养老保障水平。在医疗责任保险方面，其主要执业的医疗机构购买的医疗责任险涵盖了医师的执业活动，其他非主要执业医疗机构购买的医疗责任保险，除非双方约定由医疗机构购买医疗责任保险，否则多点执业的医师应当自行购买医疗责任险。

另外，应当从法律层面理顺医师多点执业的人事关系、工作要求、薪酬待遇。多点执业的医师在其主要执业地点的工作时间，不可能按照一般情况管理，其在主执业地点的工作内容、工作时间等事项应当在其聘用合同中约定清楚，否则会影响其到其他执业地点开展工作。从当前我国公立医院的人事管理体制来看，因为工作的内容和时间涉及职称晋升、学术组织职务担任、绩效津贴发放等事项，医疗机构应当探索多点执业医师管理的有效模式。

五、案例分析

【案例 2-02】撤销医师多点执业许可之诉[①]

范某某诉称，2015 年 9 月 12 日、19 日，其在上海市徐汇区华山路××× 号×××室接受了由徐某某提供的口腔护理，发生了医疗纠纷。范某某认为该地址并非金某口腔诊所，而是某口腔门诊部。某区卫生计生委向徐某某核发的被诉多点执业许可不合法，如果予以撤销，则徐某某对上诉人的治疗就是违法的，因此上诉人与被诉多点执业许可间存在利害关系，有权起诉。徐某某不符合取得医学专业技术职务任职资格的条件；某口腔门诊部自

① 范某某与上海市某区卫生健康委员会卫生行政许可案，上海铁路运输法院（2020）沪 7101 行初 474 号行政判决书；上海市第三中级人民法院（2020）沪 03 行终 554 号行政判决书。

2014年2月起无实际经营场所，申请停业，无权出具同意的书面意见；根据《医疗机构管理条例》第21条的规定，停业超过1年视为歇业，必须办理注销登记，因此，某口腔门诊部不能成为徐某某的第一执业地点；徐某某也未提供身体健康、能够胜任多点执业工作以及连续两年考核合格的证据，故被诉多点执业许可应当予以撤销。

2015年5月5日，徐某某向某区卫生和计划生育委员会（以下简称某区卫生计生委）提出医师多点执业注册申请，并提交申请人《医师资格证书》、《医师执业证书》、居民身份证及医院专业技术职务任职资格证据原件和复印件，第一执业地点医疗机构出具的同意申请人在第二、第三执业地点执业的证明，拟聘用申请人的医疗机构的《医疗机构执业许可证》正、副本复印件，申请人与拟聘用申请人的医疗机构之间的书面协议，上海市医师多点执业注册申请审核表。同日，某区卫生计生委向徐某某作出受理申请决定书，决定予以受理。经审查，某区卫生计生委批准许可徐某某医师多点执业的申请（以下简称被诉多点执业许可），增加金某口腔诊所作为其多点执业机构，并在其《医师执业证书》上注明，有效期至2017年4月30日。

法院经审理认为，某区卫生计生委对徐某某提交的申请材料进行审查后，认定徐某某符合医师多点执业注册的条件，且申请材料齐全，符合上述规定，据此作出被诉多点执业许可，事实清楚、证据充分、程序合法、适用法律正确。范某某认为徐某某的申请材料存在不全及不真实的异议，缺乏证据和事实依据，难以采纳。范某某的诉讼请求，缺乏事实和法律依据，不予支持。据此，原审依照《行政诉讼法》第69条之规定，于2020年9月15日作出驳回范某某诉讼请求的判决。

分析与讨论

有关医师执业注册、变更注册、重新注册以及多点执业许可和备案的诉讼，很多都是患者因为与医疗机构及医务人员发生了医疗纠纷，欲从取消医师注册登记入手，向卫生行政部门申请撤销医师的注册登记，一旦其意见被卫生行政部门采纳，便可以以医疗机构使用非卫生技术人员或者医师超范围执业、非法行医等事由，要求卫生行政部门对相关医疗机构及医务人员行政处罚，以此作为医疗损害赔偿要求和解、调解谈判的价码。

上例是一起典型的因医师在第一执业地点歇业期间，申请了在两家医疗机构多点执业而引发纠纷的案例。本案中的第一个争议焦点是，医师曾经诊治过的患者是否有权提起撤销多点执业行政许可之诉，显然法院认可了该患者的行政诉讼主体资格。第二个争议焦点是，该医师的多点执业申请是否符合法律规定，卫生行政部门对此予以受理，同意其多点执业申请并在其《医师执业证书》上加注了另外两家医疗机构，分别作为其第二、第三执业地点。第三个争议焦点是，医师两年一次的考核是否合格，是否得到了卫生行政部门的认可。法院在审查卫生行政部门的相关证据资料的基础上，最终作出了支持卫生行政部门多点执业许可的行政判决。

第三节　医师资格注册的特殊规定

一、概述

执业资格的核心，是以具有的医师资格和执业能力作为判断是否许可医师执业的一种行政许可手段，通过注册审核程序评价其是否能够达到医师执业所要求的条件。《医师法》除了对医师执业注册的常规情形进行规定，还对首次注册的一些后续特殊情形下的医师执业注册程序进行了规定，如当医师的执业地点、执业类别、执业范围发生变化时，就需要进行变更注册；对于中止医师执业活动二年以上以及不予注册情形消失的，依照规定可重新申请注册；对个体行医的执业医师的注册也有专门的条件要求限制；同时规定了卫生行政部门对医师资格注册的管理和监督责任。

二、医师变更注册条文理解

《医师法》	《执业医师法》
第 18 条 医师变更执业地点、执业类别、执业范围等注册事项的，应当**依照本法规定**到准予注册的卫生**健康主管**部门办理变更注册手续。 **医师从事下列活动的，可以不办理相关变更注册手续：** **（一）参加规范化培训、进修、对口支援、会诊、突发事件医疗救援、慈善或者其他公益性医疗、义诊；** **（二）承担国家任务或者参加政府组织的重要活动等；** **（三）在医疗联合体内的医疗机构中执业。**	**第 17 条** 医师变更执业地点、执业类别、执业范围等注册事项的，应当到准予注册的卫生**行政**部门**依照本法第十三条的规定**办理变更注册手续。

（一）关键词

变更注册

变更注册是指医师改变执业地点、执业类别、执业范围等注册事项，需要到卫生健康主管部门办理变更手续的制度。我国实行医师执业注册制度，目的就是加强对医师的监督管理，保证医疗服务的质量。医师在整个职业生涯中可能会发生各种变化，当医师工作的医疗机构、执业范围、临床科室发生变化时，需要及时进行变更注册，以确保执业活动的合法性。

（二）条文含义

《医师法》第 18 条对变更注册的情形、受理部门、相关程序作出了规定。该条第 2 款还规定在特定情况下，医师享有豁免变更注册的权利，包括在医疗联合体内跨机构执业、参加规培、进修，解决了长期以来困扰大型医院规培生、进修生执业资格的问题。随着近些年国家医改工作的不断推进，对口支援、医疗联合体建设等新的医师执业活动出现，也有突发事件中的紧急医疗救援的情况。例如，2020 年新冠肺炎疫情期间全国医务人员驰援武汉，在注册的执业地点之外开展执业活动，抑或医生参加援疆、援藏、到乡镇卫生院等基层机构参与对口支援工作时，可能会在超出执业范围的专业进行执业活动，在这种情况下，既往的医师执业注册规定就不够灵活，操作起来也存在一定的困难，新法基于此作出了新的规定，也更顺应了新时代医疗卫生工作的需要。新增的豁免变更注册情形的规定，使得过去的一些争议情况得到解决，便于卫生行政管理部门、医疗机构及医师的执业活动。

（三）操作要求

1. 医疗机构及医师要充分认识变更注册的重要性

当医师的执业地点、执业类别和执业范围发生变化时，要先办理变更注册手续，在完成变更注册手续后方可开展新的执业活动，否则将会造成超范围执业的问题。

2. 注意变更注册的程序要求

此前，依据 2017 年起施行的《医师执业注册管理办法》第 20 条之规定，医师变更执业地点、执业类别、执业范围等注册事项的，应当通过国家医师管理信息系统提交医师变更执业注册申请及省级以上卫生计生行政部门规定的其他材料。第 21 条规定，注册主管部门应当自收到变更注册申请之日起的 20 个工作日内办理变更注册手续。对因不符合变更注册条件不予变更的，应当自收到变更注册申请之日起的 20 个工作日内书面通知申请人，并说明理由。第 24 条规定，中医（包括中医、民族医、中西医结合）医师执业注册管理由中医（药）主管部门负责。

3. 豁免变更注册情形中的“医联体”的理解

《医师法》规定了不需要办理相关变更注册手续的情形，在法定的情形下可以突破执业地点、执业类别和执业范围的限制，但注意，此条对无须变更的情形已进行了非常详细的规定，应严格按照规定执行，不得随意扩大理解。而需要特别强调的是，“在医疗联合体内的医疗机构中执业”中提到的“医疗联合体”，随着医药卫生体制改革工作的推进，医疗联合体的建设已成为各地卫生健康主管部门和各医疗机构重点推进的工作，对于医联体的理解有广义与狭义两种，广义的医联体包括各类医院间的合作关系，某些松散型的医联体甚至仅有口头协议即挂牌医疗联合体单位。此处的医联体应理解为狭义的医疗联合体，即依据国家相关法律法规成立的医疗联合体。依据《医疗联合体管理办法（试行）》的规定，医疗联合体的主要形式包括政府主导建设的城市医疗集团、县域医疗共同体，以及在地方卫生健康部门和中医药主管部门指导下成立的专科联盟和远程医疗协作网。只有在狭义的医疗联合体内执业的，方不需办理相关变更注册手续。同时，《医师执业注册管理办法》第四章也对医师执业范围的变更进行了明确的法律规定，在实际工作中需要依法依规予以执行。

三、重新注册条文理解

《医师法》	《执业医师法》
第 19 条　中止医师执业活动二年以上**或者**本法规定**不予注册的**情形消失，申请重新执业**的**，应当由**县级以上人民政府卫生健康主管部门或者其委托的医疗卫生**机构、**行业组织**考核合格，并依照本法规定重新注册。	**第 18 条**　中止医师执业活动二年以上以**及有本法第十五条**规定情形消失**的**，申请重新执业，应当由**本法第三十一条规定的**机构考核合格，并依照本法**第十三条的**规定重新注册。

（一）关键词

重新注册

重新注册是对医师中止执业或者不予注册后，准备重新执业前进行执业注册作出的规定，是医师执业注册制度的重要内容之一。医学是一门实践科学，医师需要不断更新知识，提高业务水平，当医师由于各种原因中止执业活动，脱离临床工作达一定时限后，重新返回临床一线岗位时应当重新注册，对于不予注册的各种情形消失，申请重新执业的也应当重新注册，申请重新注册的医师要经过考核，合格后方可重新注册，确保医师具备开展执业活动的能力。

（二）条文含义

重新注册意味着之前存在的注册已经作废，因此一切程序和条件要求都按照初次注册的要求操作。《医师法》第 19 条明确规定了医师申请重新注册的条件、受理重新注册的行政部门及重新注册的程序。同时规定了适用重新注册的情形：中止医师活动 2 年以上，如脱离临床一线工作的进修、学习、实验室工作，或转岗至非临床岗位工作等情形，且此处的 2 年应理解为连续中止执业 2 年以上；对于本法第 16 条规定的不予注册的五种情形消失的，也可以申请重新注册。医师申请重新注册的程序，应当由县级以上人民政府卫生健康主管部门或者其委托的医疗卫生机构、行业组织考核合格后，认定其具备执业活动的能力，方可进行重新注册，具体的注册管理部门、办理时限与一般注册相同。

（三）操作要求

目前，医师的日常管理主要由医师所在医疗卫生机构负责，卫生健康主管部门并不能掌握每个医生的具体情况，因此对于中止医师执业活动的医师，医疗卫生机构应及时掌握本单位医师的具体工作安排，中止医师执业活动 2 年以上须重新执业的，医师所在医疗卫生机构应按规定申请重新注册。而不予注册的情形消失后需重新执业的，也应按规定申请重新注册。依据《医师执业注册管理办法》的规定，申请重新注册的，除一般注册需提交的材料，还应当提交其在省级以上卫生计生行政部门指定的医疗机构接受连续 6 个月以上的培训，并经考核合格的证明。依据《医师法》，考核工作由县级以上人民政府卫生健康主管部门或者其委托的医疗卫生机构、行业组织操作。

《医师法》第 17 条规定的注销注册、执业证书被废止的情形消失后能否重新注册？当然可以。《医师法》第 17 条与第 16 条规定的情形基本一致，只是在表述上略有差别。

四、个体行医注册条文理解

《医师法》	《执业医师法》
第 20 条　医师个体行医应当依法办理审批**或者备案**手续。 执业医师个体行医，须经注册后在医疗卫生机构中执业满五年；**但是，依照本法第十一条第二款规定取得中医医师资格的人员，按照考核内容进行执业注册后，即可在注册的执业范围内个体行医。** 县级以上地方人民政府卫生**健康主管**部门对个体行医的医师，应当按照**国家有关规定实施**监督检查，发现有本法规定**注销注册**的情形的，应当及时注销注册，**废止**医师执业证书。	**第 19 条　申请**个体行医**的**执业医师，须经注册后在医疗、**预防、保健**机构中执业满五年，**并按照国家有关规定**办理审批手续；**未经批准，不得行医。** 县级以上地方人民政府卫生**行政**部门对个体行医的医师，应当按照**国务院卫生行政部门的规定，经常**监督检查，**凡**发现有本法**第十六条**规定的情形的，应当及时注销注册，**收回**医师执业证书。

（一）关键词

个体行医

个体行医是指具有医师资格的自然人以其个人名义从事医疗、预防、保健业务的行为，个体行医是我国医疗卫生事业的一个重要组成部分，是充分利用医疗卫生人才资源，满足广大人民群众对医疗卫生事业要求的必要手段。

（二）条文含义

我国在新中国成立后一个相当长的时期内一直允许医师个体行医。1988 年，原卫生部、国家中医药管理局颁布了《医师、中医师个体开业暂行管理办法》，但该办法随着 1998 年 6 月 26 日颁布的《执业医师法》的实施而废止。2017 年颁布的《中医诊所备案管理暂行办法》针对中医个体诊所进行了专门规定。

《医师法》第 20 条规定，医师个体行医应当依法办理审批或者备案手续。此处应当分开理解，对于西医个体开办诊所的，依据《医疗机构管理条例》第9条之规定，个人设置医疗机构，按照国务院的规定应当办理设置医疗机构批准书的，应当经县级以上地方人民政府卫生行政部门审查批准，并取得设置医疗机构批准书。而对于举办中医诊所的，《中医药法》第14条规定，举办中医诊所的，将诊所的名称、地址、诊疗范围、人员配备情况等报所在地县级人民政府中医药主管部门备案后即可开展执业活动。《中医诊所备案管理暂行办法》第4条也规定，举办中医诊所的，报拟举办诊所所在地县级中医药主管部门备案后即可开展执业活动。

除审批和备案手续要求外，本条对个体行医的条件也有规定，执业医师个体行医，须经注册后在医疗卫生机构中执业满5年。此处所说的执业应理解为临床一线的执业，此规定是为了保证个体行医的医师不仅具备一定的医学知识，还有丰富的临床经验，只有这样，才能保证个体行医的质量，为人民群众提供安全的医疗服务。但对于以师承方式学习中医或者经多年实践，医术确有专长的，由至少2名中医医师推荐，经省级人民政府中医药主管部门组织实践技能和效果考核合格后，即可取得中医医师资格及相应的资格证书，按照考核内容进行执业注册后，即可在注册的执业范围内个体行医。这也是对中医个体行医的一项特别规定。

由于个体执业的医师缺乏上位管理主体，因此批准其个体执业的卫生行政部门应当对其加强监管。本条还规定了对个体行医的监督，监督的主体是县级以上地方人民政府卫生健康主管部门；监督检查的内容，应依据《医疗机构管理条例实施细则》等相关规定执行；监督检查的结果是发现有本法第17条规定注销注册的六种情形的，应当及时注销注册，废止医师执业证书。

（三）操作要求

1. 对申请个体执业的医师没有技术职称要求

对申请个体执业的医师所需要的基本条件，除了具有医师资格证和执业的年限要求外，并没有医师技术职称级别的要求。换言之，没有参加技术职称评定或者仅有初级技术职称的人，只要其执业年限达到5年的要求，即可申请个体执业。

2. 中医个体行医的条件是执行 5 年还是 3 年

本法规定，执业医师个体行医，须经注册后在医疗卫生机构中执业满 5 年；但此前原国家卫生计生委颁布的《中医诊所备案管理暂行办法》第 5 条规定，个人举办中医诊所的，应当具有中医类别《医师资格证书》并经注册后在医疗、预防、保健机构中执业满 3 年。基于上位法优于下位法、新法优于旧法的原则，持有中医类别《医师资格证书》的个人举办中医诊所的，也要求经注册后在医疗卫生机构中执业满 5 年。

3. 中医诊所的“备案”如何操作

个体行医的前提是办理审批或者备案手续，虽然对中医诊所实行备案管理，但这一备案管理并不能算是完全意义上的备案，中医诊所在备案中要提交一系列的资料，在取得《中医诊所备案证》后方可执业，并且在执业过程中要将《中医诊所备案证》、卫生技术人员信息在诊所的明显位置公示，并且对《中医诊所备案证》的管理也有一系列的要求。因此，可以将此备案理解为一种带有准行政许可性质的备案，在实际操作层面上与行政审批手续有类似之处。

五、公告及查询医师注册信息条文理解

《医师法》	《执业医师法》
第 21 条　县级以上地方人民政府卫生**健康主管**部门应当将准予注册和注销注册的人员名单**及时**予以公告，由省级人民政府卫生**健康主管**部门汇总，报国务院卫生**健康主管**部门备案，**并按照规定通过网站提供医师注册信息查询服务。**	**第 20 条**　县级以上地方人民政府卫生**行政**部门应当将准予注册和注销注册的人员名单予以公告，**并**由省级人民政府卫生**行政**部门汇总，报国务院卫生**行政**部门备案。

（一）关键词

公告

公告应是向公众告知，让公众了解。这是医师注册管理的一个必经程序，其目的是便于公众对医师执业活动进行监督，防止无证行医，保证广大人民群众能够得到合格医师的医疗服务。

（二）条文含义

《医师法》第21条对医师注册和注销注册的公告和备案进行了规定。明确公告的机构是县级以上地方人民政府卫生健康主管部门，公告的内容是准予注册和注销注册的人员名单，公告的时限是要求及时予以公告。

为了便于国务院卫生健康主管部门对全国医师的总体情况进行了解和掌握，加强对医师管理的监督，本法规定准予注册和注销注册的人员名单都要报国务院卫生健康主管部门备案，具体备案程序是由县级以上卫生健康主管部门上报至省级卫生健康主管部门，由省级卫生健康主管部门汇总，报国务院卫生健康主管部门备案。

（三）操作要求

1. 医师资格、执业资讯属于政府信息公开的范畴

《医师法》第21条的规定具有鲜明的时代特色。2019年5月15日修订的《政府信息公开条例》第8条规定，各级人民政府应当加强政府信息资源的规范化、标准化、信息化管理，加强互联网政府信息公开平台建设，推进政府信息公开平台与政务服务平台融合，提高政府信息公开在线办理水平。第11条规定，行政机关应当建立健全政府信息公开协调机制。行政机关公开政府信息涉及其他机关的，应当与有关机关协商、确认，保证行政机关公开的政府信息准确一致。行政机关公开政府信息依照法律、行政法规和国家有关规定需要批准的，经批准予以公开。

2. 卫生行政部门应当加强医师注册信息公示的网络化

随着信息化水平的不断提高，医师注册信息公告已经可以通过信息化

的手段实现。目前，国家卫健委已建立了医生执业注册信息查询平台，供公众查询医师注册信息。医师注册工作已全面实现网上信息化注册，各类公告信息和网络查询服务也都可以通过各级卫生健康主管部门的网站或搭建的信息平台实现。

3. 以卫生行政部门批准执业的时间为准

卫生行政部门从批准注册到发放医师执业证书存在时间差，应当以批准的时间而不是医师拿到证书的时间为准。但现实中，卫生行政部门是什么时候批准的有时难以知悉，这就要求卫生行政部门及时在相关信息平台上予以公示。本法对于未及时公告或卫生健康主管部门未及时备案等问题并未规定法律责任，在实践中遇到此类问题时需要寻求所在地卫生行政部门的帮助。

六、案例分析

【案例 2-03】未能按要求提交材料致使不能变更注册的案例①

2009 年，贾某与冯某、侯某入股联营组建某医院；2011 年 3 月，贾某欲退出该医院，即向某市卫生局申请医师执业注册事项（执业地点）变更，某市卫生局答复贾某须由原执业机构某医院在其提交的《审核表》上签署意见和盖章；贾某遂请求该医院签署意见和盖章，但该医院以双方对患者的医疗纠纷赔偿及协议的执行未得到彻底处理和解决为由，不予签署意见和盖章；2014 年 11 月、12 月，贾某在上述情况没有发生变化的情况下，又向某市卫生局申请为其办理医师变更执业注册，因该市卫生局未再给其答复，遂于 2015 年 3 月 30 日向法院提起行政诉讼，请求判令某市卫生局为其办理变更注册手续，并判令某市卫生局、某医院、黄某赔偿损失。法院经审理认为，办理变更注册手续时向审批机关提交填写内容完整且符合要求的《审批表》是其申请注册的法定程序和条件；某市卫生局因贾某不能提交符合条件的《审批表》而答复其不予注册是符合法律规定的，不存在不

① 贾某诉某市卫生局不履行卫生行政许可法定职责案，山西省高级人民法院（2015）晋行终字第 165 号行政判决书。

履行法定职责的情形；贾某在某市卫生局向其作出答复后，又以同一事实和理由进行申请，某市卫生局虽然未再进行答复，但并不构成不作为；某市卫生局对贾某不存在不履行医师执业变更注册职责的行为，为此，贾某要求某市卫生局赔偿由此造成损失的诉讼请求不能成立。本案一审驳回了贾某的诉讼请求，后二审、再审均维持了一审判决。

分析与讨论

医师如要变更执业地点、执业类别、执业范围等事项，按照原卫生部发布的，从 1999 年起实施的《医师执业注册暂行办法》第 16 条的规定，应当到注册主管部门（地方卫生行政部门）办理变更注册手续，并提交《审批表》《医师资格证书》《医师执业证书》等材料，《审批表》是由原卫生部监制，全国统一的制式表格，其中“原执业机构意见”一栏由原执业机构填写，该栏中除要求原执业机构签署是否同意调出的意见外，还注明有负责人签字和单位盖章的位置；医师执业变更注册要取得原执业机构的同意等事项和程序，国家卫生行政部门是通过《审批表》的形式来规范的，提交的资料不符合要求，是不能办理变更注册的。值得一提的是，目前医师变更注册手续已可以通过国家医师管理信息系统办理，在信息系统中已不再有原执业机构意见一项，此项改变也为医师变更注册提供了便利。

第三章

考试与注册·医师资格否定

医师资格否定，包括对通过考试获得的医师资格的否定、申请注册时行政部门不予注册、医师执业资格撤销、医师执业资格注销、医师执业资格吊销、医师职业禁入等。医师执业资格吊销、医师职业禁入属于法律责任的内容，在《医师法》的第六章，本书为了论述方便，也为了知识的系统性，将这两项内容放到本章。

一、医师资格否定概述

医师执业活动直接关系到人民群众的生命健康，为选拔优秀人才，合理分配社会资源，保障人民群众的生命健康安全，《医师法》规定，只有取得医师资格证书，并进行执业注册后方可取得行医资格，从事医师执业活动。为保证医师队伍具有良好的职业道德、符合执业标准的执业技能，确保其能维持符合许可医师资质的基本要求，卫生健康主管部门需要持续监督管理，对于不符合医师资格的注册申请人、已经批准注册取得医师执业证书但目前已经不符合医师条件的人员，应当移除其医师执业资格（Disqualification，DQ），因此《医师法》建立并落实了医师资格丧失的制度，对剥夺医师执业资格的具体标准和情形作出了规定。考察域外立法，美国加利福尼亚州的医事法（The California Medical Practice Act）中专设了1.5部分“拒绝、暂停和吊销许可证”，下设五章进行详细规定。加利福尼亚州医师资格管理的否定性措施包括医师注册拒绝（Denial of Licenses）、医师资格暂缓（Probation of Licenses）、医师资格暂停（Suspension of Licenses）、医师注册注销（Revocation of Licenses）。

《医师法》建立的医师执业资格否定制度则包括六种情况：不予注册、吊销执业证书、注销执业注册、撤销医师资格证、撤销医师执业证、医师职业禁入制度。

在取得医师资格证后，申请执业注册时，如不满足医师执业基本标准要求、存在法律法规规定不得从事医疗卫生服务情况的，卫生健康主管部门将不予注册，从源头确保只有符合标准的人员才能进入执业医师队伍。

取得医师执业证书后，《医师法》规定，有权限的卫生健康主管部门有权对有违反行政法规行为的医师依法给予行政处罚，其中就包括让违法行为人丧失因行政许可而获得的医师执业证书，即吊销执业证书制度。

取得医师执业证书后，如发生执业许可被吊销的行政处罚、不能维持医师执业技术标准、不能或不宜正常执业事项的时候，《医师法》规定，卫生健康主管部门应注销注册，并废止医师执业证书，即医师执业注册注销制度。

医师执业注册作为授益性行政许可，基于行政信赖原则，已经取得的行政许可未经正当程序和合法事由，不得随意撤销。在医师资格考试、执业注册申请过程中，如行政机关违法行政或被许可人采取欺骗、贿赂、威胁等不正当方式取得行政许可，卫生健康主管部门可以对相关行政许可进行撤销。

医疗与人民生命健康密切相关，是具有较高专业技术能力和医疗伦理道德规范要求的特殊行业。针对特殊行业、特殊职业，法律法规限制具有某些特定违法违规情况当事人，在限定时限内禁止进入某特定行业、从事特定职业，以作为一般性的预防和处罚措施，一般称为职业禁入。《医师法》第 58 条及《刑法修正案（九）》有职业禁入相关的规定。如医师在既往执业活动中存在严重违反医师职业道德、医学伦理规范，造成恶劣社会影响的情形，则可按规定在限定期限内禁止该医师进行医疗卫生服务。

《医师法》第 16 条对不予执业注册的情形进行了具体规定，而第 17 条、第 54 条第 2 款和第 58 条分别对医师执业注销注册，医师资格证书、执业证书的撤销以及医师职业禁入进行了规定。

不予执业注册、注销执业注册、撤销医师资格等均为直接对行政管理相对人权益产生影响的涉及行政许可的具体行政行为，除按照特别法《医师法》的特殊规定外，还应该遵守和适用《行政许可法》的一般性规定。医师职业资格的主管部门应当注意保护行政管理相对人的合法权益，严格按照《医师法》《行政许可法》《医师执业注册管理办法》的规定进行操作。卫生行政部门作出的“医师资格否定”的决定属于具体行政行为，拟申请执业的行政管理相对人对于卫生行政部门作出的“医师资格否定”决定不服的，可以申请信息公开、行政复议直至提起行政诉讼。

二、不予执业注册

（一）不予执业注册概述

我国实行医师执业注册制度，即医师执业应当经注册取得“医师执业证书”。取得医师资格的，可以向所在地县级以上地方人民政府卫生健康主管部门申请注册，卫生健康主管部门应当自受理申请之日起的20个工作日内准予注册，将注册信息录入国家信息平台，并发放医师执业证书。未注册取得医师执业证书不得从事医师执业活动。医师经执业注册后，方可在医疗卫生机构中按照注册的执业地点、执业类别、执业范围从事相应的医疗卫生服务。对于不予注册的规定和要求，除《医师法》中有规定外，《医师执业注册管理办法》中也有更为详细的规定。

（二）不予执业注册条文理解

《医师法》	《执业医师法》
第16条　有下列情形之一的，不予注册： （一）无民事行为能力或者限制民事行为能力； （二）受刑事处罚，刑罚执行完毕不满二年或者被依法禁止从事医师职业的期限	第15条　有下列情形之一的，不予注册： （一）不具有完全民事行为能力的； （二）因受刑事处罚，自刑罚执行完毕之日起至申请注册之日止不满二年的； （三）受吊销医师执业证书行政处罚，

续表

《医师法》	《执业医师法》
未满； （三）被吊销医师执业证书不满二年； （四）因医师定期考核不合格被注销注册不满一年； （五）法律、行政法规规定不得从事医疗卫生服务的其他情形。 受理申请的卫生健康主管部门对不予注册的，应当自受理申请之日起二十个工作日内书面通知申请人和其所在医疗卫生机构，并说明理由。	自处罚决定之日起至申请注册之日止不满二年的； （四）有国务院卫生行政部门规定不宜从事医疗、预防、保健业务的其他情形的。 受理申请的卫生行政部门对不符合条件不予注册的，应当自收到申请之日起三十日内书面通知申请人，并说明理由。申请人有异议的，可以自收到通知之日起十五日内，依法申请复议或者向人民法院提起诉讼。

1. 关键词

不予注册

执业资格是专业技术人员依法独立工作或开业所必需的、由国家认可和授予的在个人学识、技术和能力方面的资质证明。资格考试是现行国家行业准入的一般规则。《医师法》第 12 条规定，医师资格考试成绩合格，取得执业医师资格或者执业助理医师资格，发给医师资格证书。根据《医师执业注册管理办法》第 5 条，凡取得医师资格的，均可申请医师执业注册。但并非在任何情形下均可被准予注册，《医师法》第 16 条在保留《执业医师法》部分条款的基础上扩充了不予注册的情形。

2. 条文含义

关于医师不予注册的条文，与《执业医师法》对比，《医师法》第 16 条对《执业医师法》第 15 条进行了全文修改，调整了相关情形的行为用语，《医师法》在具体表述上更为准确，增加了“被依法禁止从事医师职业的期限未满”“因医师定期考核不合格被注销注册不满一年”等情形；将《执业医师法》中不予注册书面通知的时间由“自收到申请之日起三十日内”修改为“二十个工作日内”，提高了办事效率；同时将《执业医师法》中规定的“申请人有异议的，可以自收到通知之日起十五日内，依法申请复议或者向人民法院提起诉讼”删除。

《医师法》规定了 5 种不予注册的情形。

（1）无民事行为能力或者限制民事行为能力的不予注册

可以独立实施民事法律行为、实施的民事法律行为有效并能独立承担法律责任是医师申请执业的前提。《民法典》规定，无民事行为能力人从事的民事法律行为无效；限制民事行为能力人只有在实施纯获利益的民事法律行为或者与其年龄、智力、精神健康状况相适应的民事法律行为时有效，实施的其他民事法律行为经法定代理人同意或者追认后方才有效。医师执业行为显然不属于纯获利益行为，而实施医学专业诊疗行为，更不适用法定代理人追认。故为保障医师执业行为的法律效力，法律明确排除了该两类人，如未满 18 周岁的未成年人（16 周岁以上的未成年人，以自己的劳动收入为主要生活来源的除外），抑或无法辨认自己行为的精神病人等，即使通过执业医师资格考试，卫生健康主管部门也不予注册。

（2）受刑事处罚，刑罚执行完毕不满 2 年或者被依法禁止从事医师职业的期限未满的不予注册

与之前的《执业医师法》相比，除了前半部分的表述更为简洁精准，还增加了“被依法禁止从事医师职业的期限未满”的情形，该内容与本次《医师法》新增亮点第 58 条规定的禁业行为相互衔接、呼应。

（3）被吊销医师执业证书不满 2 年的不予注册

《医师法》第 54 条至第 58 条规定了吊销医师执业证书的情形，那么从被吊销医师执业证书的处罚决定之日起 2 年内申请再次注册的，不予注册。此条也体现了国家对于曾经受到最严厉行政处罚的申请人在再次申请执业注册时的审慎态度。

（4）因医师定期考核不合格被注销注册不满 1 年的不予注册

《医师法》第 42 条对医师定期考核的周期、内容、备案及考核不合格的处理进行了明确规定：“……对考核不合格的医师，县级以上人民政府卫生健康主管部门应当责令其暂停执业活动三个月至六个月，并接受相关专业培训。暂停执业活动期满，再次进行考核，对考核合格的，允许其继续执业。”若考核仍不合格，则按照《医师法》第 17 条的规定注销注册，因定期考核不合格而被注销注册的，需要自注销注册之日起满 1 年，才能再次申请注册，此条为《医师法》的新增内容。

（5）法律、行政法规规定不得从事医疗卫生服务的其他情形

该条为兜底条款，目的是保证全面覆盖与之相关的其他法律法规，如《医师执业注册管理办法》第 6 条规定的“……（四）甲类、乙类传染病传染期、精神疾病发病期以及身体残疾等健康状况不适宜或者不能胜任医疗、预防、保健业务工作的；（五）重新申请注册，经考核不合格的；（六）在医师资格考试中参与有组织作弊的；（七）被查实曾使用伪造医师资格或者冒名使用他人医师资格进行注册的；（八）国家卫生计生委规定不宜从事医疗、预防、保健业务的其他情形的”。

3. 操作要求

（1）定期考核纳入“不予注册”的情形

2020 年 12 月，中国医师协会医保知识医师定期考核委员会在北京成立，该委员会根据国家卫生健康委医政医管局要求，经协会批准成立。医保知识医师定期考核委员会成立后，作为国家医疗保障行政部门、卫生健康行政部门与医院、医师之间联系的桥梁和纽带，及时推进国家最新医保政策及与卫生健康相关政策的宣传教育，更好地指导和规范医师临床服务行为和医保经办业务，加强行业自律，提升医保基金的使用效能，从而使医保基金能够惠及更多的群众，促进我国医疗保障制度健康、持续发展。

现行《医师执业注册管理办法》中在“不予注册”的情形中亦增加了“重新申请注册，经考核不合格的”情形，此次《医师法》再次将“因医师定期考核不合格被注销注册不满一年”纳入“不予注册”的情形，均可看出国家层面对医师定期考核的重视程度，同时，定期考核对于医师执业的影响亦将越来越大，显然，这也是弥补我国医师制度中“一考定终身”的弊端的有效办法。同时，随着各项管理的逐渐加强，今后的医师管理也将越来越严格，主要手段就是“定期考核”，目前实践中的走形式，或连形式也不走的医师定期考核将一去不复返。

（2）本次修订对于“医生禁业机制”的完善

关于医生行业禁止制度，各界专家均迫切期望通过修订《执业医师法》建立该制度以填补空白。《执业医师法》中不予注册及注销注册的情形虽规定了临时禁业期限，但均为笼统的概括性规定，在不区分刑事处罚及吊销

执照的具体情形下统一禁业2年，而对于社会各界呼吁较强的终身禁业，《执业医师法》则未作任何规定。

《医师法》尽管较《执业医师法》增加了两种“不予注册”的情形（被依法禁止从事医师职业的期限未满，因医师考核不合格被注销注册不满一年），但依然未对禁业行为分门别类；虽然首次将医生终身禁业的制度入法（第58条），但对于终身禁业的规定仍过于笼统，对于医师的哪些行为、到何种程度会被终身禁业，《医师法》将相关的判断权力赋予了各省级卫健委，将来可能会造成执行标准不统一。

（3）对“不予注册”的法律救济

《执业医师法》第15条规定，受理申请注册的卫生行政机关对不符合申请条件的，应自收到申请之日起30日内通知申请人，并说明理由。申请人对此有异议的，可自收到通知之日起15日内，依法申请复议或者向人民法院提起诉讼。

《医师法》删除了“申请人有异议的，可以自收到通知之日起十五日内，依法申请复议或者向人民法院提起诉讼”，看似删除了司法救济途径，实则是保留了救济权利，又与《行政复议法》《行政诉讼法》之规定保持了统一。

《执业医师法》规定申请行政复议的期限为自收到通知之日起15日内，与《行政复议法》第9条“公民、法人或者其他组织认为具体行政行为侵犯其合法权益的，可以自知道该具体行政行为之日起六十日内提出行政复议申请；但是法律规定的申请期限超过六十日的除外”的规定相冲突。在法律适用过程中，《行政复议法》是专门法，《执业医师法》与其发生冲突时应适用《行政复议法》，故《医师法》将《执业医师法》中的相关规定予以删除，即申请人因不予注册与卫生行政机关发生异议时直接适用《行政复议法》，对于《行政复议法》中已有规定的，在《医师法》中不再重复规定。

对于提起行政诉讼的时间，《行政复议法》第19条亦有明确规定，法律、法规规定应当先向行政复议机关申请行政复议、对行政复议决定不服再向人民法院提起行政诉讼的，行政复议机关决定不予受理或者受理后超过行政复议期限不作答复的，公民、法人或者其他组织可以自收到不予受理决定书之日起或者行政复议期满之日起 15 日内，依法向人民法院提起行政诉讼。

（三）案例分析

【案例 3-01】医师执业不予注册登记行政诉讼案①

瞿某申请再审称，其于 1999 年取得执业医师资格证，2004 年退休，退休前后并不知道自己未办理执业医师注册，原某县卫生计生委和原所在单位重庆市某县某镇卫生院也从未通知和批准其去注册。《医师执业注册管理办法》规定的接受连续 6 个月以上培训并经考核合格的要求系针对获得医师资格后 2 年内未注册或中止医师执业活动 2 年以上的情形，瞿某退休前一直在医院执业，并不存在停业、技术生疏，需要重新学习的情况，原某县卫生计生委不批准其注册违法。请求撤销一、二审判决，依法再审改判。重庆市某县卫生健康委员会未向本院提交书面答辩意见。

再审法院认为，本案系瞿某认为原某县卫生计生委不批准其医师执业注册违法而提起的行政诉讼案件。《执业医师法》第 13 条第 1 款、第 2 款、第 4 款规定："国家实行医师执业注册制度。取得医师资格的，可以向所在地县级以上人民政府卫生行政部门申请注册……医疗、预防、保健机构可以为本机构中的医师集体办理注册手续。"《医师执业注册管理办法》第 12 条第 2 款规定："获得医师资格后二年内未注册者、中止医师执业活动二年以上或者本办法第六条规定不予注册的情形消失的医师申请注册时，还应当提交在省级以上卫生计生行政部门指定的机构接受连续 6 个月以上的培训，并经考核合格的证明。"本案中，瞿某于 1999 年取得执业医师资格证，至 2004 年退休，其间并未向原某县卫生计生委申请医师执业注册，其原所在单位重庆市某县某镇卫生院也未通过集体办理注册手续的方式为其办理注册，瞿某于 2017 年 6 月向原某县卫生计生委申请医师执业注册，但未按《医师执业注册管理办法》第 12 条第 2 款的规定提交相应的培训考核合格

---

① 瞿某诉某县卫生和计划生育委员会卫生管理行政登记案，重庆市高级人民法院（2019）渝行申 109 号行政裁定书。

证明材料，原某县卫生计生委对瞿某的医师执业注册申请不予办理，符合法律规定。一审法院判决驳回瞿某的起诉，并无不当。二审法院予以维持，亦无不当。

分析与讨论

本案涉及一名退休医师错过了注册登记，在中止执业两年后才申请注册的情形，依照《执业医师法》，该申请人在中止医师执业两年后再次申请注册，应当接受国家有关部门指定的医疗机构的培训，经考核合格后才能重新注册。但本案申请人并没有提供这样的证据材料，因此卫生行政部门作出了不予注册的决定，得到了法院的支持。作为该申请注册的医师，可以依照法律规定向当地卫生行政部门申请，安排其到指定的医疗机构进行培训，考核合格后可以重新注册。对于有关单位未为其办理集体注册，亦未告知其没有注册的，如果该医师认为这侵犯了其合法权益，给其造成经济损失，可以通过民事诉讼寻求法律救济。

三、医师执业注册注销

（一）医师执业注册注销概述

从字面意思看，“注销”是指取消登记过的事项。执业注册注销，是指卫生健康管理部门在法定情形下，将特定医师执业注册行政许可予以登记注明取消。

《医师法》第17条规定了应予以注销注册、废止医师执业证书的情形，其中既包括执业许可效力被终止之后，给予程序性的注销登记，也包括有效的执业许可因注销执业注册，使得执业注册行政许可效力被终止的情形。

（二）医师执业注册注销条文理解

《医师法》	《执业医师法》
第 17 条 医师注册后有下列情形之一的，注销注册，**废止**医师执业证书： （一）死亡； （二）受刑事处罚； （三）**被**吊销医师执业证书； （四）**医师定期考核不合格，**暂停执业活动期满，再次考核仍不合格； （五）中止医师执业活动满二年； （六）**法律、行政法规**规定**不得**从事医疗**卫生服务或者应当办理注销手续**的其他情形。 **有前款规定情形的，医师所在医疗卫生机构应当在三十日内报告准予注册的卫生健康主管部门；卫生健康主管部门依职权发现医师有前款规定情形的，应当及时通报准予注册的卫生健康主管部门。准予注册的卫生健康主管部门应当及时注销注册，废止医师执业证书。**	**第 16 条** 医师注册后有下列情形之一的，**其所在的医疗、预防、保健机构应当在三十日内报告准予注册的卫生行政部门，卫生行政部门应当**注销注册，**收回**医师执业证书： （一）死亡**或者被宣告失踪的；** （二）受刑事处罚**的；** （三）**受**吊销医师执业证书**行政处罚的；** （四）**依照本法第三十一条规定**暂停执业活动期满，再次考核仍不合格**的；** （五）中止医师执业活动满二年**的；** （六）**有国务院卫生行政部门**规定**不宜**从事医疗**、预防、保健业务**的其他情形**的。** **被注销注册的当事人有异议的，可以自收到注销注册通知之日起十五日内，依法申请复议或者向人民法院提起诉讼。**

1. 关键词

注销注册

医师在取得执业证书后，在法定情形下，医师的执业注册将被注销，医师执业证书也将被废止。当医生执业注册被注销、医师执业证书被废止后，当事人不能再从事医师执业活动。

行政许可的注销需要与行政许可的撤销、行政许可的撤回相区别。行政许可注销是指行政机关注明取消行政许可，是行政许可结束后由行政机关办理的手续。它与行政许可撤销的区别在于，行政许可撤销的决定一般需要由行政机关作出，撤销的事由通常是行政许可的实施过程中有违法因素，即违法导致行政许可的撤销，而行政许可注销的事由不仅可能是实施过程中存在违法因素，还可能包括其他因素，即只要被许可人终止从事行政许可事项的生产经营等活动，行政机关即对该项行政许可予以注销。行政许可撤回主要是指行政许可的实施以及被许可人从事许可事项的活动本身并不违法，但因客观情况发生变化，行政机关对行政许可进行撤回。行政机关在撤销、撤回行政许可后，也要履行注销行政许可的手续。[①]

2. 条文含义

本条规定的是卫生健康主管部门注销医师执业注册，同时废止医师执业证书的法定情形，以及医疗机构的报告义务、卫生健康主管部门通报及执行注销注册、废止医师执业证书的权限分工。

根据《医师法》第 13 条第 1 款、第 4 款之规定，国家实行医师执业注册制度。未注册取得医师执业证书，不得从事医师执业活动。医师只有取得医师资格证书并进行执业注册，在取得执业证书后方能从事医师执业活动。医师执业注册被注销、被废止医师执业证书后相当于未注册、未取得医师执业证书，不具有从事医师执业活动的资格。

一方面，医师注销制度具有程序性价值，医师执业注册行政许可被取消，实质是已无执业资格，但形式上仍有注册登记、执业证书。此时，通过注销制度，将被取消执业注册的事实予以登记载明，废止执业许可凭证，避免执业注册信息不全面、失效的许可证件被继续使用，扰乱国家医师执业行政管理秩序。

另一方面，医师执业注销还具有实体作用和意义，此时，医师执业注册注销是导致行政许可效力灭失的原因，因符合注销条件，注销执业注册登记，使得因行政许可而获得的从事医师执业的资格丧失。

根据本条规定，医师在以下几种情形下应被注销注册、废止医师执业证书。

（1）医师死亡

自然人死亡，主体资格消灭。医师执业注册系授益性行政行为，系在普遍禁止情况下基于对特定当事人专业资质、技能的认可，许可当事人取得从事医师执业资质。此种许可与特定当事人的人身密不可分，具有人身依附性，需要当事人亲自执行，不得转让、继承。如医师死亡，形式上执

① 杨晓玲：《终止性行政许可行为——撤销、撤回、吊销、注销许可辨析》，中国政法大学 2005 年硕士学位论文。

业许可仍然存在，但不可能继续从事医师执业，此时执业注册已没有意义，应予以注销。

《民法典》第 15 条规定，自然人的出生时间和死亡时间，分别以出生证明与死亡证明记载的时间为准；没有出生证明、死亡证明的，以户籍登记或者其他有效身份登记记载的时间为准。有其他证据足以推翻以上记载时间的，以该证据证明的时间为准。死亡证明、公安机关的销户证明等均为证明死亡时间的证据。

与死亡这一法律事件相关的另一种情况是宣告死亡，宣告死亡是指自然人下落不明并满足一定条件，利害关系人可以向人民法院申请宣告该自然人死亡。宣告死亡并不意味着自然人生理上已经死亡，下落不明的自然人在被宣告死亡后，可能实际上还存活。如被宣告死亡的人重新出现，经本人或者利害关系人申请，人民法院应当撤销死亡宣告。自然人被宣告死亡但并未死亡的，不影响该自然人在被宣告死亡期间实施的民事法律行为的效力。所以，此条规定的死亡应不包括宣告死亡的情形。

（2）医师受刑事处罚

《刑法》的谦抑性决定了刑事处罚只能对社会危害性最大的违反《刑法》的犯罪行为进行制裁，系国家法律对违法行为人所进行的最严厉的否定性评价。鉴于医疗活动与人的生命健康、社会公共利益密切相关，应对医师执业道德、技术能力具有较高的期待和要求。医师受到刑事处罚，说明犯罪人具有相当的社会危害性。如受到刑事处罚的医师同时还能进行诊疗执业活动，对不特定的接受医疗服务的人员即具有危险性。所以，作为一般性预防措施，医师如受到刑事处罚，执业注册应被注销，丧失执业资格。

但值得注意的是，医师受刑事处罚被注销的执业注册并非终身注销。根据《医师法》第 16 条第 1 款第 2 项，如刑罚执行完毕已满 2 年，其可以再次申请医师执业注册。

（3）被吊销医师执业证书

吊销医师执业证书是指医师获得合法执业注册后，由于执业行为违法违规而被行政机关处以取消行政许可的处罚。被吊销医师执业证书，意味着该行政处罚生效后医师执业注册行政许可不再具有法律效力。吊销医师执业证书不具有溯及力，不溯及被吊销前的医师执业活动效力。

医师执业证书被吊销后，从行政管理的程序上，应对此处罚的结果进行登记，即完成执业注册注销的手续、废止医师执业证书。

《医师法》规定应吊销医师执业证书的情形包括第 54 条第 3 款、第 55 条至第 58 条，共计 5 个条款。

（4）医师定期考核不合格，暂停执业活动期满，再次考核仍不合格

根据《医师定期考核管理办法》（卫医发〔2007〕66 号）第 2 条，医师定期考核是指受县级以上地方人民政府卫生行政部门委托的机构或组织按照医师执业标准对医师的业务水平、工作成绩和职业道德进行的考核。

医师定期考核制度是对医师业务水平、工作成绩、职业道德的定期监督，确保医师在职业生涯中符合医师执业所应有的基本标准。根据《医师法》第 42 条，国家实行医师定期考核制度。对考核不合格的医师，县级以上人民政府卫生健康主管部门应当责令其暂停执业活动 3 个月至 6 个月，并接受相关专业培训。暂停执业活动期满，再次进行考核，考核合格的，允许其继续执业。如再次考核不合格，即证明被考核医师实质上不能达到医师执业的基础标准，不再符合行政许可的条件，应注销执业注册，废止医师执业证书。

（5）中止医师执业活动满 2 年

医师是对诊疗操作实践技能有着较高要求的职业，实践技能考试是医师资格考试的第一阶段，而且只有实践技能考试合格才能取得参加第二阶段（医学综合笔试）的资格，这种安排充分说明了诊疗操作实践技能的重要性。同时，临床医学还未能完全脱离经验医学的局限，临床经验的积累在医师的成长和专业技术能力提升方面有着重要和独特的作用。短期不从事医师执业活动，或许不一定会对执业能力造成影响，但如果长期不从事医师执业活动，临床操作实践技能就得不到锻炼、提升，医学理论知识就得不到更新，临床经验无法积累和提高，就难以保证其诊疗操作实践技能和医学理论知识能力满足医师执业基本要求。为保证取得执业许可的医师均具有符合准入标准的执业能力，保证医疗质量安全、患者安全，从一般

性预防的角度出发，应对长期中止执业的医师的执业资格进行限制。本项规定，中止医师执业活动满 2 年，应注销执业注册，废止医师执业证书。

当然，因为他们具有医师资格证书，在注销执业注册后仍可以重新提出医师执业注册申请。依据《医师法》第 19 条，由县级以上人民政府卫生健康主管部门或者其委托的医疗卫生机构、行业组织考核，合格后就可以依法重新注册。

（6）法律、行政法规规定不得从事医疗卫生服务或者应当办理注销手续的其他情形

本项系注销执业注册情形的兜底条款，是经常用到的立法技术手段之一。因为生活实践中存在各种各样的具体情形，在立法时无法做到完全列举，因此设定兜底条款克服成文法规定刚性的缺陷，使得法律规定能够更好地应对现实中的各种问题。同时，因为注销执业注册也属于行政许可注销，《行政许可法》或其他法律、行政法规有关行政许可注销的规定也存在适用的可能，指引性条款为《医师法》与其他法律规范之间的衔接适用建立了连接。

本条第 2 款规定了医师执业资格注销的程序。

注销是卫生健康主管部门的义务，但行政机关在客观上并非全知全能，没有办法动态掌握医生执业注册后的变动情况，为保证其能及时掌握医师执业注销事项的发生，本条规定了卫生健康主管部门获取执业注册注销情形的途径。

①医疗卫生机构的报告。医师在医疗机构进行注册，医疗机构作为管理部门能掌握有关情况，医疗机构的主动报告，有助于行政机关及时、依法管理，进行执业注册注销工作，报告时限为 30 日。

②非注册发证卫生健康主管部门的通报。在具体行政监管活动中，注册机关与属地监管机关往往不一致，为避免信息的脱节，造成管理漏洞，依职权发现存在应注销执业注册情形的卫生健康主管部门应当通告准予注册的卫生健康主管部门。

③准予注册的卫生健康主管部门自行发现。条文虽未直接规定，但准予注册的卫生健康主管部门自行发现存在应注销执业注册情形时，有权予

以注销注册，废止执业证书。

④当事人主动报告。《医师法》未规定当事人应主动报告，但当事人的主动提出、主动报告，也属于卫生健康主管部门获得信息的来源。

⑤其他单位、组织或人员的举报、通报等其他途径。

3. 操作要求

（1）被宣告失踪不再是注销事由

《执业医师法》规定宣告失踪与宣告死亡同为执业注销的法定事由，此次修改将被宣告失踪这一事由取消。

宣告失踪是指自然人下落不明达到法定的期限，经利害关系人申请，人民法院依照法定程序宣告其为失踪人的一项制度。自然人的失踪将使与其相关的法律关系处于不确定状态，法律设立宣告失踪制度，就是为了调整这种不确定状态，保护相关当事人的利益。设立宣告失踪制度，由人民法院宣告自然人失踪，以结束失踪人财产无人管理及其应当履行的义务不能得到及时履行的不确定状态，保护失踪人和利害关系人的利益，维护社会经济秩序的稳定。[①]

宣告失踪并不意味着主体的灭失，宣告失踪期间的行为能力和行为仍有法律效力，宣告失踪的目的在于结束失踪人财产关系的不确定状态，保护失踪人的利益，兼及利害关系人的利益，不是为了解决执业管理问题。所以，此次《医师法》将被宣告失踪事项予以删除，被宣告失踪不再是执业注册注销事由。

（2）法律、行政法规有权补充规定不得从事医疗卫生服务或者应当办理注销手续的其他情形

《执业医师法》第16条第1款第6项规定，“有国务院卫生行政部门规定不宜从事医疗、预防、保健业务的其他情形的”。但《医师法》将第17条第1款第6项修改为“法律、行政法规规定不得从事医疗卫生服务或者应当办理注销手续的其他情形”。

根据上述规定，只有法律、行政法规才能补充规定不得从事医疗卫生

① 石宏主编：《〈中华人民共和国民法典〉释解与适用·总则编》，人民法院出版社2020年版，第72-73页。

服务或应当办理注销手续的其他情形，排除了部门规章、地方性法规、政府规章以及一般规范性文件补充规定注销事由的情况。

此次修改与《行政许可法》第70条之有关规定保持了一致，行政许可的注销应以法律、行政法规的规定为限。

（3）注册执业注销的执行机关

由于行政许可注销针对的是原行政许可，就需要将许可被取消的事实进行注明登记。因为行政许可由其决定，其熟悉行政许可审批情况，具有相应的档案资料，有义务对行政许可的实施进行全程监督，故应由准予注册的卫生健康主管部门负责注销注册。本条规定明确由准予注册的卫生健康主管部门负责注销注册，可以避免各级卫生健康主管部门之间权责不明。

（4）对注销注册不服的救济措施

《执业医师法》第16条第2款规定，被注销注册的当事人有异议的，可以自收到注销注册通知之日起15日内，依法申请复议或者向人民法院提起诉讼。《医师法》将此规定予以删除，但这并不意味着当事人对卫生健康主管部门注销注册不服时失去了救济措施。

当事人对具体行政行为不服时可以通过行政复议、行政诉讼等手段进行救济。如被注销注册的当事人有异议，根据《行政复议法》第9条和《行政诉讼法》第44条、第45条、第46条的有关规定，可以提起行政复议，对复议结果不服的可再提起行政诉讼，也可以直接提起诉讼。

行政复议申请应在自知道该具体行政行为之日起60日内提出，对复议决定不服的可以在收到复议决定书之日起15日内向人民法院提起诉讼。复议机关逾期不作决定的，申请人可以在复议期满之日起15日内向人民法院提起诉讼。如直接向人民法院提起诉讼，应当自知道或者应当知道作出行政行为之日起6个月内提出。

因《执业医师法》第16条第2款与上述法律规定不完全相符，且有重复规定之嫌，故将此规定删除。

（三）案例分析

【案例 3-02】助理医师执业注册注销案[①]

2013 年 1 月，李某某取得助理医师执业证书，并在杭州某老年医院有限公司执业。2014 年 7 月 23 日，李某某与某某人民医院签订劳动合同。2014 年 8 月 14 日，李某某到某市卫生计生委医师注册窗口办理医师执业变更注册，因体检表有异常结果，李某某未能在某市卫生计生委办理转入手续，也未能到其他医疗机构开展执业活动。

2016 年 8 月 22 日，李某某主动向某区卫生计生局申请注销执业助理医师注册，注销注册原因为“中止执业活动满 2 年”。

2016 年 8 月 24 日，该区卫生计生局注销了李某某的执业助理医师注册许可，并对该证书剪角作废收回处理。李某某不服，诉至法院。

一审、二审法院认为，李某某办理迁出手续后，因自身原因未能在拟迁入地办理注册，中止执业活动满 2 年，符合注销执业注册的条件。李某某诉请要求确认某区卫生计生局注销执业医师证书行为违法，理由不成立，不予支持，判决驳回李某某的诉讼请求。

分析与讨论

根据《执业医师法》第 16 条第 1 款，执业医师在发生应当注销注册的情形时，所在的医疗、预防、保健机构有向准予注册的卫生行政部门“报告”之义务。但该规定未排除执业医师本人在应当注销注册的情形发生时自己主动申请注销注册的权利。《执业医师法》第 16 条第 1 款规定：“医师注册后有下列情形之一的，其所在的医疗、预防、保健机构应当在三十日内报告准予注册的卫生行政部门，卫生行政部门应当注销注册，收回医师执业证书……（五）中止医师执业活动满二年的……”

按照《医师法》第 17 条第 1 款“医师注册后有下列情形之一的，注销注册，废止医师执业证书……（五）中止医师执业活动满二年”的规定，李某某中止执业活动满 2 年，符合注销执业注册的条件。

---

① 李某某、杭州市某区卫生和计划生育局卫生行政管理（卫生）案，杭州市下城区人民法院（2016）浙 0103 行初 90 号行政判决书；杭州市中级人民法院（2017）浙 01 行终 300 号行政判决书。

四、医师资格证、执业证的撤销

（一）医师资格证、执业证撤销概述

医师资格证、执业证的取得，均是卫生健康主管部门依申请作出的行政许可行为的结果。根据信赖保护原则，为保护行政相对人对行政机关依法行政、行政许可延续存在的信赖，授益性行为的行政许可一经作出，不应随意撤销。

但如果已经生效的行政许可系被许可人通过欺诈、贿赂、威胁等不正当手段取得的，因为被许可人具有主观过错，没有应保护的信赖利益存在，不应予以保护。此时应依法纠正、撤销被许可人已获得但实际依法不应获得的医师资格证、执业证书，使行政许可自始丧失效力。

同时，由于被许可人主观恶性较大，且损害的是国家对直接关系人身健康准入事项的行政管理秩序，同时还应限定在3年内不受理其相应申请。

（二）医师资格证、执业证撤销条文理解

《医师法》	《执业医师法》
第54条（第2款）以不正当手段取得**医师资格证书或者**医师执业证书的，由发给证书的卫生**健康主管**部门予以**撤销，三年内不受理其相应申请**。	**第36条**　以不正当手段取得医师执业证书的，由发给证书的卫生**行政**部门予以**吊销；对负有直接责任的主管人员和其他直接责任人员，依法给予行政处分**。

1. 关键词

医师资格证书、执业证书撤销

被许可人以不正当手段取得医师资格或执业注册，使得卫生健康主管部门作出行政许可的基础缺失，被许可人获得的行政许可是不当的、其本不应获得的。为纠正这种不当行政许可的结果，卫生健康主管部门应撤销其医师资格证书、执业证书。

2. 条文含义

第 54 条第 2 款是有关医师资格证书、执业证书撤销的规定。

被许可人的医师资格、执业注册如系通过不正当手段取得的，卫生健康主管部门应当予以撤销、三年内不受理其相应申请。撤销不当行政许可不属于行政处罚，而是卫生健康主管部门对既往的有瑕疵行政许可的纠正措施。

（1）撤销医师资格证书、执业证书属于信赖保护原则的例外情形

从诚实信用原则出发，行政法形成了信赖保护原则，信赖保护原则是指行政相对人对行政行为形成值得保护的信赖时，行政主体不得随意撤销或者废止该行为，否则必须合理补偿行政相对人信赖该行为有效存续而获得的利益。①

我国《行政许可法》第 8 条规定，公民、法人或者其他组织依法取得的行政许可受法律保护，行政机关不得擅自改变已经生效的行政许可。这是行政信赖保护的基本要求。但如果行政相对人怀着主观的恶意，其对行政许可就不具有信赖利益，因此其从行政机关获得的授益行政许可不受保护。

行政许可申请人以不正当手段取得医师资格证书或者医师执业证书行政许可，因主观上存在恶意，其根据行政许可所得的医师资格可以撤销。

（2）适用撤销医师资格证书、执业证书的情形

《医师法》第 54 条第 2 款规定的应撤销行政许可的不正当手段是重大违法违规行为，包括性质和因果关系两个方面的要求：①被许可人应采用了不正当手段，不正当手段通常包括但不限于欺诈、贿赂、威胁等。②被许可人的不正当手段与取得医师资格证书、执业证书之间应存在因果关系。如被许可人申请许可时虽然采取了不正当手段，但该不正当手段对行政许可没有影响，则不属于以不正当手段取得医师资格证书、执业证书的情形。

除上述由于被许可人过错导致的撤销外，根据《行政许可法》第 69 条第 1 款，如行政机关及其工作人员存在下列违法情形，也可以撤销行政许可：①行政机关工作人员滥用职权、玩忽职守作出准予行政许可决定的；

---

① 周佑勇：《行政法原论》，北京大学出版社 2018 年版，第 64 页。

②超越法定职权作出准予行政许可决定的；③违反法定程序作出准予行政许可决定的；④对不具备申请资格或者不符合法定条件的申请人准予行政许可的；⑤依法可以撤销行政许可的其他情形。

（3）撤销的后果与溯及力

因行政许可申请人以不正当手段取得医师资格证书或者医师执业证书，医师资格证书、执业证书被撤销，被撤销的行政行为视为不具有法律效力，相当于行政许可不存在。

同时因为当事人主观存在恶意，以不正当手段骗取相应行政许可，根据《行政许可法》第79条，因为医师资格证书和执业证书直接关系公共安全、人身健康、生命财产安全，被许可人以欺骗、贿赂等不正当手段取得行政许可的还应给予一段时间内不再授予行政许可的限制措施进行惩戒，即三年内不受理其相应申请。

行政许可的吊销是使行政许可的效力向后消灭，即被吊销之前，许可是存在且有效的，但行政许可的撤销具有溯及力，撤销之后行政许可无效。

3. 操作要求

（1）撤销医师资格证书、执业证书并非行政处罚

行政处罚是指具有法定权限的行政主体对违反行政法规范的公民、法人或者其他组织所实施的一种行政制裁。[①] 与撤销医师资格证书、执业证书相类似的行政处罚种类是行政许可吊销。行政许可吊销是强制剥夺行政许可持有人继续从事行政许可事项资格的行政处罚行为。

行政许可撤销决定是行政许可机关针对违法行政许可决定实施的一种纠错行为，其直接目的在于通过行政许可机关的主动纠错行为使已生效的行政许可决定溯及既往地失去法律效力。

行政处罚的吊销，针对的是取得行政许可后违反行政法律法规的违法行为，而行政许可的撤销，针对的是取得行政许可的行为。

行政处罚的吊销，是对违反行政法规主体进行的行政制裁，具有惩罚性；而行政许可的撤销在本质上并无惩罚性，目的是纠正错误的行政许可行为并恢复至原始状态，属于行政纠错措施。

---

① 周佑勇：《行政法原论》，北京大学出版社2018年版，第281页。

行政许可吊销与行政许可撤销无论在性质、价值还是实施程序等方面都必然存在本质差异。

《执业医师法》第36条规定，以不正当手段取得医师执业证书的，由发给证书的卫生行政部门予以吊销；对负有直接责任的主管人员和其他直接责任人员，依法给予行政处分。但是如果依据《行政许可法》第69条第2款的规定，对上述情况应当作出撤销许可证的决定，而不是作出吊销许可证的决定。

此次《医师法》在制定过程中修正了《执业医师法》第36条规定的错误，《医师法》第54条第2款修改为“以不正当手段取得医师资格证书或者医师执业证书的，由发给证书的卫生健康主管部门予以撤销，三年内不受理其相应申请”，正确区分了行政处罚与行政许可纠错措施。

（2）作出行政许可决定的上级行政机关也可以撤销

《医师法》第54条第2款规定的撤销机关是发证的卫生健康主管部门，并没有提到发证行政机关的上级机关。发证的卫生健康主管部门的上级行政机关是否有权撤销，《医师法》未作明确规定。但根据《行政许可法》第69条第1款、第2款的规定，作出行政许可决定的行政机关的上级行政机关也有权撤销。

行政机关的上下级之间属于领导或业务指导关系。上级行政机关是作出行政许可决定的行政机关的领导机关，具有对由下级行政机关的行政许可决定的行政行为进行管理和监督的职权，下级行政机关作出行政许可是否合法属于其监督管理职权的内容之一。

为保证这种管理监督职权的落实和有效，上级行政机关需要撤销具有下级行政机关作出行政许可的职权。

就医师资格、执业注册两种行政许可工作而言，这里的上级行政机关既包括发证的卫生健康主管部门的同级人民政府，也包括与上级人民政府具有工作领导关系的部门。前者如省级人民政府有权撤销本省省级卫生健康主管部门的执业证书；后者如国家卫生健康主管部门有权撤销省级卫生健康主管部门颁发的医师资格证、执业证书。[1]

医师资格证、医师执业证撤销的相关内容，可参阅本书第九章第二节。

（三）案例分析

【案例 3-03】医师执业注册被注销引发的行政诉讼案[2]

2017 年 12 月 27 日，某医大一院在为该医院医师刘某进行医师电子化注册的过程中发现，原告的医师执业信息为“注销”状态，显示“注销的审批机构为青岛市某区卫生和计划生育局，注销时间为 2016-02-02，注销理由为个人主动申请”。某医大一院当即致电青岛市某区卫生计生局，该卫生局在极短的时间内回复“刘某于 2007 年在该区注册医师执业，于 2016 年注销，但本人均未到场”。被告青岛市某区卫生计生局于 2017 年 12 月 26 日作出准予刘某医师重新执业注册的审批，该档案中记载，张某顶代刘某填写了相关资料。原告于 2018 年 1 月 30 日向本院起诉，请求法院依法判决确认：2016 年 2 月 2 日作出的注销刘某医师执业注册行政行为违法并予以撤销；被告 2007 年 10 月 20 日作出的批准刘某医师执业注册的行政行为违法并予以撤销；赔偿原告因为被告的违法行政行为而支出的费用。

法院经审理认为，被告青岛市某区卫生计生局于 2016 年 2 月 2 日作出注销刘某医师执业注册的审批。因此本案应根据该行政行为作出时施行的《最高人民法院关于执行〈中华人民共和国行政诉讼法〉若干问题的解释》[3] 确定起诉期限。本案中，被告青岛市某区卫生计生局于 2016 年 2 月 2 日作出注销刘某医师执业注册的审批，但未提供证据证明其已将注销注册内容通知了刘某，因此本案适用最长起诉期限。本案中，被告青岛市某区卫生计生局于 2016 年 2 月 2 日作出注销刘某医师执业注册的审批，注销理由为个人主动申请注销，被告承认上述注销实际系依职权而非原告申请作出的。被告还提出，原告的执业活动没有相关的考核登记信息，无法判断

---

① 许安标等：《〈中华人民共和国行政许可法〉释义及实用指南》，中国民主法制出版社 2013 年版，第 220 页。

② 刘某与青岛市某区卫生和计划生育局卫生行政管理（卫生）案，山东省青岛市李沧区人民法院（2018）鲁 0213 行初 36 号行政判决书；山东省青岛市中级人民法院（2019）鲁 02 行终 3 号行政判决书。

③ 2018 年 2 月 8 日，本解释被《最高人民法院关于适用〈中华人民共和国行政诉讼法〉的解释》废止。

原告是否正常执业，因此认为原告的执业活动已出现了异常，故依据《执业医师法》及《医师执业注册暂行办法》予以注销处理，而被告未能提供证据证明自己的上述主张或原告符合上述法律、规章规定的注销情形，因此被告作出注销注册的证据不足，依法应予撤销。但原告除本案诉讼外，还就被告于2007年10月20日作出的批准刘某医师执业注册的行政行为提起行政诉讼，请求确认违法并请求撤销，原告就本案起诉的目的并非要求将状态恢复到2007年10月20日，因此被告青岛市某区卫生计生局2016年2月2日作出注销刘某医师执业注册的审批不具有应撤销的内容，判决撤销没有意义，应依法确认违法为宜。本案中，原告提供的证据不能证明被告及其工作人员在行使注销刘某医师执业注册的行政职权时存在《国家赔偿法》规定的侵犯原告财产权的情形，原告主张的经济损失与被告注销医师执业注册之间没有直接因果关系，因此原告要求被告赔偿其住宿费、交通费等经济损失不属于《国家赔偿法》规定的赔偿范围，本院不予支持。

最终法院判决：确认被告青岛市某区卫生计生局于2016年2月2日作出的注销刘某医师执业注册的审批违法，驳回原告的其他诉讼请求。

分析与讨论

本案发生的背景应当是全国医师执业注册系统尚未启动，医师执业注册信息无法全国联网，所以医师在外地进行执业注册的信息无法共享。本案医师刘某同时在两个省注册的事实发生在2007年，但却是在2017年进行医师电子化注册的过程中发现了这一情况。刘某异地注册的情况到底是怎么发生的，是刘某的信息被人假冒，还是刘某自己为之，由于本案系行政诉讼，原告刘某起诉的主要诉求是撤销2007年的医师执业注册，认定被告卫生行政部门2016年主动撤销注册无效，所以法院针对原、被告提供的证据并依据法律对相关事实进行了确认和裁判。如果刘某的信息系被人假冒注册，可以向当地公安机关报案追查相关事实真相。

本案的发生还有一个原因，就是《执业医师法》和《医师法》都规定医师注册可以由所在医疗机构集体注册，这种集体注册由医疗机构做前期注册资料准备和预审查，卫生行政部门所做的审查相对比较简单，也可能被别有用心之人钻了空子。

五、医师职业禁入

（一）医师职业禁入概述

职业禁入在很多特殊行业里都有，医疗行业直接关系到患者的生命健康，需要医师遵守医学伦理道德，全力以赴为患者的生命健康负责，如果医师利用职务之便侵害患者的合法权益，既难以发现，也会损害医患互信基础，破坏医患关系。因此，对医师职业设立禁入制度非常有必要。世界各国的法律对此都有相关规定。美国联邦法律规定，授权或要求对犯罪历史背景进行调查，并要求根据特定的定罪情况，取消其获得州许可的各种职业和工作的资格，包括银行、证券、交通、医疗等。[①] 那些被判犯有某些罪行的人被禁止从事由联邦医疗保险报销的医疗保健服务，也被禁止为制药行业工作。[②]

在我国，改革开放至今，公立医疗机构由于医疗服务价格低、医生工作强度大，医生的收入与付出不成正比，收红包等现象屡见不鲜。为了解决这些广受诟病的问题、强化对医师的管理，《医师法》在修法过程中针对近年来违反医师职业要求和道德标准的事件频发的实际情况，对医生职业的专业性、职业道德均提出了较高要求，认为医疗行业也应该有与法律、教育行业类似的法规，“问题”医师从行业退出，医疗行业才能更好地担负起呵护人民生命健康的重要职责。《执业医师法》的医师资格制度威慑性不足，不仅使得行为主体违法成本极低、降低了整个医师行业的权威性和尊荣感，更加剧了医患间的不信任情绪，亟须改进和完善。《执业医师法》设定了禁止一定期限从事医师职业的规定，但只是短期禁止，一般情况下禁止从事医师工作 6 个月到 1 年，受到吊销医师资格处罚、刑事处罚的，禁止从业的时间为 2 年。

---

① Federal Restoration of Rights & Record Relief, https：//ccresourcecenter. org/state－restoration－profiles/50－state－comparisoncomparison－of－criminal－records－in－licensing－and－employment/, The Lasted Visited Date is Sept. 5, 2021.

② 42 U. S. C. § 1320a－7；21 U. S. C. § 335a.

基于此，这次《执业医师法》在修订过程中，立法机构充分听取了各方面意见，借鉴《律师法》，将《执业医师法》中原有的“不予注册”的情形进行补充完善并按照严重程度分为两类：一类是“不予注册”的临时性禁业，另一类是终身性的“职业禁入”。《医师法》规定了医师职业的禁入制度，并且将禁入时间延长到5年，情节严重的终身禁止从事医师职业，自此，医师职业禁入有了明确的法律依据。第58条的规定完善了医师职业禁入的法律制度，使职业禁入有法可依。该项制度的引入，进一步完善了卫生行政法律体系的构建，为下一步加强医疗队伍建设，强化医疗卫生执业规范指明了方向，也为实施健康中国战略提供了有力的法律支撑和保障，从而正式开启了医师“职业禁入”的新时代。

（二）医师职业禁入条文理解

《医师法》	《执业医师法》
第58条　严重违反医师职业道德、医学伦理规范，造成恶劣社会影响的，由省级以上人民政府卫生健康主管部门吊销医师执业证书或者责令停止非法执业活动，五年直至终身禁止从事医疗卫生服务或者医学临床研究。	新增条款

1. 关键词

职业禁入

职业禁入（Occupational Prohibition）作为一项禁业制度，是指在某一特定行业中，对于职业主体利用职务之便违反法律及职业伦理道德，严重侵害职业对象的合法权益，对该从业人员禁止在一定期限内直至永久再从事该职业的制度。本条在法律层面首次设立了职业禁入的制度，这是本次修法的最大亮点之一。“职业禁入”制度将严重违反职业要求的医师排除在行业外，加强了对医师医疗行为的监管和处罚力度，有利于进一步规范医师的执业行为，保护患者的生命健康权益，促进医患和谐，强化社会治理。

2. 条文含义

本条为新增条文，明确规定了对医师严重违反职业道德、医学伦理规范造成恶劣社会影响行为的行政处罚及加重处罚的规定。只有将少数严重践踏医师职业操守的害群之马清除出医师队伍，才能维护社会公众对医师队伍的信任。

（1）“职业禁入”的对象。根据本法第2条，医师是指依法取得医师资格，经注册在医疗卫生机构中执业的专业医务人员，包括执业医师和执业助理医师。换言之，其余对象不在“职业禁入”之列，而应该适用其他法律、法规、条例等，后续《医师法》的实施细则或解释应予以明确。

（2）“职业禁入”适用的情形。根据本法第58条，“职业禁入”情形为“严重违反医师职业道德、医学伦理规范，造成恶劣社会影响的”，但具体情形是什么，有必要统一执行标准。

（3）“职业禁入”的决定机关。根据本法第58条，“职业禁入”的决定机关为省级以上人民政府卫生健康主管部门，对违反法定义务的医师作出决定，与其他临时性“禁业”决定明显不同。

（4）“职业禁入”的后果。根据本法第58条，“职业禁入”的后果为吊销医师执业证书，或者责令停止非法执业活动五年，直至终身禁止从事医疗卫生服务或者医学临床研究。

3. 操作要求

（1）有关部门应当尽快制定统一的“职业禁入”适用规定。医师职业禁入是一个极为严重的处罚，在对医师作出这个处罚时应当慎重，不到必须时不得适用。因此，国家卫健委应会同国家中医药管理局尽快制定统一的“医师职业禁入处罚裁量基准”，便于各省级卫生行政部门在执法中准确适用，不至于使各省在处罚上出现“同案不同罚”的现象。在此基础上，国家卫生行政管理部门还应当加强对省级卫生执法部门执法人员的培训，确保执法尺度的统一。

（2）本书建议有关部门在制定“医师职业禁入处罚裁量基准”时，将下列情形列入“职业禁入”：因严重故意犯罪行为被刑事处罚的；多次性骚扰或性侵患者的；收受药品、医疗器械回扣情节严重的；多次骗取医保资金，或者金额累计在50万元以上的；擅自使用未经同行评议认可的医学新技术或擅自开展人体试验的；严重违背科研诚信与学术规范行为的；编造、篡改、销毁临床试验数据或瞒报不良事件情节严重的；恶意篡改病历导致医疗事实无法认定的；出具虚假医学文书，造成严重人身财产损失的；故意迟报、谎报和瞒报传染病疫情或突发公共卫生事件信息的。

（3）医师职业禁入的期限，包括短期、长期和终身3种。目前，《医师法》《医师执业注册管理办法》中对医师短期禁业有比较明确的规定，但长期和永久禁业尚无具体适用规定，本书建议根据行政处罚比例原则，有关部门在制定“医师职业禁入处罚裁量基准”时，应当根据违法犯罪行为的恶劣程度、情节以及后果，设立不同期限的禁业。

第四章

执业规则·医师的权利和义务

法律的核心在于对相关法律关系主体权利义务的规定、调整和救济。医师作为一种特殊的执业主体，在执业过程中的权利和义务也有其特殊性，只有在立法中对医师的权利和义务予以明确规定，在对医师的行政管理、医师在执业过程中才能更好地操作。需要说明的是，虽然《医师法》第 23 条规定了医师的执业义务，但实际上从《医师法》第 24 条到第 35 条的执业规则也都是医师的执业义务，医师在执业活动过程中都应当履行，未履行或者不按照规定履行者，将承担法律责任。

第一节　医师执业权利

一、医师执业权利概述

（一）医师权利构成

权利一般是指法律赋予法律关系主体实现其利益的一种力量。权利与义务相对应，是法学的基本范畴之一，是人权概念的核心词，是法律规范的关键词，是在家庭、社会、国家、国际关系中隐含或明示的最广泛、最实际的一个内容。通常，权利是法律赋予权利主体作为或不作为的许可、认定及保障。[①] 权利的来源有法律、习惯、道德等,[②] 其中来源于法律的权利称为法定权利，是通过实在的法律明确规定，或通过立法纲领、法律原则加以宣布的、以规范与观念形态存在的权利。[③] 本章中医师的权利是指法律赋予医师在执业过程中的一定权能，是一种法定权利。医师的权利是对执业活动的一种保障，是开展执业活动的前提。医师的权利具体包括三个层面：第一个层面为一般权利，即医师作为自然人，作为一国公民，享有宪法和法律规定的人权和人身权、财产权等基本权利；第二个层面为劳动者的权利，医师作为劳动者，享有劳动者的法定权利，如获得劳动报酬权等；第三个层面为与医师执业活动特点相关的权利，其享有基于医师资格与医疗执业活动相关的特殊权利，如规范诊疗权等。[④]

（二）医师执业权利的概念和特点

医师执业权利是指医师在开展医疗执业活动中享有的与其医疗活动有关的其他任何单位和个人不得干涉、妨碍的权利。

医师不同于其他职业，医疗行为具有高度的专业性和一定的风险性，关系着人民大众的生命安全和身体健康，因此医师权利具有以下特点：第一，医师的权利为法定权利，该权利受法律保护，任何人不得非法剥夺，如医师有权开展医学诊察、疾病调查等活动，但该权利不是绝对权，须在遵循有关规范、患者知情同意的限制下实现。第二，医师的权利根植于医师的执业活动中，权利的主体只能是依法取得医师资格、经注册在医疗卫生机构中执业的医务人员，包括执业医师和执业助理医师，只有在其按照执业地点、执业类别、执业范围开展医疗、保健、预防执业活动时才能享有。医师资格丧失或医疗执业活动停止后，医师的权利就不再存在。第三，医师权利是否得到充分保障，直接关系到其是否能够正常开展医疗执业活

---

① 孙英：《关于权利与义务概念的学说》，载《上海师范大学学报（哲学社会科学版）》2005 年第 6 期，第 45-49 页。

② 陈景辉：《法律权利的性质：它与道德权利必然相关吗?》，载《浙江社会科学》2018 年第 10 期，第 4-12 页。

③ 张文显主编：《法理学》（第 2 版），法律出版社 2004 年版，第 97 页。

④ 刘鑫：《医师的权利及其维护》，载《实用检验医师杂志》2013 年第 4 期，第 259-260 页。

动，医师权利的保障关系到医疗质量安全，关系到对患者生命健康权的维护，因此保障医师执业权利具有非常重要的意义。

（三）医师执业权利的内容

《医师法》	《执业医师法》
第22条 医师在执业活动中享有下列权利： （一）在注册的执业范围内，**按照有关规范**进行医学诊查、疾病调查、医学处置、出具相应的医学证明文件，选择合理的医疗、预防、保健方案； （二）获取**劳动**报酬，享受国家规定的福利待遇，**按照规定参加社会保险并享受相应待遇；** （三）**获得符合国家规定标准的执业基本条件和职业防护装备；** （四）从事医学**教育**、研究、学术交流； （五）参加专业培训，接受继续医学教育； （六）对所在**医疗卫生**机构和卫生**健康主管**部门的工作提出意见和建议，依法参与所在机构的民主管理； （七）**法律、法规规定的其他权利。**	**第21条** 医师在执业活动中享有下列权利： （一）在注册的执业范围内，进行医学诊查、疾病调查、医学处置、出具相应的医学证明文件，选择合理的医疗、预防、保健方案； （二）**按照国务院卫生行政部门规定的标准，获得与本人执业活动相当的医疗设备基本条件；** （三）从事医学研究、学术交流，**参加专业学术团体；** （四）参加专业培训，接受继续医学教育； （五）**在执业活动中，人格尊严、人身安全不受侵犯；** （六）获取**工资**报酬**和津贴**，享受国家规定的福利待遇； （七）对所在机构**的医疗、预防、保健工作**和卫生**行政**部门的工作提出意见和建议，依法参与所在机构的民主管理。

《医师法》第22条对医师执业权利的内容规定一方面继承了《执业医师法》第21条的主要内容，规定了医师在执业活动中享有的规范诊疗权、医学证明权、获取劳动报酬权、医疗执业保障权、医学教育与医学研究学术交流权、继续教育权等权利。另一方面对相关内容进行了完善，调整为以下七项内容：（1）医疗权。把规范诊疗权、医学证明权限制在有关规范内进行，使得表述更加准确。（2）获取报酬权。把获取劳动报酬权由原来的第6项提前到第2项，将“获取工资报酬和津贴”修订为“获取劳动报酬”，并补充了“按照规定参加社会保险并享受相应待遇”，体现了国家对医师薪酬待遇保障的重视。（3）获得开展医疗条件和执业保护的权利。把

医疗执业保障的标准由《执业医师法》的“按照国务院卫生行政部门规定”提升至“符合国家规定标准”，拓宽了保障标准的范围，加强了保护的力度。(4) 从事医学教育、研究、学术交流的权利。在原医学研究学术交流权的基础上增加了医学教育权，顺应了国家提出的发展医学教育、完善教育体系的时代要求。(5) 参加专业培训，接受继续医学教育的权利。《医师法》一审稿将保护医师执业活动中的人格尊严和人身安全权利提升至各项权利中的第 1 项，二审稿后把该内容调整至第五章保障措施中进行进一步细化规定，并配以相应的保障措施，突出了《医师法》对医师人身权保护的层层升级，契合国家提出的“关心爱护医务人员，对各类伤害医务人员人身安全等违法犯罪行为‘零容忍’的治理理念”。(6) 提出意见和建议，参与民主管理的权利。(7) 在列举了 6 项具体权利之后，《医师法》还增加了第 7 项权利，即“法律、法规规定的其他权利”这一兜底条款，给予了医师执业法律权利更大的弹性和解释空间。《医师法》第 22 条并未概括医师的所有法定权利，除此之外医师还具有其他权利，如基于自然人而享有的肖像权、名誉权、荣誉权、隐私权、生命权、健康权等，基于医师职业而享有的著作权、处方权、行为豁免权等。

二、依法开展诊疗活动的权利

(一) 关键词

医学诊查

与医学诊查相关的概念很多，包括医疗活动、诊疗活动、诊疗行为、医疗行为等，目前仅有《医疗机构管理条例实施细则》第 88 条对诊疗活动作出了定义，指通过各种检查，使用药物、器械及手术等方法，对疾病作出判断和消除疾病、缓解病情、减轻痛苦、改善功能、延长生命、帮助患者恢复健康的活动。

医学诊查是医师根据病情需要对患者进行身体检查以及疾病诊断的活动，系实施医疗行为的首要环节，诊查的目的是了解患者的状态和病情，明确诊断，选择合理的医疗、预防、保健方案。我国传统中医实践中的“望、闻、问、切”即为医学诊查之内容，随着现代医学的发展，医学诊查已越来越借助于先进的医学设备和医学技术，如医学影像检查、医学检验以及介入医学诊断等。

《医师法》规定医师享有开展医学诊查的权利，医师在执业活动中有权独立进行医学检查和医疗诊断，但需要符合有关规范，还需要尊重、保护就诊患者的权利，如知情同意权、隐私权等。在临床实践中有时会遇到某些患者，尤其是妇产科患者，基于自身观念，要求必须由女医生进行医学诊查活动，这种要求不具有法律依据，因为医师均享有在其执业范围内按照相关规范进行医学诊查的权利，该权利与性别无关。但基于对患者隐私权的尊重，医师需要对异性患者私密部位进行医学诊查时可辅助一些人性化的措施，如提前告知患者医师的性别，由其进行选择，实施必要的医学诊查时应由与患者同性的医务人员或家属在场陪同等。尊重是相互的，社会应当积极倡导患者尊重医师的医学诊查权，接纳医师的职业特点，相信医师的职业道德，配合医学诊查。

（二）条文含义

《医师法》第 22 条第 1 项规定的医师的权利可以概括为医疗权、依法开展医疗活动的权利等。该权利的行使，是指医师在注册的执业范围内，按照有关规范进行医学诊查、疾病调查、医学处置、出具相应的医学证明文件，选择合理的医疗、预防、保健方案。本条设立了医师享有规范诊疗和医学证明的权利，其中规范诊疗权包括医学诊查权、疾病调查权、医学处置权、签署医学证明权。

1. 医学诊查权指的是医师根据患者病情的需要开展医学检查和医学诊断的权利，对患者的身体开展专业上的接触、介入活动，是医疗权的主体和核心，是为患者实施后续治疗、康复等处置行为的基础。

2. 疾病调查权是指医师为了明确患者的病因和诊断而询问、调查患者病史、身体状况的权利。古代时中医就通过“望、闻、问、切”来进行疾病调查，问诊是中医四诊中获得疾病相关情况最丰富的诊法，在《景岳全书·传忠录》中被誉为“诊治之要领，临证之首务”。[①]《病历书写基本规范》第12条、第13条规定，对门（急）诊患者要记录药物过敏史、现病史、既往史等；第18条规定，入院记录内容包括主诉、现病史、既往史、个人史、婚育史、家族史等内容，这些都需要医师通过行使疾病调查权完成。

3. 医学处置权是指医师在医学诊查、疾病调查的基础上，对患者的病情作出初步诊断或明确诊断后，根据其专业判断提出合理的医疗、预防、保健处置方案的权利。医师享有的医学处置权具有独立性、完整性、科学性，是体现医师专业价值的重要权利，患者或其他人员无权通过不正当手段进行干预。鉴于患者病情的紧急情况和知情同意能力不同，医学处置权可以分为一般处置权和紧急处置权。一般处置权是指医师在正常接诊情况下行使的权利，按照相关规范在注册的执业范围内并在取得患方有效的知情同意后行使。紧急处置权是指在患者生命垂危等紧急情况下，不能取得患者或者其近亲属意见时，经医疗机构负责人或者授权的负责人批准后，可以立即实施相应的医疗措施。[②] 医务人员在抢救生命垂危的患者等紧急情况下已经尽到合理诊疗义务的，即使患者有损害，医疗机构也不承担赔偿责任。[③]

4. 出具医学证明权是指医师在执业活动中享有的在注册的执业范围内根据患者的病情、治疗情况开具相应的疾病诊断、出生证明、死亡医学证明等医学证明的权利。医师在行使该权利时须注意要尊重客观事实，须经亲自诊查、调查，并按照规定及时填写病历等医学文书，在自己的执业范围和执业类别内开具医学证明文件。

---

① 周少林：《中医学基础》（第2版），中国医药科技出版社2017年版，第163页。

② 《民法典》第1220条规定：“因抢救生命垂危的患者等紧急情况，不能取得患者或者其近亲属意见的，经医疗机构负责人或者授权的负责人批准，可以立即实施相应的医疗措施。”《医师法》第27条规定：“对需要紧急救治的患者，医师应当采取紧急措施进行诊治，不得拒绝急救处置。因抢救生命垂危的患者等紧急情况，不能取得患者或者其近亲属意见的，经医疗机构负责人或者授权的负责人批准，可以立即实施相应的医疗措施……”

③ 《民法典》第1224条规定：“患者在诊疗活动中受到损害，有下列情形之一的，医疗机构不承担赔偿责任：（一）患者或者其近亲属不配合医疗机构进行符合诊疗规范的诊疗；（二）医务人员在抢救生命垂危的患者等紧急情况下已经尽到合理诊疗义务；（三）限于当时的医疗水平难以诊疗。前款第一项情形中，医疗机构或者其医务人员也有过错的，应当承担相应的赔偿责任。”

（三）操作要求

1. 依法实施诊疗。医疗活动必须在法律的要求下进行，这也是依法执业的基本要求。依法实施诊疗活动，首先，要求医师具有医师执业资格，即具有医师资格证和医师执业证；其次，要求医师在执业注册确定的执业地点、执业类别、执业范围内开展医疗活动；最后，要求医师在操作层面遵守医疗卫生管理法律、法规、诊疗规范和实践指南等。

2. 规范实施诊疗。本项内容在修改时新增了“按照有关规范”的限制条件，使条文的表述更加严谨。有关规范包括诊疗规范和法律规范。诊疗规范是指技术规范，包括临床诊疗指南、医疗质量安全核心制度等，要求医师在诊疗活动中应尽到符合当时医疗水平的注意义务，使用适宜的技术和药物，合理诊疗，因病施治，也不得对患者实施过度医疗。法律规范指的是广义上的法律、法规、行政规章等对医师权利的特殊要求，如基于对公共利益的考量，法律赋予医师对传染病①、职业病②等患者的处置权以义务属性，医师不得放弃权利而拒接处置该类患者。

3. 尊重和保护患者权利。医师的规范诊疗和医学证明权利不是独立存在的，它存在于医师的执业活动中，建立在患者知情同意的基础之上。患者在医疗活动中也享有法定自主权，同样受法律保护。医师在行使诊查权时应充分尊重患者（除法定传染病外）的意愿，在行使疾病调查权的时候应注意保护患者隐私，在行使医学处置权时应取得患方的有效同意（紧急情况除外），否则就构成权利的滥用，需要承担相应的责任。

---

① 《传染病防治法》第 52 条第 1 款规定：“医疗机构应当对传染病病人或者疑似传染病病人提供医疗救护、现场救援和接诊治疗，书写病历记录以及其他有关资料，并妥善保管。”

② 《职业病防治法》第 43 条第 3 款规定：“承担职业病诊断的医疗卫生机构不得拒绝劳动者进行职业病诊断的要求。”

三、获得合理报酬及待遇的权利

（一）关键词

劳动报酬

劳动报酬，是指劳动者从事劳动活动所取得的各种报酬。[①] 医师的劳动报酬主要来源有基于劳动关系取得的报酬和非基于劳动关系取得的报酬。基于劳动关系取得的报酬主要包括工资和国家规定的特殊岗位津贴等。事业单位实行“岗位绩效工资制度”。岗位绩效工资由岗位工资、薪级工资、绩效工资和津贴补贴 4 个部分组成。非基于劳动关系取得的报酬包括多点执业劳动报酬、利用业余时间外出专业授课所得报酬等。

（二）条文含义

劳动报酬是劳动者付出体力或脑力劳动所得的对价，体现的是劳动者创造的社会价值。医疗活动既是一种脑力劳动，又是一种体力劳动，这种复杂的、高负荷的劳动，应当对应不低的报酬。劳动报酬的确定应该遵循两个原则，一是供求均衡原则，二是异化补偿原则。供求均衡原则就是对于供不应求的劳动应该提高劳动报酬，直到供求平衡为止。反之，对于供过于求的劳动，则应该降低劳动报酬，直至供求平衡。异化补偿原则以现阶段劳动分为异化与非异化两种情形为依据。[②]《医师法》第 22 条第 2 项规定了医师获得合理报酬及待遇的权利。获取劳动报酬权是劳动者付出劳动而获得相应报酬的权利。医师是具有专业知识、进行高强度工作付出、承担高职业风险的劳动者，通过其执业活动为社会提供医疗、保健、预防服务，依法享有获取劳动报酬权。从事传染病防治、放射医学和精神卫生工作以及其他在特殊岗位上工作的医疗卫生人员，除了有权获取一般劳动者

---

① 关怀主编：《劳动法学》，群众出版社 1993 年版，第 225 页。

② 李延明：《劳动报酬的确定应遵循派生于市场机制的两大原则》，载《人文杂志》1989 年第 6 期，第 19-22 页。

的劳动报酬之外，还有权获取与职业相关的津贴待遇。[①] 如新冠肺炎疫情暴发后，为了支持疫情防控，2020 年 1 月 25 日，国家卫生健康委、财政部联合发布了《关于新型冠状病毒感染肺炎疫情防控有关经费保障政策的通知》(财社〔2020〕2 号)，在该文件的第 2 条规定了对参加防治工作的医务人员和防疫工作者给予临时性工作补助的内容，其权利基础即医师的获取劳动报酬权。

除此之外，医师还有权享受国家规定的福利待遇和按要求参加社会保险。福利待遇包括：住宿补贴、紧缺专业补贴、就餐补贴、工会福利、优秀奖励、竞赛奖励等。社会保险即“五险一金”，包括养老保险、医疗保险、失业保险、工伤保险、生育保险和住房公积金。

（三）操作要求

医师在执业活动中应该通过合法途径取得劳动报酬，非法取得的报酬不仅不能得到法律保护，还可能要承担相应的法律责任。首先，医师应恪守职业道德，廉洁行医，杜绝在诊疗活动中收受药品回扣、患者红包等不良行为。其次，医师应依法行医，在进行外出会诊等执业行为时应按法定程序办理。最后，医师应保护患者权利，不从事利用职务便利出卖患者隐私和个人信息等非法获利行为。

四、获得开展医疗活动的条件和保障的权利

（一）关键词

职业防护

职业防护是指针对职业损伤因素可能对机体造成的各种伤害采取多种适宜的措施，从而避免伤害发生，或将损伤程度降到最低的防护措施。[②] 劳

① 《基本医疗卫生与健康促进法》第 55 条第 2 款规定：“对从事传染病防治、放射医学和精神卫生工作以及其他在特殊岗位工作的医疗卫生人员，应当按照国家规定给予适当的津贴。津贴标准应当定期调整。”

② 赵慧华主编：《临床职业护士防护》（第 2 版），上海科学技术出版社 2018 年版，第 4 页。

动者在工作场所以及工作过程中可能会接触到各种各样的职业损伤因素，职业防护的目的就是避免或减少这些因素对劳动者健康的损害。

国际劳工组织（International Labor Organization，ILO）和世界卫生组织（World Health Organization，WHO）在2014年联合开发了技术工具“改善医护人员工作条件”（Work Improvement in Health Services，Health WISE），Health WISE列出了5类医疗卫生人员所面临的职业损伤因素，包括：物理性有害因素、化学性有害因素、生物性有害因素、不良工效学因素、社会心理因素。[①] 医师是一个职业损伤风险非常高的职业，需要有效的职业防护以保障医师的职业安全。

（二）条文含义

《医师法》第22条第3项规定了医师获得职业条件和保障的权利，包括有权获得符合国家规定标准的执业基本条件和职业防护装备。本项条文是对《劳动法》第54条规定的内容的延伸和具体化。《劳动法》规定用人单位必须为劳动者提供符合国家规定的劳动安全卫生条件和必要的劳动防护用品，对从事有职业危害作业的劳动者应当定期进行健康检查。具体到医师，其享有普通劳动者享有的劳动条件和劳动保护权，即有权要求医疗机构提供符合国家规定标准的工作场所和安全的工作环境，还享有要求开展执业活动所需要的其他基本条件，如符合医疗机构设置要求的医疗设施、医疗设备等基本条件。职业防护装备为医师的劳动防护用品，即用于保护医师，避免受到职业损伤因素伤害的防护装备，如防护感染性职业性损伤因素所需要的口罩、手套、护目镜、防护面罩、隔离衣、防护服以及防护射线的铅衣等。

在公共卫生突发事件应急救援过程中，应急救援的医师常常面临一些特有的职业危险和健康风险，一线医师的职业保障权就更应该受到重视。在抗击新冠肺炎疫情期间，国家及时发布了《中央应对新型冠状病毒感染肺炎疫情工作领导小组关于全面落实进一步保护关心爱护医务人员若干措

---

① 国际劳工组织编：《改善医护人员工作条件行动手册》，张敏译，科学出版社2015年版，第25-30页。

施的通知》，该通知内容明确要求加强医务人员的个人防护，医用防护用品要重点向疫情防控一线投放使用等。本次《医师法》完善了医师获得职业保障的权利，体现了国家对医师的关心和爱护，符合《医师法》的立法宗旨。

（三）操作要求

医师执业保障权利的实现需要医疗机构与医师的共同努力。第一，医疗机构应依法提供符合医师执业范围和执业内容的工作场所、医疗设施、医疗设备等，还应依法提供符合国家标准的职业防护装备。第二，医师作为个人健康权的第一责任人，应提高保护意识，尤其应提高职业防护的安全意识，遵守职业防护相关制度，规范操作行为，正确地使用防护装备，保护自己的安全。

五、医学教育、研究与交流的权利

（一）关键词

医学研究

医学是一门不断发展的科学，它的发展离不开各项医学研究的推动。医学研究是为了揭示人类生命运动的本质和规律，探索生命健康与疾病相互影响、相互作用的关系，找到防病治病的有效方法，并以此促进和推动医学发展的活动。《涉及人的生物医学研究伦理审查办法》第 3 条规定了涉及人的生物医学研究，包括以下活动：（1）采用现代物理学、化学、生物学、中医药学和心理学等方法对人的生理、心理行为、病理现象、疾病病因和发病机制，以及疾病的预防、诊断、治疗和康复进行研究的活动；（2）医学新技术或者医疗新产品在人体上进行试验研究的活动；（3）采用流行病学、社会学、心理学等方法收集、记录、使用、报告或者储存有关人的样本、医疗记录、行为等科学研究资料的活动。

医学研究面对的是很多未知的问题，研究的过程存在不确定的风险，而且医学研究最终将部分依赖于人体试验和动物试验，所以它关系的不仅是研究者的研究权，还有受试者保障权及社会的稳定和安全。

（二）条文含义

《医师法》第 22 条第 4 项规定了医师医学教育、研究与交流的权利，这些也是基于医师职业发展所需要的权利，该权利旨在保障医师开展医学学习与医学研究，促进医师的专业交流，提高医师自身的执业技术水平，最终促进医学的发展与对公民健康的保护。

《基本医疗卫生与健康促进法》第 35 条明确了医疗卫生机构的职能，除了提供疾病诊治、突发事件医疗处置和救援以及健康教育等医疗卫生服务以外，还应开展医学教育、医疗卫生人员培训、医学科学研究和对基层医疗卫生机构的业务指导等工作。医师作为医疗机构职能实现的主体，依法享有从事医学教育、医学研究与交流的权利。

（三）操作要求

医师享有从事医学教育、研究的法定权利，但在行使权利时应当注意以下问题：

第一，医学研究应按照法定程序，遵照相关法律规范。医学研究要遵守法律和伦理要求，是因为医学研究本身具有很大的风险性和侵袭性，而且有的研究结果无法预测，只能提出抽象的伦理要求。《民法典》第 1008 条、第 1009 条和《刑法》第 336 条之一对此都有规定。《涉及人的生物医学研究伦理审查办法》对涉及人的生物医学研究提出了具体要求：需要符合知情同意原则、控制风险原则、免费和补偿原则、保护隐私原则等伦理原则；《医疗器械临床试验质量管理规范》要求医疗器械临床试验应当遵循依法原则、伦理原则和科学原则；《药物临床试验质量管理规范》要求在药物临床试验的过程中，必须对受试者的个人权益给予充分的保障，并确保试验的科学性和可靠性。受试者的权益、安全和健康必须高于对科学和社会利益的考虑。

第二，医学研究应遵循科研诚信规范。2021 年 1 月 27 日，国家卫生健康委、科技部、国家中医药管理局联合印发了《医学科研诚信和相关行为规范》，要求医学科研人员在医学研究活动中应当追求真理、实事求是，遵循科研伦理准则和学术规范，尊重同行及其劳动，防止急功近利、浮躁浮夸，坚守诚信底线，自觉抵制科研不端行为。

六、参加专业培训与接受继续医学教育的权利

（一）关键词

继续医学教育

继续医学教育是指医学院校的学生在完成了全日制医学专业的学历教育课程、毕业、走向工作岗位之后，为提升其医学专业知识、经验、技能，或者更新其医学知识而实施的与医疗职业有关的教育，包括在职培训、专业进修等，一般不包括毕业后教育，后者是指住院医师规范化培训、全科医师规范化培训、专科医师规范化培训等。后者具有法定性、规范性、固定期限性等特点。

（二）条文含义

为实施“科教兴国”战略，适应社会主义卫生事业发展需要，国家对卫生技术人员实行继续医学教育制度。继续医学教育是继毕业后医学教育之后，以学习新理论、新知识、新技术、新方法为主的一种终身教育。继续医学教育的目的是使卫生技术人员在整个职业生涯中，保持高尚的职业道德，不断提高专业工作能力和业务水平，提高服务质量，以适应医学科学技术和卫生事业的发展。

医师是一项需要终身学习的职业，医师参加专业培训和继续教育是医学发展的需要，也是医师自身执业能力提高的必备条件。我国现行的医学教育体系包括三部分，分别是医学院校教育、毕业后医学教育和医学继续教育。完成毕业后医学教育培训的医师有权参加专业培训和接受继续医学教育，培训和教育的内容不仅包括先进的医疗技术，还包括政治思想、职业道德和医学伦理等内容。培训和教育的形式可以根据学习对象、学习条

件、学习内容的不同，采用培训班、进修班、研修班、学术讲座、学术会议、业务考察和有计划、有组织、有考核的自学等多种方式。

（三）操作要求

第一，接受继续医学教育不仅是医师的一项权利，也是其必须履行的一项义务。当今世界，科学技术的发展日新月异，临床医学的发展更是突飞猛进。医疗从业人员在开展临床工作的过程中还在不断研究和总结，催生了大量的规范、指导临床工作的研究成果，制定了大量的循证指南，如果医师不学习，必然不能进步，其所实施的诊疗行为也可能落后、被淘汰，容易给患者带来更大的损害。《继续医学教育规定（试行）》第22条规定："卫生技术人员接受继续医学教育的基本情况作为年度考核的重要内容。继续医学教育合格作为卫生技术人员聘任、技术职务晋升和执业再注册的必备条件之一。"①

第二，医师要积极、主动参加继续医学教育活动，并按照继续医学教育的有关规定，服从所在单位的安排，接受考核。医师所在的医疗机构应当为医师的继续教育提供便利条件，既要做好医师的继续医学教育划分，提供继续医学教育机会，也要保障参加继续医学教育的医师的合法权益。医师在学习期间享受国家和本单位规定的工资、保险、福利待遇，在接受继续医学教育后，有义务更好地为本单位服务。

七、提出工作意见，参与民主管理的权利

（一）关键词

批评建议权

批评建议权来源于《宪法》，该法第41条第1款规定，中华人民共和国公民对于任何国家机关和国家工作人员，有提出批评和建议的权利。公民发现国家机关和国家工作人员在工作方面存在不足，有权向他们提出建

---

① 卫生部、人事部《关于印发〈继续医学教育规定（试行）〉的通知》（卫科教发〔2000〕477号）。

设性意见和建议，并在此基础上有针对性地提出完善工作的具体措施，促使国家机关和国家工作人员改进工作。

（二）条文含义

医师作为公民，享有《宪法》规定的建议权，医师还是具有专业知识的技术人员，《医师法》在《宪法》的基础上赋予了医师对所在医疗卫生机构和卫生健康主管部门的工作提出意见和建议、依法参与所在机构的民主管理的权利。医师在医疗、保健、预防的执业活动中需要深入工作一线，在发现医疗机构、卫生健康主管部门工作中存在的问题时，应以提高其卫生管理能力和工作质量为目的提出意见和合理改进建议，依法参与民主管理，这对提高医疗卫生机构和卫生健康主管部门的管理水平和管理能力，促使医疗卫生工作规范化、科学化、民主化都有非常重要的意义。

（三）操作要求

提出工作意见、参与民主管理是医师的法定权利，医疗机构与卫生健康管理部门应保障医师的合法权利，积极、认真对待医师提出的意见和建议，不得对提意见的医师进行打击报复及区别对待，并应采取一系列措施保障医师合法权利的实现。

八、案例分析

【案例 4-01】卫生健康委员会基于尊重医师“处置权”胜诉案例①

2020 年 7 月 10 日，原告刘某以邮寄的方式向被告某市卫生健康委员会投诉。投诉的主要事实为：2020 年 6 月 28 日 4 时，原告脑袋迷糊、发胀，恶心，腿疼，怀疑是“三高”及腿部曾于 2012 年手术出现的问题，于是到某总医院急诊处就诊，接诊医生任某不给原告看病，让原告等到 8 时去门诊处就诊。接诊医生不给原告做任何检查，置原告的身体健康于不顾。原

① 刘某与某市卫生健康委员会不履行法定职责行政责任纠纷案，抚顺市望花区人民法院（2020）辽 0404 行初 185 号行政判决书。

告要求被告对某总医院进行行政处罚。

被告基于原告投诉的事实，认为某总医院没有明显的违法行为，遂将原告的投诉转至某总医院行业作风管理办公室处理。2020 年 8 月 10 日，某总医院向被告反馈调查结果，称原告于 2020 年 6 月 28 日 7 时左右来到急诊，说内分泌医生告知其要定期检测血糖，根据血糖情况调整治疗。医生告知原告如果没有其他症状，单纯为了检测血糖、指导控制血糖需要到内分泌专科门诊就诊。原告没有说过其脑袋迷糊、发胀，恶心，腿疼，怀疑是“三高”，而是瞬间情绪变得激动，当即吵闹，说医生占用他的宝贵时间。原告随后到护士预检分诊处打砸分诊台、大声吵闹，破坏医疗秩序，影响其他患者就医。护士呼叫保安人员，保安来了之后才请原告离开。至原告诉讼时，被告未对某总医院作出行政处理决定，原告遂诉至法院。

法院经审理认为，根据《执业医师法》第 21 条第 1 项：“(一) 在注册的执业范围内，进行医学诊查、疾病调查、医学处置、出具相应的医学证明文件，选择合理的医疗、预防、保健方案”；第 24 条：“对急危患者，医师应当采取紧急措施进行诊治；不得拒绝急救处置”，执业医师有权根据医学诊察选择合理的医疗方案，只有对急危患者不得拒绝处置。本案中，执业医师有权根据对患者疾病的调查，选择合理的医疗方案，原告亦不属于急危患者，某总医院的行为不属于违反《执业医师法》第 37 条规定的违法行为，原告的投诉不属于被告的监管范围，原告要求被告对某总医院作出行政处理的请求没有事实和法律依据，本院不予支持。依据《行政诉讼法》第 69 条之规定，判决驳回原告刘某的诉讼请求。

分析与讨论

本案在审理过程中，法院认为执业医师有权根据医学诊察选择合理的医疗方案，只有对急危患者不得拒绝处置，这是对医师医学处置权的尊重和保护。医师在执业活动中应按照相关诊疗规范开展诊疗活动，有权根据患者的客观病情决定治疗方案，对于患者超出合理治疗方案的要求可以拒绝。

社会应正确引导患者的权利价值观，加强医患之间的沟通，促进医患之间的相互尊重、相互理解，平衡医师的医学处置权与患者的知情同意权，这样才能更好地发挥医疗的最大作用，保障最佳诊疗效果。

第二节　医师执业义务

一、医师执业义务的概述

（一）医师执业义务的概念

义务是与“权利”相对应的概念，是一种社会责任，包括伦理义务、法律义务。义务是为了满足一定社会关系参加者享受直接社会权利，相对方应作出的一定作为或不作为，是社会客观规律、人们日常的生产和生活活动以及其他各种条件直接作用的结果，一般为习惯、伦理道德等社会规范所确认。这种意义上的义务是法律义务的直接基础和社会内容。

医师执业义务是指医师在开展医疗活动过程中为了保障患者的合法权益，提升医疗治疗，保障医疗安全，应当遵守法律、法规以及诊疗技术规范、规程的行为要求。医师执业义务有如下特点：其一，医师执业义务以法律、法规、诊疗技术规范以及医疗服务合同为依据，有明文规定或者行业认可的要求作为或者不作为的内容；其二，医师执业义务体现在医疗服务活动过程中，包括医疗活动的准备、实施及实施后等环节；其三，医师执业义务具有强制性，是医师在开展医疗活动过程中必须遵守的，如果不履行相应的义务，将要承担法律责任。

（二）明确医师执业义务的重要性

《医师法》第23条规定的是医师的义务。医师是一个古老的职业，从《希波克拉底誓言》《日内瓦宣言》到中国古代的《大医精诚》，都从道德层面给医师行业设定了义务。直到今天，这些公理化的义务仍然在医师执业中起着重要的作用，如妥善行医原则、有利患者原则、隐私保护原则、不伤害原则等。这些都是在伦理道德层面对医师行医提出的义务规范。本章提出的医师义务是从法律层面对医师提出的要求，属于法定义务。这些义务多数源于医师的道德义务，如树立敬业精神，尽职尽责救治患者、保护患者隐私等；也有现代医学对医师的要求，如遵循临床诊疗指南、及时更新知识、积极参与对公众的健康科普等；还有在新冠肺炎疫情背景下专门增设的执行疫情防控等公共卫生措施的条款。

（三）医师执业义务的主要内容

《医师法》	《执业医师法》
第 23 条　医师在执业活动中履行下列义务： （一）树立敬业精神，**恪守**职业道德，履行医师职责，尽职尽责**救治**患者，**执行疫情防控等公共卫生措施**； （二）**遵循临床诊疗指南**，遵守临床技术操作规范**和医学伦理规范等**； （三）尊重、关心、爱护患者，**依法**保护患者隐私**和个人信息**； （四）努力钻研业务，更新知识，提高**医学**专业技术**能力和**水平，**提升医疗卫生服务质量**； （五）宣传**推广与岗位相适应的健康科普**知识，对患者**及公众**进行健康教育**和健康指导**； （六）**法律、法规规定的其他义务**。	**第 22 条**　医师在执业活动中履行下列义务： （一）**遵守法律、法规**，遵守技术操作规范； （二）树立敬业精神，**遵守**职业道德，履行医师职责，尽职尽责**为**患者**服务**； （三）关心、爱护、尊重患者，保护患者**的**隐私； （四）努力钻研业务，更新知识，提高专业技术水平； （五）宣传**卫生保健**知识，对患者进行健康教育。

《医师法》第 23 条中共规定了 5 项义务及 1 项开放性义务条款。可以概括为：遵循医疗规范的义务、恪守职业道德、执行疫情防控等公共卫生措施的义务、保护患者隐私的义务、提升业务水平的义务、向社会进行医学科普的义务。相对于《执业医师法》而言，其每一条义务的核心内容在《医师法》中都有一定程度的体现，然而从表述的细节看，每一条义务都有显著的变化。这些表述上的变化更加符合当代医学对医师职业的要求。除《医师法》第 23 条明确规定的义务外，医师还应遵守本法或其他法律法规为医师设定的义务，《医师法》第 24 条到第 35 条的执业规则也是医师的执

业义务，还有《传染病防治法》中医师的报告义务、《药品管理法》中医师的合理用药义务、GCP 相关规范中研究者（医师）保障受试者（患者）权益的义务和本法其他条文中设立的不得过度医疗、不得收取不正当利益、紧急情况下不得拒诊等义务。

二、恪守职业道德、执行公共卫生政策的义务

（一）关键词

敬业精神

“敬业”是我国社会主义核心价值观的重要内容之一，是时代性和继承性的统一、普遍性与行业性的统一，有着重要的价值和现实启示。敬业精神的发生需要认知与认同共同作用，精神和物质共同驱动，舆论和示范相互结合，道德和法治相互制约，把握敬业发生的机制和过程，有助于使敬业精神“内化于心，外化于行”。[①] 它要求从业者全身心投入自己所从事的事业，尊敬并重视自己所从事的职业，把工作当成自己的事业努力经营，本着认真负责、一丝不苟的工作态度，努力克服各种困难，完成自己的本职工作，做到善始善终。医疗工作涉及人的生命健康，稍有闪失，即会将患者置于不利之地。儒家“医乃仁术”的思想从奠定之初到逐渐丰富经历了对人自身、对“医者”以及对医患关系的认识逐步加深的发展过程，主要包括贵人、仁爱、推己及人三个方面的内容：贵人关乎自身，仁爱指向他人，推己及人关乎自己与他人。[②] “德”与“术”相通，只有有仁爱之心的人，才有仁爱之德，只有有仁爱之德，才能修炼成仁爱之术。这在几千年来中华医药学中不断涌现的民族良医身上以及医药学思想上表现得尤为突出。这就要求医师必须全身心投入自己的工作，把患者的安危放在自己工作的首位。

---

① 冉欣、刘建武：《敬业精神的内涵与发生机制》，载《中北大学学报（社会科学版）》2019 年第 5 期，第 122-125 页。

② 倪征：《“医乃仁术”的内涵及其现代价值》，载《医学与社会》2000 年第 2 期，第 53-54 页。

（二）条文含义

本条内容的核心在于敬业精神与职业道德。医师以救死扶伤为己任，以帮助他人为要义。职业本无高低贵贱之分，每个行业的从业人员都应当恪尽职守，为社会作出相应的贡献。然而，健康所系，性命相托，医师这样一个以人的生命、健康为工作对象的职业自诞生之日起，就被赋予了更高的道德要求——医德。

《执业医师法》第 22 条规定了医师的义务，其中第 1 项是技术规范，第 2 项是敬业精神与职业道德。《医师法》将敬业精神与职业道德作为医师的首要义务，体现了立法者对于敬业精神与职业道德的强调。医学行业一度出现了“唯技术论”的倾向，然而医学是为人服务的科学，在医生的执业中，技术起着至关重要的作用，但是如果没有伦理道德的制约，没有敬业精神的“加持”，好的技术也可能无法造福患者。故《医师法》将职业道德作为医师的首要义务。

本次修订，还特别强调了医师需要执行疫情防控等公共卫生措施，体现了在社会出现危机时，法律要求医务人员服从上级卫生行政部门的调配，参与相关工作，在关键时刻承担医师职业的社会责任。

在《医师法》中，与本条内容相关的还有总则中第 3 条的规定和法律责任一章中第 58 条的规定。这里需要特别强调，本法第 58 条规定，对于严重违反医师职业道德、医学伦理规范，造成恶劣社会影响的，不仅可能受到吊销医师执业证书等处罚，还需要并处禁业处罚，这几乎是最为严厉的处罚，可见法律对于医师违反职业道德的态度。

（三）操作要求

上文已经提及《医师法》对于医务人员职业道德义务的重视，这是医师职业的基础。为了达到本条的要求，医务人员至少需要做好以下三个方面的工作。

1. 树立职业精神，恪守职业道德。不伤害原则、行善原则、尊重患者自主性原则、公正原则被公认为现代医学伦理原则，是医师在执业活动中需要遵守的道德准则。除此之外，一些具体的行风规范，如不能利用职务之便索要或收取患方贿赂、不得开单提成，不能损害患者利益等，也是医师职业规范的基本要求。

2. 履行医师职责，尽职尽责救治患者。医师在执业的过程中应当尽职尽责，尽到谨慎的注意义务，合理地对患者实施救治。医师需要选择合理的诊疗措施对患者实施救助；同等疗效下，应选择对患者副作用最小、伤害最小的方案；医生需要对患者实施及时的救助，避免延误；同时，应尽可能选择适合患者经济情况的救治方式，尽可能避免患者“人财两空”的情况。

3. 执行疫情防控的公共卫生措施。此项义务是《医师法》中新增设的义务，体现了医师不仅在平时需要恪尽职守、尽职尽责，在社会危急时刻更需要承担这个职业应承担的社会责任。《医师法》第 32 条和第 55 条对于该义务进行了更为详细的规定，同时规定了违反该义务的罚则，在此不再赘述。

三、遵循诊疗规范的义务

（一）关键词

诊疗规范

现代医学已经进入了循证医学时代。任何医疗行为都需要遵循权威的医学指南、诊疗规范；对于新的问题、新的治疗方法需要按照正规的临床研究规范，在符合医学伦理规范的前提下开展诊疗活动。故在现代医学背景下，遵守诊疗规范、伦理规范就成为医师职业的生命线。

常见的诊疗规范主要是国内外权威的医学指南，也包括经典的教科书、国家与行业标准、具备较强循证医学证据的专家共识等；而伦理规范主要包含知情同意、隐私保护及法律规定需要进行伦理审查才可以开展的诊疗活动。

（二）条文含义

本条义务体现了医师在执业活动中需要遵循的两个层面的规范——技术规范与伦理规范。就技术规范而言，《医师法》与《执业医师法》存在表述上的不一致，《执业医师法》第22条第1项规定，“（一）遵守法律、法规，遵守技术操作规范”；而《医师法》却表述为“遵循临床诊疗指南，遵守临床技术操作规范”，这体现了时代的进步。新法中，立法者意识到法律在一般情况下不会直接规定临床的操作流程，该规范存在于行业规范中。法律只需确定不同类型规范的权威性即可。

而本次立法的亮点是将伦理规范作为医师必须遵守的义务规定在法律之中。临床中常见的伦理规范包含三类：（1）保障患者的知情同意权；（2）保护患者的隐私权；（3）对法律规定必须进行伦理审查后才可以开展的医学活动，要严格依法进行伦理审查。本法第25条、第26条及相关的罚则中对于上述几类伦理规则给出了更为具体的规范，在此不再赘述。

（三）操作要求

就本条义务而言，医师在执业活动中需要具体遵循以下两个方面的要求。

1. 遵守行业指南与诊疗规范。医师在执业活动中应当首先遵循国家层面的行业指南，在行业指南未规定的情况下也可以参照国际上权威的行业指南、行业标准、权威教科书、具有循证医学证据和业内影响力的专家共识。切忌按照个人经验，在没有循证医学证据的情况下，随心所欲地为患者进行诊疗。如果涉及新技术的研究，则应按照正规临床研究的程序开展工作，避免负性事件发生。

2. 医务人员在诊疗活动中还应当遵循伦理规则。在《民法典》中，涉及患者伦理损害的主要包含两部分，一部分是知情同意权，另一部分是隐私权，医务人员在行医过程中应当依照相关法律保障患者这两项伦理性权利。同时，医务人员在开展临床试验或其他临床研究、器官移植、新技术研究时，均应依照具体规范，通过伦理审查，遵守相关伦理规范。

四、保护患者隐私的义务

（一）关键词

患者隐私

《民法典》第 1032 条第 2 款规定："隐私是自然人的私人生活安宁和不愿为他人知晓的私密空间、私密活动、私密信息。"

个人信息

《民法典》第 1034 条第 2 款规定："个人信息是以电子或者其他方式记录的能够单独或者与其他信息结合识别特定自然人的各种信息，包括自然人的姓名、出生日期、身份证件号码、生物识别信息、住址、电话号码、电子邮箱、健康信息、行踪信息等。"《个人信息保护法》第 4 条规定，个人信息是以电子或者其他方式记录的与已识别或者可识别的自然人有关的各种信息，不包括匿名化处理后的信息。另外，《个人信息保护法》第 28 条专门规定了，敏感个人信息是指一旦泄露或被非法使用，容易导致自然人的人格尊严受到侵害或者人身、财产安全受到危害的个人信息，包括生物识别信息、宗教信仰、特定身份、医疗健康、金融账户、行踪轨迹等信息，以及不满 14 周岁未成年人的个人信息。患者的个人信息基本都属于敏感个人信息，需要医师特别注意保密与保护。

（二）条文含义

在患者到医院就诊的过程中，会触及患者隐私及个人信息，其中首先，要保护患者的健康信息，患者来医院就诊，其所患的疾病本身属于患者的重要健康信息，是隐私权要保护的对象。其次，患者从挂号开始，医院就会因诊疗的需要采集患者包括姓名、出生日期、身份证号码、住址、电话号码等在内的各种个人信息。再次，患者在做身体检查时，可能会暴露一些隐私部位，同样涉及患者隐私的保护问题。最后，医疗活动还可能涉及其他隐私问题，如基因检测检查涉及患者的基因隐私。可见，患者在医疗机构就诊的过程涉及大量隐私与个人信息。医疗机构及其医务人员应当保护患者隐私及个人信息，禁止侵犯患者的隐私权，应利用先进的技术与制度流程防止患者隐私与个人信息的泄露。对于本条义务可以从如下几个方面理解。

首先，医师在行医过程中应当尊重、关心、爱护患者。在医学技术高度发达的今天，医疗行业中出现了“唯技术论”的倾向。然而，医学作为与人类生命健康相关的科学，其本质上具有科学与人文的双重属性。医师在为患者诊疗的过程中，不仅要看到病，更要看到病人；不仅要运用自己所掌握的医学技术为患者解除痛苦，更要尊重自己的患者，给予他们关心与爱护。

其次，医师在执业活动中应当保护患者的隐私。现代意义上的隐私概念最早由美国学者沃伦和布兰代斯于 1890 年在《论隐私权》一文中提出，在该文中，他们将隐私界定为一种“免受外界干扰的、独处的”权利。[①] 自此，隐私保护与隐私权的概念逐步受到学界与司法行业的关注，并成为一项法定的权利。而医师保护患者隐私的义务早在 2000 多年前的《希波克拉底誓言》中就是重要的内容，流传至今，可见，保护患者隐私是医师这个职业自诞生之日起就需要遵守的基本义务，而从《执业医师法》到《医师法》，保护患者隐私又以法定义务的形式进入法律规范之中。

最后，随着现代信息化技术的发展，医师在执业活动中还需要依法保护患者的个人信息。随着时代变迁，个人信息保护逐渐成为社会的焦点问题。前文已经提及，在患者到医院就医的过程中，会涉及大量个人信息的采集。早年，在人们未认识到个人信息保护的重要性时，也出现过医院泄露患者个人信息的事件，为整个行业带来了不良影响。故本次《医师法》将个人信息保护纳入医师的义务之中。

（三）操作要求

尊重、关心、爱护患者，保护患者的隐私与个人信息，需要医师在执业活动中做到以下几点：

---

① 王利民、程啸：《中国民法典释评》，中国人民大学出版社 2020 年版，第 385 页。

1. 尊重、理解患者，给予患者人文关怀。医师应当尊重患者，公平对待所有的患者。在诊疗过程中，医师可以通过共情、换位思考等方式，耐心解答患者的疑问，安抚患者的情绪，管理好患者对疾病预后的期望值，尽可能为患者提供帮助与安慰，关心、爱护自己的患者。

2. 遵守国家法律法规、遵守医院与隐私保护相关的规章制度。医务人员在执业活动中，应当明确知晓法律及自己所在医疗机构对于患者隐私保护的具体情形与措施，在实际工作中保护好患者的隐私。

3. 依法向患者告知病情。原则上，医务人员应当依据《民法典》第1219条、本法第25条等相关规定向患者本人告知其病情及诊疗措施等内容。除非有患者授权或在法律有明确规定的情况下（如对于不能或不宜向患者说明的，应当向患者的近亲属说明），不得向他人泄露患者的就医信息。对于特殊（敏感）疾病的告知，如有特别规范，应当依据特别规范进行告知。行政部门、司法部门或其他法定有权部门依法调取患者医疗信息的，应当遵循法定程序。医师在执业活动中遇到此类情形时，应与自己所在医疗机构的医务或法务管理部门取得联系，寻求帮助。

4. 妥善书写、保管病历文书及非病历文书，避免因为文书管理不善，泄露患者隐私及个人信息。医师应当依据国家法律法规的规定及所在医疗机构病历书写与保管的相关规定，妥善书写、保管患者的病历资料及其他涉及患者隐私或个人信息的非病历资料，如交接班记录等。目前，患者的病历资料大量被存储在医院的信息系统中。医师在执业活动中使用医院信息系统，应当遵守医院的信息系统安全管理相关规范，妥善管理自己的账户信息及密码，防止患者隐私及个人信息的泄露。

5. 对患者隐私部位进行检查时，应当采取必要的隔离措施，避免不相关人员接触患者的隐私。有条件的应当尽可能请同性别的医师进行检查，或在检查过程中请家属陪同，或有两名以上的医务人员在场；因教学要求需要对患者隐私部位进行检查时，应当征询患者的同意。

6. 在公共场所，医师之间不应谈论涉及患者病情或其他涉及隐私、个人信息的内容；在进行医学学术交流，发表相关著作、论文时，应当对患者隐私及个人信息进行脱敏处理。

7. 患者敏感个人信息处理特别注意事项。《个人信息保护法》第 28 条第 2 款规定，对于患者敏感个人信息的处理，只有在具有特定的目的和充分的必要性，并采取严格保护措施的情形下，医疗机构及医师方可处理。第 29 条规定，处理敏感个人信息应当取得个人的单独同意；法律、行政法规规定处理敏感个人信息应当取得书面同意的，从其规定。第 31 条规定，个人信息处理者处理不满 14 周岁未成年人个人信息的，应当取得未成年人的父母或者其他监护人的同意。个人信息处理者处理不满 14 周岁未成年人个人信息的，应当制定专门的个人信息处理规则。

五、提升业务水平的义务

（一）关键词

提升业务水平

提升医疗质量，保障医疗安全，是医疗服务活动的两大永恒主题。这两大目标的实现，都依附于医师的诊疗活动，体现在医师对疾病的分析、判断、处置等环节中。医疗技术，是指医疗机构及其医务人员以诊断和治疗疾病为目的，对疾病作出判断和消除疾病、缓解病情、减轻痛苦、改善功能、延长生命、帮助患者恢复健康而采取的诊断、治疗措施。医疗质量，是医疗预防机构的工作质量，是衡量医务人员诊疗水平的标准，一般从医务人员的技术水平、医疗效果和工作质量等方面衡量。

医疗技术是医务人员为患者解除痛苦、治疗疾病的手段，而医疗质量为更多患者可以得到良好的、同质的医疗服务提供了评价的标准与工作的指引，二者从不同维度评价医务人员及医疗机构对于患者可以提供医疗服务的水平与能力。先进的医疗技术可以使得患者有更多机会、更合适的方法治疗疾病，而良好的医疗质量，可以在一定的技术条件下达到最好的治疗效果。医务人员有义务为患者提供更好的医疗服务，不断提高自己的技术水平，通过对医疗质量指标的管理，提升治疗效果，保障患者安全。

（二）条文含义

现代医学科学技术发展日新月异。医师在执业生涯中，医学知识会不断更新，医务人员需要及时学习才能保证为患者提供优质的医疗服务。医师在执业生涯中应不断精进、提高自己的业务水平，为患者提供更好的医疗服务。

较《执业医师法》而言，本条义务的变化主要是增加了“提升医疗卫生服务质量”的内容。这种变化体现了临床医学评价体系的转变。医务人员在执业过程中固然应当追求更高的目标，更先进的技术，但是，每一个技术都有其风险，要稳定地保证技术使用的质量、在每一次使用时都严格遵守技术操作规范、避免不良事件的发生，则需要通过医疗质量管理确认底线。《医师法》将提升医疗服务质量纳入医师的义务当中。

在本条义务中，提高医疗技术水平与医疗服务质量的方式有两种，一种是钻研业务，另一种是更新知识。钻研业务是要求医师在实际工作中精益求精，通过自身的努力提升业务能力；而更新知识则是要求医师群体除了关注自己的本职工作以外，还要通过自发学习或规范培训、进修、交流等方式，学习专业领域最新的技术，关注行业进展，与时俱进。

（三）操作要求

努力钻研业务、更新知识，提高医学专业技术能力和水平，提升医疗卫生服务质量要求医师做好以下三个方面。

1. 终身学习。生物医学领域是当今技术更新速度最快的行业之一，许多学科不断有重大突破成果，很多专业两三年就会更新一次指南。《民法典》第 1221 条规定，医务人员在诊疗活动中应当尽到与当时医疗水平相应的诊疗义务。这要求每一个医师在执业活动中都需要了解当前专业的医疗指南等规范，为患者提供恰当的治疗。为了适应这样的行业更新速度，尽到合理的诊疗义务，医师要在职业生涯中终身学习，不断进步。

2. 技术精进。医师在执业活动中应当不断提高医学专业技术能力和水平。了解行业内技术发展的进程，不断熟练掌握成熟的技术；在有条件的情况下应当尽可能学习新技术，甚至结合自身所在专业与岗位，按规范开展新技术研究、创造新技术。

3. 严控医疗质量。医疗质量是医疗管理的核心工作。《医疗质量管理办法》规定了医疗质量实行院、科两级管理制度，同时也为医师在整个医疗机构质量管理体系中设定了义务。该办法第 15 条规定，医务人员应当恪守职业道德，认真遵守医疗质量管理相关法律法规、规范、标准和本机构医疗质量管理制度的规定，规范临床诊疗行为，保障医疗质量和医疗安全。医疗质量的管理不同于医疗技术的精进，医疗技术的精进主要靠医师个人或团队的努力，而医疗质量的提升则需要医务人员熟悉、遵守国家、医院、科室与医疗质量相关的法规与制度，配合全局，才能最终提升质量，保障安全。

六、向社会进行医学科普的义务

（一）关键词

医学科普

医学科普是医务人员将自己所掌握的医学知识用通俗易懂的方式向社会大众进行传播的活动。北京协和医院妇产科教授、中国工程院院士郎景和教授在《令人感动的科普效应》[①] 一文中谈到了医生做科普的重要性。郎教授谈到，其通过科普帮助患恶性肿瘤的患者得到早诊早治的机会，也谈到其前辈林巧稚医师，一位最高权威的专家亲手编写最通俗的科普读物的故事。郎老在文章末尾引用了一位医学哲人的名言：如果你仅仅是一个好医生，就还不是一个好医生。可见医学泰斗对于医学科普的重视。

现代的医学科普有多种途径。较为传统的方式包括面授讲座、走进社区宣教、通过纸质媒体发表科普文章或通过电视媒体科普；而目前新媒体平台逐步代替了传统途径，成为医学科普的重要平台，包括通过自媒体发布短视频、微博。医师应当运用合适的平台，通过多种途径向社会宣传科学的医学知识。同时，本法第 53 条也规定，新闻媒体应当开展医疗卫生法

---

① 郎景和：《一个医生的故事》，北京联合出版公司 2015 年版，第 150-151 页。

律、法规和医疗卫生知识的公益宣传，即新闻媒体应当为医学科普提供平台。

（二）条文含义

在法律层面，从《执业医师法》到《医师法》，都将医学科普作为医生的法定义务。可见医师作为掌握医学科学知识的专业人士，不仅要做好临床上的本职工作，还要走出医院，为全社会提供科学的医学知识与医学观，引导患者正确、客观、理性地认识医学，更好地关注自身与家人的健康问题；以科学的态度与方式对待疾病，避免对医学的误解，更要避免公众因受到伪科学的欺骗而蒙受不必要的损失。

同时，就本项义务而言，《医师法》相对于《执业医师法》也存在表述上的不同。首先，随着医学科学分科的细化，《执业医师法》就本项义务的表述为“宣传卫生保健知识”，而《医师法》为“宣传推广与岗位相适应的健康科普知识”。虽然本法此处没有严格规定医师必须依照本法所规定的注册类别与范围对公众进行科普，但医师在科普的过程中也应尽可能按自己的执业类别与范围开展科普活动，避免因自身专业知识的限制给公众带来风险。其次，《医师法》将宣教科普的对象由“患者”扩大到“公众”。科学普及本就应面向社会、面向不特定的多数人。医师不仅应将知识传播给患者群体，更应当从预防、早诊早治等角度，让更多的人了解医学知识。最后，《医师法》不仅要求医师进行“健康教育”，还要求医师进行“健康指导”。如今，医学科普也逐步趋于专业化，对医师提出了更高要求。医师不仅需要告诉公众“是什么”，还需要指导公众“怎么办”，提出切实可行的方案，有助于公众用更有利于健康、更科学的方式生活。

（三）操作要求

针对本项义务，本书为医师提出如下三个方面的实践建议。

1. 充分认识医学科普的重要性。患者是医学的门外汉，但患者又是医学的直接对象。当前医患关系紧张，医疗纠纷不断，其中一个重要原因就是患者对医学不了解，以为医学是万能的。尤其近年来在一些不良舆论的误导之下，更认为“没有治不好的病，只有治不好病的大夫”，患者对疾病诊治的期望值过高，对医疗结果不满意时大都迁怒于医师，从而发生纠纷。医学科普就是要将深奥的医学知识准确、及时、恰当地传授给患者，让患者有医疗风险意识，树立正确的就医观。医学科普是医患沟通的重要组成部分。

2. 运用多种方式参与到医学科普工作中来。上文已经提到，执业医师可以通过线下教育、传统媒体、自媒体等多种途径，针对不同人群进行健康科普教育。医师参与医学知识传播体现了医师的社会责任，这为公众获取科学的医学知识、保障人民群众健康提供了可靠的渠道。

3. 保证科普内容的科学性，避免误导公众。医师应当确保科普内容的科学性、专业性、时效性。这需要医师做到如下几点：首先，医师应依法对自己专业领域内的问题进行科普，尽可能不涉及自己所不熟悉的领域；其次，在发布前，医师应当严格审核内容，确保内容的准确性；最后，医师应当确保自己科普内容的时效性，对于过时的内容应当及时清理，避免给他人和自己造成不必要的麻烦。

七、案例分析

【案例 4-02】医师利用职务之便非法收取、贩卖患者个人信息获刑案①

被告人吴某原系某市妇幼保健计划生育服务中心医师，2016 年 9 月 30 日调入另一个市的妇幼保健计划生育服务中心工作。被告人吴某在某市妇幼保健计划生育服务中心履行职责的过程中，多次登录新生儿疾病筛查信息管理系统，并非法获取 2016 年 1 月 1 日以后在该市出生的新生儿的出生时间、性别、家庭住址、产妇姓名、手机号码等公民个人信息 3000 余条，制作成 Word 文档提供给经营该市某摄影馆的章某用于经营活动。2016 年 6 月 8 日，被告人吴某收取章某人民币 2 万元。2016 年 9 月 30 日，被告人吴某调入另一个市的妇幼保健计划生育服务中心工作后，继续使用某市妇幼

---

① 吴某侵犯公民个人信息罪案，浙江省兰溪市人民法院（2018）浙 0781 刑初 138 号一审刑事判决书；浙江省金华市中级人民法院（2018）浙 07 刑终 780 号二审裁定书。

保健计划生育服务中心的账号、密码，多次登录新生儿疾病筛查信息管理系统并非法获取在2017年7月29日之前出生的新生儿的出生时间、性别、家庭住址、产妇姓名、手机号码等公民个人信息4000余条，制作成Word文档提供给经营该市某摄影馆的章某用于经营活动。2017年7月12日，被告人吴某收取章某人民币2万元。至2017年8月3日止，被告人吴某共向章某提供了自2016年1月1日至2017年7月29日在某市出生的新生儿相关公民个人信息7701条。被告人吴某共收取违法所得人民币4万元。

法院经审理认为，被告人吴某违反国家有关规定，将在履行职责过程中获得的公民个人信息出售给他人，并违反国家有关规定，非法获取、出售公民个人信息，其行为已构成侵犯公民个人信息罪。依照《刑法》第253条之一第1款、第2款、第3款，第52条，第53条，第64条的规定，一审判决被告人吴某犯侵犯公民个人信息罪，判处有期徒刑一年零九个月；并处罚金人民币4万元；责令被告人退赔违法所得计人民币4万元，没收并上缴国库；被告人本人供犯罪所用的作案工具，没收并上缴国库。二审维持原判。

分析与讨论

侵犯公民个人信息的行为上升到刑罚层面始于《刑法修正案（七）》的规定，作为第253条之一："国家机关或者金融、电信、交通、教育、医疗等单位的工作人员，违反国家规定，将本单位在履行职责或者提供服务过程中获得的公民个人信息，出售或者非法提供给他人，情节严重的，处三年以下有期徒刑或者拘役，并处或者单处罚金。"该罪名是"出售、非法提供公民个人信息罪"，犯罪主体为特殊主体，其中包括医务人员。2015年11月1日起施行的《刑法修正案（九）》将"出售、非法提供公民个人信息罪"和"非法获取公民个人信息罪"整合为"侵犯公民个人信息罪"，扩大了犯罪主体和侵犯个人信息行为的范围，犯罪主体改为一般主体，医务人员将其在执业活动中获取的公民信息非法提供给他人构成此罪的，从重处罚。

本案被告人利用自己在医院工作期间的账户非法收集、出卖患者个人信息的行为，不仅违背了作为医师的义务。同时也触犯了《刑法》，最终获罪。

第五章

执业规则·执业要求

医疗活动是运用医学科学理论和技术，对患者所患疾病作出诊断和治疗的专业行为。一则医学属自然科学之专业领域，现代科学技术进步快且日益精细化；二则医疗活动涉及深邃的医学知识及复杂的医疗技能；[①] 三则医疗活动事关患者生命健康，所以医疗执业行为必须遵守既定的规则，不可随心所欲。医疗执业规则是指医疗机构及其医务人员在对患者实施诊疗活动的过程中，必须遵守的诊疗行为规范。在《医师法》第三章中，医师的执业义务集中在第23条，医师的执业规则分布于第24条至第35条。此外，在其他医疗法律、法规和规章中，还规定了一些有关医疗行为的特殊的、具体的执业规则，同样是医师执业规则的组成部分。[②]《医师法》规定的医疗执业规则主要内容包括：亲自诊查义务、告知说明义务、紧急救治、合理用药、科研伦理、重大事件报告以及服从调遣等。

第一节　医师的医学文书撰写规则

一、医学文书撰写规则概述

医疗文书是指医疗机构和医务人员在医疗活动过程中，依据有关法律

---

① 黄丁全：《医事法新论》，法律出版社2013年版，第32页。

② 刘鑫：《医事法学》，中国人民大学出版社2015年版，第89页。

法规和专业技术规范要求制作的反映医疗服务关系、患者健康状况和医疗措施、过程及其结果等方面的信息资料的规范文件。医学文书包括病历、各种流程文件、报表等。医学证明文件是指医师经诊查、调查后给患者开具的医学证明性文件，包括诊断证明、疾病证明、出生及死亡证明、流行病学证明、健康证明等。医师在问诊、查体、辅助检查、诊断、治疗等医疗活动中形成医学文书资料，经归纳、分析、整理形成病历，病历是医学文书的主要表现形式。《医师法》第 24 条的规定则强调医学证明等医学文书的撰写者必须亲诊，保证内容真实、规范。这是包括病历在内的医学文书撰写、填写的基本要求，也是进一步制定具体实施办法的依据。2010 年 3 月 1 日起实施的《病历书写基本规范》对病历书写作出了具体要求，各省按照要求制定了相应规范，对医师书写病历作出具体要求。

二、医学文书撰写规则条文理解

《医师法》	《执业医师法》
第 24 条　医师实施医疗、预防、保健措施，签署有关医学证明文件，必须亲自诊查、调查，并按照规定及时填写**病历等**医学文书，不得隐匿、伪造、**篡改**或者**擅自**销毁**病历等**医学文书及有关资料。 医师不得出具**虚假医学证明文件以及**与自己执业范围无关或者与执业类别不相符的医学证明文件。	**第 23 条**　医师实施医疗、预防、保健措施，签署有关医学证明文件，必须亲自诊查、调查，并按照规定及时填写医学文书，不得隐匿、伪造或者销毁医学文书及有关资料。 医师不得出具与自己执业范围无关或者与执业类别不相符的医学证明文件。

（一）关键词

医学文书

医学文书在医疗实践中的主要表现形式为病历，当然也包括其他与诊疗活动有关的处方、记录文件、证明文件等。2013 年公布的《医疗机构病历管理规定》第 2 条规定，病历是指医务人员在医疗活动过程中形成的文字、符号、图表、影像、切片等资料的总和，包括门（急）诊病历和住院病历。需要强调的是，目前在部分医疗机构的医务人员中仍然存在关于所谓病历的主观、客观之分，2018 年 10 月 1 日起实施的《医疗纠纷预防和处理条例》第 16 条则规定患者可复印的病历包括主观病历、客观病历。广义上的医学文书，除了包括病历、各种流程文件、报表等之外，还包括检查申请单、未归入病案的疾病证明、出生及死亡证明、流行病学证明、健康证明等。

亲自诊查、调查

《医师法》对医生的诊查行为仍然保留了《执业医师法》中的“亲诊”义务。但目前日益发展起来的互联网的诊疗是否阻碍了医师对患者的“亲自诊查和调查”？本条对医疗活动亲自诊查的基本要求是否与现实相矛盾？其实并不矛盾，即便是远程会诊、互联网医疗，同样要求医师对患者进行亲自诊查、调查。根据《互联网诊疗管理办法（试行）》第 16 条和《互联网医院管理办法（试行）》第 19 条的规定，医师只能在掌握患者病历资料的前提下，通过互联网医院为部分常见病、慢性病患者提供复诊服务。即医师须在前期已进行“亲自检查和调查”的前提下，开展后期复诊服务，并不违背该条规定。

（二）条文含义

本条第 1 款在《执业医师法》第 23 条的基础上进行了完善，仍然保留了《执业医师法》第 23 条对医师要求的亲诊义务，即“必须亲自诊查、调查”；在《执业医师法》“不得隐匿、伪造或者销毁医学文书及有关资料”的基础上与《民法典》第 1222 条保持一致，增加“篡改”；第 2 款在“医师不得出具与自己执业范围无关或者与执业类别不相符的医学证明文件”的基础上增加了“不得出具虚假医学证明文件”。对本条的具体含义可从以下几个方面理解。

1. 医师对患者病症的诊治应当履行亲诊义务

医师应当亲临病床，通过对患者实施专业化的问诊、查体、辅助检查等，作出相应的诊断，提出治疗、处置意见。亲诊义务是医学的应然要求，也是医师对患者负责、以患者为中心的体现。患者的病症复杂，同样的疾病在不同患者身上，同样的病在同一个患者身上的不同阶段，临床表现各异。很多临床症状、体征是需要医师根据医学理论知识、经验进行判断的，不同的医师，掌握的理论知识不同，积累的经验不同，对病症的判断也不同，未能亲自对患者病症的询问、观察、检查，难以获得准确的疾病信息。

2. 亲自诊查、调查是医师书写病历的基本要求

病历文件是医师诊疗获得的真实记录，既要记载医师询问患者获得的信息，也要记录通过检查获得的信息，还要记录分析病情、作出诊断、提出处置方案的信息。要保证病历内容客观、真实、准确、完整，[①] 医师就必须对患者亲自诊查、调查。

3. 签署医学文书，医师应当亲自诊查、调查

医学信息除了与患者自身身体健康息息相关，与患者的其他社会、财产、法律权利等事项亦具有关联性，如患者因疾病原因须请假、诉讼、理赔等，或须证明身份、关系等，医学证明等医学文书的记录、签署直接涉及患者自身利益及患者相对人的利益，因此医师要在“亲自诊查、调查”后，按照要求实事求是地书写并出具医学证明文书。

4. 出具医学证明文件，对医师有执业资质要求

超出自己的执业类别和执业范围，必然导致医师对患者的病症观察、检查、处置不专业，从而难以保证医学证明文件的真实性、客观性和准确性。在此基础上，本条第 2 款在“医师不得出具与自己执业范围无关或者与执业类别不相符的医学证明文件”的基础上增加了“不得出具虚假医学证明文件”，强调了医师出具医学证明文件的规范性、真实性。

5. 违反亲自诊查、调查义务面临的法律责任

根据本法第 56 条的规定，出具虚假医学证明文件，或者未经亲自诊查、调查，签署诊断、治疗、流行病学等证明文件或者有关出生、死亡等证明文件的，由县级以上人民政府卫生健康主管部门责令改正，给予警告，没收违法所得，并处 1 万元以上 3 万元以下的罚款；情节严重的，责令暂停

① 客观、真实、准确、及时、完整、规范是病历书写的基本原则，也是病历书写的基本要求，在《病历书写基本规范》《电子病历应用管理规范（试行）》《医疗质量管理办法》《医疗质量安全核心制度要点》中都有规定。参见曾跃萍、刘鑫：《病历书写存在的问题与对策》，载《医学与社会》2015 年第 1 期，第 19-22 页。

6 个月以上 1 年以下的执业活动，直至吊销医师执业证书。

《执业医师法》第 23 条第 1 款规定，“……不得隐匿、伪造或者销毁医学文书及有关资料”，《医师法》与《民法典》第 1222 条保持一致，将原来的“篡改”修改为“不得隐匿、伪造、篡改或者擅自销毁病历等医学文书及有关资料”。根据《民法典》之规定，隐匿、伪造、篡改或者擅自销毁病历资料的，将直接推定医疗机构存在过错，医疗机构面临对患者承担相应的医疗损害责任的后果。同时根据《医疗纠纷预防和处理条例》第 45 条的规定，医疗机构篡改、伪造、隐匿、毁灭病历资料的，对直接负责的主管人员和其他直接责任人员，由县级以上人民政府卫生主管部门给予或者责令给予降低岗位等级或者撤职的处分，对有关医务人员责令暂停 6 个月以上 1 年以下执业活动；造成严重后果的，对直接负责的主管人员和其他直接责任人员给予或者责令给予开除的处分，对有关医务人员由原发证部门吊销执业证书；构成犯罪的，依法追究刑事责任。本法第 56 条也作出规定，由县级以上人民政府卫生健康主管部门责令改正，给予警告，没收违法所得，并处 1 万元以上 3 万元以下的罚款；情节严重的，责令暂停 6 个月以上 1 年以下执业活动直至吊销医师执业证书。由此可见，对隐匿、伪造、篡改或者擅自销毁病历的处罚明显加重。

（三）操作要求

1. 出具《医学证明文书》的要求

实践中，存在为了请病假而到医疗机构“找熟人开假条”的不规范行为，或者为了达到理赔等目的，要求医院开具疾病证明的情况，根据本条规定，医师出具医学证明须达到三个条件：亲自诊查、调查；所开具的“假条”“诊断证明”等证明文件在自己执业范围内；证明内容必须客观、真实。

关于出生证明、死亡证明的开具，国家制定了专门的管理规定。《出生医学证明》是《母婴保健法》规定的具有法律效力的重要医学文书，由国家依法统一制发，原卫生部与公安部先后共同印发了《关于统一规范〈出生医学证明〉的通知》《关于印发〈出生医学证明〉管理补充规定的通知》

《关于加强〈出生医学证明〉管理有关问题的通知》等文件，对《出生医学证明》的规范填写、规范管理起到了积极作用。关于医疗卫生机构签发正常死亡人员《居民死亡医学证明（推断）书》，原国家卫生计生委、公安部、民政部《关于进一步规范人口死亡医学证明和信息登记管理工作的通知》（国卫规划发〔2013〕57 号）对该证明的开具作出了具体规定，在医疗卫生机构或来院途中死亡（含出诊医生到现场已死亡）者，由负责救治的执业医师签发《居民死亡医学证明（推断）书》。在家中、养老服务机构、其他场所正常死亡者，由本辖区社区卫生服务中心或乡镇卫生院负责调查的执业（助理）医师在根据死亡申报材料、调查询问并进行死因推断后签发《居民死亡医学证明（推断）书》。

关于对常用的诊断证明的管理，各医疗机构应当建立适合本医疗机构的医学证明管理制度，以分工审核制约保障诊断证明的客观性、真实性，如诊断证明空白页统一编号管理，领取、出具证明编号管理或电子化管理；诊断证明双联使用，正联交由患方、副联医院留底保存，做到证明来院查询有据可循；开具证明者为诊治医师，证明盖章人员做审核登记，双把关以促进流程的严格管理。

2. 注意对病历伪造、篡改的认定

目前法律尚未对病历伪造、篡改的认定标准作出规定，导致实践中医疗机构、医务人员对此认识模糊，在病历书写和管理上无所适从；有的卫生行政部门、卫生执法部门在医政管理及医政执法上的认定过于随意，有损执法的严肃性。在过去的一些卫生执法案件中，执法人员甚至混淆了病历修改和篡改的界限。病历伪造、篡改是一种法律事实的认定，对病历中出现的一些改动现象定性为“伪造”“篡改”是一种贬损性评价，应当慎重。一般认为，病历伪造、篡改的认定，行为人必须有主观上的造假故意，而后才是病历删改的形式和行为。①

3. 互联网医疗中的亲诊义务

互联网医疗的发展给法律的制定提出了新的命题，《互联网诊疗管理办

① 刘鑫、张宝珠、陈特主编：《侵权责任法“医疗损害责任”条文深度解读与案例剖析》，人民军医出版社 2010 年版，第 65-66 页。

法（试行）》第16条和《互联网医院管理办法（试行）》第19条规定，医师只能在掌握患者病历资料的前提下，通过互联网医院为部分常见病、慢性病患者提供复诊服务。该规定对互联网诊疗提出了严格的风险控制标准。医师通过互联网诊疗、视频诊治患者，不能与患者进行同一空间的面对面交流，但对于已经进行“亲诊”过的常见病、慢性病复诊患者，通过视频、影像等传播媒介进行沟通，并结合患者影像报告、检查结果，在亲诊的基础上通过调查继而得出诊疗方案书写病历文书，并不违背本规定。

4. 临床带教中的亲诊义务

诸多附属医院、教学医院、接受进修医院在开展临床带教工作中的“亲自诊查、调查”的义务实施时存在风险。《卫生部关于医学生毕业后暂未取得医师资格从事诊疗活动有关问题的批复》（卫政法发〔2005〕357号）明确表明，医学专业毕业生在毕业第一年后未取得医师资格的，可以在执业医师指导下进行临床实习，但不得独立从事临床活动，包括不得出具任何形式的医学证明文件和医学文书。医师对于进修医师的带教也要注意做到“放手不放眼”，带教医师要履行亲诊义务。

三、案例分析

【案例5-01】医师未亲自诊查签署病历加重责任承担的案例[①]

原告袁某、姜某之子袁某某于2016年3月21日16时20分入住厦门某医院治疗，3月22日4时30分死亡。原告认为在患儿诊疗过程中，相关医务人员存在极为严重的违反卫生行政管理规定的行为，遂向某市卫生和计划生育委员会进行投诉举报。某市卫生和计划生育委员会于2016年7月28日就林某涉嫌违反《执业医师法》有关规定进行立案调查。经调查，认定林某未经亲自诊查，即签署袁某某的住院病历、病程记录，在听取进修医生陈某的汇报后直接开具医嘱等诊断和治疗的医疗文书。某市卫生和计划生育委员会认为林某的行为既不是签署证明文件，也不属于伪造医学文书，

---

① 袁某、姜某与厦门某医院医疗损害责任纠纷案，福建省厦门市中级人民法院（2017）闽02行终200号行政判决书；福建省厦门市中级人民法院（2019）闽02民终713号民事判决书。

其违法事实不能成立，因此，某市卫生和计划生育委员会对林某不予行政处罚。2017 年 2 月 24 日，某市卫生和计划生育委员会通过政府信息公开告知书的方式将此结果告知原告。原告不服，向法院提起行政诉讼。后又提起民事诉讼，要求被告医院承担医疗损害赔偿责任。

行政审判认为：患儿住院死亡，医师未经亲自诊查，便签署住院病历、病程记录，在听取进修医生汇报后直接开具医嘱等诊断和治疗文书，患方投诉至卫健委，卫健委调查认定医师行为不属于签署证明文件，不属于伪造医学文书，不予处罚。患方不服，提起行政诉讼，一审驳回患方起诉。患方不服，提起上诉，二审认定医师行为违反亲诊原则，撤销一审行政判决。

民事审判认为：患儿住院死亡，患方起诉后经鉴定认定医院存在医疗过失，因果关系参与度为 50%（45%-55%）。一审认定医生违反亲诊义务，而鉴定机构指出前述参与度的评定仅为参考性的学术意见，该鉴定意见书并未涉及行政违法问题，当事医生以进修医生对患儿的检查作为自己实施诊疗措施的依据，违反亲诊原则，结合鉴定参与度建议及前述的违法因素，酌定医方承担 75% 的责任比例。医院不服，提起上诉，二审法院驳回了医院的上诉请求，维持原判。

分析与讨论

本案患者近亲属先后进行了行政诉讼及民事诉讼，是一起医疗过失争议合并违反亲诊义务的医疗损害案例，案件的焦点是医院对患儿死亡的损害后果应如何承担赔偿责任。本案一审法院依法委托司法鉴定科学研究院进行了鉴定，鉴定意见认为民事被告医院的医疗行为存在医疗过失，建议因果关系参与度为 50%（45%-55%）。对于民事被告医院在医疗过程中存在违反亲历性原则的行为这一情节，双方当事人并无分歧。行政诉讼二审认定医师行为违反了亲诊义务。经法院发函，司法鉴定科学研究院明确表示司法鉴定仅从技术层面上评价医疗机构的医疗行为，鉴定意见书未包含对医院临床医生诊疗过程中存在违反亲历性原则这一情形的评价。换言之，对于医院在诊疗过程中存在的违反相关行政法规定的临床医生须亲自诊查这一诊疗规范的情节，鉴定意见在建议的因果关系参与度中并未涵盖。此外，鉴定机构的鉴定意见仅为诉讼证据的一种，人民法院在审理案件的过程中应当结合案情“适用相关法律规定”综合判定侵权人最终应当承担的民事赔偿责任。因此，一审法院结合鉴定意见的建议和民事被告医院存在违反《执业医师法》第23条有关诊疗规范的违法因素，酌定民事被告医院承担本案75%的损害赔偿责任。医院不服，提起上诉，二审法院民事判决驳回了医院的上诉请求，维持原判医院承担75%责任的认定。

第二节 医师的告知说明规则

一、医疗告知说明规则概述

医师的告知说明义务是指医师在医疗过程中应当向患方告知说明病情、医疗措施、医疗风险、替代医疗方案及与患者诊疗有关的内容，是保障患者知情同意权的必然要求，也是尊重患者、加强医患沟通、构建和谐医患关系的实然要求。随着社会发展，民众的权利意识不断增强，医疗模式发生了转变，由医患关系引发的各类矛盾成为舆论关注的焦点、群众关注的热点，其中不乏因医疗知情同意权而引发的医患纠纷，“丈夫肖某拒绝签字致妻儿双亡案”“产妇疼痛难忍家属拒绝剖宫产产妇跳楼事件”等因医疗知情同意权而引发的社会性事件频频成为社会各界讨论的焦点。自1999年《执业医师法》施行到2021年全国人大常委会通过《医师法》22年的历程中，医疗告知说明义务的规定历经多次演变、细化。本次《医师法》关于医师告知说明义务的规定与《民法典》中对于医疗告知义务的规定在表述上高度契合，基本一致。

除在常规医疗过程中，医师需要履行告知说明义务外，医师在开展药物、医疗器械临床试验及其他临床研究时，在遵守医学伦理规范、依法通过伦理审查的基础上，亦需要注意履行告知说明义务。医学研究和药械临床试验的三期临床阶段，试验方案就涉及知情同意的内容，并且在进行伦理审查时，不仅要审查知情同意的文件，还要审查知情同意实施方案，在临床试验或者医学研究过程中的伦理追踪、保障患者知情同意权的落实也是其中的重点。所以，在近年涉及医学研究和药械临床试验的法律、法规、规范性文件中，这些都是重点内容之一。《医师法》增加了该项内容并单列一条，足见其重要性，因此应当引起医师的注意。

二、医师的告知说明规则条文理解

《医师法》	《执业医师法》
第25条 医师**在诊疗活动中**应当向患者说明病情、医疗措施和其他需要告知的事项。**需要实施手术、特殊检查、特殊治疗的，医师应当及时向患者具体说明医疗风险、替代医疗方案等情况，并取得其明确同意；不能或者不宜向患者说明的，应当向患者的近亲属说明，并取得其明确同意。**	**第26条（第1款）** 医师应当**如实**向患者**或者其家属介绍病情，但应注意避免对患者产生不利后果。**

（一）关键词

具体说明

说明和具体说明体现了医师告知义务的两个层次，“说明”在《现代汉语词典》中的含义为“解释明白”，其履行对象为一般性的医疗活动；而“具体说明”，顾名思义需要进一步扩展解释性内容，不能停留在概念层面，须有针对性地进行解释、交代，对存疑之处进行解答，以使患者能够听明白利弊，供其抉择。

特殊检查，特殊治疗

《医疗机构管理条例实施细则》第88条对特殊检查、特殊治疗的范围作出规定：（1）有一定危险性，可能产生不良后果的检查和治疗；（2）由于患者体质特殊或者病情危笃，可能对患者产生不良后果和危险的检查和治疗；（3）临床试验性检查和治疗；（4）收费可能对患者造成较大经济负担的检查和治疗。

近亲属

我国医疗法律法规在发展进程中，部分法律条款中提及的“家属”“关系人”等是否属于“近亲属”？因历史发展与传统观念的因素，在临床实践中，几乎无人注意区分患者家属或亲属等是否为法律范畴的近亲属，以至于在遇到侵权责任纠纷时处于被动状态。“家属”并不是一个规范的法律用语，其使用趋于生活化，范围不是很明确，一般是指除户主之外的其他人。“关系人”则更加模糊，关系所在、有着内外关联的人，均属于关系人。如果将知情同意权的实施主体指向关系人，必然是权利主体的扩大化。上述不确定的对象给诊疗工作增加了现实难度，尤其在紧急情况下，时间紧迫，不确定的对象只会使医疗工作难度徒增，浪费救治的黄金时间，告知对象错误还会引起纠纷，使医疗工作失去方向。现行法律进一步明确，在特殊情况下，只有患者的近亲属才可以代替患者行使知情同意权。近亲属的范围按照《民法典》第 1045 条的规定执行：配偶、父母、子女、兄弟姐妹、祖父母、外祖父母、孙子女，外孙子女为近亲属；配偶、父母、子女和其他共同生活的近亲属为家庭成员。

（二）条文含义

本条规定与《执业医师法》相比发生了重大改变，与《民法典》第 1219 条关于医疗告知的内容基本完全一致，对原规定的医师告知说明义务作出了根本性修改，对告知说明的对象、层面、内容、方式均进行了重大修改。

1. 医师告知说明的对象

我国法律法规对医师告知义务履行的对象历经了多次演变，上演了“家庭抉择—患者授权—患者抉择”的医疗决策模式的改变。表 5-01 详细列出了不同时期、不同规范性文件对告知说明对象规定的变化。1999 年《执业医师法》要求医师“向患者或者其家属介绍病情”，“或者”表示的可选择性，即告知病情的对象为患者本人或患者家属中的任何一人，患者本人并不具有唯一性；《医师法》与《侵权责任法》及《民法典》的告知对象一致，规定了告知对象为患者本人，特殊情况下才是患者近亲属。

表 5-01　不同时期不同规范性文件对告知对象的规定

序号	法律规范	实施时间	告知对象
1	医院工作制度	1982 年	病员家属或单位
2	医疗机构管理条例	1994 年 9 月 1 日	患者或近亲属
3	医疗机构管理条例实施细则	1994 年 9 月 1 日	患者
4	执业医师法	1999 年 5 月 1 日	患者或家属
5	侵权责任法	2010 年 7 月 1 日	患者或近亲属
6	医疗纠纷预防和处理条例	2018 年 10 月 1 日	患者或近亲属
7	基本医疗卫生与健康促进法	2020 年 6 月 1 日	患者或近亲属
8	民法典	2021 年 1 月 1 日	患者或近亲属
9	医师法	2022 年 3 月 1 日	患者或近亲属

2. 医师告知说明的层次

《执业医师法》的规定局限于“介绍病情”。所谓“介绍”就是“使了解或熟悉”，告知层次较浅，不适合患者日益增长的对健康信息获取的需求，不利于患者对诊疗措施的抉择。《侵权责任法》以及《民法典》对此作了重大修改，《医师法》沿用《民法典》关于医疗告知的规定，根据告知内容的不同，将告知说明分为两个层次：一般说明义务和具体说明义务。

一般说明义务适用于对患者病情、医疗措施和其他需要告知的事项，即患者所患疾病的名称、发展情况、检查措施、治疗方案以及检查注意事项、住院须知等情况。

具体说明义务适用于患者须实施手术、特殊检查、特殊治疗的情形，手术及《医疗机构管理条例实施细则》第 88 条规定的特殊检查、特殊治疗的情况或具有侵入性、危险性，可能产生并发症、不良后果的情况，故需要在一般告知的基础上详细、全面、有针对性地告知患者医疗风险和替代方案，以使患者能够听明白利弊，以供其抉择。

3. 医师告知说明的范围与内容

本条对医师在诊疗活动中应当向患者告知说明的内容在一般性说明的病情、医疗措施，具体说明的医疗风险、替代方案的基础上增加了“其他需要告知的事项”，使告知内容更宽泛，体现了本法鼓励医师与患者之间要进一步增强沟通告知，打破信息不对称的壁垒，创造和谐的医患关系。

4. 医师知情告知实施的方式

在医疗活动中，医师告知的形式通常包括口头告知、书面告知，随着社会的发展还将产生其他形式的告知。

口头告知。该方式适用于一般性说明。在医疗过程中将每一项医疗技术或执行都采用书面的形式告知是不实际的，且不利于医患关系的和谐发展。对简单的检查、诊疗，和一般无严重并发症，可以进行口头告知以履行告知义务，患者遵照医嘱进行检查、诊疗，即为认可该口头诊疗建议。由于是口头告知，该方式最为简单易行，但一旦发生纠纷，往往难以举证。

书面告知。该方式适用于具体说明。从《民法典》第1219条的规定来看，须取得患者书面同意的仅限于手术、麻醉、特殊检查、治疗和不宜向患者本人说明的，应当向患者的近亲属说明，并取得其明确同意。书面知情同意的方式，一方面可以保证告知义务的切实落实，另一方面也能为事后可能发生的医疗纠纷提供明确证据。

其他告知方式。《民法典》颁布实施后要求“取得其明确同意”，不仅仅拘泥于书面同意。随着社会与科学的变化，还将出现视频、动画、模拟人演示等以现代科技为载体的新的形式的告知，患者的知情同意权在实现过程中，需要医疗告知的内容将更真实、更直观，使患者更容易接受和理解，将更有利于保障患者的权利。

（三）操作要求

1. 义务具体说明及知情同意书的签署注意事项

《民法典》在“说明”之前增加了“具体”两字，要求医疗机构的说明应当“具体”。这对医务人员提出了更高要求，不但要求医务人员在法定情形下履行说明义务，而且说明要做到“具体”。实践中，具体说明多表现为医师出具知情同意书，患者签署，关于医师在签署知情同意书工作中需要注意的事项，笔者以实践为基础提出以下建议：（1）知情同意书不等同于“免责书”，知情同意书告知的意义在于医师告知患者可能存在的风险及后果，使患者知晓利弊，告知其有无替代方案，选择诊疗措施。（2）医疗知情同意书中有可能出现的风险医疗概念，需做进一步解释说明方可“具体”。(3) 医疗告知文字不够直观的，可采用图画、实物模型、视频等方式说明。(4) 多数需要具体告知的情形有制式的知情同意书为模板，无制式、无模板的，可采用谈话记录并签字等方式说明；情况紧急的可采用视频记录等方式，即告知的形式是载体，内容是实质。(5) 知情同意书、谈话记录的内容与病程记录的记载内容相互呼应，即告知行为于病程中有记录体现。(6) 诊疗过程中发现与预先告知内容不符的告知，需要告知不符的情况，重新取得患方同意。(7) 需要改变手术方案或增加手术操作的，需要重新取得患方同意，未经告知自行决定改变手术方案，即使目的合法，也没有产生不良后果，该行为也违背了手术同意书订立的本意；医师如果因未经知情同意自行决定改变或增加手术方案，造成患者损害的，医方将就此承担赔偿责任。(8) 医师对替代方案的告知往往容易被忽视，医师多数侧重于告知病情、风险，而忽略替代方案，然而替代方案同样需要向患者进行明确告知，以供患者全面考虑决策；如确无替代方案，则需要明确告知患者，基于当前的医疗水平，暂无替代方案。

2. “明确同意”并非取消书面同意，而是拓宽医师告知说明的载体

《执业医师法》要求“征得……同意”，《侵权责任法》规定“取得其书面同意”，即知情同意实施的载体为书面，《民法典》将“书面同意”改为“明确同意”，《医师法》沿用了《民法典》“取得其明确同意”的表述，拓宽了医疗机构实施告知行为的载体和形式。随着社会发展，信息化技术新事物的出现，医疗知情告知将不再拘泥于书面的载体，可以采取多种新方式，如电话、微信、电子邮件，或者公证、律师见证、视频资料、录音录像等方式进行。

但有观点认为“书面同意”已经更改，便不需要再进行书面同意。这种观点是不科学的。笔者认为，该法条修改的本意是，伴随社会信息技术发展，拓宽了知情告知的媒介，其立法本意是不拘泥于书面告知，而并非取消书面告知。从证据留存便利的角度看，书面告知仍然是医务人员的首选方式、基础方式、主要方式。根据 2017 年 12 月 14 日起施行的《最高人民法院关于审理医疗损害责任纠纷案件适用法律若干问题的解释》第 5 条

第2款之规定，医疗机构提交患者或者患者近亲属书面同意证据的，人民法院可以认定医疗机构尽到了说明义务，但患者有相反证据足以反驳的除外。该规定充分肯定了书面告知对“尽到说明义务”的证明力。

伴随信息化技术的不断发展，国内有部分医院已经在探索将专业录音录像告知沟通与室内电子动画演示相结合进行告知，该方式有利于促进医生更认真告知、患者更容易理解，可有效促进知情告知制度的落实；国内一些医院开展的术前谈话公证制度，也积极有效地促进了医师认真、全面、具体履行告知义务的行为，对保障患者知情同意权具有积极意义。

3. 患者授权委托后与受委托人意见不一致情形的处理

在医疗活动中最普遍的形式是患者在意识清醒的状态下签署一份授权委托书，通过授权委托的形式指定一名代理人代表其作出医疗决定。由此产生的代理权只在患者丧失了医疗决定能力后生效，但此代理权实施的前提在医疗活动的授权委托签署时往往不够清晰。委托代理作为一种法律制度在我国早已存在，关于医疗知情同意权的委托，医患双方均存在一定程度的误解：入院已签署授权委托书委托“家属”，那患者本人的知情同意权是否还存在？两者发生矛盾时如何抉择？

例如，产妇签订委托书委托丈夫后，产妇要求剖宫产，如果丈夫拒绝，该如何处理？[①] 患者入院签署的授权委托书属于民事代理，那么其代理人“家属”便是以被代理人“产妇”的名义实施具体的法律行为，“签字”同意或拒绝；如果产妇意识清醒，即使已经委托家属，其本身也并不自然丧失决定权；在代理人的意思表示与被代理人意思表示不一致的情形下毫无疑问以被代理人意思表示为准；代理人的代理行为必须符合被代理人的目的和利益——以专业的医学建议为准，剖宫产符合产妇的目的；代理人有过错导致被代理损害需承担赔偿责任。

在中国的传统观念中，家庭某一成员的身体健康不纯粹是个人的事情，而是家庭的事情，尤其分娩新生儿是整个家庭的关注重点，医患关系也由此集中于医方和患者整个家庭之间的关系。因此，在现实诊疗中，委托

① 余燕、黄胜开：《医疗自主权与患者家属决定权、医院特殊干预权的冲突与协调——以陕西榆林孕妇跳楼事件为视角》，载《西部法学评论》2018年第1期，第26-33页。

"家人"知情同意抉择的情况普遍存在，作为代理人的"家人"在诊疗活动进行时影响着被代理人"患者"自身的知情同意权的行使，而在法律层面，患者本人才是最本位的"同意"权的主体。

三、临床试验和研究伦理要求条文理解

《医师法》	《执业医师法》
第 26 条　医师开展药物、医疗器械临床试验和其他医学临床研究应当符合国家有关规定，遵守医学伦理规范，依法通过伦理审查，取得书面知情同意。	**第 26 条（第 2 款）　医师进行实验性临床医疗，应当经医院批准并征得患者本人或者其家属同意。**

（一）关键词

药物临床试验

2020 年 7 月 1 日起施行的《药物临床试验质量管理规范》第 11 条指出，临床试验，指以人体（患者或健康受试者）为对象的试验，意在发现或验证某种试验药物的临床医学、药理学以及其他药效学作用、不良反应，或者试验药物的吸收、分布、代谢和排泄，以确定药物的疗效与安全性的系统性试验。

药物临床试验的核心在于伦理的审查和约束，因此该条同时指出，伦理委员会指由医学、药学及其他背景人员组成的委员会，其职责是通过独立的审查、同意、跟踪审查试验方案及相关文件、获得和记录受试者知情同意所用的方法和材料等，确保受试者的权益、安全受到保护。

医疗器械临床试验

2016 年 6 月 1 日起施行的《医疗器械临床试验质量管理规范》第 3 条指出，本规范所称医疗器械临床试验，是指在经资质认定的医疗器械临床试验机构中，对拟申请注册的医疗器械在正常使用条件下的安全性和有效性进行确认或者验证的过程。

在医疗器械临床试验中，伦理规制也是重点。2021 年修订的《医疗器

械监督管理条例》厘清了医疗器械临床试验和临床评价的区别，医疗器械临床评价是指申请人或者备案人通过临床文献资料、临床经验数据、临床试验等信息对产品是否满足使用要求或者适用范围进行确认的过程。即临床试验是临床评价的手段之一。

（二）条文含义

伴随人类社会的进步和对健康需求的日渐增强，新药临床研究的重要性进一步提高，参加临床试验的患者或健康志愿者是这项事业的先驱。临床研究对受试者权益的考虑必须优先于科学和社会利益方面的考虑，在保障受试者尊严与人权的前提下进行临床研究的伦理指导原则也随之产生，并在各国及国际组织中逐渐建立。临床试验的每个环节无不渗透着伦理学的问题，对临床试验伦理学的审查也必然贯穿临床试验的各个阶段。①

因近年发生“基因编辑婴儿”等事件，医学伦理问题备受关注。在开展药物、医疗器械临床试验和其他医学临床研究的过程中，维护受试者权益和安全是临床试验、研究工作的重中之重，本条规定强调，按照要求进行伦理审查和受试者知情同意是维护受试者权益和安全的重要措施。《民法典》第1008条规定，为研制新药、医疗器械或者发展新的预防和治疗方法，需要进行临床试验的，应当依法经相关主管部门批准并经伦理委员会审查同意，向受试者或者受试者的监护人告知试验目的、用途和可能产生的风险等详细情况，并经其书面同意。进行临床试验的，不得向受试者收取试验费用。《民法典》第1009条还规定，从事与人体基因、人体胚胎等有关的医学和科研活动，应当遵守法律、行政法规和国家有关规定，不得危害人体健康，不得违背伦理道德，不得损害公共利益。《刑法修正案（十一）》规定“非法植入基因编辑、克隆胚胎罪”，在《刑法》第336条后增加一条，作为第336条之一：将基因编辑、克隆的人类胚胎植入人体或者动物体内，或者将基因编辑、克隆的动物胚胎植入人体内，情节严重的，处3年以下有期徒刑或者拘役，并处罚金；情节特别严重的，处3年以上7

---

① 杨晓燕、田晓娟、李慧芬等：《临床试验中的伦理问题及其审查要点》，载《首都医药》2009年第6期，第10-11页。

年以下有期徒刑，并处罚金。由于医师是药物和医疗器械临床试验的主体，医师开展的科学研究往往以人为对象，因此本次《医师法》修改时将医师开展药物、医疗器械临床试验和其他医学临床研究要遵循伦理规范、保障患者知情同意权作为一项执业规则予以特别强化。

（三）操作要求

1. 药物临床试验的伦理审查和知情同意

在2020年7月1日起正式施行的新版《药物临床试验质量管理规范》（新版GCP）中，伦理委员会相关内容已上升为一个独立章节，与知情同意书内容并列，着重凸显了临床试验中伦理委员会和伦理审查的重要性。新版GCP强调，伦理委员会的职责是保护受试者的权益和安全，应当特别关注弱势受试者，进一步丰富和明确了必备审查文件范围，同时对伦理委员会的整体设立、运营、审查标准和对试验的跟踪监督等进行了更详细、明确的规定。[①]

新版GCP第24条列举了20项知情同意书和提供给受试者的其他资料应当包括的内容，特别规定了其他可选的药物和治疗方法，及其重要的潜在利益和风险；受试者参加临床试验可能获得的补偿；受试者参加临床试验的预期花费；有新的可能影响受试者继续参加试验的信息时，将及时告知受试者或者其监护人；受试者可能被终止试验的情况以及理由；受试者参加试验的预期持续时间；参加该试验的预计受试者人数等。

新版GCP第23条第10项规定，受试者为无民事行为能力的，应当取得其监护人的书面知情同意；受试者为限制民事行为能力的人的，应当取得本人及其监护人的书面知情同意。当监护人代表受试者知情同意时，应当在受试者可理解的范围内告知受试者临床试验的相关信息，并尽量让受试者亲自签署知情同意书并注明日期。第14项规定，儿童作为受试者的，应当征得其监护人的知情同意并签署知情同意书。当儿童有能力作出同意参加临床试验的决定，还应当征得其本人同意，如果儿童受试者本人不同意参加临床试验或者中途决定退出临床试验，即使监护人已经同意参加或

① 唐华东、孙文：《药物临床试验中的伦理委员会》，载《威科先行法律信息库》，https：//law.wkinfo.com.cn/，最后访问日期：2021年9月5日。

者愿意继续参加，也应当以儿童受试者本人的决定为准。上述两项修订都体现了新版 GCP 对弱势受试者的保护，在涉及对临床试验知情同意的能力不足或受限的受试者时，新版 GCP 对这种受试者的知情同意程序进行了完善，以充分保障这类受试者的权益。[①]

2. 疫苗临床试验的知情同意

疫苗作为一种特殊生物制剂与人类健康密切相关，尤其自新冠肺炎疫情暴发以来，疫苗的研制受到全世界的关注。关于疫苗的临床试验，2019 年 12 月 1 日起施行的《疫苗管理法》有明确规定，该法第 16 条规定，开展疫苗临床试验，应当经国务院药品监督管理部门依法批准。疫苗临床试验应当由符合国务院药品监督管理部门和国务院卫生健康主管部门规定条件的三级医疗机构或者省级以上疾病预防控制机构实施或者组织实施。国家鼓励符合条件的医疗机构、疾病预防控制机构等依法开展疫苗临床试验。

该法第 18 条对开展疫苗临床试验的知情同意作出明确规定，要求取得受试者的书面知情同意；受试者为无民事行为能力人的，应当取得其监护人的书面知情同意；受试者为限制民事行为能力人的，应当取得本人及其监护人的书面知情同意。

3. 医疗器械临床试验的伦理审查和知情同意

2021 年修订的《医疗器械监督管理条例》第 28 条规定，医疗器械临床试验的开展应当按照规定进行伦理审查，向受试者告知试验目的、用途和可能产生的风险等详细情况，获得受试者的书面知情同意；受试者为无民事行为能力人或者限制民事行为能力人的，应当依法获得其监护人的书面知情同意。

此外，该条例第 29 条还汲取了 2020 年应对疫情的有效经验，规定对正在开展临床试验的用于治疗严重危及生命且尚无有效治疗手段的疾病的医疗器械，经医学观察可能使患者获益，经伦理审查、知情同意后，可以在开展医疗器械临床试验的机构内免费用于其他病情相同的患者，其安全性数据可以用于医疗器械注册申请。

---

① 杨帆、张运帷、张文怡：《旧貌换新颜——新〈药物临床试验质量管理规范〉要点解析》，载《威科先行法律信息库》，https：//law. wkinfo. com. cn/，最后访问日期：2021 年 9 月 5 日。

四、案例分析

【案例 5-02】诊断性治疗未告知说明的责任认定及损害赔偿案①

患者张某自 2011 年 1 月 10 日起出现胸闷、气喘、呼吸困难，肢体乏力、腹部进行性胀大的症状，于 1 月 30 日在南昌市某医院经检查考虑为“肝硬化、腹水”。张某于 2 月 28 日到广州市某医院治疗。初步诊断为：肝硬化，腹腔、胸腔积液，乙型肝炎表面抗原携带者，恶性间皮瘤。医方临床考虑为“恶性间皮瘤”。经说明情况，张某及家属均不同意进行胸膜、腹膜活检术以明确诊断。医方考虑培美曲塞为治疗间皮瘤的特效药，拟予“培美曲塞+卡铂”方案，进行一个疗程的实验性化疗，如胸水、腹水明显减少，则支持“恶性间皮瘤”的临床诊断；如未见明显减少，则不再行第 2 疗程化疗。3 月 7 日医方告知张某及其家属化疗风险，但未告知化疗目的是诊断病情，经同意后行一个疗程的化疗。张某经化疗后病情恶化，于 3 月 18 日出院。4 月 11 日至 29 日，张某辗转多家医院就诊，4 月 29 日，经北京市某医院诊断为“多浆膜腔积液结核可能性大，间皮瘤待除外”，医嘱建议患者前往结核病医院治疗。张某经结核病治疗后痊愈。张某认为广州市某医院误诊其为恶性间皮瘤对其实施化疗造成损害，起诉请求医方赔偿损失。

一审判决认为，广州市某医院未尽告知说明及谨慎注意义务，应承担一定责任，酌情判决广州市某医院向张某赔偿损失 40000 元。张某不服，提起上诉。生效判决认为，医方为患者实施的化疗方案，旨在以诊断性治疗帮助确诊病情。此种带有试验性的治疗措施，尽管有医学上的合理性，但该医院未经充分告知说明，也未取得患者有效知情同意，即实施对人体有危害性的化疗方案，造成患者遭受不应有的伤害，广州市某医院应承担相应的医疗损害责任，并据此判决广州市某医院向张某赔偿各项损失 59195.6 元。

---

① 张某与广州市某医院医疗损害责任案，见广州市中级人民法院：《广州法院医疗纠纷诉讼情况白皮书（2015-2017）暨典型案例》，载广州市中级人民法院网，http：//www.gzcourt.gov.cn/xwzx/bps/2019/01/09111743213.html，最后访问日期：2021 年 9 月 5 日。

分析与讨论

法官分析认为，《侵权责任法》第55条第1款规定："医务人员在诊疗活动中应当向患者说明病情和医疗措施。需要实施手术、特殊检查、特殊治疗的，医务人员应当及时向患者说明医疗风险、替代医疗方案等情况，并取得其书面同意；不宜向患者说明的，应当向患者的近亲属说明，并取得其书面同意。"本条是现行法律关于医师告知说明义务及患者知情同意权的规定。

从临床医学实践来看，疾病的诊断有一个发现、鉴别、排除、确诊的过程，疾病的诊断和治疗在很多时候是不能够明确区分的，不是所有的疾病都必须在确诊的情况下才能开始实施治疗。患者在广州市某医院就诊时没有表现出结核病的明显病征，病情具有隐匿性，其先后辗转三地各大医院均未明确诊断的事实即说明了其病情诊断的复杂性，其病情确属现有医学水平难以轻易诊断的情形。故本案不宜认定广州市某医院因未准确诊断其病情构成医疗过错。

广州市某医院对患者实施化疗的直接目的是明确诊断而非治疗。而化疗通过使用化学药物杀灭癌细胞，对人体存在较大的毒副作用，属于特殊治疗。医方为了明确诊断而对患者实施化疗，应依法向患者说明实施化疗的目的，以取得患者的有效知情同意。医方未告知患者化疗的目的是诊断病情，客观上导致患者接受了不必要的化疗，延误了病情，也使其暴露在化疗的风险之下，故广州市某医院应当承担责任。

关于损害赔偿。一审判决根据患者在广州市某医院治疗期间的各项费用支出情况及所受精神损害情况，酌定医方赔偿损失40000元。但对于患者因接受化疗所受到的损害及其因自身疾病诊断、治疗所受到的其他损失未予支持。二审判决认为，患者在广州市某医院治疗期间所受到的各项损失均应赔偿，其因自身疾病诊断、治疗所受到的损失不予赔偿，损害赔偿项目依照《最高人民法院关于审理人身损害赔偿案件适用法律若干问题的解释》的规定计算。

第三节　医师的紧急救治规则

一、医师紧急救治规则概述

“紧急情况没有法”是一条著名的法谚，强调在紧急情况下不能完全按照法律的规定行事，而应当根据当时情况的紧急程度，以保护人的生命、最大限度减小损伤为核心目的，实施相应的抢险救灾、治病救人等活动。长期以来，在我国的法律体系中都有紧急避险不承担责任的规定。《民法典》更是以4个法条规定了紧急施救行为。

第184条　因自愿实施紧急救助行为造成受助人损害的，救助人不承担民事责任。

第1005条　自然人的生命权、身体权、健康权受到侵害或者处于其他危难情形的，负有法定救助义务的组织或者个人应当及时施救。

第1220条　因抢救生命垂危的患者等紧急情况，不能取得患者或者其近亲属意见的，经医疗机构负责人或者授权的负责人批准，可以立即实施相应的医疗措施。

第1224条　患者在诊疗活动中受到损害，有下列情形之一的，医疗机构不承担赔偿责任：

（一）患者或者其近亲属不配合医疗机构进行符合诊疗规范的诊疗；

（二）医务人员在抢救生命垂危的患者等紧急情况下已经尽到合理诊疗义务；

（三）限于当时的医疗水平难以诊疗。

前款第一项情形中，医疗机构或者其医务人员也有过错的，应当承担相应的赔偿责任。

发扬人道主义精神，防病治病、救死扶伤、保护人民健康是医师的神圣职责。医师负有救治患者的义务，该义务并不因情势紧急与否而变更。当患者的生命或身体健康处于危急迫切的形势时，稍有迟延便将给患者带来严重损害，此时的医疗行为可称为紧急医疗或紧急救治行为。

在紧急情势下，有可能出现若医师充分履行告知义务就会延误患者的救治、发生严重后果的情况。所以，医师紧急救治权的行使，客观上对患者的知情同意权产生了限制，这也是衡量利弊后，对患者生命健康权进行优先保护的选择。

医师在公共场所自愿实施的紧急救治行为，从道德上讲是一种彰显优良道德风尚的助人为乐的行为；从法律意义上讲，这是一种见义勇为的典型样态。《民法典》从鼓励见义勇为、助人为乐行为，倡导社会主义核心价值观的角度明确将紧急救助规定为免责事由，以解决助人者的后顾之忧。《医师法》沿袭《民法典》精神，对紧急情况下的医疗救治进行了专门安排，且规定较《民法典》更为具体、更有针对性，为了鼓励医师实施自愿紧急救治，在呼吁医师积极参与公共急救的同时，以免责规定的形式来保护自愿施救的行为人。

二、医师紧急救治规则条文理解

《医师法》	《执业医师法》
第 27 条 对需要**紧急救治**的患者，医师应当采取紧急措施进行诊治，不得拒绝急救处置。 **因抢救生命垂危的患者等紧急情况，不能取得患者或者其近亲属意见的，经医疗机构负责人或者授权的负责人批准，可以立即实施相应的医疗措施。** **国家鼓励医师积极参与公共交通工具等公共场所急救服务；医师因自愿实施急救造成受助人损害的，不承担民事责任。**	**第 24 条** 对**急危**患者，医师应当采取紧急措施进行诊治；不得拒绝急救处置。

（一）关键词

紧急救治

对于紧急情况，虽然不同的文件中均多次提及，但是并没有明确的界定标准，对其认定也只是一种抽象的情境表述。临床中，紧急情况被描述为：患者因疾病发作、突然外伤受害及异物侵入体内，身体处于危险状态或非常痛苦的状态。在临床上表现为急性外伤、脑挫伤、意识消失、大出血、心绞痛、急性严重中毒、呼吸困难、各种原因所致的休克等。考察理论与实务，紧急医疗至少需要具备如下两个条件：一是时间上的紧急性，它是指可供医师诊疗的时间非常短暂，在技术上不可能作出十分全面的考虑及安排；二是医疗措施上的紧急性，它是指当下采取何种治疗措施直接关系患者的生死存亡，如不采取该项医疗措施，将给患者带来难以避免的重大损害。

自愿实施的急救

自愿实施紧急救治与紧急救治的共性在于都是被救治人处于生命健康被危及的状态，其对于救治需求的紧迫性是一致的；二者最大的区别在于救治人急救行为的自愿性。这里的自愿性体现的是救治人的主观能动性，从行为样态上是主动施救，至于是否接受他人建议或者指示在所不问；同时，要求施救者对受助者没有法定或者约定的救助义务。与此相对应的是依法定义务实施的紧急救治，或者非自愿实施的紧急救治。它强调救治者有救治生命垂危的患者的法定、约定，或者先行为义务等，救治者会因不进行救治违反职责或者义务而承担法律责任的风险。

（二）条文含义

本条在《执业医师法》第 24 条的基础上进行了完善，将“急危”修改为“需要紧急救治的”，并增加了第 2 款、第 3 款。虽然这 3 款都在规范紧急状态下医师的行为，但是规范的目的与含义却大相径庭，详论如下。

1. 第 1 款要求医师不得拒诊需要紧急救治的患者

该规则适用于医师执行医疗职务行为，主要是指医师在其工作岗位上，包括在医院、出诊或者外派执行医疗任务时，区别于本条第3款的情形。实践中，常有医疗机构因担心患者不能缴纳医疗费、医疗风险高等原因而将其拒之门外甚至抛弃患者的情况，致使患者不能得到及时救治而遭受重大损害，这违背了医学的根本宗旨。该条文的本意是强调在紧急情况下，医师对患者负有强制缔约的义务，不得拒绝收治，而非医师有不经患者同意对其实施医疗的权利，旨在防止医师不负责任，拒绝对急危患者的救治。[①] 对处于生命垂危等紧急情况下的患者实施紧急救治是医疗机构及其医务人员履行救死扶伤职责的基本要求，也是医疗机构及其医务人员的法定义务，《民法典》第1005条对此进行了规定。本法同时规定了延误救治要承担的行政责任：由县级以上人民政府卫生健康主管部门责令改正，给予警告；情节严重的，责令暂停6个月以上1年以下执业活动直至吊销医师执业证书。

2. 第2款是关于紧急情况下患者知情同意的特殊规定

本款与《民法典》第1220条一致，规范目的在于廓清在紧急医疗情势下，对于无法表达意志的患者应当如何施救，以协调患者一方的自主决定权和医院救治义务的问题。知情同意制度的正当性体现为：从医学伦理方面看，知情同意权保障的是患者在医疗关系中的自我决定权，彰显了对人的自由意志的保护。把患者作为一个与医生平等的个体对待，从疾病这个属性标签中抽离出来，这是医学伦理学尊重原则最核心的内容；从法理基础上分析，医方的告知义务是医疗服务合同义务，是医疗行为违法性的阻却事由，也是医疗风险分担的方式；同时，告知过程是医患双方进行有效互动的必要条件，充分的告知也可以降低医疗纠纷发生的比例。但是，在紧急情况下，若坚持达到尊重患者知情同意权的常规标准，可能有损患者的生命健康。基于生命权高于一切的伦理原则，在此情势下，虽然未取得患者或其近亲属的同意，医方仍要实施医疗措施。

紧急医疗行为的前提条件有两个：一是紧急性；二是无法取得意见。从文义上来看，“紧急情况”不限于抢救生命垂危的患者的情况，还应当包

---

① 钱叶六：《医疗行为的正当化根据与紧急治疗、专断治疗的刑法评价》，载《政法论坛》2019年第1期，第122-132页。

括虽然生命没有严重危险，但患者不能行使自我决定权，若不采取紧急救治行为，患者的健康利益将严重受损的情况。比如，手术开始后，出现虽然术前已尽注意义务但仍未能预见到的情况，导致必须变更手术方案或扩大手术范围，否则患者将会有生命危险。

对于“不能取得患者近亲属意见”情形的认定，《最高人民法院关于审理医疗损害责任纠纷案件适用法律若干问题的解释》罗列了五种情形，并明确规定，在前款情形下，医务人员经医疗机构负责人或者授权的负责人批准立即实施相应医疗措施，患者因此请求医疗机构承担赔偿责任的，不予支持；医疗机构及其医务人员怠于实施相应医疗措施造成损害，患者请求医疗机构承担赔偿责任的，应予支持。

3. 第 3 款规定是对医师自愿实施救治行为的倡导和保护

设置本款的一个目的是倡导医师发扬救死扶伤的职业精神、弘扬助人为乐的中华民族传统美德；另一个目的则是保护自愿救助行为人。由于近些年出现了让“英雄流血又流泪”或“碰瓷”等不正之风，若不对此加以匡正，势必影响社会风气，加剧社会个体关系间的淡漠，所以《民法典》第 184 条通过设置免责条款的方式，以期解决紧急救助人的后顾之忧。从文义上来看，鼓励医师在公共场所实施急救是倡导性规定，并未科以义务。

自愿施救和紧急救治最大的区别在于行为人的自愿性。也就是说，自愿施救行为的前提是行为人对受助人不负有法定或者约定的救助义务，由此产生损害才可适用本款免责规定。

（三）操作要求

1. 面对需要紧急救治的患者，以挽救患者生命为第一要务

医疗机构的制度设计和环境设施，尤其是急诊和 ICU，应当有利于抢救执行；院内要畅通危急重症患者就诊绿色通道。对于需要紧急救治的患者，不能因为强调挂号、缴费等程序而延误治疗；对于危重患者应立即抢救，但是，对限于设备或者技术条件不能诊治的病人，应当在病情允许的情况下及时转诊。

2. 紧急医疗的行使要件要齐全

由于紧急医疗是对患者自主决定权的一种限制和补充，关系患者的重大生命健康利益，因而实施紧急救治行为应当严谨、慎重。为充分保障患者的利益，实践中要在“紧急”和“不能取得患者或者其近亲属意见”两个前提同时具备，并且经过了一定的批准程序后，方可实施紧急医疗行为。

判断是否构成紧急情况，除依据法律、法规和规章的规定外，还需要考虑以下两个方面因素：一是患者的生命健康受到伤病急剧恶化的威胁，这种威胁应当限定为对患者生命的威胁，而不能是对患者一般健康状况的威胁；二是患者生命受到的威胁是正在发生和实际存在的。即患者伤病的急剧恶化对其生命安全的威胁以及紧急医疗的必要性不能是假想的，应当是医疗技术层面的专业判断。如果对紧急情况的判断存在重大失误，医疗机构也是要承担相应责任的。

就“不能取得患者近亲属意见”的具体情形，《最高人民法院关于审理医疗损害责任纠纷案件适用法律若干问题的解释》第 18 条第 1 款进行了详细列举，需要注意以下三个方面：一是如果病情紧急到来不及联系或者查明近亲属，法律虽不要求医疗机构必须先取得近亲属的意见再实施救治，但医疗机构应在紧急医疗结束后，运用力所能及的方式查找近亲属，告知其患者的病情及诊疗情况，以保护患者应有的权益。二是在任何情况下，都不苛求医疗机构掌握患者所有近亲属的信息。考虑到紧急情况下时间的有限性，医疗机构根据患者住院病案中提供的近亲属信息，或以患者在本医疗机构留存的近亲属信息为依据进行联络即可。三是由于不能穷尽联系患者的所有近亲属，在把握“近亲属意见不一致”情况的认定上，建议以在场的近亲属达不成一致意见为限，不硬性要求医疗机构通知到没到场的其他近亲属。但是，在患者病情允许的情况下，医疗机构应当进一步说明和督促患者近亲属形成一致意见，以免出现不必要的纠纷。

3. 自愿施救仍应尽必要的注意义务

虽然自愿救助造成损害后果免责的规定意在为医师自愿实施紧急救助解决后顾之忧，但考虑到事关受助人的生命健康，且医师具有一定的专业知识，如果医师未尽到一般人应尽的注意义务，或者专业上必要的注意义务，存在重大过失，甚至有主观故意，就仍有可能要承担一定的责任。所以，医师在积极参与急救的同时，仍应尽到普通人的注意义务，避免对受助人造成不必要的损害；另外，针对该救助行为对受助人而非其他人造成的损害免责。若存在对其他人的损害，则要看是否符合紧急避险、无因管理或者侵权责任构成要件等情形。这要求医师在自愿施救时仍应避免给受助人以外的其他人造成损害。因此，本书提醒，即便医师在公共场所、交通工具上实施自愿紧急救治，仍然要量力而行，不可莽撞行事。

三、案例分析

【案例 5-03】两医学生跪地救人无效，遭网友恶评①

2020 年 8 月 14 日晚，成都中医药大学的硕士研究生彭某某和陈某某准备乘坐 K502 次列车，从常德到成都，火车发车时间为 19 时 22 分。两人在常德火车站内候车期间，一位中年男子突发疾病倒地，不省人事，有呼吸循环衰竭征象，嘴唇发紫发干，无法感受到脉搏，生命体征非常微弱。这两名医学生一直为倒地男子进行心肺复苏和人工呼吸，在救护车到达前施救持续了 20 多分钟。19 时 26 分，救护车赶到，两人要乘坐的列车已开走。最终该男子未能生还。视频显示，两名女大学生在转身离开现场的瞬间，忍不住抽泣，并用手臂遮挡住眼睛，不停抹泪。

但令人意想不到的是，这段救人的视频在网上迅速传播后，却遭到一网友的恶搞"吐槽"："次日男子家属把两名学生告上法庭，原因是两个女生没有行医资格证，这剧情怎么样。"这条留言还获得了 6.1 万的点赞。但是更多的网友则表示，她们为别人的生命努力过，没有辜负自己所学的知识，应当被感谢。即使失败了，在无技术上的过错时，也不应该被人指责。

不过，面对网上别有用心的人对两位女孩的恶评，该男子的家属站出来向她们当面致谢，并表示："人走了，但必须要感恩。"对于恶评，死者家属认为："今后遇到了困难，很多人就不敢伸手了。不明真相随便评论是

---

① 《两医学生跪地救人无效却遭恶评，逝者家属：必须要说感谢》，载新浪网，https：//news. sina. com. cn/o/2020-08-23/doc-iivhuipp0235493. shtml，最后访问日期：2021 年 9 月 5 日。

不道德的行为。”事后，成都中医药大学也将她们的事迹在官微发布。

分析与讨论

近年来，医师在医疗场所之外不敢救人的情况偶有发生，也经常有医师咨询，在高铁、飞机上抢救生命垂危的患者有没有法律风险。他们不敢救人，担心承担法律责任，一是因为这些场所不是他们的执业地点，患者的病症可能也超出了其诊疗范围，相当于没有执业资格、超范围执业；二是在这样的地方抢救患者，既没有抢救必需的药品和医疗器械，也没有可以参与的医师团队，对患者情况的了解、掌握不够，难免会有差错，最后的结果不一定理想；三是有司法判例对于病房里的实习生抢救患者被认定为非法行医或者医疗过错判令承担责任。无论是《民法典》还是《医师法》，都对自愿实施的紧急救治给出了权威的说法，今后，医务人员大可放心救治生命垂危的患者了。

【案例 5-04】医生高铁上救人却被索要医师证，铁路部门致歉①

2019 年 3 月 17 日，在 D3563 次列车上，一名男性旅客陈某突发疾病，列车工作人员紧急通过广播寻医，陈医生听到广播后第一时间赶到现场，对该旅客进行积极救治，旅客转危为安。据了解，陈医生在听到寻医广播后，不假思索便立刻动身前去救人，到了 3 号车厢后，对发病乘客进行了详细问诊，认真查体，并采取了相应的救助措施。乘客病状减轻后，陈医生建议他下车后到医院进一步诊治。随后，列车乘务员让陈医生出示医师证，在陈医生表明未带医师证后，乘务人员还提出要查看她的身份证和车票，并进行拍照留存。列车工作人员甚至要求她写一份情况说明，然后签名画押，留下具体联系方式。陈医生感觉遭受到了质疑。

对于这一事件，网友们纷纷对列车乘务员的行为表示不满。事后，铁路部门致歉，列车工作人员未向陈医生做好沟通解释，造成误解，反映出其“对突发状况考虑不周、处置方式欠妥”。

参与救治的陈医生在接受采访时称，当时列车员的态度很好，只是按照流程在处置，列车员还通过短信和电话联系她说明情况并表示歉意。“铁

---

① 《医生高铁上救人却被索要医师证　铁路部门致歉：处置方式欠妥》，载新浪网，http://finance.sina.com.cn/roll/2019-03-20/doc-ihsxncvh4046811.shtml，最后访问日期：2021 年 9 月 5 日。

路方面已有相关负责人跟我联系，表示将登门道歉。”陈医生表示，回到单位后自己就投入工作中了，19 日上午还在医院进行了一场手术。“以后遇到这种事，自己还是会毫不犹豫地给病人力所能及的帮助。”

分析与讨论

运行的高铁、飞机是一个特殊空间，医疗条件有限，一般运输单位也不会配备医师或者护士，仅有简单的、少量的急救药品和医疗器械。在运输工具上出现对危重患者的紧急救治时，各国的法律规定、做法并不相同。在美国的航空器上急救，乘务员会要求救治人员提供医师的行医执照号码或者由美国联邦缉毒局（DEA）颁布的 DEA 号码。在欧洲，各国的航空公司做法不尽相同，有的国家的航空公司无任何要求。① 运输途中，旅客或者工作人员突发疾病，只能依赖其他不懂医的工作人员和乘客的施救。当然，如果旅客中碰巧有医务人员，应该鼓励医务人员施救。本次事件中的争议是运输单位的工作人员应不应该要求声称是医师的人员出示医疗执业证书。作为运输单位，对乘客有安全保障义务。当乘客突发疾病、生命垂危之时，其所应尽的安全保障义务就是寻求救治患者的一切可能，只要运输单位按照规定配备了必要的急救物品、设备，同时又努力寻求救治患者的渠道，便尽到了合同义务。所以从这个角度来说，乘务人员在不影响急救人员施救的情况下，要求查阅急救人员的医师证并无不当，只不过，即使该声称是“医师”的人无法出示医师证，乘务人员也不得拒绝“医师”的救治。乘务员的做法，主要是对相关急救情况做记录，以便后续向单位管理部门、法庭调查作证提供依据。

---

① Wong，Marcus，Doctor in the sky：medico-legal issues during in-ight emergencies. Medical law international，2017，17（1-2），pp. 65-98.

第四节 医师执业的报告规则

一、医师执业报告规则概述

医疗工作不仅可以诊断困扰患者的病因，解除患者躯体和精神上的痛苦，还可以其专业的视角发现其他人发现不了的问题。虽然医师有为患者隐私和个人信息保密的义务，但是为了公共利益，为了保护患者或者其他人的合法权益，尤其是无民事行为能力人、限制民事行为能力人的未成年人、精神障碍患者的合法权益，法律也赋予了医师报告的义务。

职业报告制度在西方国家称为“吹哨人”（Whistleblower）保护制度。“吹哨人”这个词源自英国警察发现有罪案发生时会有吹哨子的动作，以引起同僚及民众的注意。从此延伸出来，目前所说的“吹哨人”就是为使公众注意到政府或企业的弊端，以采取某种纠正行动的人。以美国法律为例，最早保护举报者的法律规范可以追溯到1963年的《欺诈声明法》（False Claims Act），该法以物质奖励手段鼓励内部员工举报，规定向政府报告欺诈行为的举报人能够得到经济补偿。[①] 我国法律也鼓励人们对各种违法乱纪行为，从事破坏活动、敌特活动以及侵害国家、集体、公民合法权益的行为进行举报，并对举报者予以保护。[②] 对于医师职业活动的举报，1998年起施行的《执业医师法》第29条以及《传染病防治法》《突发事件应对法》《突发公共卫生事件应急条例》等都有规定。本次《医师法》的修改，进一步强化、细化了该报告制度。

---

① 江涛、李清：《简评美国保护举报人的法律制度》，载《中国检察官》2011年第8期，第76-78页。

② 我国保护举报人的相关规定比较多，比如《刑法》第254条规定了报复陷害罪；《最高人民检察院、公安部、财政部关于保护、奖励职务犯罪举报人的若干规定》。

二、医师执业报告规则条文理解

《医师法》	《执业医师法》
第 33 条　在执业活动中有下列情形之一的，医师应当按照有关规定及时向所在医疗卫生机构或者有关部门、机构报告： （一）发现传染病、突发不明原因疾病或者异常健康事件； （二）发生或者发现医疗事故； （三）发现可能与药品、医疗器械有关的不良反应或者不良事件； （四）发现假药或者劣药； （五）发现患者涉嫌伤害事件或者非正常死亡； （六）法律、法规规定的其他情形。	第 29 条　医师发生医疗事故或者发现传染病疫情时，应当按照有关规定及时向所在机构或者卫生行政部门报告。 医师发现患者涉嫌伤害事件或者非正常死亡时，应当按照有关规定向有关部门报告。

（一）关键词

强制报告

强制报告是指负有报告义务的主体在工作中发现传染病、公共卫生事件、医疗事故、涉嫌伤害案件等情形时，按照有关规定向所在医疗卫生机构或者有关部门、机构报告，以尽早采取措施，防止危害进一步扩大。

保障公众的身体健康与生命安全，是医疗机构和医务人员的责任和义务。医院是传染病、突发公共卫生事件监测的重要“哨点”，医师是传染病和新发不明原因疾病的最早接触者，《医师法》赋予医师报告义务，有其现实基础和实践意义。

（二）条文含义

《执业医师法》规定了发生医疗事故或者发现传染病疫情、发现患者涉嫌伤害事件或者非正常死亡的情形时医师的报告义务，《医师法》中对此情形的范围进行了进一步扩大，增加了“突发不明原因疾病或者异常健康事件”“发现医疗事故”“发现可能与药品、医疗器械有关的不良反应或者不良事件”“发现假药或者劣药”4 种情形。

关于传染病疫情报告，根据《传染病防治法》（2013 年修正），疾病预防控制机构、医疗机构和采供血机构及其执行职务的人员发现本法规定的传染病疫情或者发现其他传染病暴发、流行以及突发原因不明的传染病时，应当遵循疫情报告属地管理原则，按照规定的内容、程序、方式和时限报告。未履行报告义务造成传染病传播、流行或者其他严重后果的，对负有责任的人员给予相应的行政处分；对构成犯罪的追究刑事责任。

关于公共卫生事件报告，《突发公共卫生事件应急条例》（2011 年修订）明确规定了国家建立突发事件应急报告制度。突发公共卫生事件是指突然发生，造成或者可能造成社会公众健康严重损害的重大传染病疫情、群体性不明原因疾病、重大食物和职业中毒以及其他严重影响公众健康的事件。突发事件监测机构、医疗卫生机构和有关单位发现有发生或者可能发生传染病暴发、流行的，发生或者发现不明原因的群体性疾病时应当按照规定及时报告。

关于医疗事故报告，2002 年 4 月 4 日，国务院发布的《医疗事故处理条例》规定，医疗事故是指医疗机构及其医务人员在医疗活动中违反医疗卫生管理法律、行政法规、部门规章和诊疗护理规范、常规，过失造成患者人身损害的事故。发生医疗事故的，医疗机构应当按照规定向所在地卫生行政部门报告，未报告的由卫生行政部门责令改正。情节严重的，对负有责任的主管人员和其他直接责任人员依法给予行政处分或者纪律处分。

关于药品不良反应报告，药品不良反应是指合格药品在正常用法用量下出现的与用药目的无关的有害反应。2011 年 5 月 4 日，原卫生部发布的《药品不良反应报告和监测管理办法》规定国家实行药品不良反应报告制度，医疗机构应当按照规定报告所发现的药品不良反应。对未履行报告义务的，给予警告、罚款等相应处罚。

关于医疗器械不良事件报告，医疗器械不良事件是指已上市的医疗器械在正常使用情况下发生的、导致或者可能导致人体伤害的各种有害事件。国务院发布的《医疗器械监督管理条例》（2021 年修订）规定，医疗器械使用单位应当对所使用的医疗器械开展不良事件监测；发现医疗器械不良事件或者可疑不良事件时，应当按照国务院药品监督管理部门的规定，向医疗器械不良事件监测技术机构报告。

关于涉嫌伤害事件报告，2020 年 5 月 7 日，由最高人民检察院等 9 部门联合出台的《关于建立侵害未成年人案件强制报告制度的意见（试行）》，规定了性侵、虐待、遗弃、拐卖等 8 类未成年人遭受或者疑似遭受不法侵害以及面临不法侵害危险时应当报告的情形，明确了强制报告义务主体为国家机关、法律法规授权行使公权力的各类组织及法律规定的公职人员，密切接触未成年人行业的各类组织及其从业人员，列举的密切接触行业包括学校、医疗机构等，并强调有责任报告而不报告造成严重后果的要追究相关人员的责任。

2020 年修订的《未成年人保护法》也规定医疗机构从业人员发现未成年人面临危险情形时，应当立即向公安、民政、教育等有关部门报告。2015 年 12 月 27 日公布的《反家庭暴力法》规定，医疗机构工作人员发现无民事行为能力人、限制民事行为能力人遭受或者疑似遭受家庭暴力，应当及时向公安机关报案。未向公安机关报案造成严重后果的，要给予相关责任人员处分。

按照本法之规定，医师未按照规定报告有关情形的，由县级以上人民政府卫生健康主管部门责令改正，给予警告；情节严重的，责令暂停 6 个月以上 1 年以下执业活动，直至吊销医师执业证书。

（三）操作要求

事件的首诊医师及责任管理人员必须履行强制性报告义务，在规定的时限内、按规定的方式及规定的格式报告，快速组织和动员医院资源，减少不良事件造成的危害。

1. 增强报告意识

由于存在怕麻烦、怕报复的心理等原因，人们很少会主动报告。而《医师法》将报告上升为法定义务，就是为了解决这一问题。因此，医疗机构应组织专项培训，开展《传染病防治法》《关于建立侵害未成年人案件强制报告制度的意见（试行）》等法律法规的相关专题培训，通过制作宣传片、开展讲座等多种手段，对强制报告进行深入宣传；充分利用传统媒体和新媒体，制作多种形式的宣传资料，扩大宣传效果，多措并举增强医务人员强制报告的意识。

2. 规范报告程序

不同法律对不同性质的事件有不同的报告程序和时间要求，医疗机构应当将这些规定融入本医院的规章制度，建立本医院的“医疗执业强制报告制度”，并组织医师进行学习。

（1）传染病报告实行属地化管理、首诊负责制。由首诊医生填写传染病报告卡，甲类和乙类中按甲类管理的传染病 2 小时内，其他乙类、丙类传染病 24 小时内通过传染病报告信息管理系统直报。

（2）公共卫生事件报告实行逐级报告原则，发生或者发现有不明原因群体性疾病时应当在 2 小时内向所在地卫生行政部门报告，由卫生行政部门报告本级人民政府，同时向上级和国务院卫生行政部门报告。

（3）医疗事故报告由医师向所在科室负责人报告，科室负责人及时向本医疗机构负责医疗服务质量监控的部门或者专（兼）职人员报告；负责医疗服务质量监控的部门或者专（兼）职人员接到报告后，应当立即进行调查、核实，将有关情况如实向本医疗机构的负责人报告，医疗机构按照规定向所在地卫生行政部门报告。

（4）药品不良反应通过国家药品不良反应监测信息网络报告，医疗器械不良事件通过国家医疗器械不良事件监测信息系统报告。

（5）涉嫌伤害事件报告，医师发现需强制报告的情形时，应第一时间向公安机关报告，同时报当地卫生健康行政部门备案。

（6）涉嫌未成年人权益被侵害事件的报告，应当严格遵守《关于建立侵害未成年人案件强制报告制度的意见（试行）》第 4 条的规定，以下 9 种情况必须报告：①未成年人的生殖器官或隐私部位遭受或疑似遭受非正常损伤的；②不满 14 周岁的女性未成年人遭受或疑似遭受性侵害、怀孕、流产的；③14 周岁以上女性未成年人遭受或疑似遭受性侵害致怀孕、流产的；④未成年人身体存在多处损伤、严重营养不良、意识不清，存在或疑似存在受到家庭暴力、欺凌、虐待、殴打或者被人麻醉等情形的；⑤未成年人因自杀、自残、工伤、中毒、被人麻醉、殴打等非正常原因导致伤残、死亡的；⑥未成年人被遗弃或长期处于无人照料状态的；⑦发现未成年人来源不明、失踪或者被拐卖、收买的；⑧发现未成年人被组织乞讨的；⑨其他严重侵害未成年人身心健康的情形或未成年人正在面临不法侵害危险的。

3. 报告注意事项

各科室，尤其是首诊医师，要详细询问疑似病例情况；按病历书写基本规范书写病历、做好记录，妥善保管相关病历资料，以便上报、举证；发现需强制报告的情形时，应第一时间向相关部门报告；报告应真实、完整、准确，不得瞒报、漏报、谎报。

三、案例分析

【案例5-05】山东省首例医生强制报告侵害未成年人合法权益案件宣判①

记者从山东省人民检察院获悉，日前，由乳山市人民检察院提起公诉的一起性侵未成年人的犯罪案件一审宣判，被告人被判处有期徒刑12年。这是山东省首例按照强制报告制度要求立案侦查的侵害未成年人案件。2020年8月28日，威海市某医院接诊了10岁女孩小叶（化名），经医学诊断，小叶已怀孕21周。当日，接诊医生在核实被害人的年龄等信息之后，按照强制报告制度要求，向卫生主管部门报告。卫生主管部门立刻向公安机关报案，并向检察机关报备。次日，公安机关立案侦查。经查明，刘某某在明知被害人为幼女的情况下，还在被害人家中与其强行发生性关系，致其怀孕。2021年1月6日，乳山市人民检察院以被告人刘某某犯强奸罪，向法院提起公诉。法院经审理认为，被告人刘某某进入被害人住所，奸淫幼女致被害人怀孕，情节恶劣，判处被告人刘某某有期徒刑12年。

---

① 《有期徒刑12年！山东首例侵害未成年人强制报告案件宣判》，载新华社客户端，https：//baijiahao. baidu. com/s？ id=1695298063873232020&wfr=spider&for=pc，最后访问日期：2022年4月10日。

分析与讨论

强制报告制度是指法律规定的特殊行业、特定单位在履行职责过程中发现了可能存在危害国家利益、公共利益或者侵害他人合法权益的情况时，依照法律规定的程序向有关部门报告的制度。侵害未成年人案件强制报告是强制报告制度的一种，是指国家机关、法律法规授权行使公权力的各类组织及法律规定的公职人员，密切接触未成年人行业的各类组织及其从业人员，在工作中发现未成年人遭受或者疑似遭受不法侵害及面临不法侵害危险时，应当立即向公安机关报案或举报。医师在执业过程中，会对患者的身体进行专业检查，其对于正常的伤病和被人故意伤害、由虐待产生的伤病有识别能力，一旦发现这些情况，就应当依法报告。《医师法》有关强制报告的规定更为具体、完善，医师在执业过程中应当高度重视和警惕。

第五节　医师药物使用规则

一、医师药物使用规则概述

业内常说，医师治病有三大法宝：语言、药物、手术刀。可见，药品和器械在医师的诊疗中发挥着举足轻重的作用。药品和器械助推了医学的发展。然而，药品和器械因同时具有资本的逐利性，也将医学置于两难的境地。为保护社会大众的健康，确保提供药品、器械的质量、安全性及有效性，世界各国都制定了严格的准入及使用规范。我国尤其重视对药品、器械的立法工作，制定了《基本医疗卫生与健康促进法》《药品管理法》《医疗器械监督管理条例》《药品经营质量管理规范》等一系列规范性文件。这些规范性文件明确规定了医疗机构在使用药品和器械时应当遵守的规则。医师是保障人民群众生命健康的主力军，医师通过学习、实践所掌握的专业知识，借助药品与器械，为人民群众预防治疗疾病，其诊疗行为的合法、合理及科学性尤为重要。

二、医师药物使用基本规则条文理解

《医师法》	《执业医师法》
第 28 条　医师应当使用经**依法**批准**或者备案**的药品、消毒药剂、医疗器械，**采用合法、合规、科学的诊疗方法**。 除**按照规范用于**诊断治疗外，不得使用麻醉药品、医疗用毒性药品、精神药品、放射性药品**等**。	**第 25 条**　医师应当使用经**国家有关部门**批准**使用**的药品、消毒药剂**和**医疗器械。 除**正当**诊断治疗外，不得使用麻醉药品、医疗用毒性药品、精神药品**和**放射性药品。

（一）关键词

药品

《药品管理法》第 2 条第 2 款规定，本法所称药品，是指用于预防、治疗、诊断人的疾病，有目的地调节人的生理机能并规定有适应症或者功能主治、用法和用量的物质，包括中药、化学药和生物制品等。药品与药物在概念上是有区别的，药物的概念更为广泛，是可以用来做药的东西的统称，不一定经过审批，不一定是市面上在售的化学物质，意义更广，包括一些药材；而药品仅指成品药，是经国家药品监督管理部门审批，由有关企业生产、销售的药物。

医疗器械

《医疗器械监督管理条例》第 103 条规定："……医疗器械，是指直接或者间接用于人体的仪器、设备、器具、体外诊断试剂及校准物、材料以及其他类似或者相关的物品，包括所需要的计算机软件；其效用主要通过物理等方式获得，不是通过药理学、免疫学或者代谢的方式获得，或者虽然有这些方式参与但是只起辅助作用；其目的是：（一）疾病的诊断、预防、监护、治疗或者缓解；（二）损伤的诊断、监护、治疗、缓解或者功能补偿；（三）生理结构或者生理过程的检验、替代、调节或者支持；（四）生命的支持或者维持；（五）妊娠控制；（六）通过对来自人体的样本进行检查，为医疗或者诊断目的提供信息……"

（二）条文含义

1. 医师可以使用的药品和医疗器械的范畴

本条规定，医师使用的药械应是国家相关部门依法批准或者备案审查的。《药品管理法》明确规定，在中国境内上市的药品，应当经国务院药品监督管理部门批准，取得药品注册证书。《医疗器械监督管理条例》规定，对第一类医疗器械实行产品备案管理，对第二类、第三类医疗器械实行产品注册管理。医疗机构在购进药械时，应当建立并执行进货检查验收制度，验明合格证明和其他标识；不符合规定要求的，不得购进和使用。医疗机构购进依法批准或备案的药械，是保证医师依法使用的前提。

2. 医师诊疗行为应当遵循的诊疗原则——合法、合规及科学

医疗机构和医务人员在自己的有关业务活动中应当掌握并遵循相关规定，以确保其行为的规范性。从实践来看，是否违反法律、行政法规、规章以及有关诊疗规范的规定，是判断医疗机构和医务人员是否存在过错的最直接的标准。目前，我国已经颁布的医疗卫生管理方面的法律、行政法规主要有：《基本医疗卫生与健康促进法》、《传染病防治法》及其实施办法、《母婴保健法》及其实施办法、《献血法》、《职业病防治法》、《药品管理法》、《血液制品管理条例》、《医疗机构管理条例》等。诊疗规范如《临床输血技术规范》、《社区卫生服务中心中医药服务管理基本规范》、《城市社区卫生服务中心、站基本标准》、《医用氧舱临床使用安全技术要求》、《综合医院康复医学科管理规范》（已失效）、《药物临床试验质量管理规范》、《乡镇卫生院中医药服务管理基本规范》、《人类辅助生殖技术规范》、《人类精子库基本标准和技术规范》等。

3. 医师用药的禁止性规定

麻醉药品、医疗用毒性药品、精神药品、放射性药品的风险很高，使用不当会致人损害甚至死亡。国家非常重视对该类药物的使用与管理，分别制定了《麻醉药品和精神药品管理条例》《放射性药品管理办法》《医疗用毒性药品管理办法》，只有获得了该类药品处方权的医师，才能在严格按照相关规范操作的情况下使用该类药品。

（三）操作要求

1. 医疗机构应保障临床用药安全，加强临床用药监督

建立完整的临床用药安全监督管理体系，包括临床用药前监督、临床用药时监督、临床用药后监督。临床用药前监督就是对药品质量的监督。通过严把药品购进关，对药品的存储方式、存储环境进行监督检查来保障临床用药的质量。临床用药时监督就是对医疗人员及其用药操作的监督。加强对临床医疗人员的用药操作技能考察，确保临床医疗人员正确进行临床用药操作。临床用药后监督就是对用药效果的监督。依据临床用药质量追踪制度，对患者临床用药的副作用、后遗症等情况进行分析与处理，做好对临床用药后监督。

2. 医疗机构建立完善的医疗器械监管体系

制定规范的医疗器械购进、使用、保管、维修等制度，设立专门的岗位负责管理医疗器械，定期组织对医疗器械使用的培训，设立医疗设备使用、维修、保养台账，规范医疗设备的使用，做到有据可查，同时提高医疗设备的使用率。

3. 培养医师依法执业的意识，规范医师执业行为

医疗机构应依据国家、行业的规定，制定本医疗机构医师医疗行为的管理制度。对医务人员多角度进行依法执业培训，培养医务人员依法执业的意识，规范自身执业行为。医疗机构应实施动态监管，建立具有较强可操作性的医师综合考评机制，将依法执业同医师的绩效考核、职称晋升、评先选优等相结合。

三、医师药物使用特殊规则条文理解

《医师法》	《执业医师法》
第 29 条　医师应当坚持安全有效、经济合理的用药原则，遵循药品临床应用指导原则、临床诊疗指南和药品说明书等合理用药。 在尚无有效或者更好治疗手段等特殊情况下，医师取得患者明确知情同意后，可以采用药品说明书中未明确但具有循证医学证据的药品用法实施治疗。医疗机构应当建立管理制度，对医师处方、用药医嘱的适宜性进行审核，严格规范医师用药行为。	新增条款

（一）关键词

合理用药

合理用药是指根据疾病种类、患者状况和药理学理论选择最佳的药物及其制剂，制定或调整给药方案。

循证医学

循证医学（Evidence-Based Medicine，EBM）意为“遵循证据的医学”，又称实证医学，我国港台地区也译为证据医学，是一种医学诊疗方法，强调应用完善设计与执行的研究（证据）将决策最佳化。著名临床流行病学家大卫·萨克特（David Sackett）教授将 EBM 定义为“慎重、准确和明智地应用所能获得的最好研究依据来确定患者的治疗措施”，其核心思想是：医疗决策应尽量以客观研究结果为依据。医生开具处方，制定治疗方案或医疗指南，政府机构作出医疗卫生政策等，都应根据现有的、最好的研究结果进行。①

超说明书用药

超说明书用药（Off-Label Drug Use，OLDU），又称药品未注册用法、

① David L. Sackett，Evidence-based medicine. Seminars in Perinatology，1997，21（1）：3-5.

药品说明书外用法，是指药品使用的适应症（中成药称为功能主治）、适应人群、给药剂量或方法不在药品监督管理部门批准的药品说明书之内的用法。[①] 广义上的“超说明书用药”是指未遵循药品使用说明书之规定，将药品用于临床实践的医疗行为。

（二）条文含义

随着我国医疗卫生体制改革的不断深入，我国的医疗体制面临巨大挑战。特别是近年来由于受到药品市场乱象的不良影响，我国临床不规范用药的现象越来越突出，其中以抗生素的滥用最为明显，这在一定程度上影响了疾病的治疗效果，同时对医疗机构及医师的形象和声誉也产生了不良影响。相关数据统计显示，我国临床不合理用药的问题日渐突出，约有5000万例患者存在用药不合理情况。[②] 2021年3月30日，国家卫生健康委办公厅通报了2019年度全国三级公立医院绩效考核国家监测分析的有关情况。该通报指出，在临床用药合理性方面，8个省份的平均抗菌药物使用强度（DDDs）仍高于40，与国家对三级公立医院基本药物配备品种数量占比60%的目标存在差距。[③]

医师是问症施药的主体，规范临床医师的用药行为，对保障广大患者的生命健康、实施健康中国战略具有重大意义。近年来，国家出台了一系列涉及医师规范化用药的法律、法规及规范性文件，包括《药品管理法》《处方管理办法》《抗菌药物临床应用管理办法》《医院处方点评管理规范（试行）》等，对医师的临床用药进行了严格的规制，医师用药必须合理，所谓合理用药应该考量用药是否安全有效、经济合理，是否遵循药品临床应用指导原则、临床诊疗指南和药品说明书等，如果三者规定不一致时，原则上应以药品说明书的要求为准。

---

① 邓斌、韦炳华、洪晓丹等：《超说明书用药与司法评判冲突的现状及对策》，载《中国药房》2017年第28期，第3892-3895页。

② 郎晓娜、房德敏：《临床不合理用药以及改进策略分析》，载《中国处方药》第17卷第12期。

③ 《国家卫生健康委办公厅关于2019年度全国三级公立医院绩效考核国家监测分析有关情况的通报》（国卫办医函〔2021〕135号），载中国政府网，http://www.gov.cn/xinwen/2021-03/31/content_5597121.htm，最后访问日期：2021年9月5日。

超药品说明书用药因利弊兼存，一直是法律界和医疗界共同关注的焦点问题。在医疗界，超说明书用药通常因被认为有其合理性和必要性而普遍存在于临床实践中，有的医师认为，用药的最终决定权在医生，于是滥用处方权，恣意超说明书用药。在法律界，因为药品说明书是由国家药品监管部门批准的，是药品监管的重要内容，容许随意超说明书用药，就意味着我国药品监管制度可以恣意破坏，会危害国家药品安全，因此药品说明书在法学界常常被作为一项“（准）法律规范”看待，经常被法官用作衡量医生用药行为是否正确的标准，超说明书用药也因此具有法律上的可非难性，司法实践中业已发生过因医生超说明书用药导致赔偿的案例。① 王鸿梅等对门诊抗菌药物处方共计 2600 张进行抽查，对其用药情况进行分析，其中，超说明书用药的使用率高达 36.58%②。超说明书用药的使用频率较高，规范超说明书用药是立法机关亟待解决的现实问题。本条第 2 款明确规定，医师在有循证依据、患者知情同意的情况下，可以超药品说明书使用药物。这回应了实践中大量存在的超说明书使用药物的法律责任问题，为此次立法的一大亮点。可见，超说明书用药还需要国家监管机关、医疗机构制定具体可行的管理规范。

（三）操作要求

1. 建立完善的合理用药监管体系

首先，要按照要求进一步明确和细化各病种的诊疗规范、用药指南、临床路径等，促进医务人员合理用药。其次，要进一步完善监管机制，提高违规成本，夯实监管责任；加强医疗机构的内部监管，在医疗机构内部营造正确的价值导向，加强职业道德建设。最后，要借助信息化手段，引进合理用药软件，除提供药物信息查询功能外，应能在医师开具处方后自动对其合理性进行审核，并拦截不合格处方，提醒医师修改，同时通知药师进行复核和干预。另外，还可进行处方点评、用药统计和分析，有效降

① 祁骏升、计雅纯、李娟：《超说明书用药相关医疗损害责任纠纷案例分析》，载《药物流行病学杂志》2021 年第 5 期，第 321-325 页。

② 王鸿梅、张震、李广瑞：《某二甲医院门诊及住院患者抗菌药物超说明书用药情况对比分析研究》，载《药物研究》2014 年第 3 期，第 179-181 页。

低不合格处方率，保障患者的用药安全。

2. 医疗机构应当建立本院的“超说明书用药目录”

应规范超说明书用药审批和医师用药流程，吸收借鉴业界认可的目录，如广东省药学会就会定期发布“超说明书用药目录”。[①] 同时，应建立本院的超说明书用药审判制度和规范使用制度，由药学、医务管理部门审批，医师在使用时要保障患者的知情同意权，签署知情同意书。知情同意书不仅要清楚载明药物的毒副作用等用药风险，更要明确无误地告诉患者“超说明书用药”。

3. 制定超说明书用药管理规范及流程

目前，我国现行的说明书相关规定有《药品说明书和标签管理规定》《药品管理法》《药品不良反应报告和监测管理办法》等，并未出台关于超说明书用药的相关规定，因此要想更好地对超说明书用药进行管理和规范，就需要国家药品监督管理部门制定超说明书用药的管理规定。医疗机构必须制定严格规范的、具备可操作性的超说明书用药管理流程并严格执行。同时，应坚持权利本位，尊重和保障患者对超说明书用药的自决权。

4. 培养医师规范用药意识

要通过定期培训、学习、组织讲座等方式，确保每一位临床医师对合理用药、超说明书用药有一个明确的认知，明确在临床实际用药中合理用药、超说明书用药的裨益，不断提高临床医师对药代动力学、药理性质、药效的了解、掌握程度，便于临床医师在实际用药中对药物使用的合理性。

四、案例分析

【案例 5-06】尿激酶超说明书用药致患者损害担责案例[②]

2018 年 6 月 19 日，叶某因“头晕、右侧肢体欠灵活半月”至 A 院住院治疗，诊断为：硬膜下血肿；肺大疱；右侧颈总动脉斑块形成。6 月 22 日，

---

① 广东省药学会：《超药品说明书用药目录（2020 年版新增用法）》，载《今日药学》2020 年第 9 期，第 577-583 页。

② 叶某与成都市某医院医疗损害责任纠纷案，成都市金牛区人民法院（2018）川 0106 民初 10276 号民事判决书；四川省成都市中级人民法院（2019）川 01 民终 11903 号民事判决书。

A院对叶某实施了微创穿刺颅内血肿清除术。6月23日，叶某由A院转入B院，A院的出院记录中载明了出院情况：目前患者呈嗜睡—昏睡状，右侧肢体偏瘫较前有所加重。6月23日左侧额顶部颅板下硬膜下血肿穿刺术后，左顶叶颅板下出血，左侧脑组织明显受压，左侧脑室受压体积缩小，脑中线结构明显向左侧偏移。综合考虑，建议转入C院进一步救治。6月28日，C院对叶某实施了“左侧额颞顶硬膜外+硬膜下血肿清除术+开颅颅内减压术+颅骨成形术+颅内压探头植入术”。7月12日，叶某从C院出院，出院诊断为：（1）左侧额颞顶部慢性硬膜下血肿；（2）左侧额颞顶部硬膜外血肿；（3）左侧额颞顶部慢性硬膜下血肿术后。出院后，患者将A院告上法庭。

2018年12月21日，成都蓉城司法鉴定中心出具了《成都蓉城司法鉴定中心司法鉴定意见书》，鉴定意见的分析说明包括如下内容：“……以上诊疗行为临床诊疗规范。但存在以下不足：（1）术前未明确告知替代治疗方案，比如骨瓣开颅血肿摘除术等；（2）尿激酶局部使用系超说明书用药，对使用该药可能出现的不良反应未予高度重视，并且未与家属沟通；（3）术后未及时复查头部CT，对及时发现病情变化不利；（4）术后出现硬膜外血肿与手术有直接关系。”

分析与讨论

这是一个典型的超说明书用药致患者损害担责的案例。

对超说明书用药的合法性我国尚无国家层面的法律规范及技术标准，因此，简单地认为超说明书用药合法或违法都是不对的，必须具体问题具体分析。超说明书用药是否构成医疗损害责任，应当从以下医疗损害责任的构成要件入手判断：（1）医疗机构及其医务人员等特定主体在诊疗活动中的违法诊疗行为；（2）医疗机构和医务人员存在过错；（3）患者受到损害；（4）诊疗行为与患者损害之间存在因果关系。缺乏以上4个构成要件中任何一个，均不构成医疗损害责任（医疗产品责任除外）。

尿激酶的使用说明书明确载明其对急性颅内出血的病人禁用，而在临床实践中，医务人员通常会在出血稳定的情况下局部注射该药物以溶解凝固血块。医务人员在明知该用药超出说明书范围，且未向患者告知的情况下使用该药物，导致该患者出血，经专业机构鉴定，患者的出血与用药存在因果关系。因此，A 院应当承担损害赔偿责任。

【案例 5-07】甲氨蝶呤超说明书用药致患者损害担责案例①

陈某因“诊刮术后 9 天，阴道流血未净”于 2016 年 1 月 22 日入住南京市某医院妇科。10 天前在外院诊断：子宫肌瘤可能，子宫内膜增厚，宫内未见妊囊。入院诊断为：异位妊娠？不全流产？子宫肌瘤，××病毒携带。5 天后出院，出院诊断为：异位妊娠、子宫肌瘤。嘱门诊继续复查血 HCG 及妇科 B 超。2 月 1 日，陈某在门诊复查血 HCG 值为 203.25mIU/mL，当日因“诊刮术后 19 天，血 HCG 下降缓慢”再次入院，妇科 B 超显示：左侧附件混合性包块可能，入院诊断：异位妊娠、子宫肌瘤。当日下午给予甲氨蝶呤（MTX）80mg 肌注，当晚，患者出现腰胀及恶心、呕吐，予胃复安对症治疗后好转。次日，恶心呕吐症状较重，予补液、止吐等治疗。连续两天查肾功有损害，且在加重，遂转江苏省人民医院肾科进行进一步治疗，后病情好转，肾功能逐步恢复正常。

陈某认为，南京市某医院存在医疗过错，起诉要求赔偿。鉴定认为，南京市某医院的诊疗行为符合规范，甲氨蝶呤为异位妊娠首选用药。患者使用药物后出现急性肾衰竭、骨髓抑制，系 MTX 相关的少见严重不良反应，主要与个体差异有关。患者的药物代谢酶和药物作用靶点检测结果为 MTHFR 酶为 TT（突变纯合型），提示该患者 MTHFR 酶活性低，存在 MTX 代谢障碍，与其出现的不良反应相关，在药物使用前无法预料。鉴定意见为：医方不存在医疗过错行为。庭审中，原告对被告超说明书用药的行为不予认可。

一审法院经审理认为，本案的超说明书用药，有教科书以及诊疗指南为依据，且该药物的使用具有合理性，故不宜认定医方超说明书用药存在医疗过错。在《异位妊娠治疗知情同意书》《特殊用药知情同意书》中，南京市某医院详细列明了治疗异位妊娠的 3 种方法，选择药物治疗后，南京市某医院又详细列明了甲氨蝶呤药物治疗可能发生的 9 种不良反应及其他后续治疗。然而，南京市某医院却没有向陈某就超说明书用药进行说明。

---

① 陈某与南京市某医院医疗服务合同纠纷案，南京市秦淮区人民法院（2016）苏 0104 民初 6992 号民事判决书；江苏省南京市中级人民法院（2017）苏 01 民终 8325 号民事判决书。

因此，南京市某医院在履行医疗服务合同时，未尽相关告知义务，存在瑕疵。一审法院酌情判决南京市某医院向陈某支付5000元。

二审法院认为责任程度过低，结合鉴定报告意见5%-10%参与度的建议，改判被告医院承担15%的责任，赔偿原告31764元。

分析与讨论

在本案庭审中，法院认可了有循证证据的超说明书用药不违反诊疗规范，但是被告医院履行告知义务存在瑕疵，未能将甲氨蝶呤属于超说明书用药的情况向患方明确告知，最后判决医院承担部分责任。

第六节　医师远程医疗服务规则

一、远程医疗服务概述

雨果·格恩斯巴克（Hugo Gernsback）早在1925年就设想了远程健康检查的可能性，当时他几乎不知道，后来会有多少种不同的语言表示他设想的概念——远程医疗、远程健康、联网健康、联网医疗、虚拟健康和数字健康等。[①] 真正意义上的互联网医疗发端于20世纪50年代末，美国学者伟森（Wittson）首先将双向电视系统用于医疗。此后，美国不断有人利用通信和电子技术进行医学活动，并出现了Telemedicine一词，现在国内专家统一将其译为“远程医疗（或远程医学）”。20世纪60年代初到80年代中期的远程医疗活动被视为第一代远程医疗，这一阶段的远程医疗发展较慢，使用的效率也不高。80年代，随着电子信息技术、现代通信技术的飞速发展为远程医疗服务提供了现代化平台，优质医疗资源在区域之间可以实现交互与传递；更为重要的是其突破了传统医疗路径，患者足不出户便可获得便捷、高质量的医疗服务，一大批有价值的项目相继启动，其声势

---

① Smithsonian Magazine, “Telemedicine Predicted in 1925”, Available from: https: //www. smithsonianmag. com/history/telemedicine-predicted-in-1925-124140942/, The Lasted Visited Date is September 5, 2021.

和影响远远超过了第一代技术，可以被视为第二代远程医疗。

在我国，互联网医疗起步较晚。1999 年，原卫生部发布的《关于加强远程医疗会诊管理的通知》（已失效）对试点开展远程医疗服务工作提供了政策指导，指明了我国远程医疗服务精细化、专业化和模式化的发展方向。2009 年 5 月 1 日，原卫生部发布了《互联网医疗保健信息服务管理办法》（已失效）。2014 年，原国家卫生计生委发布了《关于推进医疗机构远程医疗服务的意见》，明确了我国远程医疗服务的横向和纵向管理方向。目前，我国远程医疗服务发展日益成熟，但在实践过程中仍存在网络环境和硬件设施配置较低、医患接受度较低、欠缺统一的规范标准、法律法规不健全等问题，亟待解决。① 2018 年 4 月 25 日，国务院办公厅印发了《国务院办公厅关于促进“互联网+医疗健康”发展的意见》；② 2018 年 7 月 17 日，国家卫健委、国家中医药管理局发布了《互联网诊疗管理办法（试行）》《互联网医院管理办法（试行）》《远程医疗服务管理规范（试行）》，③ 对互联网医院的构建、互联网服务进行全面规范。

二、远程医疗服务规则条文理解

《医师法》	《执业医师法》
第 30 条　执业医师按照国家有关规定，经所在医疗卫生机构同意，可以通过互联网等信息技术提供部分常见病、慢性病复诊等适宜的医疗卫生服务。国家支持医疗卫生机构之间利用互联网等信息技术开展远程医疗合作。	新增条款

① 马豪等：《国内外远程医疗技术发展状况及相关问题分析》，载《医学信息杂志》2014 年第 12 期，第 37-38 页。

② 《国务院办公厅关于促进“互联网+医疗健康”发展的意见》（国办发〔2018〕26 号）。

③ 《关于印发互联网诊疗管理办法（试行）等 3 个文件的通知》（国卫医发〔2018〕25 号）。

（一）关键词

互联网+医疗健康

为解决人民群众日益增长的医疗卫生健康需求与医疗资源的供应紧张之间的矛盾，鼓励医疗机构将互联网空间作为突破口，进行资源优化配置与医疗模式创新，推动医疗服务向“线上线下一体化”转变。同时鼓励医疗机构发展互联网医院，将医疗资源不断向中西部地区、农村地区、贫困地区等区域辐射，逐步缩小南北地区、城乡地区人群间的基本健康服务与健康水平差距。

（二）条文含义

为了方便经济欠发达地区和基层人民群众的就医，缓解“看病难、看病贵”的问题，国家鼓励并促进有条件的医院发展远程医疗服务。近年来出现了一些专门提供远程医疗服务的商业化互联网平台，医师可以在这些平台提供远程医疗服务。医师为患者提供远程医疗服务需满足两点要求：（1）经其所在的医疗卫生机构同意；（2）具备相应的资质和技术能力。远程医疗活动对医师的沟通能力和医术都提出了更高的要求，医疗经验丰富、资历深、能力强的医生能更好地胜任远程医疗服务工作。

此外，鼓励医疗卫生机构大力开展互联合作。发展远程医疗要将“专业的事交给专业的人去做”，允许第三方机构搭建省级、国家级互联网信息平台，形成资源共享、信息互通、协同发展的医联体；鼓励医疗工作者开展针对疑难杂症、重大疾病病例的探讨交流，不断提升业务能力，积累实务经验。要在医联体合作平台上开展大型教育培训活动，特别是要对县、乡镇、社区的基层医务工作者进行业务能力培训，切实提升我国医务人员的综合素质。

（三）操作要求

1. 完善远程医疗服务支撑体系。开展远程医疗服务离不开互联网平台和大数据的支撑。各区域、各部门要通过汇集公共卫生、医疗服务等各方面的数据和信息，进行全民健康信息平台建设。此外，还要建立包含居民电子健康档案和电子病历的数据库，[①] 便于医务人员对患者的病情进行评估与判断，也利于医务人员与近端医师进行沟通。

2. 建立统一的远程医疗技术标准与收费标准。目前，我国的远程医疗服务尚未形成统一的技术标准、服务范围和收费标准。当务之急是建立全国统一的规范参照标准，进一步细化开展远程医疗服务的技术条件、工作人员的资格审核、远程医疗服务的项目范围和收费标准，使部门、医疗机构、第三方机构、医务人员能更加规范地开展工作。

3. 厘清法律责任。远程医疗服务涉及的责任主体和法律关系往往更加复杂，[②] 不同主体之间的责任划分需要法律条文明确规定，特别是在发生医疗纠纷或医疗事故时，要有明确的责任承担主体和责任划分依据，避免发生多主体之间相互推诿的现象，相关内容见表 5-02、表 5-03。

表 5-02 远程医疗服务责任主体和法律关系

<table>
<tr><th>责任主体</th><th colspan="2">法律关系</th></tr>
<tr><td>邀请方医疗机构与受邀方医疗机构</td><td colspan="2">委托合同关系</td></tr>
<tr><td>医疗机构与第三方平台或机构</td><td colspan="2">委托合同关系或买卖合同关系</td></tr>
<tr><td>近端医生与接受医疗服务的患者</td><td colspan="2">传统医疗服务合同关系</td></tr>
<tr><td rowspan="2">远程医生与接受医疗服务的患者</td><td>会诊型远程医疗</td><td>医疗咨询关系</td></tr>
<tr><td>共同诊疗型远程医疗</td><td>医疗服务合同关系</td></tr>
</table>

表 5-03 远程医疗服务责任主体和法律责任

责任主体	法律责任
邀请方医疗机构	合同履约责任、医疗责任、监督责任、管理责任
受邀方医疗机构	同邀请方
第三方平台	合同履约责任、保密责任、互联网平台风险管理
近端医生	诊疗责任、知情告知责任、保密责任

① 《国务院办公厅关于促进“互联网+医疗健康”发展的意见》（国办发〔2018〕26 号）。

② 翟运开等：《我国远程医疗发展的法律与医疗伦理的限制与化解》，载《中国卫生事业管理》2014 年第 317 期，第 809 页。

续表

责任主体	法律责任
远程医疗服务医生	诊疗责任、保密责任、咨询诊疗责任
患者	如实告知责任、配合诊疗活动责任
信息技术运营商	设备与技术管理责任

三、案例分析

【案例 5-08】互联网医院会诊引发的医疗损害赔偿案①

2019 年 7 月 23 日，患者杜某因双下肢水肿 1 月余，入住黄骅市某医院，经超声、尿常规、大便常规、血项等一系列检查，诊断为慢性肾炎，左肾上腺肿物，冠心病 PCI 术，肝囊肿，高尿酸血症，应给予低盐低脂饮食，阿司匹林肠溶片抗血小板聚集，辛伐他丁降脂，血塞通改善循环治疗。发现左侧肾上腺巨大肿物，泌尿外科会诊考虑皮质癌，家属商议后转上级医院。患者杜某于 2019 年 7 月 28 日出院，出院医嘱为转院治疗。2019 年 7 月 29 日，患者杜某入住被告沧州市某医院继续治疗，于 2019 年 8 月 28 日 22 时 00 分宣布临床死亡。患者近亲属以沧州市某医院、北京市某医院为被告，提起医疗损害赔偿诉讼。

本案原告之所以将北京市某医院作为共同被告起诉，是因为患者患病期间曾经在北京市某医院平台上进行互联网医疗。法院判决书显示：2019 年 8 月 14 日（患者在沧州市某医院住院治疗期间），患者家属通过网络向被告北京市某医院叶医师进行了线上咨询。咨询内容节录为："问：叶主任，谢谢您，我们 7 月 29 日在沧州市某医院肾内科因为脚肿住院，当时就觉得占位不着急，内外科会诊肾病疗程长，建议先做占位，8 月 1 日转肾外科，抽过许多次血，激素水平查否家属也不清楚，肾病还没开始医治，蛋白外科检测 24，于 8 月 3 日、8 月 12 日，各输两瓶人血白蛋白，现达到 30

① 杜某等与沧州市某医院、北京市某医院医疗损害责任纠纷案，北京市西城区人民法院（2020）京 0102 民初 10628 号民事判决书；北京市第二中级人民法院（2021）京 02 民终 11337 号民事判决书。

以上，酚卞明吃的时间短，去咱北京某医院，是否也不能近期手术，这边手术说一侧肾可能保不住，我们家属就希望保住肾脏，叶主任，在咱们那里手术是否能保住肾，您说微创不能百分之百，有没有更稳妥的办法?”“答：您问问当地，激素水平检测了没有，我建议先过来面诊一次，然后我给您排床位，肾保住的可能有百分之七八十。下周二十点半过来加号，先办理就诊卡，北京××医院门诊二层五诊室。”网络页面显示：因无法面诊患者，医生的回答仅做了咨询建议，不具有医嘱属性，仅供参考。

2019年8月22日，患者家属前往该医院代为咨询，根据门（急）诊病历记载：主诉左侧肾上腺巨大肿物（13cm），与胰腺、脾脏、左肾门血管关系密切，近日在外院同时诊断，肾病综合征，白蛋白37g/1，辅助检查，外院血常规HCB值134g/1，PLT值69×10^9/1，24小时尿蛋白2.3g，学儿茶酚胺正常，血清皮质醇正常。建议：（1）请肾内科会诊，完善检查，术前是否可以采取初步治疗，以免手术打击加重肾病；（2）完善心肺功能检查，请老爷子面诊一次，决定下一步治疗方案。据此，北京市某医院答辩称：不同意原告的诉讼请求，被告医院对患者的线上诊疗行为和咨询行为并不存在过错，并且提出患者需要来被告医院面诊。因患者未到被告医院就诊，所以不存在搪塞的事实，其后，患者在外院病逝，因此不存在被告医院延误、耽误患者治疗或者没有及时开住院单的问题。原告所述被告医院存在诊疗过错，没有及时诊治或者没有及时开住院单治疗没有事实根据。综上，被告医院对患者家属的线上诊疗行为并无过错，故不同意原告的诉讼请求。

由于原告未申请医疗损害鉴定，没有专业证据认定被告的医疗行为存在过错及与损害后果存在因果关系，最终，一审、二审法院判决均驳回了原告的全部诉讼请求。

分析与讨论

本案涉及互联网医疗问题。互联网医疗的情况比较复杂，如果盲目开展互联网医疗项目，医疗机构确实面临很多不可控的风险。本例中，虽然法院在裁判文书中没有直接评价北京市某医院的互联网医疗行为，但是从裁判文书引用的内容来看，北京市某医院的互联网医疗咨询、提出医疗建议的具体做法还是合适的，更多强调医院提供的是咨询，意见仅供参考，并且建议患者面诊。本案引发诉讼，确实提醒医患双方在进行互联网医疗时应当慎重、正确看待互联网医疗的效力。

第七节 医师的其他执业规则

一、禁止医师不当获利及过度医疗规则

（一）禁止医师不当获利及过度医疗规则概述

长期以来，医师在执业过程中存在收受患者红包的现象，个别医师还存在向患者及其近亲属索要红包的恶劣情况，包括医疗界在内的社会各界对此反响强烈。这严重影响了医师的形象，造成医患关系紧张，也成为引发医疗纠纷的原因之一。《执业医师法》第 27 条针对实践中的“医疗红包”“医疗贿赂”等现象进行了规制，对医疗机构的执业风气和医务人员的执业道德提出了要求。2014 年 1 月 29 日，国家卫生计生委办公厅印发《关于开展医患双方签署不收和不送“红包”协议书工作的通知》，[①] 要求从 5 月 1 日起，全国二级以上的医疗机构，在患者住院 24 小时内，须由经治医师和患者沟通并签订不收、不送“红包”协议。为推进我国医疗卫生与健康事业发展，不仅要从医疗基础设施建设、医疗技术发展等外部体系建设出发，更要注重形成风清气正、廉洁自律的医疗行业作风。

由于医患双方的信息不对称、医疗保险的发展迅速、患者未形成理性就医的理念等综合因素，一些诸如过度医疗的违规诊疗行为随之出现，并有愈演愈烈之势。为保障人民群众获得符合自身实际需求的诊疗服务，此次《医师法》新增了“禁止过度医疗”规则，从法律层面禁止医务人员在医疗执业过程中出现侵害患者权益的行为。

另外，一些医院还存在过度医疗的现象。有的医师为了规避医疗风险，

---

① 原国家卫生计生委办公厅《关于开展医患双方签署不收和不送“红包”协议书工作的通知》（国卫办医函〔2014〕107 号）。

或者从药品、医疗器械、医疗耗材中赚取回扣，不惜损害患者的利益，违反诊疗规范，在给患者实施医疗服务的过程中实施不必要的检查和治疗。

（二）禁止医师不当获利及过度医疗规则条文理解

《医师法》	《执业医师法》
第 31 条　医师不得利用职务之便，**索要**、非法收受财物或者牟取其他不正当利益；**不得对患者实施不必要的检查、治疗。**	第 27 条　医师不得利用职务之便，**索取**、非法收受**患者**财物或者牟取其他不正当利益。

1. 关键词

过度医疗（Over-Treatment）

过度医疗是以过度检查、过度用药、非必要手术为主要表现形式的不符合诊疗规范的医疗行为，《医师法》明确禁止医务人员实施过度医疗行为。在此之前，《侵权责任法》《基本医疗卫生与健康促进法》《民法典》等也有对禁止过度医疗的规定。过度医疗是人员管理、医疗技术、医疗保险、市场经济综合发展及监管失衡的产物。医师对患者实施过度医疗行为的认定要素，一般包括四种：（1）行为上，医师实施的诊疗方法大于患者实际的诊疗需求；（2）后果方面，客观上给患者造成经济损失；（3）医师的主观方面多是出于故意，但有时过失也会造成过度医疗；（4）在行为的行为性质上属于民事侵权。①

2. 条文含义

过度医疗是与医德医风相悖的行为。医疗行业最鲜明的特点之一就是医务人员服务的对象是“生命”与“健康”，这一特点决定了医务工作者要用仁爱心、同理心、良善心对待患者。任何将诊疗活动当作自身谋取利益的途径、接受患者财物的行为都是全社会应坚决抵制的不当执业行为，凡有此行为者需坚决处罚，不能助长此种所谓的行业“潜规则”。大力弘扬“医者仁心”的伦理精神和“尚义利他”的价值观念，加强医风医德建设

① 刘雪娇等：《过度医疗的诱因分析界定方法研究》，载《中国卫生事业管理》2016 年第 333 期，第 178 页。

仍然是当前各部门及医疗机构的工作重点。要让医疗活动沐浴在阳光下，不忘初心，方得始终。

医疗机构从业人员严禁利用职务便利私自收取财物，包括但不限于私自将患者及相关人员的现金或非现金性利益占为己有；利用医疗机构设备及耗材私自诊治病人并收取费用；私自与药品零售商达成中介协议，收取中介费用；私自安排患者转诊到其他民营医院或私人诊所，从中收取转诊介绍费等行为。医疗机构从业人员的上述行为一经查实，需要按照相关法律法规对当事人进行行政处罚，构成医疗商业贿赂的，要根据《刑法》进行刑事处罚。

过度医疗是当前医学界的热点话题，包括药物过度供给、实施非必要检查等实体诊疗操作行为及过于宽泛的疾病诊断标准。但是，不能将使用价格高的药物或技术检查一律界定为过度医疗，即便费用昂贵，只要符合下列条件，就应当认定是合规的、适宜患者的诊疗行为：（1）既不过度也不缺位的个体化治疗行为；[①]（2）符合医学规范与医生自身技术水平的诊疗行为。医务人员在实践中应当恪守这两项基本要求。

3. 操作要求

（1）建立健全医德医风建设组织体系和工作机制。医疗机构要建立医德医风建设工作组织体系，制定相关规章制度与医德医风建设的各个环节相配套，形成医德医风建设专项化管理机制。同时，医疗机构要完善内部监控机制，做到预防与处置相结合，畅通医德医风问题反馈渠道，严厉打击利用职务便利获取不正当利益的行为。

（2）建立健全医德医风评价机制。医疗机构应当将医德医风纳入对医务工作者的业绩考核范围和职工奖惩评价体系，与医疗工作进行统筹部署、统筹督促、统筹考评激励，明确医务人员应当遵守的医德规范。

（3）塑造医疗行业新风尚。要大力弘扬“救死扶伤、甘于奉献”的医疗精神，把社会主义核心价值观融入行业发展、职业教育中，开展以廉洁自律为核心的职业精神教育。充分调动医务人员主动参与医德医风建设的积极性、主动性，开展文明创建活动。强化新入职医护人员宣誓教育，弘

---

① 朱宁：《关于过度医疗案例界定的思考》，载《医学与哲学》2019年第11期，第5页。

扬医者仁心文化，在医疗机构设置专栏宣传先进个人事迹。

（4）加强教育宣教。加强对医务人员的医德教育，医务人员应形成尊重患者自主选择权的理念，避免通过让患者接受非必要诊疗而获取更多利益的行为；加强对患者的健康教育宣传，引导患者形成理性选择诊疗服务的理念，避免盲从医生。

（5）加大管理组织介入的处理力度。[①] 形成“政府部门+医疗机构”双重监督管理组织体系，以医疗机构监督为主，政府部门监督为辅，共同督查医务人员的诊疗行为，严厉惩罚滥用医疗资源提供不合理诊疗服务的行为。

（6）加强对过度医疗行为的法律规制。[②] 立法机关应从法律层面对过度医疗行为的性质及认定标准进行界定，为医务人员树立行为准则。明确侵权行为的责任主体及责任认定标准，切实使患者获得适度、有益的诊疗服务。

（三）案例分析

【案例 5-09】脂肪瘤患者腰麻手术案例[③]

60 岁低保男性，因左大腿外侧脂肪瘤逐年增大（10cm×5cm），就医治疗。医生为其进行了腰麻加静脉复合麻醉手术，花费了上万元治疗费。患者及其家属无法承担此笔费用，要求院方赔偿。后经复核，发现该患者脂肪瘤完全可采用 4000 元的局麻手术覆盖所有住院及治疗费用。

分析与讨论

过度医疗为我国法律所禁止，上述医疗机构及医务人员利用职业便利，兼具诊疗目的不正确性，对患者的过度诊疗行为违反了法律、法规、规章和诊疗护理规范、常规的规定并过度消耗医疗资源，超出了个体与社会医疗保健的理性需求，造成了对患者人身的过度伤害和财产过度损失，触到了法律的红线，应当受到法律的制裁。

---

① 胡宏伟等：《过度医疗行为研究评述》，载《社会保障研究》2013 年第 1 期，第 50 页。

② 王安富：《论过度医疗侵权行为及其法律规制》，载《法学论坛》2012 年第 142 期，第 143 页。

③ 朱宁：《关于过度医疗案例界定的思考》，载《医学与哲学》2019 年第 10 期，第 6 页。

二、医师服从紧急调遣的规则

（一）紧急调遣规则概述

以新冠肺炎疫情为蓝本，为完善我国突发公共卫生事件应急处理机制，有效应对当前和今后可能发生的突发公共卫生事件，保障人民生命安全，此次《医师法》进一步细化了紧急调遣规则，对医务人员在重大灾情及群体性事件中应当承担的责任作出了明确规定。

（二）紧急调遣规则条文理解

《医师法》	《执业医师法》
第 32 条 遇有自然灾害、**事故灾难、公共卫生事件和社会安全事件等**严重威胁人民生命健康的**突发事件**时，**县级以上人民政府卫生健康主管部门根据需要组织医师参与卫生应急处置和医疗救治，**医师应当服从调遣。	**第 28 条** 遇有自然灾害、**传染病流行、突发重大伤亡事故及其他**严重威胁人民生命健康的**紧急情况**时，医师应当服从**县级以上人民政府卫生行政部门的**调遣。

1. 关键词

突发公共卫生事件

根据《突发公共卫生事件应急条例》，突发公共卫生事件，是指突然发生，造成或者可能造成社会公众健康严重损害的重大传染病疫情、群体性不明原因疾病、重大食物和职业中毒以及其他严重影响公众健康的事件。根据突发公共卫生事件的性质、危害程度、涉及范围，可划分为特别重大（Ⅰ级）、重大（Ⅱ级）、较大（Ⅲ级）和一般（Ⅳ级）四级。分别标示为红色、橙色、黄色、蓝色。

2. 条文含义

自古至今，社会对医师都有着极高的职业要求。元代王好古在《此事难知·序》中说："盖医之为道，所以续斯人之命，而与天地生生之德，不可一朝泯也。"意思是说：医生应该以帮助人们延续生命、维护健康为天职。因此，医师的职业价值不仅体现在治愈病患的日常工作中，更体现在重大传染病疫情发生时白衣执甲、舍生忘死、前仆后继的行动中。

新法明确提出，遇有紧急情况以及国防动员需求时，医师应当服从卫生健康主管部门的调遣，这为应急状态下人财物的调遣奠定了坚实的法律基础。该条文相较于之前《执业医师法》之规定，对调遣医师的情形，由谁组织调遣及调遣后需从事的工作，用词更规范，更具可操作性。

医师是宝贵的、稀缺的资源，在有危及人的健康的事件发生的时候，医师总是逆向而行，走入灾害现场，救死扶伤。但是，当重大灾害事件发生时，某一个地方的医师资源可能不够，因此需要从其他医疗卫生机构、其他城市调派医师支援，这是应急之需，也是突发事件应对管理的实然要求。但是，调派其他医疗机构、其他城市的医务人员，必然影响其他社会主体的利益，如果不能从法律上作出规定，没有法律的强制力作为保障，这种调派就难以落实。因此，《执业医师法》作出了医师须服从调遣的规定，《医师法》继承了之前的规定，并对国家调遣医师的情形作出了规定。

3. 操作要求

（1）营造医生职业精神氛围。人之所以为人，不仅是因为其物质上的客观存在，更是因为其精神上的存在。医生也是如此，他们不仅是技术的实体，更是职业精神的实体。在教育阶段，医学生应该受到医生人文素质和职业精神的感染；行医之后，应该接受医疗规范、医学道德和医生素质的教育。①

（2）注重制度设计和管理，激发医生的积极性。外因是事物发展的条件，内因是事物变化的根本。因此，在医生职业精神的建设中，关键是培养医生自愿为实现职业精神而努力的意志，应当为医生建立完善的激励管理机制。②

（3）完善职业精神认知，促进医生职业精神的内化。传统医生职业精神强调医生的奉献精神，注重医生职业对社会期望的满足，但是缺少对医生个体情感需要的重视。在职业精神的建设中，需要注重实现医生个体需

① 卜丽娟：《医生职业精神研究》，山东大学2015年博士学位论文。
② 卜丽娟：《医生职业精神研究》，山东大学2015年博士学位论文。

求，使医生成为自觉创造其职业生命和内在尊严与幸福的主体。这有利于医生对职业精神的认同和实践，并且在原有的基础上扩大职业使命和责任的范围。[①]

三、助理医师医疗执业规则

（一）助理医师医疗执业概述

助理医师属于医师的一种，是中国特色医疗制度的产物，助理医师在参加医师资格考试的条件、执业权限等方面都较医师有很大的区别。从报考的条件上说，《执业医师法》规定只要具备临床医学中专学历，在医疗、预防、保健机构实习满 1 年，即可报考；《医师法》将报考的学历门槛提高到大专。从执业资格上说，助理医师只有相对独立的医疗权限，即在乡镇医疗卫生机构可以独立执业，但是在县级以上的医疗卫生机构执业，必须有医师指导。助理医师介于乡村医生、医师之间，是二者过渡的产物。

《医师法》第 34 条明确了助理医师的执业权限，规定了医学生及医学毕业生等准医师参与诊疗活动的限制条件。

（二）助理医师医疗执业规则条文理解

《医师法》	《执业医师法》
第 34 条　执业助理医师应当在执业医师的指导下，在医疗卫生机构中按照**注册的**执业类别、**执业范围**执业。 在乡、民族乡、镇**和村医疗卫生**机构**以及艰苦边远地区县级医疗卫生机构中执业**的执业助理医师，可以根据医疗**卫生服务**情况和**本人实践经验**，独立从事一般的执业活动。	**第 30 条**　执业助理医师应当在执业医师的指导下，在医疗、**预防、保健**机构中按照**其**执业类别执业。 在乡、民族乡、镇**的**医疗、**预防、保健**机构中**工作**的执业助理医师，可以根据医疗**诊治的**情况和**需要**，独立从事一般的执业活动。

① 卜丽娟：《医生职业精神研究》，山东大学 2015 年博士学位论文。

1. 关键词

助理医师

医师有处方权，在乡镇医疗卫生机构、经济欠发达地区的县级医疗卫生机构，可以独立从事医疗活动，出具医疗文书。与医师执业权限不同，助理医师只能在执业医师的协助下进行医疗活动。医师在全国各个医疗机构注册后都可以取得合法执业资格，获得处方权，但助理医师注册以后只在乡镇一级卫生院具有处方资格，在其他医疗机构则需要在医师的指导下处置病人。需要注意的是，在医师资格类别中，还有乡镇助理医师①和乡村全科执业助理医师两种特殊的助理医师，这是为了缓解部分经济欠发达地区基层医疗机构医师短缺而采用的权宜方式。

一般执业活动

虽然我国的法律、法规、规章中均没有明确规定什么是一般的执业活动，但《医疗机构管理条例实施细则》第 88 条中规定，特殊检查、特殊治疗，是指具有下列情形之一的诊断、治疗活动：（1）有一定危险性，可能产生不良后果的检查和治疗；（2）由于患者体质特殊或者病情危笃，可能对患者产生不良后果和危险的检查和治疗；（3）临床试验性检查和治疗；（4）收费可能对患者造成较大经济负担的检查和治疗。特殊检查、特殊治疗往往是需要患者或家属签字才能进行的诊疗活动，均不是一般的执业活动，如输血、手术等。除了这里规定的特殊检查、特殊治疗之外的医疗活动，可以理解为一般医疗活动。

2. 条文含义

《医师法》第 34 条规定了助理医师的执业权限，即一般情况下要在医师的指导下方能执业，同时必须严格按照注册的执业类别和执业范围执业，不得跨类别执业或超范围执业，如注册为内科的助理医师在耳鼻喉科执业，未取得相应资质范围的医师进行血管介入手术等，其对以上行为将承担相应行政责任甚至可能构成非法行医罪。

助理医师独立从事医疗活动的前提条件：《医师法》在“乡、民族乡、镇的医疗、预防、保健机构”的基础上，增加了“艰苦边远地区县级医疗

① 《关于开展乡镇执业助理医师资格考试试点工作的通知》（卫医政发〔2010〕33 号）。

卫生机构中执业”；将“医疗诊治的情况和需要”修改为“医疗卫生服务情况和本人实践经验”。

3. 操作要求

（1）助理医师独立执业的范围。《医师法》规定，助理医师的独立执业范围仅限于乡、民族乡、镇和村医疗卫生机构以及艰苦边远地区的县级医疗卫生机构，可见其是不被允许在社区卫生服务中心独立执业的。

除上述执业地点的约束，其独立执业还要受到两个方面限制：一是根据医疗卫生服务情况和本人实践经验，二是仅能从事一般的执业活动。原卫生部《关于对执业助理医师行医有关问题的批复》（卫政法发〔2005〕135号）批复如下：“四川省卫生厅：你厅《关于执业助理医师行医有关问题的请示》（川卫〔2005〕25号）收悉。经研究，现答复如下：剖腹探查手术面临的情况复杂多变，不应视为‘一般执业活动’。在患者病情紧急，危及生命安全，且有剖腹探查手术指征，现场没有执业医师，会诊医师不能及时到达情况下，执业助理医师方可在乡村级医疗机构中实施剖腹探查手术。”可见，执业助理医师独立执业的范围有限。

（2）执业助理医师的处方权范围。一般情况下，执业助理医师没有处方权，不能开具抗菌药物。但有一种情况除外，即在乡镇工作的执业助理医师是可以单独开具这类药物处方的。

《抗菌药物临床应用管理办法》第24条第1款规定，具有高级专业技术职务任职资格的医师，可授予特殊使用级抗菌药物处方权；具有中级以上专业技术职务任职资格的医师，可授予限制使用级抗菌药物处方权；具有初级专业技术职务任职资格的医师，在乡、民族乡、镇、村的医疗机构独立从事一般执业活动的执业助理医师以及乡村医生，可授予非限制使用级抗菌药物处方权。

（3）执业助理医师是否可以开办个体诊所。2001年，原卫生部对执业助理医师能否设置个体诊所问题进行了批复。《卫生部关于执业助理医师能否设置个体诊所问题的批复》（卫医函〔2001〕63号）批复如下：“浙江省卫生厅：你厅《关于执业助理医师能否设置个体诊所的请示》收悉。现答复如下：《中华人民共和国执业医师法》（以下简称《执业医师法》）第三十条第二款规定‘在乡、民族乡、镇的医疗、预防、保健机构中工作的执业助理医师，可以根据医疗诊治的情况和需要，独立从事一般的执业活动。’这里提到的‘乡、民族乡、镇的医疗、预防、保健机构’主要指乡镇卫生院和村卫生室，不包括个体诊所。根据《执业医师法》第十九条第一款规定，‘申请个体行医的执业医师，须经注册后在医疗、预防、保健机构中执业满五年，并按照国家有关规定办理审批手续；未经批准，不得行医。’执业助理医师不得申请个体行医、设置个体诊所。”

四、准医师医疗活动实施要求

（一）准医师医疗执业概述

这里说的是已经完成临床医学专业理论教学学习任务，尚未获得医师资格，走入临床参加临床教学实习、住院医师规范化培训的人员参加临床诊疗活动须遵循的规范和要求。

2008年8月18日，原卫生部颁布了《医学教育临床实践管理暂行规定》①，对临床实践教学作出了比较明确的规定。其中第3条规定，医学教育临床实践包括医学生的临床见习、临床实习、毕业实习等临床教学实践活动和试用期医学毕业生的临床实践活动。医学生是指具有注册学籍的在校医学类专业学生。医学生的临床教学实践活动在临床教学基地进行，在临床带教教师指导下参与临床诊疗活动，实现学习目的。试用期医学毕业生是指被相关医疗机构录用并尚未取得执业医师资格的医学毕业生。试用期医学毕业生的临床实践活动在相关医疗机构进行，在指导医师的指导下从事临床诊疗活动，在实践中提高临床服务能力。

① 《关于印发〈医学教育临床实践管理暂行规定〉的通知》（卫科教发〔2008〕45号）。

（二）准医师医疗执业规则条文理解

《医师法》	《执业医师法》
第35条　参加临床教学实践的医学生和尚未取得医师执业证书、在医疗卫生机构中参加医学专业工作实践的医学毕业生，应当在执业医师监督、指导下参与临床诊疗活动。医疗卫生机构应当为有关医学生、医学毕业生参与临床诊疗活动提供必要的条件。	新增条款

1. 关键词

临床教学实践

临床教学实践是指尚未毕业的医学生在完成临床医学理论课学习后，进入医疗机构完成最后毕业前的理论实践阶段，在医师的监督、指导下对患者开展的诊疗活动。临床教学实践是理论联系实际的阶段，属于临床医学教学的一个有机组成部分。这一阶段也称为临床实习，但有别于临床见习。临床见习一般是指医学生在学习临床基础课程、临床医学课程的同时，为了让学生学习效果更为牢固、有效，作为一种教学手段安排学生间断性地到临床进行观摩、实践。临床教学实践与医学毕业生参加住院医师规范化培训有着显著区别，三者的具体区别见表5-04。

表5-04　医学生临床教学见习、临床教学实践与住院医师规范化培训的区别

区别项目	临床教学见习	临床教学实践	住院医师规范化培训
主体	医学生	医学生	医学毕业生
目的	理论教学	理论联系实际教学	培养住院医师技能
目标	掌握临床医学理论	基本上掌握临床操作	成为合格的住院医师
场所	教室或者医院	医院临床科室、门诊	医院临床科室、门诊
时间	间断进行，一次几学时	几个月	三年
方式	观摩为主，偶有实践	以实习医生身份参与	以住院医师身份参与
带教者	专职或兼职教师	临床医师	有规培资格的医师

2. 条文含义

本条为《医师法》的新增法条。对尚未取得医师资格的医学生和医学毕业生是否有资格进入临床，对患者开展诊疗活动的问题，长期以来法律规定得不是十分明确，经常有患者投诉，不愿意接受这种准医师实施的医疗服务；也有患者以“非法行医”提起诉讼。当然，医疗机构、医院管理人员、带教的医师怕惹麻烦，往往也不愿意让这些准医师动手操作，导致医学临床教学陷入困境，对于医学专业人才的培养有害而无利。但是，这些准医师毕竟没有获得医师资格，其所实施的医疗活动确实存在相对较大的风险，医疗质量缺乏保障，如果不加以严格管控，必然会对患者造成比较大的痛苦和伤害。为此，《医师法》增加了本条规定，旨在对尚未毕业但已经完成医学理论课程学习的医学生如何开展临床教学实践作出规定；对已经从医学院校毕业走上工作岗位的医学专业毕业生实施医疗活动作出规定。对于尚未获得医师资格的医学专业毕业生进入临床工作，分为两种情况讨论，一是在医疗机构以见习医师的身份开展医疗工作；二是以住院医师规范化培训者的身份在指定的规培医疗机构参加临床工作。由于这三类人已经完成了医学理论课程的学习并走入临床、开展实践，但均未获得医师资格，为了保证医疗服务质量，保障医疗安全，规避医疗风险，最大限度地减少对患者可能带来的额外伤害，必须规范管理、严格管理。

3. 操作要求

执业行为直接影响医疗质量和医疗安全，近年来因医疗机构违规使用实习医生、试用期医生和进修医生引起的医疗争议事件时有发生，医疗机构应不断加大对责任医师的监管力度，严格规范医师的执业行为。在医疗机构中实习的本科生、研究生、博士生以及毕业第一年的医学生、住院医师规范化培训对象等尚未取得《医师执业证书》的人员，可以在执业医师的指导下进行临床工作，但不得独立从事临床执业活动，包括不得出具任何形式的医学证明文件和医学文书。实习医务人员、试用期医务人员书写的病历，应当经过本医疗机构注册的医务人员审阅、修改并签名。涉及操作的，如抽血、检查等必须在执业医师的指导和监督下进行。

第八节　医疗机构教育管理医师的规则

一、医疗机构教育管理医师概述

我国医疗执业的模式是医疗机构执业制，医师仅仅是医疗机构的雇员，代表医疗机构给患者提供诊疗服务。患者与医疗机构建立医疗服务合同，并非与医务人员建立医疗服务合同，医疗过程中如果出现医疗事故、医疗侵权、医疗差错，患者要主张其民事权利，只能向医疗机构提出，由医疗机构承担相应的民事责任。因此，医疗机构是对患者诊疗活动最终负责的主体。当然，加强对医师的医德医风教育并不是医师的执业地点——医疗机构——独立承担，因为医师的培养是从医学院校开始的，中间还有医师行业组织、住院医师规范化培训机构等，这些单位都有义务加强对医师医德医风的教育和培训。

为了提高医疗质量，保障医疗安全，最大限度保护患者的合法权益，医疗机构有义务加强对医师医德医风的教育，加强医疗机构的内部管理，在涉及医疗服务、患者权益保障等方面，医疗机构都有相应的义务。医疗机构加强对医师的管理，还包括医疗机构内部治理问题。为了提高医疗质量，保障医疗安全，必须强化医疗机构内部管理机制。要保障医师合法权益，为医师执业提供必要的条件、设备，加强医疗机构内部监督管理和制约机制的建设，建立并实施有效的医患沟通机制，保障患者投诉渠道畅通。

二、医疗机构教育管理医师规则条文理解

《医师法》	《执业医师法》
第36条 有关行业组织、医疗卫生机构、医学院校应当加强对医师的医德医风教育。 医疗卫生机构应当建立健全医师岗位责任、内部监督、投诉处理等制度，加强对医师的管理。	新增条款

（一）关键词

医德医风

医德医风是指执业医师应具有的医学道德和风尚，属于医学道德范畴。医学作为一种特殊职业，面对的是有思想、有感情的人类。执业医师担负着维护和促进人类健康的使命，关系到人的健康利益和生命，而人的健康和生命又是最宝贵的。因此，执业医师在职业活动中，不仅在医疗技术上要逐渐达到精良，面对一个个的患者时还需要有亲切的语言、和蔼的态度、高度的责任感和高尚的医学道德情操，只有这样，才能成为德才兼备的医学人才并担负起“救死扶伤，治病救人”的光荣使命，也才能成为一个受人爱戴的医生。

（二）条文含义

在强化医师执业义务、执业规则的同时，不能忽视医疗机构的职责。毕竟医师只是医疗机构的雇员，医师以医疗机构的名义为患者实施医疗服务，医师执行的是职务行为，医疗行为的质量、收益和产生的后果，最终都要反映到医疗机构。因此，医疗机构对医师有教育和监管的职能。本条针对医疗机构对医师的这种教育监管职能体现为：一是强调各机构应加强医德医风教育；二是强化医师岗位责任制的建立和落实；三是搭建内部监督管理体系，完善内部监督管理机制；四是加强医患沟通，建立并保持医疗投诉渠道畅通。在强化医德医风教育方面，原卫生部、国家食品药品监

管局、国家中药管理局联合制定并发布了《医疗机构从业人员行为规范》，其中第二章、第四章对医务人员的行为规范作出了具体规定。

为了落实医疗机构的投诉职责，国务院在《医疗纠纷预防和处理条例》中明确提出了加强医疗投诉的要求，国家卫健委制定的《医疗机构投诉管理办法》对医疗投诉制度的构建作了详细规定。为进一步规范医疗机构投诉接待处理，提高投诉接待处理人员的服务能力，维护良好的医疗秩序，保障医患双方的合法权益，2021 年 9 月 3 日，国家卫生健康委、国家中医药局制定了《医疗机构投诉接待处理“十应当”》①，将医疗机构的投诉工作引向深入。

（三）操作要求

1. 加大医德医风培训力度。从医学院校到医疗机构及社会组织，均应加强对医师及准医师的医德医风教育，在提高临床业务能力的同时，树立良好的价值观，定期开展医德医风培训，集中学习医疗系统违法违纪案件材料，集中观看警示教育片，有针对性地开展讨论和反思；树立先进典型，宣传医德医风优秀标杆。

2. 加大医德医风考核力度。将医德医风教育与业务发展相融合，实施医务人员不良积分制，开展医德医风考核，根据工作需要实行“周检查、月考核、季分析、年考评”，医德医风考评与评优评先、晋职晋级、岗位聘用挂钩；不合格的一票否决，并建立考评档案。

3. 完善内部监督体系。对医师廉洁行医进行严格监管，建立领导干部示范带头抓、支部书记主动抓、科室负责人亲自抓的“一级抓一级、层层抓落实”工作体系，一旦发现违反行风“九不准”行为、违反“四个合理”或其他违反医德医风相关制度的行为，即进行“一案一查一整改”。

4. 建立完善的医疗投诉机制。落实首诉负责制，接到投诉不得推诿，应及时办理或转相关部门，对照《医疗机构投诉接待处理“十应当”》的规定，要进一步规范医疗机构的投诉工作，及时止损，将医疗投诉与医疗质量、医疗安全及医疗不良事件管理关联起来，协同管理，相互促进；积

---

① 《关于印发〈医疗机构投诉接待处理“十应当”〉的通知》（国卫办医函〔2021〕485 号）。

极进行高风险案例防范和应对，根据规定建立适当的回访机制，及时总结分析，做到闭环管理。

5. 培养专业化医疗机构投诉管理人员。安排专人专门进行投诉管理，及时、有效地处理医疗投诉，加强对医师的管理，减少医患矛盾的发生。

三、案例分析

【案例 5-10】医院对患者投诉处理不当引发的医疗损害赔偿案①

2012 年 3 月 18 日至 26 日，被告人连某某在温岭市某医院接受了鼻部手术治疗。因感到术后效果不佳，连某某多次到医院投诉，并多次到其他医院就医，但均无进展。2013 年 10 月 25 日 8 时 20 分许，连某某携带事先准备的榔头和尖刀来到温岭市某医院对医护人员行凶，致 1 死 1 重伤。经司法鉴定，连某某作案时意识清晰，作案动机现实，辨认和控制能力存在，具有完全刑事责任能力。2014 年 1 月 27 日，台州市中级人民法院一审以故意杀人罪判处被告人连某某死刑，剥夺政治权利终身。连某某不服，上诉至浙江省高级人民法院。

二审开庭查明，原判认定事实清楚，证据确实充分。经台州市医学会、浙江省医学会鉴定，温岭市某医院在对连某某手术的过程中不存在医疗事故。温岭市某医院在处理连某某投诉及后续处理过程中的确存在一定的瑕疵，存在进一步加深其误解的情形，原审判决对此亦予以确认，但该种瑕疵并非在案的被害人造成，被害人在本案的起因上没有过错。连某某于 2013 年 8 月 10 日至 10 月 15 日曾入住上海市精神卫生中心治疗，入院、出院诊断均是持久的妄想性障碍。原审法院对其是否具有精神疾病，作案时是否具有刑事责任能力，委托浙江省立同德医院司法鉴定所专家对其进行了法医精神病鉴定。该鉴定意见认为连某某患有疑病症，作案时意识清晰，作案动机现实，辨认和控制能力存在，具有完全刑事责任能力。鉴定人一审庭审时出庭当庭阐述了鉴定情况，连某某对其具有完全刑事责任能力的

---

① 连某某故意杀人案，(2013) 浙台刑一初字第 68 号刑事判决书；浙江省高级人民法院 (2014) 浙刑一终字第 50 号刑事裁定书；连某某故意杀人死刑复核刑事裁定书。

鉴定意见亦无异议。从连某某的整个作案过程来看，连某某的作案动机现实，作案前蓄意准备了作案工具，作案对象明确，当其发现捅刺的对象错误后，即停止了继续捅刺，反映出连某某具有清晰的辨认和判断自己行为性质的能力，对自己实施的行为能够自由控制。连某某具有清晰辨认自己行为的能力与完全控制自己行为的能力，且已经有资质的鉴定机构鉴定，其具有完全刑事责任能力。因此，对连某某及其二审辩护人提出要求重新鉴定的申请，理由不足，不予采信。

二审认为，被告人连某某因对手术治疗效果不满意，而将情绪发泄到为其诊治释疑的医生身上，闯入医院持榔头和尖刀公然故意杀害他人，致1人死亡、1人重伤的严重后果，其行为已构成故意杀人罪。犯罪情节极其恶劣，犯罪后果特别严重，依法应予严惩。原判定罪和适用法律正确，量刑适当，审判程序合法，故依法作出上述裁定。

最高人民法院于2015年4月3日核准浙江省高级人民法院（2014）浙刑一终字第50号维持第一审以故意杀人罪判处被告人连某某死刑，剥夺政治权利终身的刑事裁定。

第六章

医师的培训与考核

《医师法》将《执业医师法》第四章“考核和培训”修改为“培训和考核”，将医师培训放在医师考核之前，虽然在字面上仅调换了两个概念的位置，但在法律上却凸显了对医师培训的重视程度。本章首先明确国家要建立适合社会需求和医教协同并进的医师培养制度，进而对住院医师规范化培训、全科医师规范化培训、专科医师规范化培训、在职医师继续教育作出了分类规定，并建立了医师定期考核制度和专业评价机制。明确规定了各级政府、医疗卫生机构和行业组织在医师培养各个阶段的职责。本章将针对医师培养、医师培训、医师考核等内容予以分析解读。

一、医师培养

（一）医师培养概述

医师培养是一个庞大的系统工程，国家应当做好医师培养的顶层设计，国务院教育主管部门、人力资源管理部门、卫生健康管理部门等应当参与到医师培养工程中来，在医师培养的各阶段发挥自己的职能，完善和推进医师培养工作，在培养合格医师、高水平医师方面发挥各自的作用。在我国，医师培养有三个阶段：在校教育、毕业后教育、继续医学教育。在医师的培养过程中，医学生在校医学课程教育属于基础教育，其目标是为医学生毕业后接受住院医师、全科医师和专科医师培训打下必需的知识和技能基础，即培养“准医生”。毕业后教育，是指医学生在毕业后，需要通过系统化、规范化的综合培养、训练，掌握从事全科医师实践所必需的知识和技能，并通过执业医师资格考试，完成医师执业注册，独立从事临床工作，工作中还要接受医师定期考核。我国目前采取以“5+3”（5年临床医学本科教育+3年住院医师规范化培训或3年临床医学硕士专业学位研究生教育）为主体、“3+2”（3年临床医学专科教育+2年助理全科医生培训）为补充的临床医学人才培养体系，外加医学生在毕业及医学教育之后，以学习新理论、新知识、新技术、新方法为主的继续医学教育。在欧美国家，医学生从医学院校毕业后均被要求接受毕业后教育才能从事医疗实践工作。比如，英国医学生本科毕业后需要接受至少2年的住院医师培训、1年的社区全科医师培训，经累计评估合格后，参加全科医师学会会员资格考试，方可从事全科医师工作。在医师培养年限上，欧美国家均高于我国。继续医学教育是在医师进入医师工作岗位后，继续更新专业技术知识、提升专业技术能力的不定期的培训。

（二）医师培养制度条文理解

《医师法》	《执业医师法》
第37条　国家制定医师培养规划，建立适应行业特点和社会需求的医师培养和供需平衡机制，统筹各类医学人才需求，加强全科、儿科、精神科、老年医学等紧缺专业人才培养。 **国家采取措施，加强医教协同，完善医学院校教育、毕业后教育和继续教育体系。** **国家通过多种途径，加强以全科医生为重点的基层医疗卫生人才培养和配备。** **国家采取措施，完善中医西医相互学习的教育制度，培养高层次中西医结合人才和能够提供中西医结合服务的全科医生。**	新增条款

1. 关键词

医师培养

人才培养模式是在一定教育思想的指导下，人才培养目标、制度和过程的组合。医师人才培养必须遵循特殊的教育规律和人才成长规律，2016

年10月，中共中央、国务院颁行的《“健康中国2030”规划纲要》对健康人才培养、培训作出了重大部署。本次立法要求，在供需机制上建立医学人才培养平衡机制；在培养培训体系上，强调加快建成适应行业特点的院校教育、毕业后教育、继续教育三阶段有机衔接的医学人才培养培训体系；在医学人才培养结构上，强调加强基层人才队伍建设，以培养全科医师为重点；完善住院医师与专科医师培养培训制度；强化面向全员的继续医学教育制度；加大对基层和偏远地区的扶持力度；加强全科、儿科、精神科等紧缺的专业人才的培养培训。为深入贯彻落实全国卫生与健康大会精神和《“健康中国2030”规划纲要》，进一步加强医学人才培养，2017年7月3日，国务院办公厅颁布了《国务院办公厅关于深化医教协同进一步推进医学教育改革与发展的意见》，就提高生源质量、提升医学专业学历教育层次、深化院校医学教育改革、完善毕业后医学教育制度等方面提出了具体医学人才培养意见。

《基本医疗卫生与健康促进法》对医学人才培养已经作出了多方面的规定，本条重申国家制定医师培养规划，国家采取措施，加强医教协同，完善医学院校教育、毕业后教育和继续教育体系，旨在强调国家对医师队伍建设的高度重视，也为加快培养合格、高素质的医学人才提供了强有力的制度保证。

2. 条文含义

这是一项关于医师培养规划的顶层设计要求，从宏观层面对国家的医师培养理念、政策、规划等作出了原则性规定，后续各相关主管部门应当按照该条规定，在自己的职能范围内制定相关的配套制度和实施文件。

建立健全适应行业特点的医学人才培养制度，是深入贯彻落实习近平总书记在全国卫生与健康大会讲话精神和《“健康中国2030”规划纲要》的重要措施。卫生与健康事业必须把医学教育和人才培养摆在优先发展的战略地位，《国务院办公厅关于深化医教协同进一步推进医学教育改革与发展的意见》（国办发〔2017〕63号）全面制定了医学人才培养规划，基本内容是到2020年，建成以“5+3”（5年临床医学本科教育+3年住院医师规范化培训或3年临床医学硕士专业学位研究生教育）为主体、“3+2”（3

年临床医学专科教育+2 年助理全科医生培训）为补充的临床医学人才培养体系。强调要加强全科、儿科等紧缺专业人才的培养，保障公共卫生、药学、护理、康复、医学技术等人才培养协调发展。到 2030 年健全具有中国特色的标准化、规范化医学人才培养体系，不断满足健康中国建设对临床医学人才队伍的基本需要。《医师法》将医师培养制度以法律的形式固定下来，为加强医学人才培养提供了根本性和基础性的制度保障，对我国卫生与健康事业的快速发展必将产生重大而深远的影响。

医学是一门实践性很强的学科，合格的、高素质的医师培养必须遵循特殊的教育规律和人才成长规律，需要经过严格的医学院校教育、规范化的毕业后教育，以及终身的继续医学教育。这些阶段各有侧重，必须有机衔接，多管齐下，医教协同，这样才能形成科学的医学人才培养机制体系。对此，《国务院办公厅关于深化医教协同进一步推进医学教育改革与发展的意见》（国办发〔2017〕63 号）指出，国家和各省（区、市）要分别建立教育、卫生计生、机构编制、发展改革、财政、人力资源社会保障、中医药等多部门共同参与的医学教育宏观管理协调机制，统筹医学教育改革发展，共同研究协商重大政策与问题。要求教育部、国家卫生计生委、国家中医药局成立医学教育专家委员会，综合管理和统筹协调医学教育。在医学人才培养结构上，要加强全科、儿科、妇产科、精神科、病理、老年医学、公共卫生、护理、助产、康复、心理健康等紧缺人才的培养。在培养重点上，强调以全科医生为重点的基层医疗卫生人才培养。为加快推进中医药高层次人才培养，建立完善西医学习中医制度，鼓励临床医学专业毕业生攻读中医专业学位，鼓励西医离职学习中医。鼓励扶持民族地区和高等院校开办民族医药相关专业，支持有条件的院校开展民族医药研究生教育。

3. 操作要求

（1）国家制定医师培养规划，建立适应行业特点和社会需求的医师培养和供需平衡机制，统筹各类医学人才需求，加强全科、儿科、精神科、老年医学等紧缺专业人才的培养。目前我国已经基本形成了多层次、多类型的卫生人才培养体系，为国家的卫生事业发展提供了有力的人才支撑。

为补齐医疗卫生行业的人才短板，本次立法要求各省级卫生健康主管部门研究各类别、各层次的医学人才需求，科学制定医学人才需求规划和年度计划，对接教育部门和有关高校，落实“以需定招”，加快培养全科、儿科、精神科、老年医学等紧缺专业的人才，弥补特殊临床学科人才的不足，让医学人才的培养与社会发展的需求同步，推动“健康中国”的建设。

（2）国家采取措施，加强医教协同，完善医学院校教育、毕业后教育和继续教育体系。医教协同是培养临床医学人才的有效途径。在贯彻落实医教协同的措施上，一是国家要在政策层面调控医师人才培养的供给和使用，发挥医教协同在医学院校临床医学生招生规模、地区布局、分层发展等方面的统筹功能，满足紧缺专业人才的需求；二是要在健全具有中国特色的标准化、规范化的医学人才培养体系上，发挥引领探索作用（包括完善医学院校教育、毕业后教育和继续教育体系）；三是要促进医学生临床综合能力的培养，完成从医学生到医生的转变，从疾病学习到病人学习的转变，从理论学习到服务社会的转变。医教协同要求各省级卫生健康主管部门健全完善医学教育质量评估认证制度、加快紧缺专业人才培养、优化医学院校的布局结构。

（3）国家通过多种途径加强以全科医生为重点的基层医疗卫生人才的培养和配备。“保基本、强基层、建机制”是实现健康中国目标的核心策略。目前，我国基层医疗卫生机构主要由城市社区卫生服务机构、乡镇卫生院及村卫生室、诊所、门诊部等组成。我国基层医疗卫生机构作为城乡三级医疗卫生服务网络的“网底”，发挥着居民健康“守门人”的重要作用，是筑牢我国医疗、疾控、妇幼保健体系的基础，分级诊疗推行、医联体建设、公共卫生疫情防控等工作都必须依靠“强基层”落实，它是切实促进基本医疗卫生服务公平的重要保障。

“强基层”的核心工作是加大全科医生人才的培养力度。一要积极探索订单定向的培养模式。二要将全科医学建设成真正的临床医学二级学科，让医学生在本科阶段就接触到全科医疗服务，培养其专业兴趣与工作胜任力。三要编写体现全科医学特点、适合岗位规范要求的科学、规范的教材。四要强化对基层卫生技术人员的社会学、法学、心理学、公共卫生等方面知识的培训，增强其法律意识和医患沟通能力。

（4）国家采取措施，完善中医西医相互学习的教育制度，培养高层次中西医结合人才和能够提供中西医结合服务的全科医生。我国中西医结合医学尚处于发展初期，处于一种“嵌合”的状态，没有达到真正结合的程度。培养中西医结合人才的措施，最重要的是建立中西医教育制度。完善西医学习中医制度，鼓励临床医学专业毕业生攻读中医专业学位，鼓励西医离职学习中医。在高层次中西医结合人才培养上，要重视科研能力和综合能力的培养。

二、医师培训

（一）医师培训概述

随着互联网、大数据、高科技的快速发展，人工智能突飞猛进，医学的发展也是日新月异。医学的实践性和应用性很强，医疗方法和医疗技术不断更新，医师需要不断充实自己，紧跟医学科学的发展，提高自己的医疗水平和业务素质。因此，对医师进行培训和继续医学教育是必不可少的。

医师培训是指以提高医师的业务水平和素质为目的的各种教育和训练活动，包括岗位培训、全科医师培训、进修教育、毕业后医学教育、继续医学教育等。2020 年 9 月 22 日，国家卫生健康委、国家中医药管理局发布的《关于深入学习贯彻习近平总书记 2020 年中国医师节重要指示精神进一步加强医务工作者队伍建设的通知》指出，“提升医务工作者培训培养质量。在全行业树立终身学习理念，建立完善院校医学教育、毕业后医学教育、继续医学教育三阶段连续统一、有机衔接的卫生健康人才教育培训体系。深入实施住院医师规范化培训制度，推进公共卫生医师规范化培训试点，强化对包括全科医生在内的临床医生的流行病等公共卫生知识培训，加强培训基地和师资队伍建设，提高培训同质化水平。以需求为导向，以岗位胜任力为核心，以基层和紧缺专业为重点，强化全员继续医学教育，促进医防结合，提升教育质量，加强医学新理论和新技术培养，提升医务工作者创造性思维能力和临床实践能力”。涉及医师培训的内容，《医师法》与《执业医师法》相比，由原来的 2 条增加到 5 条，从国家和地方层面对医师培训进行了更细致的规定。

（二）住院医师和专科医师规范化培训条文理解

《医师法》	《执业医师法》
第 38 条　国家建立健全住院医师规范化培训制度，健全临床带教激励机制，保障住院医师培训期间待遇，严格培训过程管理和结业考核。 **国家建立健全专科医师规范化培训制度，不断提高临床医师专科诊疗水平。**	新增条款

1. 关键词

住院医师规范化培训

住院医师规范化培训是指高等院校医学类（含临床医学、口腔医学、中医学和中西医结合等）专业本科及以上学生，在完成全日制医学院校的学历教育之后，以住院医师的身份在国家、驻地省级卫生行政部门认定的培训基地的指导医师的指导下，按照培训标准，接受以提高临床实践能力为主要目的的系统化、规范化培训，主要包括理论学习和临床实践培训。这是医学院校毕业生成长为合格临床医师的必由之路，也是提高临床医师理论知识和临床诊疗水平的重要途径，在医学教育体系中发挥着重要的作用。

19 世纪末，德国首先提出了住院医师规范化培训的概念；1876 年，美国开始探索住院医师培训制度，1922 年，美国建立了以授予专科证书为目标的考试程序。① 1993 年，原卫生部印发了《临床住院医师规范化培训试行办法》（卫教发〔1993〕第 1 号，已失效），首次以文件形式明确提出“住院医师规范化培训”的概念。

美国医学院在校学生通过第一阶段、第二阶段的美国医师资格考试之

---

① 姜众、陈雄鹰、钱湘等：《美国住院医师规范化培训的历史和现状》，载《中国毕业后医学教育》2017 年第 1 期，第 71-76 页。

后，才有资格申请住院医师培训。德国在医师培养上，学生先要完成 6 年的高等医学教育，其间要通过 3 个阶段的全国统一的国家医师资格考试，然后再经过 18 个月的注册前住院医师培训，考试合格，才能完成住院医师注册。

2. 条文含义

本条为新增条款，首次将住院医师规范化培训制度、专科医师规范化培训制度写入法律，对培养高素质的临床医师队伍具有里程碑式的意义。

我国住院医师规范化培训制度，早在 20 世纪 80 年代就开始了试点工作，1993 年，原卫生部印发了《临床住院医师规范化培训试行办法》。2013 年 12 月 31 日，原国家卫生计生委、中央机构编制委员会办公室、国家发展改革委、教育部、财政部、人力资源社会保障部、国家中医药管理局 7 部门联合下发了《关于建立住院医师规范化培训制度的指导意见》，对住院医师在规培期间的编制、待遇、学位衔接、执业注册等方面给予了明确清晰的指示。为贯彻《关于建立住院医师规范化培训制度的指导意见》，国家卫生计生委于 2014 年 8 月 22 日颁布了《住院医师规范化培训管理办法（试行）》，明确指出住院医师规范化培训是毕业后医学教育的重要组成部分，强调住院医师培训的目的是为各级医疗卫生机构培养具有良好的职业道德、扎实的医学理论知识和临床技能，能独立、规范地承担本专业常见多发疾病诊疗工作的临床医师。此外，国家有关部门还先后出台了《住院医师规范化培训内容与标准（试行）》《住院医师规范化培训基地认定标准（试行）》《住院医师规范化培训招收实施办法（试行）》《住院医师规范化培训考核实施办法（试行）》等一系列规范性文件，标志着我国住院医师规范化培训法律制度日趋健全和完善。

目前，我国尚未建立专科医师制度，专科医师的培养、队伍建立仍然面临诸多问题。《医师法》提出了国家建立专科医师规范化培训制度，这是一大亮点，也是建立我国专科医师制度的起点。专科医师规范化培训制度的提出比住院医师规范化培训制度稍晚。2015 年 12 月 14 日，原国家卫生计生委、国务院医改办、国家发展改革委等 8 部门联合发布的《关于开展专科医师规范化培训制度试点的指导意见》指出，专科医师规范化培训是毕业后医学教育的重要组成部分，是在住院医师规范化培训的基础上，继续培养能够独立、规范地从事疾病专科诊疗工作临床医师的必经途径，在总结经验的基础上逐步推开专科医师规范化培训试点工作。《国务院办公厅关于深化医教协同进一步推进医学教育改革与发展的意见》指出，要稳妥推进专科医师规范化培训制度试点，逐步建立专科医师规范化培训制度，不断提高临床医师的专科诊疗水平。此外，1999 年 12 月 15 日，原卫生部颁行的《全科医师规范化培训试行办法》（卫科教发〔1999〕第 610 号，已失效）就培训对象、培训目标、培训内容、培训时间，以及对培训基地的要求、激励机制等作了全面规定。《医师法》第 38 条第 2 款明确强调国家建立健全专科医师规范化培训制度，与住院医师规范化培训制度、全科医师规范化培训制度一起组成了我国完整的毕业后医学教育培训体系，以保障我国的临床医师培养与社会需求相适应。

3. 操作要求

（1）保障培训期间待遇。培训对象是培训基地住院医师队伍的一部分，依照规定享受相关待遇。《关于建立住院医师规范化培训制度的指导意见》规定，单位委派的培训对象，培训期间原人事（劳动）、工资关系不变，委派单位、培训基地和培训对象三方签订委托培训协议，委派单位发放的工资低于培训基地同等条件住院医师工资水平的部分由培训基地负责发放。面向社会招收的培训对象与培训基地签订培训协议，其培训期间的生活补助由培训基地负责发放，标准参照培训基地同等条件住院医师工资水平确定。具有研究生身份的培训对象执行国家研究生教育有关规定，培训基地可根据培训考核情况向其发放适当的生活补贴。医师规培经费保障和分配分为 4 个层面：首先，2014 年 8 月底，国家卫健委公布，中央财政对规培提供资金补助，标准为 3 万元/人年；其次，以地方人民政府，特别是地方省级人民政府的财政部门为补充，也要补助；再次，委派单位负责基本工资、社会保障单位交费部分；最后，委派单位发放的工资低于培训基地同等条件住院医师工资水平的部分，由基地医院根据培训对象的考核、出勤、表现等补充。但在实践中，少数地区和培训基地对此落实不到位，卫生行政部门要加强医师培训重要性的宣传教育工作，不断进行监测、评估并加强督查力度，使国家的相关政策落到实处，保障医师培训期间的待遇。

（2）健全临床带教激励机制。培训基地是承担住院医师规范化培训的医疗卫生机构。培训基地应当选拔职业道德高尚、临床经验丰富、治学态度严谨，具有良好的医患沟通能力，熟悉本专业系统的理论知识和住院医师规范化培训相关规定的临床医师为带教医师。培训基地要不断优化、健全临床带教激励机制，将带教情况与其绩效考核、评优评先、晋职晋级、资格评任等措施挂钩，要充分尊重带教医师的劳动，在经济上予以补贴。在实务工作中，有的培训基地对带教老师绩效考核不严肃，标准不严，搞集体过关，有的不尊重带教老师劳动，对成绩突出的带教医师并不将其带教工作的成绩与其评优评先、晋职晋级、资格评任挂钩，不兑现经济补贴，严重挫伤了带教老师的积极性，影响培训质量。培训基地要严格贯彻落实国家法律和相关的政策规定，使每一个带教老师都能真正实现教有所偿，教有所得，教有所成，教有所荣。

（3）保障培训质量。我国已经初步建立统一的住培制度，并正大力推进由制度建设向质量内涵建设转变。保障规培质量需要从基地选择、培训标准、师资力量、培训对象的选择等多个方面进行。第一，国家要严格甄选条件最好的医院作为住院医师和专科医师规培的培训基地。第二，基地应当按照原国家卫计委于2014年8月22日发布的《住院医师规范化培训内容与标准（试行）》，结合本基地具体情况，制订科学、严谨的培训方案，确保培训计划和培训内容落到实处。但是在实践中，有的住培基地存在应付上级检查的情况，对外单位派去的住培学员的培训并不上心，擅自挤占培训时间，使培训医师在培训期间的大量时间被浪费在为带教老师查文献、找资料、写材料上，正常的培训内容大打折扣。第三，加强师资能力建设，带教医师应当严格按照住院医师规范化培训的内容和标准实施培训工作，认真负责地指导和教育培训对象。但在现实中，有的培训基地对带教老师的遴选不严格，个别老师水平不高，能力不济，甚至将滥竽充数的人塞进带教师资队伍中，严重影响教学质量。

（4）严格培训过程管理。对医师规范化培训的管理模式实行全行业管理、分级负责。原国家卫生计生委印发《住院医师规范化培训管理办法

（试行）》（国卫科教发〔2014〕49号）分别对国家卫生行政部门、省及省以下卫生行政部门对培训工作的日常管理和监督职责作了明确规定，强调培训基地要对培训对象进行严格管理，制定并落实确保培训质量的管理制度和各项具体措施。培训基地主要行政负责人为培训工作的第一责任人；分管院领导具体负责医师规范化培训工作；教育培训管理职能部门作为协调领导机制办公室，具体负责培训工作的日常管理与监督。承担培训任务的科室实行科室主任负责制，健全组织管理机制，切实履行对培训对象的带教和管理职能。

（5）结业考核。结业考核是衡量培训整体效果的结果性评价，结业考核包括理论考核和临床实践能力考核。专业理论考核主要评价培训对象综合运用临床基本知识、经验，安全、有效、规范地从事临床诊疗活动的能力。临床实践能力考核主要检验培训对象是否具有规范的临床操作技能和独立处理本专业常见多发疾病的能力。《关于建立住院医师规范化培训制度的指导意见》明确指出，对于取得《住院医师规范化培训合格证书》并符合国家学位要求的临床医师，可授予医学硕士专业学位；符合住院医师规范化培训管理要求，按照住院医师规范化培训标准内容进行培训并考核合格的医学硕士专业学位研究生，可取得《住院医师规范化培训合格证书》。取得《住院医师规范化培训合格证书》是临床医学专业中级技术岗位聘用的条件之一。住院医师规范化培训合格者到基层医疗卫生机构工作，可提前1年参加全国卫生专业技术中级资格考试，同等条件下优先聘用。培训对象到基层实践锻炼的培训时间，可计入本人晋升中高级职称前到基层卫生单位的累计服务年限。申请个体行医的，在符合规定条件的前提下，卫生计生行政部门应当予以优先。2015年9月14日，为了进一步促进工作规范化，提升培训质量，国家卫生计生委办公厅颁行了《住院医师规范化培训考核实施办法（试行）》。

4. 案例分析

【案例 6-01】违反规培协议而承担责任的案例[①]

被告刘某燕原系原告武平县某医院住院医师。2011 年 9 月至 2014 年 9 月，刘某燕在厦门某医院参加儿科医师规培，原、被告双方签订了《武平县某医院住院医师规范化培训委培协议书》，就刘某燕参加培训期间的人事关系、待遇及应遵守的制度等进行了约定，其中协议第 5 条约定：如在规培期间或者结束后未在医院工作满 5 周年，要求调离县医院，刘某燕应赔偿该医院在培训期间为其付出的所有工资、福利、往返差旅费等一切费用总数的 3 倍。规培结束后，因恋爱原因，刘某燕要求辞职到厦门应聘就业。为此，原告医院要求刘某燕支付住院医师规范化培训委托协议约定的赔偿金 248332.99 元。刘某燕辩称，住院医师规范化培训并非专项技术培训，协议第 5 条违反劳动合同法之规定，协议无效。经法院审理，协议符合省、市、县的相关规定，刘某燕主张规培协议约定的赔偿金条款违反劳动合同法强制性规定为无效条款，于法无据，不予支持，判令刘某燕在判决生效之日起 30 日内支付赔偿金 248332.99 元。被告刘某燕不服，遂提起上诉，二审维持原判。刘某燕申请再审，法院裁定驳回其再审申请。

分析与讨论

由医疗机构与医师签订的学历深造、规培、进修等与继续教育相关的协议引发的纠纷比较多，一方面是医疗机构和医师都有提升医疗技术、医疗水平的要求，必须加强继续教育；另一方面是“外面的世界很精彩”，医师到其他医院进修期间开阔了眼界，不再满足于在原来的单位工作，所以进修之后常常发生违约事件。这类纠纷涉及用人单位和医师双方的合法权益，也涉及医疗机构提升医师技术水平的积极性，必须妥善处理。

本案中，法院经审查认为，争议焦点在于，讼争《武平县某医院住院医师规范化培训委培协议书》第 5 条约定违反服务期违约金的条款是否有效的问题。在分析此问题时，法院对住院医师规范化培训制度也进行了论述。

---

① 武平县某医院与刘某燕、刘某清人事争议案，福建省武平县人民法院（2018）闽 0824 民初 1868 号民事判决书；福建省龙岩市中级人民法院（2018）闽 08 民终 2190 号民事判决书。

2010年7月16日，福建省人民政府办公厅转发了由省卫生厅等5部门联合下发的《福建省住院医师规范化培训实施意见（试行）》，该文件规定：根据《中共中央、国务院关于深化医药卫生体制改革的意见》，结合我省实际，制定本实施意见。第5条保障措施中规定：（1）自2010年起，已被二、三级医疗机构招聘为正式人员的临床、口腔类别本科及以上学历毕业生均必须参加住院医师规范化培训，取得《住院医师规范化培训合格证书》将作为其今后报考临床、口腔类别中、高级专业技术职务任职资格的必要条件之一；（2）培训所需经费按照多元化投入的原则，由省、设区市、县（区）三级财政和培训对象所属医院共同承担。《关于建立住院医师规范化培训制度的指导意见》（国卫科教发〔2013〕56号，以下简称《指导意见》）规定：住院医师规范化培训是培养合格临床医师的必经途径，是加强卫生人才队伍建设、提高医疗卫生工作质量和水平的治本之策，是深化医药卫生体制改革和医学教育改革的重大举措。为贯彻《中共中央、国务院关于深化医药卫生体制改革的意见》（中发〔2009〕6号）和《国家中长期人才发展规划纲要（2010-2020年）》精神，培养和建设一支适应人民群众健康保障需要的临床医师队伍，制定该指导意见。《指导意见》第1条规定，"到2015年，各省（区、市）全面启动住院医师规范化培训工作；到2020年，基本建立住院医师规范化培训制度，所有新进医疗岗位的本科及以上学历临床医师均接受住院医师规范化培训"。第3条规定，"建立政府投入、基地自筹、社会支持的多元投入机制。政府对按规划建设设置的培训基地基础设施建设、设备购置、教学实践活动以及面向社会招收和单位委派培训对象给予必要补助，中央财政通过专项转移支付予以适当支持"。《住院医师规范化培训管理办法（试行）》第2条规定，"住院医师规范化培训是毕业后医学教育的重要组成部分，目的是为各级医疗机构培养具有良好的职业道德、扎实的医学理论知识和临床技能，能独立、规范地承担本专业常见多发疾病诊疗工作的临床医师"。从以上文件规定可以看出，我国住院医师规范化培训，源于2009年3月17日《中共中央、国务院关于深化医药卫生体制改革的意见》（中发〔2009〕6号）的规定。住院医师规范化培训是初级专业技术职务的住院医师晋升中、高级专业技术职务任职资格的必经培训；培训经费由省、设区市、县（区）三级财政和培训对象所属医院共同承担，并由中央财政通过专项转移支付予以适当支持。因此，就性质而言，住院医师规范化培训是为培养具有良好职业道德、扎实医学理论、专业知识和临床技能，可以独立承担本学科常见疾病诊治工作的中、高级专业技术职务临床医师而进行的专项技术培训。刘某燕主张住院医师规范化培训并非专项技术培训，进而主张依法不得在此类培训协议中约定违约金，缺乏法律依据。

（三）医师继续教育制度条文理解

《医师法》	《执业医师法》
第 39 条 县级以上人民政府卫生**健康主管**部门**和其他有关部门**应当制定医师培训计划，**采取多种形式**对医师进行**分级分类**培训，为医师接受继续医学教育提供条件。 县级以上人民政府应当采取有力措施，**优先保障基层、欠发达地区和**民族地区的**医疗卫生人员接受继续医学教育**。	**第 34 条** 县级以上人民政府卫生**行政**部门应当制定医师培训计划，对医师进行**多种形式的**培训，为医师接受继续医学教育提供条件。 县级以上人民政府**卫生行政部门**应当采取有力措施，**对在农村和少数**民族地区**从事医疗、预防、保健业务的医务人员实施培训**。
第 40 条 医疗卫生机构应当**合理调配人力资源**，按照规定和计划保证本机构医师**接受**继续医学教育。 **县级以上人民政府卫生健康主管部门应当有计划地组织协调县级以上医疗卫生机构对乡镇卫生院、村卫生室、社区卫生服务中心等基层医疗卫生机构中的医疗卫生人员开展培训，提高其医学专业技术能力和水平。** **有关行业组织**应当为医师接受继续医学教育提供服务和创造条件，**加强继续医学教育的组织、管理。**	**第 35 条** 医疗、**预防、保健**机构应当按照规定和计划保证本机构医师**的培训和**继续医学教育。 **县级以上人民政府卫生行政部门委托的承担医师考核任务的医疗卫生机构**，应当为医师**的培训和**接受继续医学教育提供和创造条件。

1. 关键词

医师继续教育

如今是一个全球知识大爆炸的时代，不断更新知识成为适应时代发展的必然要求。1979 年 5 月，我国派代表参加第一届国际继续工程教育大会，标志着我国正式引入现代意义上的继续教育理念。1995 年，原人事部颁布《专业技术人员继续教育暂行规定》，继续教育被提升到法规层面。2007 年，《关于加强专业技术人员继续教育工作的意见》下发，明确了新时代继续教育工作的指导思想、目标任务和主要内容。

2000 年 12 月 28 日起实施的《继续医学教育规定（试行）》[①] 第 3 条对继续医学教育进行了定义：继续医学教育是继毕业后医学教育之后，以学习新理论、新知识、新技术、新方法为主的一种终生教育。具体项目包括学术会议、学术讲座、专题讨论会、专题讲习班、专题调研和考察、案例分析讨论会、临床病理讨论会、技术操作示教、短期或长期培训等。

2. 条文含义

继续医学教育旨在学习新理论、新知识、新技术、新方法，其特点是一种终生教育，目的是使医师在整个职业生涯中保持高尚的职业道德，不断提高专业工作能力和业务水平。随着互联网、大数据、高科技的快速发展，人工智能的突飞猛进，史无前例地推进了医学这门实践性、应用性极强的学科的大发展。新的医疗方法、医疗技术不断进入临床，新药品、新器械在不断出现，要求医师不断更新知识和技能，不断充实、提高医疗水平和业务素质，提高服务质量，以适应医学科学技术和卫生事业的发展。因此，参加继续医学教育不仅是广大医师的权利，也是应尽的义务，因此《医师法》在第 22 条第 5 项、第 23 条第 4 项均对此作出了原则性规定。

有关医师继续教育的内容包括两个层面。

第一，《医师法》第 39 条是关于县级以上人民政府卫生健康主管部门和县级以上人民政府在继续医学教育中相关责任的规定。原卫生部于 2000 年 12 月 28 日颁布的《继续医学教育规定（试行）》在组织管理上明确指出，全国和各省、自治区、直辖市继续医学教育委员会是指导、协调和质量监控的组织（卫生行政部门、人事部门、军队卫生部门，高等医学院校、学术团体和医疗卫生机构的领导及专家组成），并规定了医学教育委员会的职责，其中包括研究和制订继续医学教育的规划和实施计划，明确要求地

---

① 卫生部、人事部《关于印发〈继续医学教育规定（试行）〉的通知》（卫科教发〔2000〕477 号）。

（市）、县级卫生行政部门严格落实省级医学继续教育的计划和要求。在继续医学教育的内容和形式上，强调以现代医学科学技术发展中的新理论、新知识、新技术和新方法为重点，注意先进性、针对性和实用性。采用培训班、进修班、研修班、学术讲座、学术会议、业务考察和有计划、有组织、有考核的自学等多种方式组织实施。针对新冠肺炎疫情防控的特殊时期，国家卫健委办公厅下发了《关于进一步做好新冠肺炎疫情防控期间继续医学教育有关工作的通知》（国卫办科教函〔2020〕397号），对教育内容、继教教育方式、远程继教教育资源配置、监督管理等进行了调整，并提出了要求。

县级以上人民政府的保障措施涉及多个方面，但主要应当体现在保障经费投入上，早在2017年，《国务院办公厅关于深化医教协同进一步推进医学教育改革与发展的意见》就明确指出，要加大继续医学教育投入，合理确定医学门类专业学费标准，完善对贫困家庭医学生的资助政策。本法进一步强调，县级以上人民政府在保障措施上要优先保障基层、欠发达地区和民族地区的医疗卫生人员接受继续医学教育。

第二，《医师法》第40条是关于医疗卫生机构和行业组织在继续医学教育实施中的责任规定。对医师进行继续医学教育不仅是卫生健康主管部门和政府的责任，同时也是各医疗卫生机构的责任。首先，接受医师继续医学教育的各医疗卫生机构应当按照规定和计划保证本机构医师接受继续医学教育。其次，由于医疗卫生机构的规模不同，医疗水平参差不齐，在软件硬件条件方面均存在很大差异，医师在本单位接受培训，业务水平难有较大提高，需要到医疗水平较高的医疗卫生机构接受医学继续教育培训。因此，医疗卫生机构不仅要对本单位的医师进行继续医学教育，还要承担为非本单位医师培训的任务。因此，医疗卫生机构应当合理调配人力资源，为医师接受继续医学教育提供服务和创造条件，按照规定和计划保证医师接受继续医学教育。然而，继续医学教育的发展并不平衡，有些地区明显落后甚至空白，所以对于基层、偏远、欠发达地区的医疗卫生人员，县级以上人民政府卫生健康主管部门应当采取有力措施，周密计划，精心组织，保障其接受继续医学教育。本条就是为此提供的法律制度保证，即“县级以上人民政府卫生健康主管部门应当有计划地组织协调县级以上医疗卫生机构对乡镇卫生院、村卫生室、社区卫生服务中心等基层医疗卫生机构中的医疗卫生人员开展培训……”法律要求行业组织加强对继续医学教育的组织和管理，并将此作为一项重要任务，认真落实。对此，《中华医学会继续医学教育项目管理办法（试行）》也对中华医学会的继续医学教育工作进行了规范。

3. 操作要求

（1）改进继续医学教育水平，缓解医务人员工学矛盾。国家设立继续医学学分制度，目的是加强医务人员专业知识，通过强制性学分制，可以有效监督医生自觉、主动学习。但实践中经常出现医务人员为学分而焦头烂额、疲于奔波的现象，如想方设法找人借分，网上买分，听会“蹭”分，为了学分挤出时间参加与业务提升丝毫不相干的会议，苦于奔波在刷学分的路上，认为参加继续医学教育只与职称晋升有关。2019 年 8 月 28 日，国家卫健委发布了《关于落实为基层减负措施改进继续医学教育有关工作的通知》，对破除形式主义，推进继续医学教育改革提出了一系列指导意见。例如，学分全国通用。鼓励将优质继续医学教育面授项目逐步制作为远程继续医学教育课件，采用慕课、微课、远程视频等“互联网+”方式，供医务人员线上学习。Ⅰ、Ⅱ类学分可替换。参加住院医师规范化培训、专科医师规范化培训、助理全科医生培训累计 6 个月及以上进修并考核合格者、担任省级及以上科技成果奖励项目负责人等人员当年可免修。严格规范医药相关企业对学术会议的捐赠资助行为，不以营利为目的，不得将项目转包谋利。对同类别、内容重复的继续医学教育项目加大整合力度，缩短会期，减轻参会者负担。

（2）多层次、多形式、多渠道开展医学继续教育工作。继续医学教育不可能采用一种模式，搞“一刀切”的政策，而应因地制宜。同时，由于医疗机构专业技术人才的特点和需要不同，继续医学教育采取的形式应根据层次的不同而有差异。办学形式应灵活多样，在传统的办学习班、培训班的基础上，还可以加强开展专题讲座、学术报告、技术交流、临床病例讨论等多种形式的继续医学教育。

（四）基层人才定向培养制度条文理解

《医师法》	《执业医师法》
第41条　国家在每年的医学专业招生计划和教育培训计划中，核定一定比例用于定向培养、委托培训，加强基层和艰苦边远地区医师队伍建设。 **有关部门、医疗卫生机构与接受定向培养、委托培训的人员签订协议，约定相关待遇、服务年限、违约责任等事项，有关人员应当履行协议约定的义务。县级以上人民政府有关部门应当采取措施，加强履约管理。协议各方违反约定的，应当承担违约责任。**	新增条款

1. 关键词

医师定向培养

医师定向培养也称订单式培养，是指有关医学院校在医学生招生时就已经明确学生毕业后工作方向的招生办法，培养的经费由国家支付。定向培养的学生在录取时就确定了未来的就业单位，并且学生需要与招生单位签订定向培养协议，毕业后直接到签订协议的单位工作。订单式人才培养模式的最大特点是按照用人单位的意图，对人才的知识结构和基本素质的要求进行“量身定做”，共同培养适合用人单位“个性化”需求的人才。医师定向培养包括本科生、硕士研究生、博士研究生等不同层次的人才。

2010年，国家发展改革委、教育部、原卫生部等5部门联合印发了《关于开展农村订单定向医学生免费培养工作实施意见》，正式启动了农村订单定向医学生免费培养计划，重点为乡镇卫生院及以下的医疗卫生机构培养从事全科医疗的卫生人才。免费医学生在校学习期间免除学费和住宿费，并补助生活费。学生毕业后按照入学前签署的定向就业协议，到原户籍所在地县级卫生行政部门报到，与定向基层医疗卫生机构签订为期6年的聘用合同。2015年，教育部等6部门联合印发了《关于进一步做好农村订单定向医学生免费培养工作的意见》，进一步细化和明确了招生录取、人才培养模式改革、就业安置、毕业后教育、职业发展等政策措施。2018年12月13日，《北京市关于深化医教协同进一步推进医学教育改革发展的实施方案》也提到，北京市将采取定向培养方式，为基层医疗卫生机构培养医学专业紧缺人才。

医师委托培训

医师委托培训是指学校或者一些培训机构接受一些单位的委托，对医疗机构现有医师进行有计划的培育、训练，培训的种类、级别、时间和内容均没有统一的标准，有很大的随意性，经费由用人单位支付，委培的医师结束培训后必须返回原单位工作。从医师人才和医疗实践上看，培养和培训是两种不同的继续教育形式。从对象上看，培训针对问题，培养针对人员。医师培训是为了解决医疗工作中存在的问题而教授医师相应的技术、方法和工具，一般是短期的，一次性的。培养则是为了医师的成长，为了使其能够担任更重要的角色而进行的系统的、时间较长的培训、锻炼等。两者的目的也不一样。医师培训是为了使其胜任目前的医疗岗位，医师培养是为了使其胜任将来的医疗岗位，一个着眼于现在，一个着眼于未来。此外，两者在效果、感受、内容、实施主体等方面也存在不同。

2. 条文含义

此条为新增条款，强调了加强基层人才的定向培养力度，同时加强履约管理。

定向医学生培养是深化医改、加强全科医生队伍建设的重大举措，是提升基层和艰苦边远地区医疗卫生队伍整体素质的水平、落实分级诊疗制度的治本之策。但是基层和贫苦边远地区受地理、历史等客观因素制约，社会经济发展相对滞后。由于就业条件艰苦，工资待遇相对较低，医疗人才感觉基层不能为其提供平台，担心自己的业务荒废，所以基层和艰苦边远地区在人才市场竞争中处于劣势，难以招聘到高层次、紧缺的医疗卫生技术人才，人才的缺乏严重制约着贫困地区卫生事业的发展，难以满足当地人民群众基本医疗卫生服务需求。

《基本医疗卫生与健康促进法》作为我国卫生健康领域的第一部基础性、综合性法律，坚持以人民为中心和医疗卫生事业的公益性原则，着力“保基层”，保障基本医疗卫生服务的公平可及，加强基层人员建设。此次《医师法》在《基本医疗卫生与健康促进法》精神的基础上，对此进行了重申和细化。

有关部门、医疗卫生机构要与接受定向培养、委托培训的人员签订协议，约定相关待遇、服务年限、违约责任等事项，有关人员应当履行协议约定的义务。若出现无法定或约定的正当理由，接受培养人员毕业后未按照协议规定时间报到或未按卫生部门要求的时间到定向服务的单位工作，就会出现违约，要按照规定退还已享受的减免教育费用并交纳违约金。

3. 操作要求

（1）加大人才引进和培养力度。政府要核定基层卫生人员编制，结合实际制定鼓励卫生技术人员到基层服务的优惠政策，吸引优秀医学生到基层医疗卫生机构工作。完善和落实以基层服务为重点的卫生补助机制，切实加大基层卫生投入，保证基层卫生技术人员的收入水平。各地政府要制订基层卫生机构人才需求计划，采取定向培养模式，实行基层卫生机构定向培养就业模式。

（2）强化定向生履约管理，做到有奖有惩。2019 年 9 月 11 日，国家卫健委、中央编制委员会办公室、国家发展改革委等部门联合发布的《关于做好农村订单定向免费培养医学生就业安置和履约管理工作的通知》对定向医学生违约管理提出了明确要求。例如，省级卫生健康行政部门会同人力资源社会保障等部门建立定向医学生诚信档案，并将违约记录等相关材料归入其个人人事档案中。将定向医学生违约的情况纳入卫生健康信用信息管理平台，纳入医师定期考核和医德综合评价。违约定向医学生未按协议规定退还教育培养及违约金等费用的，由行政部门通过法律途径追缴。对服务期满、愿意继续留在基层医疗卫生机构工作的定向医学生，各地要予以鼓励，为其继续在基层服务提供相应便利和有效支持。

（3）目前，医师定向培养面临的主要问题是“爽约”，即医学生在医学院校完成学业后，不去事先签约预定的地区或者医疗机构，而是选择“爽约”，去其他的城市或者医院，导致国家的定向培养计划无法实现。针对这种情况，虽然医学生要承担一定的责任，如缴纳违约金，但这事实上影响了国家的医师定向培养计划，影响了经济欠发达地区医疗卫生事业的发展，从而影响了对老百姓的健康维护，影响了“健康中国”目标的实现。因此，国家在这方面还要研究对策，加大惩罚力度，必要时可将其纳入诚信管理机制。

4. 案例分析

【案例 6-02】违反定向培养协议而承担责任的案例[①]

2015 年 8 月 19 日，甲方某县医院与乙方王某丽签订了服务合同书，该合同约定了甲方的权利和义务：（1）甲方同意福建医科大学、福建中医药大学临床医学专业 2015 级的乙方作为某县医院的定向培养本科生；（2）甲方协同市、县财政和卫生等有关部门，按照相关规定，将每年的定向培养本科生学费由县级财政承担的 50%部分及时上交卫生局，由卫生局直接支付给相应的学院；（3）乙方修完学业、期满毕业后，和甲方签订普通高等学校毕业就业协议书，由当地人才服务机构为其办理人事代理手续。该合同约定乙方的权利和义务：乙方毕业后，由省级毕业生就业部门签发《全国普通高等学校本专科毕业生就业报到证》，培养类别为“定向生”，并备注“定向县级医院就业”。该合同约定，乙方毕业后如不服从甲方分配，不到该级医院工作等，则构成违约。2020 年，王某丽毕业后，某县医院要求王某丽按照服务合同书约定到该医院工作，但王某丽此时已被天津医科大学录取为硕士研究生，所以王某丽拒绝履行该合同义务。

法院经审理认为，某县医院与王某丽之间的服务合同书系双方真实意思表示，内容不违反法律、行政法规的强制性规定，合法有效。王某丽与某县医院签订服务合同书后，依约取得了福建医科大学的入学资格并由某县医院通过市卫生计生委为其向福建医科大学支付了 5 年的学费，王某丽拒绝到某县医院工作，构成违约，应依法承担违约责任。

分析与讨论

针对基层医疗机构缺乏专业的医务人员的情况，国家推出了高考“免费定向委培”计划，从 2010 年开始，医学定向招生：学生享受高考分数线降分政策，国家承担其 5 年的学费，在入学前与当地县级卫生部门签订就业协议，承诺毕业后到相应的基层医疗单位工作 5 年到 6 年。但部分定向医学生考虑到要在考研、升学后去省、市一级的医院工作，职业发展前景比在基层医疗

---

① 某县医院与王某丽、王某粽合同纠纷案，福建省柘荣县人民法院（2021）闽 0926 民初 4 号民事判决书。

机构的医生更加“光明”，便心安理得地拿着国家的补贴读书，当学业有成时，踏入社会的第一步就是违约。所以，县级以上人民政府有关部门应当采取措施，对其加强履约管理。协议各方违反约定的，均应当承担违约责任。

三、医师定期考核

（一）医师考核制度概述

专业技术人员开展执业活动，只有保持良好的专业技术状态，适时更新相关的专业知识和技能，才能保证其执业活动的质量和水平，因此，对专业技术人员的定期考核，是对专业技术人员管理的重要措施之一。对医师的执业状态、执业技术水平、医疗诊治能力，卫生行政管理部门应当定期组织考核。《医师法》第42条明确了医师定期考核的周期、内容、备案及对考核不合格的处理，第43条强调省级以上人民政府负责医师考核的指导、检查和监督工作。根据本法和《医师定期考核管理办法》《医师执业注册管理办法》等规定，我国实行注册医师定期考核制度，考核周期由原来的2年修订为3年，县级以上人民政府卫生健康主管部门以业务水平测评、工作成绩和职业道德评定3项标准来考核医师在考核周期内的执业情况，并将考核结果纳入医师执业注册管理。本次立法对医师定期考核制度作出规定，对医师队伍的发展建设，推动“健康中国”战略具有非常重要的意义。

1. 医师参加定期考核是履行法定义务

医师定期考核是一项法定工作，是《医师法》赋予医师的一项法定义务，医师定期考核与医师执业注册、继续医学教育、专科医师制度相结合，与资格准入、执业注册成为我国执业医师管理的三项长效机制，共同构成医师执业管理的核心体系。

2. 定期考核是人民政府对医师执业监管的需要

医师定期考核是实现对医师执业过程的监管，提升医师专业能力和业务水平的一项重要手段。从保持和提高医师应有的职业道德和执业能力出发，既是对医师过去 3 年执业行为的回顾性评价与考核，也是对医师下阶段执业资格延续的认证，是加强对医师执业监管、加强医师队伍自身建设的重要手段，同时也是行业自律的重要基础。

3. 定期考核是医师职业精神的需要

由于医疗技术的局限性和疾病的不确定性，需要通过医师定期考核这项管理制度督促医师不断学习和知识更新，努力保持和提升医师的执业水平、执业能力和执业素质，从而更好地为广大人民群众的生命健康服务。

4. 定期考核是行业要求

目前，欧美发达国家，以及我国台湾、香港地区都已建立了完善的准入后“执照审核”和专科“再认证”制度；我国大陆对部分行业技术人员业已普遍开展了执照年检管理，如驾驶员、律师、教师等，医疗卫生行业关乎人民群众生命安全，理应按照国际惯例建立定期考核制度。

（二）医师定期考核制度条文理解

《医师法》	《执业医师法》
第 42 条　国家实行医师定期考核制度。 县级以上人民政府卫生**健康主管**部门**或者其**委托的**医疗卫生**机构、**行业**组织应当按照医师执业标准，对医师的业务水平、**工作业绩**和职业道德状况进行考核，**考核周期为三年。对具有较长年限执业经历、无不良行为记录的医师，可以简化考核程序。** **受委托的机构或者组织**应当**将**医师考核结果**报**准予注册的卫生**健康主管**部门备案。 对考核不合格的医师，县级以上人民政府卫生**健康主管**部门**应当**责令其暂停执业活动三个月至六个月，并接受**相关专业**培训。暂停执业活动期满，再次进行考核，对考核合格的，允许其继续执业。	**第 31 条　受**县级以上人民政府卫生**行政**部门委托的机构**或者**组织应当按照医师执业标准，对医师的业务水平、**工作成绩**和职业道德状况进行**定期**考核。 **对医师的**考核结果，**考核机构**应当**报告**准予注册的卫生**行政**部门备案。 对考核不合格的医师，县级以上人民政府卫生**行政**部门**可以**责令其暂停执业活动三个月至六个月，并接受培训**和继续医学教育**。暂停执业活动期满，再次进行考核，对考核合格的，允许其继续执业；**对考核不合格的，由县级以上人民政府卫生行政部门注销注册，收回医师执业证书。**
第 43 条　省级以上人民政府卫生**健康主管**部门负责指导、检查和监督医师考核工作。	**第 32 条　县**级以上人民政府卫生**行政**部门负责指导、检查和监督医师考核工作。

1. 关键词

医师定期考核

根据《医师定期考核管理办法》第 2 条，医师定期考核是指受县级以上地方人民政府卫生行政部门委托的机构或组织按照医师执业标准对医师的业务水平、工作成绩和职业道德进行的考核。[①] 医师定期考核是对注册医师一定时间内执业情况的归纳、总结和综合评价。本次立法明确，我国实行医师定期考核制度，所有医疗、预防、保健机构内的注册医师，包括执业医师和执业助理医师均须参加定期考核，考核周期为 3 年。另外，本法对于考核主体也进行了调整，由原来的“受县级以上人民政府卫生行政部门委托的机构或者组织”调整为“县级以上人民政府卫生健康主管部门或者其委托的医疗卫生机构、行业组织”。而对于考核不合格的医师处理，也更为严格，由原来的“可以责令其暂停执业活动三个月至六个月”修改为“应当责令其暂停执业活动三个月至六个月”。本次立法同时删除了关于医师暂停执业期满再次考核不合格情况的处理，另外，对医师定期考核工作的指导、检查和监督的规定，由原来的由县级以上人民政府调整为由省级以上人民政府负责，从行政管理的角度加大了对医师考核的管理力度，医师考核不仅是医疗卫生机构对本机构内医师的管理手段，同时也是政府部门对医师进行行政管理的依据。

2. 条文含义

考核是一定的组织对所属的工作人员进行考察和评价的活动，也是对工作人员进行管理的重要环节。本条是指县级以上人民政府卫生健康主管部门或者其委托的医疗卫生机构、行业组织主管对医师的考核，它是对医师执业管理的重要环节。本条的含义主要有以下几个方面。

第一，我国实行医师定期考核制度，考核周期是 3 年。《执业医师法》对考核周期没有进行具体规定，但是原卫生部制定的《医师定期考核管理办法》第 5 条将考核周期规定为 2 年。2 年的考核周期间隔时间太短，运行起来显得过于频繁，而时间太长又会失去考核的意义。因此，《医师法》将考核周期规定为 3 年。

---

① 《卫生部关于印发〈医师定期考核管理办法〉的通知》（卫医发〔2007〕66 号）。

第二，医师定期考核的主体是县级以上人民政府卫生健康主管部门或者其委托的医疗卫生机构、行业组织。（1）县级以上人民卫生健康主管部门可以独立组织医师定期考核；（2）县级以上人民卫生健康主管部门委托的医疗卫生机构包括医疗、预防、保健机构，该机构对本机构的执业医师进行定期考核；（3）县级以上人民卫生健康主管部门委托的行业组织主要是指医疗卫生行业或者学术组织，主要对个体行医的执业医师进行定期考核。受委托考核的医疗卫生机构、行业组织应满足《医师定期考核管理办法》第 7 条所规定的条件。

第三，考核的标准是医师的执业标准，内容是医师的业务水平、工作业绩和职业道德状况，具体的考核方式及管理在《医师定期考核管理办法》第 11 条至第 18 条有原则性规定，工作成绩、职业道德由医师所在医疗、预防、保健机构负责评定，考核机构复核；业务水平测评由考核机构负责组织实施。

第四，增加延长考核期限的规定，这是《医师法》的一大亮点。新增的“对具有较长年限执业经历、无不良行为记录的医师，可以简化考核程序”的规定，有利于鼓励医师保持自己的优良执业记录。关于“对具有较长年限执业经历”“无不良行为记录”的规定可以参考《医师定期考核管理办法》第 21 条规定的三种情况：（1）具有 5 年以上执业经历，考核周期内有良好行为记录的；（2）具有 12 年以上执业经历，在考核周期内无不良行为记录的；（3）省级以上卫生行政部门规定的其他情形。

第五，考核的结果分为合格与不合格，工作成绩、职业道德和业务水平中任何一项不能通过评定或测评的，即为不合格。受委托的考核机构应将考核结果报准予注册的卫生健康主管部门备案。对考核不合格的医师，本次立法的处理则更为严格，县级以上人民政府卫生健康主管部门应当责令其暂停执业活动 3 个月至 6 个月，并接受相关专业培训。这里的责令暂停执业活动带有行政处罚的性质，是对医师执业权利作出的处分。医师对作出责令暂停执业活动的决定不服的可以依法申请行政复议。

第六，本条删除了对医师再次考核不合格情况的处理，但并非对再次考核不合格不予处理，相关规定在《医师法》第 17 条第 1 款第 4 项均有体现。另外,《医师定期考核管理办法》第 26 条对再次考核不合格的,规定“由卫生行政部门注销注册,收回医师执业证书”;《医师执业注册管理办法》第 18 条规定,医师定期考核不合格,并经培训后再次考核仍不合格的,医师个人或者其所在的医疗、预防、保健机构,应当自知道或者应当知道之日起 30 日内报告注册主管部门,办理注销注册。

第七,《医师法》第 43 条关于卫生健康管理部门对医师定期考核工作的指导、检查和监督的规定,由原来的县级以上人民政府调整为省级以上人民政府负责。

3. 操作要求

原卫生部于 2007 年颁布的《医师定期考核管理办法》仍然有效,这是医师定期考核具体实施的操作文件。《医师法》实施后,相关部门在对医师定期考核时,除了与《医师法》规定不相符的内容,仍然应当执行该办法的规定。

第一,医疗卫生机构在定期考核中的职责范围。(1)在医师定期考核系统中完善本机构信息;(2)审核医师基本信息,确认本机构考核人员名单并上报考核机构;(3)对医师提交的“简易程序申请”“免考核申请”等签署意见并上报考核机构;(4)完成考核医师工作成绩和职业道德的评定工作,并将评定结果上报考核机构。

第二,医师定期考核的简易程序。实践中,简易程序为医师本人书写述职报告,主要执业机构签署意见,报考核机构审核。对于执业助理医师执业满 12 年的考核程序,根据《医师定期考核管理办法》第 21 条之规定,具有 12 年以上执业经历,在考核周期内无不良行为记录的,可以按简易程序进行考核。因此,无论是执业助理医师还是执业医师,考取执业医师的,满足条件都可按简易程序考核。

第三,对不参加考核的处理。根据《医师执业注册管理办法》第 18 条之规定,注册医师连续 2 个考核周期未参加医师定期考核的,医师个人或其所在的医疗、预防、保健机构应当自知道或应当知道之日起 30 日内报告注册主管部门,办理注销注册。

第四,对特殊情况的考核。(1)开展多机构备案的注册医师在主要执业机构参加考核。主要执业机构可参考备案机构意见。（2）诊所、社区卫生服务机构的注册医师在由所在区/县就近指定的考核机构完成考核。（3）拟变更执业地点的医师在考核周期内变更执业地点，其工作成绩和职业道德评定由各执业地点分别评定，并由变更后的执业地点汇总形成评定结果。医师在规定时间前完成变更注册的，在新注册地的考核机构进行业务水平测评；在规定时间前未完成变更注册的，在原注册地点的考核机构进行业务水平测评。

第五，对考核结果不认可的，可以寻求相关救济程序，包括行政复议、行政诉讼。医师对考核结果有异议的，可在收到考核结果之日起 30 日内，向考核机构提出复核申请。对行政部门的考核结论不服的，可以依法向行政部门申请行政复议，对复议结果不服的，可以依照《行政诉讼法》的规定提起行政诉讼。

（三）案例分析

【案例 6-03】定期考核不合格被撤销医师资格和诊所的案例①

王某清系浏阳市某医院职工，该医院于 2000 年实行整体改制。2000 年 7 月 24 日，王某清与浏阳市某医院解除劳动合同。2010 年 9 月 28 日，王某清申请设立浏阳市文家市镇某诊所，并附王某清本人的医师资格证书及王某中的执业助理医师资格证书、护士陈某蓉的职业证书。2011 年 7 月 19 日，原浏阳市卫生局核准登记浏阳市文家市镇某诊所，颁发了《医疗机构执业许可证》，准予执业。2013 年 12 月 30 日，王某清和王某中向原浏阳市卫生局出具报告，请求将文家市镇某诊所《医疗机构执业许可证》的法定代表人王某清变更为王某中，主要负责人由王某中变更为王某清或保留不变，并要求发放王某清 2013 年度的工资 7200 元。2014 年 3 月 12 日，王某清将《医疗机构执业许可证》交回浏阳市文家市镇卫生管理所。2014 年 3 月 6 日，王某中设立了浏阳市文家市镇某村卫生室王某中医疗点，2014 年 3

① 浏阳市文家市镇某诊所与浏阳市卫生和计划生育局行政许可和行政赔偿案，湖南省浏阳市人民法院（2016）湘 0181 行初 1 号行政判决书；湖南省长沙市中级人民法院（2016）湘 01 行终 628 号行政判决书。

月28日，王某中向浏阳市卫生局提出医师变更执业注册申请，将其执业地点从浏阳市文家市镇某诊所变更至浏阳市文家市镇某村卫生室王某中医疗点。王某清作出同意变更的意见并加盖了浏阳市文家市镇某诊所的公章。王某清认为原浏阳市卫生局违法吊销浏阳市文家市镇某诊所《医疗机构执业许可证》，遂向法院提起行政诉讼。

一审法院审理认为，浏阳市文家市镇某诊所王某清、王某中申请办理变更登记，原浏阳市卫生局在受理变更登记后作出核准变更登记的决定符合法规、规章规定。浏阳市文家市镇某诊所起诉要求浏阳市卫生和计划生育局归还《医疗机构执业许可证》及要求赔偿经济损失的诉讼请求本院不予支持。原告不服判决，提出上诉。

二审法院审理认为，2014年3月6日，王某中设立了浏阳市文家市镇某村卫生室王某中医疗点。2014年3月28日，王某中将执业地点从浏阳市文家市镇某诊所变更至浏阳市文家市镇某村卫生室王某中医疗点。王某清在王某中的《医师变更执业注册申请审核表》中作出同意变更的意见并加盖了浏阳市文家市镇某诊所的公章。因王某清未按《医师定期考核管理办法》参加定期考核，护士陈某蓉也未将执业地从浏阳市某医院变更至某诊所，故该诊所不再具备诊所合法存续的条件。且王某清曾于2013年12月30日出具报告，请求将文家市镇某诊所的法定代表人王某清变更为王某中，主要负责人由王某中变更为王某清或保留不变，并将《医疗机构执业许可证》交回浏阳市文家市镇卫生管理所。综上，原浏阳市卫生局收回浏阳市文家市镇某诊所《医疗机构执业许可证》并无不当。原审判决认定事实清楚，适用法律正确，审判程序合法。依照《行政诉讼法》第89条第1款第1项的规定，驳回上诉，维持原判。

分析与讨论

本案涉及医院改制的问题，过程比较复杂，但本案争议的核心事实及原告的诉讼主张是卫生行政部门对浏阳市文家市镇某诊所执业许可证的吊销。当地卫生行政部门吊销该许可证的主要原因是该诊所不再具备诊所合法存续的条件，原来申请成立诊所时，有一名医师、一名助理医师、一名护士，但卫生行政部门在作出收回医疗机构执业许可证的决定时，由于王某清未按

《医师定期考核管理办法》参加定期考核，护士陈某蓉也未将执业地从浏阳市某医院变更至某诊所。根据《医师法》第 17 条的规定，未参加医师定期考核，意味着该医师将被暂停执业，甚至撤销注册，收回医师执业书。因此，法院最终支持了卫生行政部门的决定。

第七章

保障措施·医师队伍建设

一、医师的职称管理与技术职务评聘

（一）医师专业技术职称的历史沿革

我国始终重视医师队伍的建设，为了保障医师队伍的规范化管理，医师专业技术职称制度伴随我国职称制度的完善不断发展，经历了技术职务任命、技术职称评定、专业技术职务聘任、资格证书管理等发展阶段。

1990 年，原人事部《企事业单位评聘专业技术职务若干问题暂行规定》发布，标志着职称管理进入评聘结合阶段。2000 年之后，卫生行业的职称逐步建立起政府宏观管理、个人自主申请、社会合理评价、单位自主聘任的管理体制，对调动广大卫生专业技术人员积极性、提高专业技术能力、加强行业队伍的建设发挥了重要作用。但随着卫生健康事业的发展，职称评定过程中的实践导向性不强、“唯论文”、“唯学历” 等问题也凸显出来。2021 年 6 月 30 日，人力资源社会保障部、国家卫生健康委、国家中医药局印发《关于深化卫生专业技术人员职称制度改革的指导意见》（人社部发〔2021〕51 号，以下简称《指导意见》），部署了卫生专业技术人员职称制度改革工作。

（二）医师职称评聘条件条文理解

《医师法》	《执业医师法》
第 6 条　国家建立健全医师医学专业技术职称**设置**、评定和**岗位**聘任**制度，将职业道德、专业实践能力和工作业绩作为重要条件，科学设置有关评定、聘任标准。**	**第 6 条　医师的**医学专业技术职称**和医学专业技术职务的**评定、聘任，**按照国家有关规定办理。**

1. 关键词

专业技术职称评聘

医师专业职称评聘作为一项人才评价的重要制度，在推动医院医师队伍建设、优化队伍结构方面起着重要作用，是医师队伍建设的发力点。医师职称评聘工作能否做到客观、公正，除直接关系被评聘者的切身利益，还会影响他们的工作积极性、创造性及医院正常的医疗秩序和人际关系。[①]

党的十八大以来，以习近平同志为核心的党中央高度重视卫生健康人才队伍的建设。习近平总书记多次肯定、称赞了广大医务人员的优秀业绩和重要贡献，强调要着力发挥广大医务人员积极性，从提升薪酬待遇、发展空间等方面入手，关心爱护医务人员身心健康。李克强总理指出，要开展以能力为导向的考试评价改革，推进突出临床实践的职称评定。《“健康中国 2030”规划纲要》《中共中央办公厅、国务院办公厅关于深化职称制度改革的意见》等文件对深化卫生专业技术人员职称制度的改革也作出了部署。

《指导意见》指出，卫生专业技术人员是我国专业技术人才队伍的重要组成部分，是新时代实施“健康中国”战略的中坚力量。深化卫生专业技术人员职称制度改革，要坚持新时代的卫生与健康工作方针，遵循卫生健康行业的特点和人才成长规律，以促进人才发展为目标，以科学评价为核心，以品德、能力、业绩为导向，为科学、客观、公正评价卫生专业技术

① 王乐园、焦艳丽：《浅析医院职称评聘工作中存在的问题与对策》，载《当代医学（学术版）》2008 年第 13 期，第 36 页。

人员提供制度保障，为实施“健康中国”战略提供人才支撑。

2. 条文含义

医师职称制度直接与国家整体经济、政治情况紧密相连，从发展初期的“行政领导”到“文革”时期的“停滞不前”，再到改革开放后的“评聘结合”“资格管理”，再到现在的“体制机制创新”，医师职称制度与医师人才队伍发展息息相关。①

《指导意见》强调，职称评定要坚持德才兼备、以德为先。把医德医风放在人才评价的首位，充分发挥职称评价的“指挥棒”作用，鼓励卫生专业技术人员钻研医术、弘扬医德、匡正医风。要坚持实践导向、科学评价。科学设置评价标准，突出实践能力业绩导向，破除唯论文、唯学历、唯奖项、唯“帽子”的倾向，鼓励卫生专业技术人员扎根防病治病一线。要坚持以用为本、服务发展。围绕用好用活人才，促进人才评价与使用相结合，满足各类用人单位选才用才的需要，服务人民群众健康，服务“健康中国”战略。

卫生专业技术人员的职称设初级、中级、高级，初级分设士级和师级，高级分设副高级和正高级。卫生专业技术人员的职称划分为医、药、护、技四个专业类别。医疗类各级别职称的名称分别为：医士、医师、主治（主管）医师、副主任医师、主任医师。

在职称评定过程中，应不断完善评价标准，注重医德医风考核，建立完善的临床医生执业能力评价指标。将门诊工作时间、收治病人数量、手术数量等作为申报条件；将诊疗疾病的覆盖范围、开展手术或操作的覆盖范围、单病种诊疗例数、平均住院日、次均费用、并发症发生例数等作为重要指标，科学、准确评价临床医生的执业能力和水平；突出评价业绩水平和实际贡献，针对卫生行业实践性强的特点，重点评价其业务工作的数量和质量。对公共卫生类别的医师单独制定评价标准，重点考核其公共卫生现场处置、技术规范和标准指南制定、健康教育和科普、循证决策、完成基本公共卫生服务等方面的能力。对中医药人员重点考察其掌握、运用

---

① 倪春霞：《我国医师职称制度的结构变迁与历史变迁》，载《医院管理论坛》2019 年第 36 期第 7 版，第 7-10 页。

中医经典理论、运用中医诊疗手段诊疗的能力，中药处方的运用及师带徒等情况。

3. 操作要求

医师医学专业职称评聘是反映医师专业技术水平、综合业务能力和自身素质的重要载体，是各级医疗单位评价人才、激励人才的主要手段，是进行人力资源科学设置、合理使用的基础和重要依据。[①] 医师专业职称评聘的办法直接关系到对医师综合能力素质的正确评价、正确使用及其工作学习积极性的充分调动与发挥，关系到医师队伍的结构优化和科学合理设置。《指导意见》规定，在职称评审过程中，要注意以下问题。

其一，不把论文、科研项目、获奖情况、出国（出境）学习经历、博士学位等作为申报的必要条件。

其二，促进评价与使用相结合。（1）合理确定评聘模式。各地充分考虑现有评聘模式和卫生专业技术人员的实际需求，保持政策的延续性，确定医疗卫生机构评价和聘用的衔接关系。（2）落实单位的用人自主权。用人单位要根据职称评审结果合理使用卫生专业技术人员，实现职称评审结果与岗位聘用、考核、晋升等衔接。健全聘期考核制度，加强聘后管理，在岗位聘用中实现人员能上能下。（3）优化岗位结构比例。根据卫生健康事业的发展、学科建设和各地实际，科学、合理、动态地设置专业技术岗位，合理增加医疗机构特别是基层医疗卫生机构中、高级岗位的比例，拓宽医务人员的职业发展空间。

其三，鼓励人才向艰苦边远地区和基层一线流动。（1）完善基层评价标准，凡在乡镇卫生院、社区卫生服务机构工作的医师、护师，可提前1年参加相应专业的中级卫生专业技术资格考试。本科及以上学历、经全科专业住院医师规范化培训合格并到基层医疗卫生机构工作的，可直接参加全科医学专业中级职称考试，考试通过的直接聘任中级职称。对基层卫生专业技术人员的论文、科研和职称外语不作要求，重点评价其基层医疗服务能力和水平。（2）改进评价方式。各地可单独设立基层职称评审委员会

---

① 冯继、尹福在、刘兰祥等：《临床医学专业职称评聘改革与对策研究》，载《中国医学创新》2012年第9期第3版，第144-145页。

或评审组，对艰苦边远地区和基层一线卫生专业技术人员实行“定向评价、定向使用”，取得的职称限定在艰苦边远地区或基层有效。(3) 落实服务基层制度。执业医师晋升为副高级职称的，应当有累计1年以上在县级以下或者对口支援的医疗卫生机构提供医疗卫生服务的经历。援外、援藏、援疆、援青及在重大突发公共卫生事件处置中表现优秀的卫生专业技术人员，在同等条件下优先评聘。

（三）案例分析

【案例7-01】刘某因职称撤销诉湖南省卫生健康委员会卫生行政管理案①

2019年8月8日，长沙某医院（刘某所在单位）向省卫生系列职改办提交了刘某《2019年度湖南省卫生系列高级职称专业理论考试报名表》。同年8月30日，刘某参加专业理论笔试，成绩合格。同年9月25日，长沙某医院向省卫生系列职改办提交了刘某的职称评审书面申报材料。同年11月23日，刘某参加面试，并于12月21日经湖南省卫生系列高级职称评审委员会综合评审，初步通过。2019年12月23日，省卫生系列职改办在“湖南卫生计生人才网”开通了《2019年度湖南省卫生系列高级职称综合评审初步结果查询》。后原告所属的长沙某医院将长医附一发〔2019〕10号《关于对刘某的处罚决定》提交至省卫生系列职改办，次日，省卫生系列职改办暂时中止了刘某在“湖南卫生计生人才网”的综合评审初步结果查询端口并对其暂缓公示。2020年1月14日，长沙某医院向省卫生系列职改办现场提交了《关于取消刘某同志副主任护师职称评审资格的申请》。后省职改办进行审查处理。原告刘某对被告湖南省卫健委暂时中止其在“湖南卫生计生人才网”的综合评审初步结果查询端口并对其暂缓公示的行为不服，提起行政诉讼。

法院最终认定，被告湖南省卫健委根据国家卫生计生委、国家中医药

---

① 刘某与湖南省卫生健康委员会卫生行政管理（卫生）纠纷案，湖南省长沙市中级人民法院（2020）湘01行终355号行政裁定书。

管理局印发的《加强医疗卫生行风建设“九不准”的通知》[①] 及省委、省政府办公厅《关于深化职称制度改革的实施意见》的相关规定对原告刘某卫生系列高级职称评审初步通过资格暂缓公示的行为并无不当，驳回了原告的诉讼请求。

分析与讨论

本案的争议焦点为以下两点。

第一，本案是否属于行政诉讼的受案范围。《行政诉讼法》第 49 条规定，提起诉讼应当符合下列条件：（1）原告是符合本法第 25 条规定的公民、法人或者其他组织；（2）有明确的被告；（3）有具体的诉讼请求和事实根据；（4）属于人民法院受案范围和受诉人民法院管辖。《最高人民法院关于适用〈中华人民共和国行政诉讼法〉的解释》第 1 条第 2 款第 10 项规定，下列行为不属于人民法院行政诉讼的受案范围：（十）对公民、法人或者其他组织权利义务不产生实际影响的行为。本案中，原告诉请事项为被告省卫健委履行恢复其 2019 年卫生高级人才职称评审资格的职责。因省卫生系列职改办收到医院的处罚决定书后只是暂时中止了刘某在“湖南卫生计生人才网”的综合评审初步结果查询端口并对其暂缓公示，而并非取消刘某的省卫生系列高级职称评审资格或不予备案。被告省卫健委对原告刘某的综合评审初步结果暂时中止查询并暂缓公示的行为对原告刘某的权利义务并未产生实际影响，故不属于行政诉讼的受案范围。

第二，被告省卫健委 2019 年 12 月 24 日对刘某的省卫生系列高级职称评审初步通过结果暂缓公示是否合法。原告所属的长沙某医院作出的《关于对刘某的处罚决定》载明：“刘某在妇产科门诊上班期间，未经医生开具处方，在科室擅自向患者推销自带的外敷产品‘痛经灸’，在未征求患者本人同意的情况下就给患者使用了该产品，并主动添加患者为好友，要求患者转账给她。患者转账给刘某后，感到其权益受损，遂向医院实名制举报刘某……”根据省委、省政府办公厅《关于深化职称制度改革的实施意见》“（十五）建立职称退出机制……对师德、医德等品德有问题的实行‘零容

---

① 2021 年 11 月 12 日，本通知被《国家卫生健康委、国家医保局、国家中医药局关于印发医疗机构工作人员廉洁从业九项准则的通知》废止。

忍’……”之规定，该院于2020年1月14日向省卫生系列职改办提交了《关于取消刘某同志副主任护师职称评审资格的申请》。根据国家卫生计生委、国家中医药管理局印发的《加强医疗卫生行风建设“九不准”的通知》，“医疗卫生人员贯彻执行‘九不准’的情况列入医疗卫生人员年度考核、医德考评和医师定期考核的重要内容，作为职称晋升、评优评先的重要依据”，“不准违规私自采购使用医药产品。严禁医疗卫生人员违反规定私自采购、销售、使用药品、医疗器械、医用卫生材料等医药产品”等规定和要求，长沙某医院作出的处理决定和提交的撤回刘某的职称评审申报的申请并无不当。故被告省卫健委对原告刘某的省卫生系列高级职称评审初步通过资格暂缓公示的行为并无不当。

二、医师待遇的保障与落实

（一）医师待遇保障与落实的概述

医院高质量发展的目标、方向和举措是新阶段公立医院改革发展的根本宗旨，对全面推进“健康中国”建设、更好地满足人民日益增长的美好生活需要具有重要意义。医务人员是人民健康的忠诚守护者，也是“健康中国”建设的主要推动者。新中国成立以来，医师的薪酬待遇一直在发展变革中。总结改革的历史经验，不同阶段的目标都是建立适应当时社会经济环境、体现医务人员劳动价值、符合医务人员工作性质和特点的薪酬结构。梳理各个发展阶段的文件可以从中发现，保障医师待遇并加强政策落地的步伐从未停滞，并且越来越明确、细化、成熟。政策改革的核心也在向要求公立医院在落实岗位绩效工资制度的基础上适当增加绩效分配的自主权，从而提高医务人员的工资水平。

根据具体的管理体制和服务提供模式，制定与人口、经济、体制等社会背景相适应，薪酬要素齐全，收入水平较高，激励效应明显，符合我国国情的医师薪酬制度，有助于增强我国医疗卫生系统对高端人才的吸引力，有助于打造和谐的医患关系，进而推动我国医疗卫生事业更好更快发展。

（二）医师待遇保障与落实条文理解

《医师法》	《执业医师法》
第 44 条　国家建立健全体现医师职业特点和技术劳动价值的人事、薪酬、职称、奖励制度。 对从事传染病防治、放射医学和精神卫生工作以及其他特殊岗位工作的医师，应当按照国家有关规定给予适当的津贴。津贴标准应当定期调整。 在基层和艰苦边远地区工作的医师，按照国家有关规定享受津贴、补贴政策，并在职称评定、职业发展、教育培训和表彰奖励等方面享受优惠待遇。	新增条款

1. 关键词

工资，薪酬，津贴

薪酬是指单位以各种形式的报酬以及其他有形支出来获取职工提供的服务。薪酬包括工资、津贴、奖金、福利费、补贴、社保及一些实物福利。其中工资是主要的薪酬方式，由岗位工资、薪级工资、绩效工资和津贴、补贴组成。岗位工资要求将岗位分为专业技术岗位（13 个等级）、薪级工资和专业技术人员，每个薪级对应一个工资标准，不同岗位起点的薪级不同，体现了医务人员的工作资历和表现。绩效工资由公立医院按照规范的分配程序和要求，采取灵活多样的分配形式和办法进行自主分配。津贴、补贴主要包括艰苦边远地区津贴、卫生防疫津贴、医疗卫生津贴、护龄津贴及特殊岗位津贴、补贴等。[①]

2. 条文含义

在我国，公立医院一直执行事业单位统一工资制度、工资政策和工资标准，这对医护人员的收入起到了一定的保障作用。然而，随着深化医药卫生体制改革和事业单位分类改革的推进，公立医院现行的工资制度不能完全适应改革发展形势要求的矛盾越来越突出。

医疗行业人才具有培养周期长、职业风险高、技术难度大、责任担当

---

① 严晓玲、饶克勤、王班等：《中国公立医院医生薪酬制度改革》，载《中华医院管理杂志》2015 年第 3 期，第 173-176 页。

重等特点，如果医务人员的工资继续完全执行事业单位的标准、忽略医院不同于一般事业单位的特殊性，显然不利于公立医院医务人员队伍的稳定。

2009年12月原卫生部等部门联合发布的《关于加强卫生人才队伍建设的意见》要求，卫生事业单位工作人员实行岗位绩效工资制度。[①] 2011年2月原卫生部发布的《医药卫生中长期人才发展规划（2011－2020年）》提出，要深化收入分配制度改革，建立以服务质量、服务数量和服务对象满意度为核心，以岗位职责和绩效为基础的考核和激励机制。[②] 2016年9月发布的《人力资源社会保障部关于深入学习贯彻全国卫生与健康大会精神的通知》要求，要充分考虑医疗行业在责任担当、人才培养、职业风险等方面的特殊性，允许医疗机构突破现行的事业单位工资调控水平，对医疗卫生机构单独制定符合自身特点的绩效工资总量核定办法；允许将医疗服务收入在扣除成本并按规定提取各项基金后主要用于人员奖励，在核定的绩效工资总量内合理提高公立医院医务人员的奖励水平。2017年发布的《人力资源社会保障部、财政部、国家卫生计生委、国家中医药管理局关于开展公立医院薪酬制度改革试点工作的指导意见》指出，必须探索建立适应我国医疗行业特点的公立医院薪酬制度。[③]

此次《医师法》增加了“保障措施”专章并细化了保障条款，从薪酬待遇、队伍建设、执业环境治理、职业防护、特殊岗位及边远地区工作津贴措施等方面对医师权益保障作出了明文规定，为医师执业保驾护航，充分说明了国家对于医疗卫生事业可持续发展的重视程度。《医师法》第44条为新增条款，首次对医师薪酬和补贴作出了明确定义。早在2021年5月国务院办公厅印发的《关于推动公立医院高质量发展的意见》（国办发〔2021〕18号）中就已经从6个方面部署了推动公立医院高质量发展的重点任务，其中一个方面就是激活公立医院高质量发展的新动力，改革人事管

---

① 龚勋：《卫生部等6部门联合印发〈关于加强卫生人才队伍建设的意见〉》，载《医学与社会》2010年第2期，第11页。

② 《卫生部印发〈医药卫生中长期人才发展规划（2011－2020年）〉》，载《中华护理杂志》2011年第6期，第536页。

③ 刘俊涛：《新医改背景下的公立医院薪酬制度研究》，载《文化创新比较研究》2019年第3（01）期，第131-133页。

理和薪酬分配制度，健全医务人员培养评价制度，深化医疗服务价格和医保支付方式改革。

3. 操作要求

推动公立医院高质量发展，要始终坚持把解决好“人”的问题放在突出位置，保护好、发挥好广大医务人员的积极性、主动性和创造性，进一步调动医务人员的积极性。制定医师薪酬制度可以从三个层面着手。其一，行业层面。卫生行政部门把握总体方向，贯彻“允许医疗卫生机构突破现行事业单位工资调控水平，允许将医疗服务收入在扣除成本并按规定提取各项基金后主要用于人员奖励”的大原则。合理确定、动态调整公立医院的总体薪酬水平，合理确定人员支出占公立医院业务支出的比例。其二，机构层面。各级医疗机构应根据自身实际情况，因地制宜建立主要体现岗位职责和知识价值的薪酬体系，实行以岗定责、以岗定薪、责薪相适、考核兑现。各医疗机构在核定的薪酬总量内可采取多种方式自主分配，可自主设立体现医疗行业特点、劳动特点和岗位价值的薪酬项目，充分发挥各项目的保障和激励作用，更加注重发挥薪酬制度的保障功能。其三，社会层面。在可监控的范围内适当引入社会资本，继续规范、完善、优化医师多点执业的大环境，在体现医生价值、提高收入的同时推动优质医疗资源向基层延伸，在一定范围内缓解“看病难”的现状。在此过程中，要加强医师的执业道德教育，完善第一执业机构的医师多点执业的激励机制，优化医师多点执业责任承担的主体与责任范围，加强对多点执业医师的监管制度建设。①

（三）案例分析

【案例7-02】“三明医改”提升了医师待遇②

三明市作为支援建设的老工业城市，退休人员较多，且医保异地安置人数较多。在医药费用连续大幅增长的情况下，三明市医保基金收不抵支，

① 杜海仙、羊海燕：《医师多点执业制度的实施疑难问题破解》，载《法制博览》2021年第19期，第11-14页。

② 楼烨、郑振佺：《提高公立医院医务人员积极性的探索——以三明医改为例》，载《卫生经济研究》2016年第9期，第26-28页。

群众“看病贵”“看病难”的问题突出，属于典型的“未富先老”。在层层困境下，三明市开辟了一条“三医联动”的全新改革之路，探索出我国公立医院改革的“三明模式”。

一是以院长年薪制为抓手，强化绩效考核，调动院长的积极性。根据医院等级的不同，把院长的目标年薪（目标年薪=基本年薪+年度绩效薪）定为20万元-35万元不等，由财政全额负担。在管理思路上，把转变院长角色与提高院长的管理权威结合起来，从医院服务评价、办医方向等方面设计了6大类40项考核指标（年薪绩效考核与岗位工作量、医德医风和社会评议相挂钩，科室业务收入不列入绩效考核内容），按百分制对院长进行全面考核，考核不合格的只发给基本年薪。且院长绩效考核成绩与医院的工资总额挂钩，不仅调动了院长管理的积极性，更调动了所有医务人员参与医院管理的积极性。

二是以医生年薪制为手段，调动医务人员的积极性。医务人员的薪酬全部来自医务性收入；按岗位级别确定医生的目标年薪，住院医师最高10万元，其他职级按每级5万元递增；医生、护理和行政后勤团队的工资份额分别占工资总额的50%、40%、10%。推行“年薪计算工分制”，由基础工分（30%）、工作量工分（70%）和奖惩工分三部分组成，引导医疗行为向符合公益性导向的方向发展。

分析与讨论

年薪制在三明医改的进程中收效较为明显，一方面保障了医务人员的合理合法收入，另一方面让医生找回了职业尊严，大大调动了医务人员的积极性。在此过程中，三明医改真正抓住了“人”这一核心问题，在完善对院长和医生的激励约束机制上下了大功夫。通过实施年薪制，为公立医院引进“职业经理人”，不仅强化了院长代表政府对医院进行管理的职责，还为提升医院管理专业化、科学化、精细化水平探索了思路和技术方法。

三、加强公共卫生医师人才队伍建设

（一）我国公共卫生医师人才队伍建设的背景

新中国成立后，党和政府提出了“预防为主”的卫生工作方针，把防治严重危害人民生命健康的传染病、地方病和慢性非传染病作为卫生工作的主要任务，以预防医学为工作范畴的公共卫生医师由此诞生。

党的十八大以来，以习近平同志为核心的党中央明确了新时代党的卫生健康工作方针，把“健康中国”上升为国家战略，公共卫生整体实力和疾病防控能力上了一个大台阶，为提高人民健康水平发挥了重要支撑作用。早在 2016 年，《国务院办公厅关于印发国家职业病防治规划（2016-2020 年）的通知》（国办发〔2016〕100 号）就提到了加强公共卫生人才建设，要求“加大培训力度，重点加强对临床和公共卫生复合型人才的培养”。可见，我国对公共卫生医师人才队伍的培养是循序渐进的。

2020 年，新冠肺炎疫情暴发以来，习近平总书记曾多次强调要构建强大的公共卫生体系，改革完善疾病预防控制体系，加强国家级疾病预防控制机构能力建设。习近平总书记指出，疾病预防控制体系是保护人民健康、保障公共卫生安全、维护经济社会稳定的重要保障。习近平总书记明确要求，“要把全国疾控体系建设作为一项根本性建设来抓”；“推进疾控体系现代化”；“要从顶层设计上提高公共卫生体系在国家治理体系中的地位，充实中央、省、市、县四级公共卫生机构，加强专业人才培养和队伍建设，提高履职尽责能力”。由此可见，加强公共卫生人才队伍建设已成为构建强大的公共卫生体系的基础保障和重要支撑。

2021 年 5 月 24 日，《国务院办公厅关于印发深化医药卫生体制改革 2021 年重点工作任务的通知》（国办发〔2021〕20 号）明确要求，“健全公共卫生医师制度，完善人才评价，主要评价岗位职责履行情况”；“强化疾病预防控制中心技术指导、人员培训、督导评价等职能，督促各级医疗机构落实疾病预防控制职责”。加快建立与现代化疾病防控体系相适应的人才培养与使用机制，及早补齐公共卫生人才发展滞后这块短板，已是国家治理体系和治理能力现代化建设面临的紧迫任务。

（二）公共卫生医师人才队伍建设条文理解

《医师法》	《执业医师法》
第45条　国家加强疾病预防控制人才队伍建设，建立适应现代化疾病预防控制体系的医师培养和使用机制。 疾病预防控制机构、二级以上医疗机构以及乡镇卫生院、社区卫生服务中心等基层医疗卫生机构应当配备一定数量的公共卫生医师，从事人群疾病及危害因素监测、风险评估研判、监测预警、流行病学调查、免疫规划管理、职业健康管理等公共卫生工作。医疗机构应当建立健全管理制度，严格执行院内感染防控措施。 国家建立公共卫生与临床医学相结合的人才培养机制，通过多种途径对临床医师进行疾病预防控制、突发公共卫生事件应对等方面业务培训，对公共卫生医师进行临床医学业务培训，完善医防结合和中西医协同防治的体制机制。	新增条款

1. 关键词

疾病预防控制

疾病预防控制包含疾病预防控制的概念和我国的疾病预防控制体系建设两个方面。

其一，疾病预防控制的概念。疾病预防控制是公共卫生的重要组成部分，由卫生防疫发展而来，最早可追溯到“美国疾病预防控制中心（CDC）”，2003年，SARS的暴发使“疾病预防控制”这一概念进入我国公众的视野，2020年年初，新冠病毒袭来使“疾病预防控制”这一概念更加深入人心。

从学理上讲，疾病预防控制是以预防医学、临床医学、社会医学和管理学为指导，以疾病、伤害、健康为对象，研究其群体发生和发展规律，制定、实施、评估干预措施的科学和实践。[①] 疾病预防控制的目的和宗旨是保护和促进公众健康。从实践工作的角度讲，疾病预防控制是一种技术与

① 黄留玉：《疾病预防控制概念的探讨》，载《中国消毒学杂志》2012年第29期，第561-562页。

管理相结合的专业技术研究工作。从事这项事业的主体是专业技术人员，即公共卫生医师。疾病预防控制工作的主要内容包括人群疾病及危害因素监测、风险评估研判、监测预警、流行病学调查、免疫规划管理、职业健康管理等。

其二，我国的疾病预防控制体系建设。我国的疾病预防控制体系建设从中华人民共和国成立至今大致经历了三个阶段。中华人民共和国成立初期，国家参照“苏联模式”在全国范围内建立了各级各类的卫生防疫站，承担传染病管理和卫生监督两大任务；改革开放时期，为适应社会主义市场经济，允许卫生防疫机构提供有偿服务以弥补财政补助的不足，但有偿服务也使卫生防疫机构的社会角色定位发生错位；[①] 健全发展时期，2000年前后，原卫生防疫站的卫生监督职能整体划出，[②] 新增慢性非传染性疾病控制等公共卫生职能，并更名为疾病预防控制中心。[③] 随着医药卫生体制改革的不断深入推进，公共卫生改革也随之进入了实质性阶段，各地开始尝试疾病预防控制体系改革。[④]

2. 条文含义

本条文为《医师法》的新增条文。与《执业医师法》相比，此新增条文旨在加强疾病预防控制体系建设以及公共卫生人才队伍的培养，为应对新发、突发传染病疫情等公共卫生事件建立坚实的人才基础。

面对突如其来的新冠肺炎疫情，在党中央的正确领导下，社会各界上下同心、全力以赴，采取最全面、最严格、最彻底的防控举措，在最短的时间内抑制了病毒的扩散势头。在这场“外防输入，内防反弹”的疫情阻击战中，我国的公共卫生体系、医疗服务体系发挥了重要作用，其中公共卫生医师队伍为守护公民健康付出了巨大的努力。公共卫生医师自中华人民共和国成立初期开始出现，由医学院校的卫生学系负责其学习开展与培

---

① 郝模、陈政、李程跃：《我国疾控体系的蝶变与隐忧》，载《光明日报》2015年4月24日。

② 《关于卫生监督体系建设的若干规定》，http://www.nhc.gov.cn/fzs/s3576/200804/54279bd505f04169b8df2a20647fccf6.shtml，最后访问日期：2021年9月5日。

③ 《关于疾病预防控制体系建设的若干规定》，http://www.nhc.gov.cn/fzs/s3576/200804/bf1f53-68e0c842dd8f38771eef463248，最后访问日期：2021年9月5日。

④ 李刚、冯占春：《疾病预防控制系统改革与公共卫生医师制度改革比较研究》，载《中国公共卫生》2020年第36期，第145-147页。

养，毕业生主要分布在各级各类卫生防疫站。《执业医师法》出台后，我国开始对公共卫生医师实行准入制度，从法律的高度规定公共卫生医师为四大医师类别之一，并通过限制资格考试报名条件、完善医师执业注册管理办法等举措保证公共卫生医师队伍的质量。因此，通过国家医师资格考试取得医师资格，经注册在预防、保健、医疗机构中执业的公共卫生专业人员可以成为公共卫生医师。

根据此条规定，公共卫生医师队伍的职责包括从事人群疾病及危害因素监测、风险评估研判、监测预警、流行病学调查、免疫规划管理、职业健康管理等公共卫生工作。由此可见，公共卫生医师队伍不仅在对新冠肺炎疫情的阻击中起到了重要作用，自新中国成立以来，面对公共卫生事件、传染病防控、健康宣教等疾病预防控制工作，公共卫生医师队伍也都作出了巨大贡献。

此外，该条文第 2 款强调了医疗机构增强公共卫生防疫、院内感染防控措施的重要性，应配备一定数量的公卫医师，规定了“医疗机构应当建立健全管理制度，严格执行院内感染防控措施”。医疗机构是特殊的公众场所，人员多且杂，一旦防控环节松懈，极易发生聚集性疫情，后果不堪设想。在新冠肺炎疫情的防控中，出现了多例因院内感染防控不到位而引发的疫情，为避免院感事件发生，国家多次发文要求各级各地医疗机构持续强化医院感染管理，落实落细医疗机构内感染防控的各项工作措施。因此，本条文强调了医疗机构院内感染防控的重要性，督促医疗机构提高疫情防控意识，杜绝麻痹和松懈思想，排查漏洞，补齐短板，严格院内感染防控管理。

3. 操作要求

在新冠肺炎疫情的防控中，我国公共卫生体系发挥了重要的作用，同时也暴露出公共卫生人才数量和质量双重不足的短板。以疾病防控系统为例，据国家卫健委卫生发展研究中心监测统计，2009-2018 年，疾病防控系统的从业人员减少了 4. 5%，总量仅为 18. 8 万人，不足 SARS 疫情之后 2004 年总量的 90%。近 5 年内，各级各类公共卫生机构普遍存在骨干人才流失的问题，其中包括病毒学、传染病学等关键学科的重要人物。骨干人才流失的后果，就是各级公共卫生机构防控重大风险的能力普遍不足。[①] 此外，公共卫生医师队伍专业结构、职称结构、学历结构均达不到要求，预防医学专业人才培养规模不足，公共卫生复合型人才较少，这些都是目前在提高公共卫生服务能力过程中遇到的问题和短板。如何提升公共卫生医师队伍的能力、如何更好地加强人才培养、完善业务培训，是值得探索和深思的问题。

（1）逐步扩大公共卫生专业学位（MPH）人才的培养规模。目前，我国共有公共卫生专业学位培养点 72 个，2019 年招生近 2000 人。[②] 对专业学位研究生的培养，在课程体系、教学方式、实习实践、学位论文、考核评价等方面更强调应用与实战。在保证人才培养质量的前提下，要继续扩大公共卫生与预防医学专业的招生规模，并提高基层定向生的比例和补贴，以稳定基层队伍。

（2）加强防治复合型公共卫生人才的培养力度。将预防医学科专业纳入住院医师规范化培训专业目录，鼓励临床医学专业本科毕业生参加住院医师规范化培训，探索复合型公共卫生医师培训模式。对从院校毕业而从事公共卫生医师工作的人员，应实施公共卫生医师规范化培训工作；对于取得公共卫生执业医师资格的人员，可以通过岗位培训、专业技能培训、继续教育等方式提高其专业水平和技能；对于有医学背景的本科毕业生，通过参加公共卫生医师规范化培训，强化其公共卫生专业技能，补齐临床基础的短板，从而使其成为一个合格的“防治复合型”的公共卫生医师。

（3）为此规定，疾控机构、二级以上的医疗机构、乡镇卫生院、社区卫生服务中心等基层医疗卫生机构应当配备一定数量的公共卫生医师，从事人群疾病及危害因素监测、风险评估研判、监测预警、流行病学调查、免疫规划管理、职业健康管理等公共卫生工作。

---

① 朱光明、王洪秋：《补齐短板 加快公共卫生人才队伍建设》，载《智慧中国》2020 年第 7 期，第 34-36 页。

② 数据来源于 2020 年 9 月 18 日国家卫健委关于政协十三届全国委员会第三次会议第 2451 号（医疗体育类 357 号）提案答复的函。

四、基层医疗卫生队伍建设

（一）我国基层卫生队伍建设概述

《“健康中国2030”规划纲要》中提出：提供系统连续的预防、治疗、康复、健康促进一体化服务，提升健康服务的公平性、可及性、有效性，实现早诊早治早康复。在此背景下，人们对基层医疗卫生人才队伍建设的关注度不断提高。基层医疗卫生人才队伍建设的发展前景与人才队伍是否保持稳定，会影响到城乡基本公共服务的总体质量和公共卫生服务公平性的提升。近年来，国家对基层医疗环境和卫生机构的投入力度不断加大，基层医疗卫生人才队伍建设取得了一定的成绩，基层卫生健康服务体系进一步健全，能力明显提升。2018年，国家出台了《乡镇卫生院服务能力标准》和《社区卫生服务中心服务能力标准》，使基层医疗队伍建设和服务能力不断提升。但基层医疗卫生队伍和服务能力与城镇相比还有人才数量不足、素质不高、待遇较低、留不住人才、服务水平有待进一步提高等多种问题存在，制约着我国卫生服务的整体发展。①

《医师法》继承了《基本医疗卫生与健康促进法》的规定，要求医疗资源配置向基层倾斜、医护人员下基层、提高基层人才的培养和待遇，加大了对基层医疗卫生队伍的支持力度。

（二）我国基层卫生队伍建设条文理解

《医师法》	《执业医师法》
第46条　国家采取措施，统筹城乡资源，加强基层医疗卫生队伍和服务能力建设，对乡村医疗卫生人员建立县乡村上下贯通的职业发展机制，通过县管乡用、乡聘村用等方式，将乡村医疗卫生人员纳入县域医疗卫生人员管理。	新增条款

① 潘俞彤：《浅谈我国基层卫生人才队伍建设中存在的问题及对策》，载《中国市场》2019年第34期，第131-133页。

续表

《医师法》	《执业医师法》
执业医师晋升为副高级技术职称的，应当有累计一年以上在县级以下或者对口支援的医疗卫生机构提供医疗卫生服务的经历；晋升副高级技术职称后，在县级以下或者对口支援的医疗卫生机构提供医疗卫生服务，累计一年以上的，同等条件下优先晋升正高级技术职称。 国家采取措施，鼓励取得执业医师资格或者执业助理医师资格的人员依法开办村医疗卫生机构，或者在村医疗卫生机构提供医疗卫生服务。	

1. 关键词

统筹城乡资源

统筹城乡协调发展作为建立和谐社会的重要一环，最终目的是缩小城乡差距，实现城乡良性互动发展，促进城乡居民在物质、文化、精神等层面的全面协调和可持续发展①。如何在城乡之间统筹分配医疗卫生资源，以提高城乡居民医疗资源的使用效率，对国家“逐步实现医疗卫生资源的均等化”的全民医保目标，具有很强的现实意义。《医师法》强调统筹城乡医疗卫生资源，加强基层医疗卫生队伍和服务能力建设，以保证医疗卫生资源配置的公平性。

2. 条文含义

党的十九大报告明确提出要加强基层医疗卫生服务体系和全科医生队伍建设。各级政府要主导优化人才布局，充实基层人才力量，不断补齐卫生健康人才短板，解决好人才支撑的问题。《基本医疗卫生与健康促进法》第56条第5款规定，国家加强乡村医疗卫生队伍建设，建立县乡村上下贯通的职业发展机制，完善对乡村医疗卫生人员的服务收入多渠道补助机制和养老政策。本条同样强调应统筹城乡资源，加强基层医疗卫生队伍和服务能力的建设，为乡村医疗卫生人员建立县乡村上下贯通的职业发展机制，而且具体规定要通过县管乡用、乡聘村用等方式，将乡村医疗卫生人员纳

① 韩衍顺：《统筹城乡医疗卫生资源供给均等化问题研究》，西南财经大学2010年硕士学位论文。

入县域医疗卫生人员管理。[①]

本条第 2 款对执业医师晋升作了相应的规定。国务院于 2016 年发布了《"十三五"深化医药卫生体制改革规划》，鼓励大医院医师下基层，《基本医疗卫生与健康促进法》也要求执业医师晋升为副高级技术职称的，应当有累计 1 年以上在县级以下或者对口支援的医疗卫生机构提供医疗卫生服务的经历。对此，《医师法》规定，在从副高级技术职称晋升到正高级职称时，有一年以上基层工作经历者优先。增加本条规定的目的是积极引导优质医疗资源向基层流动，推动更多更高水平的执业医师为基层服务。本条第 3 款规定了国家采取措施，鼓励取得执业医师资格或者执业助理医师资格的人员依法开办村医疗卫生机构，或者在村医疗卫生机构提供医疗卫生服务。

随着中国经济的发展，中国城乡一体化建设如火如荼，但广大农村及小城镇的医疗卫生资源、基础医疗卫生设施建设、基本医疗卫生服务及基层医疗卫生人才短缺问题依然存在，鼓励取得执业医师资格或者执业助理医师资格的人员依法开办村医疗卫生机构，或者在村医疗卫生机构提供医疗卫生服务能够更好地培养优秀的卫生人才长期扎根基层，直接服务百姓，不断提高基层医疗卫生机构的医疗卫生服务水平。

3. 操作要求

卫生健康服务体系应当从人民的基本健康服务需求出发，充分考虑健康需求的实际，坚持以人为本，在大健康观念的引领下，做到以基层为主，促进健康公平可及。强化国家和地方政府对医疗卫生资源的供给和分配均等化，统筹城乡医疗卫生资源，就是对现有的医疗卫生资源进行通盘考虑，一方面调整现有卫生资源的供给结构，提高稀有医疗卫生资源的利用效率；另一方面通过城乡医疗卫生资源的均等化供给促进城乡一体化的发展步伐。

（1）发挥好县管乡用、乡聘村用的管理方式，促进医疗人才下沉。将乡镇卫生院医疗技术人员的编制、人事、薪资三大项事宜收归至县，由县级管理机构代替乡镇卫生院管理，在不增加乡镇卫生院负担的前提下，促

---

① 钟立、罗兴能：《浅谈全科医生转岗培训中基层学员科研能力培养》，载《医学教育研究与实践》2020 年第 28 期第 4 版，第 587-589 页。

进人才下沉，将乡镇卫生院医务人员的选、育、用、留提升到一定高度，以进一步推行分级诊疗，使人才能够在贫困的地方和基层留下来，能够安心工作。

（2）晋升职称前到基层医院提供医疗卫生服务是传统对口支援方式，是解决区域医疗资源配置不均衡、体现公立医院的公益性、提升基层医院服务能力和水平的有效途径。但在对口支援过程中有一些常见问题需要重视和避免，主要表现为部分医院不重视对口支援工作，晋升前的基层医疗卫生服务流于形式，甚至开始时报到、结束时盖章就算完成了对口支援工作，并未达到应有的提升医师基层服务能力的目的；被支援的基层医疗机构不接受支援医师的工作方法和治疗方案的情况也屡有发生。一方面，城市医院的分科越来越细，城市医生到了乡村医院的大内科、大外科，几乎不会看病；另一方面，城市医生过分依赖各种先进的仪器设备，而基层医院却没有，导致“英雄无用武之地”。[①] 因此，如何落实好对口支援工作，让医师对口支援能够真正发挥作用，是需要进一步考虑的问题。

（三）案例分析

【案例 7-03】因未完成下乡任务，晋升受挫引发的诉讼[②]

2005 年 7 月 20 日，原告向某入职被告宜宾市某医院，双方签订了《聘用合同书》，向某的岗位为医师。2014 年 8 月，原告被聘为宜宾市某医院康复科主任，专业技术职务为主治医师。2018 年 12 月 28 日，原告按照主管部门及被告方的指引，申请下派基层服务并征得被告同意，下派时间从 2019 年 1 月 1 日起至 2019 年 12 月 31 日止，为期 1 年。原告提出被告无故克扣了原告从 2019 年 4 月至 10 月的奖金，仅向原告支付了基本工资。在原告的多次催促下，被告仍未向原告正常发放奖金。后原告提出解除劳动关系。被告承认了克扣奖金的事实，并答应补发奖金，同时以曾经与原告签订的《外出进修学习协议书》向原告要求赔偿，双方无法达成一致。原告

① 姚宝莹：《城市医生下基层遭遇尴尬》，载《首都医药》2010 年第 17 期第 3 版，第 25-26 页。

② 向某与宜宾市某人民医院劳动争议案，四川省宜宾市叙州区人民法院（2020）川 1521 民初 3519 号民事判决书；四川省宜宾市中级人民法院（2021）川 15 民终 1004 号民事判决书。

请求法院：（1）判令被告向原告补发2019年4月至10月的奖金33862元及11月奖金；（2）判令被告向原告支付经济补偿金168022.38元（2018年11月至2019年10月的工资收入共计139053元，11587.75元/月，按14.5个月计算）。

被告辩称：原告未按照《四川省卫生健康委员会关于进一步加强医疗卫生服务薄弱地区（单位）和民营医院对口支援“传帮带”工作促进分级诊疗制度健康持续发展的通知》中“中级职称人员须每季度连续驻点不少于1个月，持续2年，累积驻点时间达到1年”的要求履行下派及本职工作，自下派开始，原告就未在被告处提供过任何劳动；原告下派后，从未按被告要求向其汇报过在下派单位的工作情况；原告于2019年11月11日向被告提出辞职申请后，于2019年12月3日向高县卫生健康委员会提出放弃2019年度的下派考核，既未完成其职称晋升，又未给被告提供任何医务劳动；原告在被告未同意其辞职申请前17天就离开了下派单位，在未同意其辞职申请前9个月就已经未在被告处工作，违反了《国务院办公厅转发人事部关于在事业单位试行人员聘用制度意见的通知》第6条第4款第6项之规定。

法院审查后认为，一是原告未完成下派任务，亦未回被告处完成本职工作，被告无须支付原告奖金；二是原告因家庭原因提出辞职，不符合支付其经济补偿金的条件。因此驳回了原告的诉讼请求。

分析与讨论

2015年《人力资源社会保障部、国家卫生计生委关于进一步改革完善基层卫生专业技术人员职称评审工作的指导意见》在关于职称评聘工作的要求中提出：对卫生专业中、初级职称，实行全国统一考试，各省（区、市）人力资源社会保障部门可会同卫生计生部门，根据本地区发展需求，确定本地区的聘用标准。对卫生专业高级职称，各省（区、市）可在卫生高级职称评审委员会中单独设立评审组。本案中，原告医师申请下派锻炼后未能按照《四川省卫生健康委员会关于进一步加强医疗卫生服务薄弱地区（单位）和民营医院对口支援“传帮带”工作促进分级诊疗制度健康持续发展的通知》的要求满足下派时间要求，并主动放弃了下派考核，未满足职称晋升评定的条件，因此法院认定原告未完成下派任务，同时亦未回原单位完成本职工作。

进一步推进卫生职称改革，建立符合卫生行业特点的人才评价机制是我国深化医改的重要内容，目的是加强基层卫生专业技术人员的队伍建设，引导基层卫生专业技术人员加强医德医风建设，牢固树立服务宗旨，全心全意服务基层，服务医改，服务卫生计生事业的发展。各地人力资源及卫生行政部门应严格落实职称评定标准，推动卫生专业技术人才队伍的健康发展。

五、乡村医生队伍建设

（一）我国乡村医生队伍建设进展情况

乡村医生是我国医疗卫生技术队伍的重要组成部分，主要职责是向农村居民提供基本医疗及公共卫生服务。党中央、国务院高度重视乡村医生队伍建设。2003 年 8 月 5 日，国务院颁布的《乡村医生从业管理条例》对乡村医生的培训、学历教育、资格考试等内容进行了规定，可见我国乡村医生队伍的建设开展较早。2010 年 1 月 10 日，原卫生部颁布了《关于加强乡村医生队伍建设的意见》，明确规定“从农村卫生和乡村医生的实际出发，合理制定人才培养规划”。2011 年 7 月 2 日，国务院办公厅印发了《关于进一步加强乡村医生队伍建设的指导意见》（国办发〔2011〕31 号，以下简称《指导意见》）；2015 年 3 月 6 日，国务院办公厅印发了《关于进一步加强乡村医生队伍建设的实施意见》（国办发〔2015〕13 号，以下简称《实施意见》）；2021 年 1 月 4 日，《中共中央、国务院关于全面推进乡村振兴加快农业农村现代化的意见》（以下简称《振兴意见》）发布，这是 2021 年的中央一号文件。《振兴意见》提出，要全面推进健康乡村建设，提升村卫生室标准化建设和健康管理水平，推动乡村医生向执业（助理）医师转变，主要采取派驻、巡诊等方式提高基层卫生服务水平。

根据《指导意见》的要求，全国共有 26 个省（区、市）结合各自实际情况，出台了进一步加强乡村医生队伍建设的实施意见或实施方案。吉林、湖南、广西、贵州、青海5省区还在出台《实施意见》的基础上，进一步出台了配套的实施细则和管理办法。

由此可见，近年来，我国不断优化乡村医生培养培训，持续提高乡村医生收入、养老等保障水平，乡村医生队伍的规模保持稳定，结构进一步优化，能力稳步提升。截至2019年年底，全国共有乡村医生122.7万人，其中43.5万人具有执业（助理）医师资格。①

（二）条文理解

《医师法》	《执业医师法》
第47条　**国家鼓励**在村医疗卫生机构中向村民提供预防、保健和一般医疗服务的乡村医生**通过医学教育取得医学专业学历；鼓励符合条件的乡村医生参加医师资格考试，依法取得医师资格。** **国家采取措施，通过信息化、智能化手段帮助乡村医生提高医学技术能力和水平，进一步完善对乡村医生的服务收入多渠道补助机制和养老等政策。** 乡村医生的**具体**管理办法，由国务院制定。	第45条　在乡村医疗卫生机构中向村民提供预防、保健和一般医疗服务的乡村医生，**符合本法有关规定的，可以依法取得执业医师资格或者执业助理医师资格；不具备本法规定的执业医师资格或者执业助理医师资格的**乡村医生，由国务院另行制定管理办法。

1. 关键词

乡村医生

我国乡村医生兴起于20世纪60年代，当时亦被称为“赤脚医生”，大批只经过短期训练或未经训练的“赤脚医生”迅速出现，很好地解决了当时我国农村缺医少药的问题，为我国农村卫生事业的发展作出了应有的贡献。随着“文革”结束，乡村医生的数量骤降。1985年，由于人员培训、使用和考核缺乏规范、名称与国际不能接轨，卫生部决定停止使用“赤脚医生”这一名称，规定所有村卫生人员一律进行考试，通过考试合格者，

① 数据来源于2020年9月25日国家卫健委对十三届全国人大三次会议第9837号建议（《关于全面提升农村医疗服务能力水平的建议》）的答复。

将被授予乡村医生证书，属中级职称；考试不合格及未参加考试者统称为卫生员，属初级职称，[①] 这使得管理有了规范。岗位培训发挥了作用，但也产生了大批不能通过考试的村卫生员，使乡村医生队伍的规模急剧减小。20 世纪 80 年代中期至 20 世纪末的 15 年间，乡村医生队伍的发展转入平稳时期，大批村卫生员通过反复培训，通过了乡村医生资格考试，取得了乡村医生证书和行医执照。90 年代，乡村医生的发展从数量稳步增长进入规范化管理阶段，各级各地陆续开展了乡村医生培训和考核，使乡村医生的质量有了明显提高。经过数十年的努力，乡村医生的数量和质量都有了进一步提高，为农村基本医疗服务作出了极大的贡献。

乡村医生是我国医疗卫生队伍的重要组成部分，是推动“健康中国”建设、保障农村居民健康的重要支撑力量，[②] 承担着医疗、预防、保健、康复、健康教育和计划生育指导“六位一体”的基本医疗服务和公共卫生服务职责。根据《乡村医生从业管理条例》的相关规定，乡村医生指“尚未取得执业医师资格或者执业助理医师资格，经注册在村医疗卫生机构从事预防、保健和一般医疗服务”的农村卫生工作者。在身份上，乡村医生应取得乡村医生执业证书，应获得执业医师资格或执业助理医师资格，但不属于执业医师的范畴，也不在国家编制和社会保障体系内。因此，乡村医生“半农半医”的性质使其在执业类别、执业范围、待遇保障等方面都具有一定的欠缺。

2. 条文含义

《医师法》第 47 条对乡村医生取得医学专业学历、医师资格进行了倡导性规定，进一步完善了乡村医生的身份、待遇及养老问题。与《执业医师法》相比，本条文的修改旨在加强乡村医生的队伍建设，解决乡村医生的身份、待遇及养老三大难题，深化落实医疗卫生体制的改革，推动乡村卫生服务一体化的实现。

《乡村医生从业管理条例》第 7 条规定，国家鼓励乡村医生通过医学教

---

① 陈政、王颖、崔欣等：《我国乡村医生队伍的产生发展和现状》，载《中国初级卫生保健》2009 年第 23 期，第 1-3 页。

② 刘炫麟、韩君滢、戚淼杰：《乡村医生培训的现状、问题与对策研究》，载《卫生软科学》2015 年第 29 期，第 197-200 页。

育取得医学专业学历；鼓励符合条件的乡村医生申请参加国家医师资格考试。本次《医师法》第47条延续了此条规定，并将其提升到了法律层面，可见国家对乡村医生培养的重视程度越来越高。

目前，乡村医生执业的主要法律依据是《乡村医生从业管理条例》。《乡村医生从业管理条例》明确规定：未经注册取得乡村医生执业证书的，不得执业，否则将面临法律处罚，而且必须在注册的执业地点内执业。乡村医生跨执业类别、执业范围进行执业的，属于行政违法行为，如果情节严重，还可能涉嫌非法行医罪。[①] 而受农村环境、“熟人社会”的文化氛围及乡村医生教育水平的影响，大部分乡村医生都可能跨执业类别、执业范围执业，由此产生的法律风险较大。因此，国家鼓励乡村医生取得医学专业学历，鼓励其取得医师资格，以减少可能带来的执业风险。

此外，乡村医生的主要收入来源包括基本公共卫生服务补助、基本药物补助和一般诊疗费。有关数据显示，上述收入来源均在逐年提高。

3. 操作要求

党的十九大报告将“健康中国”上升为国家战略，为我国乡村医生队伍的建设和发展带来了重大机遇。目前，我国乡村医生队伍建设的成效显著，但仍存在数量不足、学历偏低、服务水平不高、职业认同感低下、继续教育有待加强、不能完全满足农村居民日益增长的卫生服务需求等问题。《医师法》第47条第2款明确规定，国家要采取多种措施帮助乡村医生提高医学技术水平和能力，完善补助机制和养老政策。

（1）合理定位，提高乡村医生的职业认同感。在深化人事制度改革的过程中，应明确乡村医生的身份和社会服务性质，破除体制机制障碍，提高他们的社会地位，让乡村医生感觉到自身的价值所在，专心致志地服务亿万农村居民。

（2）创新各类培训模式，提高其执业能力。可以采取线上与线下相结合的方式。还可采取临床进修、集中培训等多种方式培训，每年选派乡村医生到省、市县级医院有针对性地进行培训和医疗救助，也可通过实地考察对乡村医生提出意见，提升他们的临床实践能力。

---

① 温登平：《论非法行医罪的主体资格》，载《山东警察学院学报》2014年第5期。

(3) 提高乡村信息化水平，促进日常工作开展。当下运用互联网信息技术开展工作已是常态。可以通过新媒体建立乡村医生信息化管理平台，以农村居民的基本诊疗、健康档案等为核心，便于乡村医生工作的开展。同时可以利用网络信息技术，创建一个乡村医生的新媒体平台，以便乡村医生之间互相交流、共享资源、在线学习等，从而更高效地服务乡村居民①。

(三) 案例分析

【案例 7-04】未取得乡村医生执业证书上岗，被认定为非法行医罪②

2014 年 2 月至 5 月，被告人黄某某在未取得乡村医生执业证书、《超声医学上岗资格证书》等相关医生从业资格证的情况下，利用私自购买的 B 超机，采取“上门服务”或在家“接诊”的方式多次为宿松县、太湖县等地的 8 名孕妇进行非医学需要胎儿性别鉴定，非法获利共计 5700 余元，公诉机关对其提起公诉。

法院认为，被告人黄某某在未取得乡村医生执业证书、超声医学上岗资格证书的情况下非法行医，情节严重，其行为已触犯了《刑法》第 336 条第 1 款的规定，犯罪事实清楚，证据确实充分，依法应以非法行医罪追究其刑事责任。判决如下：被告人黄某某犯非法行医罪，判处有期徒刑一年零四个月，并处罚金 10000 元；继续追缴被告人黄某某的非法所得 5700 元，没收后上缴国库；对被告人黄某某非法进行胎儿性别鉴定的 B 超机一台、药品若干予以没收。

六、医师的表彰与奖励

(一) 医师表彰与奖励的概述

党的十八大以来，在以习近平同志为核心的党中央的坚强领导下，我

---

① 余思婷、陈冰：《健康中国视域下乡村医生队伍建设现状和发展思考》，载《农村实用技术》2021 年第 1 期，第 37-38 页。

② 黄某某非法行医案，安徽省安庆市中级人民法院（2014）宜刑终字第 00219 号刑事判决书。

国的卫生健康事业不断取得新进步，持续深化改革医药卫生体制，加快完善公共卫生服务体系，医疗服务能力不断提升，人民群众健康教育得到大力推广。各级医疗机构通过“定点帮扶”“互联网+远程诊疗”等手段，不断降低就诊成本，满足了许多落后地区的高质量就诊需求，大大增强了人民群众的就医满意度和获得感。在这辉煌成绩的背后，凝聚着无数医务工作者的心血和汗水。

截至2020年年底，全国共有医师408.6万人，卫生人员总数达1347.5万人。[①] 在新冠肺炎疫情中，广大医务工作者同时间赛跑、与病魔较量，义无反顾地奔赴前线，不怕困难、不惧牺牲，将无数生命从死亡线拉了回来，谱写了一曲曲可歌可泣的英雄赞歌，创造了人类与疾病斗争史上的奇迹。“彰显了敬佑生命、救死扶伤、甘于奉献、大爱无疆的崇高精神，赢得了党和人民的高度评价。”

《关于坚持以人民健康为中心推动医疗服务高质量发展的意见》指出，医务人员是医疗卫生服务和“健康中国”建设的主力军，是社会生产力的重要组成部分，要通过多种形式的表彰和奖励充分调动、发挥医务人员的积极性、主动性，这对提高医疗服务质量和效率，保障医疗安全，建立优质高效的医疗卫生服务体系，维护社会和谐稳定具有十分重要的意义。

（二）医师表彰与奖励条文理解

《医师法》	《执业医师法》
第5条　每年8月19日为中国医师节。 对在医疗卫生服务工作中**做出突出**贡献的医师，**按照国家有关规定**给予**表彰、**奖励。 **全社会应当尊重医师。各级人民政府应当关心爱护医师，弘扬先进事迹，加强业务培训，支持开拓创新，帮助解决困难，推动在全社会广泛形成尊医重卫的良好氛围。**	**第5条　国家**对在医疗、**预防、保健**工作中**作出**贡献的医师，给予奖励。

① 中华人民共和国国家卫生健康委员会：《2020年我国卫生健康事业发展统计公报》，载中华人民共和国国家卫生健康委员会官网，http://www.nhc.gov.cn/guihuaxxs/s10743/202107/af8a9c98453c4d-9593e07895ae0493c8.shtml，最后访问日期：2022年4月10日。

续表

《医师法》	《执业医师法》
第 48 条　医师有下列情形之一的，按照国家有关规定给予表彰、奖励： （一）在执业活动中，医德高尚，事迹突出； （二）在医学研究、教育中开拓创新，对医学专业技术有重大突破，做出显著贡献； （三）遇有突发事件时，在预防预警、救死扶伤等工作中表现突出； （四）长期在艰苦边远地区的县级以下医疗卫生机构努力工作； （五）在疾病预防控制、健康促进工作中出突出贡献； （六）法律、法规规定的其他情形。	第 33 条　医师有下列情形之一的，县级以上人民政府卫生行政部门应当给予表彰或者奖励： （一）在执业活动中，医德高尚，事迹突出的； （二）对医学专业技术有重大突破，作出显著贡献的； （三）遇有自然灾害、传染病流行、突发重大伤亡事故及其他严重威胁人民生命健康的紧急情况时，救死扶伤、抢救诊疗表现突出的； （四）长期在边远贫困地区、少数民族地区条件艰苦的基层单位努力工作的； （五）国务院卫生行政部门规定应当予以表彰或者奖励的其他情形的。

1. 关键词

表彰、奖励

表彰主要指精神层面的褒奖和表扬，奖励可以分为三个方面，分别是物质层面的激励手段，主要包括奖品、奖金等；精神层面的奖励，包括通报表扬、通令嘉奖、记功、授予荣誉称号、晋级、晋职等；优惠类的奖励，包括给予升职机会、子女入学享受优惠政策等。①

2. 条文含义

法本身具有创造功能，法不仅固定已经形成的社会关系，而且影响社会生活过程的发展趋势。②

《医师法》首次将每年的 8 月 19 日明确为中国医师节，确立了中国医师节的法律地位，这有利于增强医生的职业荣誉感和认同感，对于加强医师职业规范、加强行业自律，更好地改善医患关系可以起到较大的推动作用。

---

① 叶必丰：《行政法学》，武汉大学出版社 1996 年版，第 185 页。

② 孙国华主编：《中华法学大辞典·法理学卷》，中国检察出版社 1997 年版，第 56 页。

对比《执业医师法》,《医师法》的内容修改部分着重强调在遇有突发事件时，在预防预警、救死扶伤等工作中表现突出，在疾病预防控制、健康促进工作中作出突出贡献的医务工作者应当受到表彰和奖励。这充分肯定了此次新冠肺炎疫情以及历次重大疾病预防控制中的发现者、“吹哨人”的贡献，肯定了全体医务人员在抗疫一线作出的突出贡献，呼应了《“健康中国 2030”规划纲要》在疾病预防和健康促进方面的设计。

为了更好地贯彻党中央、国务院“加强基层医师队伍建设”的精神，鼓励广大医师到艰苦边远地区的县级以下医疗卫生机构从事医疗、预防、保健和教学工作，并做出成绩，本法把对于此类医师的奖励作为一项基本制度加以规定。通过表彰先进，宣传典型，进一步激励广大医务工作者慎终如始，再接再厉。

3. 操作要求

一个切实可行并有效的法律制度必须以民众的广泛接受为基础。[①] 所以在制定奖励和表彰条文时要充分考虑到社会的接受程度，并保证始终在法治的轨道上运行。

为健全完善我国医疗卫生系统的激励机制和荣誉制度体系，更好地发挥奖励和表彰的导向作用、提供更加有力的法制化保障，应制定并完善医疗卫生系统奖励和表彰管理规定，对奖励和表彰两种褒扬形式进行分层系统规范与明文规定。其一，行业层面。应由卫生行政部门制定总方针，多措并举宣传先进典型个人、树立大医精诚的形象、鼓励学科创新发展、加强基层卫生与公共卫生人才队伍的建设。其二，机构层面。各级医疗机构应根据自身实际情况，因地制宜制定奖励和表彰办法，挖掘并宣传本院典型案例、通过专项基金等方式鼓励科研活动开展，表彰先进，鞭策后进，充分调动和激发医师的积极性和创造性。以点带面，通过奖励和表彰一部分先进分子来带动医师队伍在医疗医术、人文关怀等方面的全方位提升。其三，社会层面。要加强对各宣传途径的意识形态把握，加强社会公关，积极进行正面宣传，塑造医务人员的良好形象，推动全社会广泛形

---

① ［美］博登海默:《法理学：法律哲学与法律方法》，邓正来译，中国政法大学出版社 1998 年版，第 358 页。

成尊医重卫的良好氛围。有研究结果显示，社会支持能够直接影响职业倦怠水平，医务人员获得的社会支持越高，其职业倦怠水平越低。① 要通过社会对医务工作者的正向认识，进一步提升医务人员的职业认同度，缓解其职业倦怠。

在符合相关规定的框架内，探索引入社会资本对医务人员进行物质奖励的可行性机制，但要提前设置监管制度，贯彻公开公正原则，防止可能因社会资本介入而产生的针对性利益输送。

（三）案例分析

【案例 7-05】“时代楷模”李桓英②

李桓英是世界著名的麻风病防治专家、北京热带医学研究所研究员。20 世纪 50 年代初，她曾在世界卫生组织工作 7 年。为了新中国的卫生健康事业，她舍弃国外的优厚条件，回国投身于麻风病的防治工作，长期面对面接触麻风病人，严谨、细致地开展临床试验，科学、稳妥地进行治疗研究。她推广的“短程联合化疗”方法救治了无数的麻风病患者，她提出的垂直防治与基层防治网相结合的模式被称为麻风病“全球最佳的治疗行动”，为我国乃至世界麻风病的防治工作作出了巨大贡献。她曾荣获国家科技进步奖一等奖、首届中国麻风病防治终身成就奖。为宣传和褒扬她的先进事迹和崇高精神，中共中央宣传部决定授予李桓英同志“时代楷模”称号。

分析与讨论

习近平总书记多次强调，要把人民群众的生命安全和身体健康放在第一位。多年来，李桓英医生一直奔波在贫困边远地区，云贵川 3 省 7 个地州 59 个县，每一个有麻风病人的地方都有她的足迹。凭借高尚的医德、高超的医术及深扎基层、不畏艰辛的顽强意志，李桓英医生推广的短程联合化疗方法取得了巨大的成效，将麻风病人的服药时间缩短至两年，使我国麻

---

① 张曼华、刘婷、朱洁：《医务人员职业幸福感影响因素及提升策略研究》，载《中国医院》2016 年第 6 期，第 24-27 页。

② 《中共中央宣传部关于授予李桓英同志“时代楷模”称号的决定》，载新华网，http：//www.qstheory.cn/qshyjx/2021-08/20/c_ 1127779125.htm，最后访问日期：2021 年 8 月 30 日。

风病人的数量从 11 万人下降到不足万人，且年复发率仅为 0.03%，大大低于世卫组织规定的年复发率小于 1%的标准，为保障人民群众的生命健康作出了不朽贡献，她的获奖是党和国家对在疾病预防控制中作出贡献的医务人员的充分肯定，为广大医务人员树立了榜样。

第八章

保障措施·营造良好的医师执业环境

医疗质量的提升、医疗安全的保障，最终需要医务人员为之努力和付出。医师只有处于一个良好的、安全的、自身合法权益得以保障的医疗执业环境下，才能全身心投入医疗工作中，为患者的基本诊治、健康安全作出努力。因此，我们在强调依法执业、规范执业的同时，还要强调医务人员合法权益的保障，做到健康执业、放心执业。本章将针对《医师法》第五章的第49条到第53条规定进行讨论。

一、良好医疗执业环境的保障

（一）良好医疗执业环境的保障概述

近年来，暴力伤医事件时有发生，不仅侵害了医务人员的人身安全，也导致医患关系渐趋紧张，甚至有人将医生视为高危职业。如何维护正常的医疗秩序、保护医务人员的执业安全成为社会各界关注的问题。此前，“医疗卫生机构执业场所是提供医疗卫生服务的公共场所，任何组织或者个人不得扰乱其秩序”“禁止任何组织或者个人威胁、危害医疗卫生人员人身安全，侵犯医疗卫生人员人格尊严”已被写入《基本医疗卫生与健康促进法》。《民法典》也作出了保障医疗机构和医务人员合法权益的规定，“干扰医疗秩序，妨碍医务人员工作、生活，侵害医务人员合法权益的，应当依法承担法律责任”。在此基础上，《医师法》新增了“保障措施”一章，意味着保障医师执业安全的力度较之前有所加大。本法规定地方政府及其有关部门应当将医疗纠纷和处理工作纳入社会治安综合治理体系，有效防范并依法打击涉医违法犯罪行为，保护医患双方的合法权益。这一规定和《基本医疗卫生与健康促进法》中的规定相呼应，并强化了《刑法修正案（九）》将“医闹”入刑的法律规定，对防止暴力伤医，维护医护人员执业安全将起到十分重要的作用。

（二）条文理解

《医师法》	《执业医师法》
第49条　县级以上人民政府及其有关部门应当将医疗纠纷预防和处理工作纳入社会治安综合治理体系，加强医疗卫生机构及周边治安综合治理，维护医疗卫生机构良好的执业环境，有效防范和依法打击涉医违法犯罪行为，保护医患双方合法权益。 医疗卫生机构应当完善安全保卫措施，维护良好的医疗秩序，及时主动化解医疗纠纷，保障医师执业安全。 禁止任何组织或者个人阻碍医师依法执业，干扰医师正常工作、生活；禁止通过侮辱、诽谤、威胁、殴打等方式，侵犯医师的人格尊严、人身安全。	新增条款
第60条　违反本法规定，阻碍医师依法执业，干扰医师正常工作、生活，或者通过侮辱、诽谤、威胁、殴打等方式，侵犯医师人格尊严、人身安全，构成违反治安管理行为的，依法给予治安管理处罚。	第40条　阻碍医师依法执业，侮辱、诽谤、威胁、殴打医师或者侵犯医师人身自由、干扰医师正常工作、生活的，依照治安管理处罚法的规定处罚；构成犯罪的，依法追究刑事责任。

1. 关键词

医疗安全

医疗安全是指医院在实施医疗保健的过程中，患者不发生法律和法规允许范围以外的心理、机体结构或功能损害、障碍、缺陷或死亡，核心是医疗质量。医疗安全与医疗质量永远是医疗活动的主体，医疗质量和医疗安全的实现，最终着落在医务人员身上。医务人员是医疗质量、医疗安全的实践者、保障者。

医疗执业环境

医疗安全不仅包括患者的安全，也包括医生的安全，而医生安全的范畴则包括医生的执业安全和职业安全，如何依法保障医生的执业安全，营造良好的执业环境，如何引导患者依法维权、保障医师的合法权益，之前的法律法规对此鲜少提及。

在医患矛盾中，人们往往会将患者在医学知识上的弱势与其在法律上的弱势混为一谈，错误地将医生定性为强势群体，并忽视了医生一方的合法权益。事实上，依法维护和保障医生的合法权益，在医生和患者的权益之间取得真正的平衡，其本质仍是在保障患者成为最终和最大的受益者，这是和谐医患关系内在的必然要求，也是医学的最大正确价值取向。

2. 条文含义

《医师法》第49条规定了政府、医疗机构、公民个人及社会不同层面对于保障医师执业安全、维护良好医疗秩序的职责和责任，明确地方政府及其有关部门预防和处理医疗纠纷的职责，强调依法维权、依法解决医疗纠纷的重要性，从法律制度层面为医师铸好了执业盾牌，从而进一步改善了医师的执业环境。保障医生应有的安全感和职业尊严，才能最终确保患者的医疗安全，促进医患关系和谐，实现国家卫生事业的长足发展。

《医师法》第60条对扰乱医疗场所秩序，侵害医师合法权益，侵犯医师人格尊严、人身安全的行为作出了惩罚性规定。较《执业医师法》第40条的规定更为具体。《医师法》属于行政法范畴，对于扰乱医疗秩序、侵害医务人员合法权益的行为，首先，通过行政管理程序进行处置、问责。行政处置及行政处罚由公安机关执行，公安机关接到医疗警情后，第一时间到达事件场所，可以及时有效制止不法行为，对侵害医务人员合法权益的相对人给予治安处罚，避免事态扩大。其次，公安机关到达事发现场，可以及时收集证据，或者协助医疗机构固定相关证据，为医疗纠纷后续处理奠定基础。再次，公安机关到达现场，还可以及时处理一些突发情况，消除纠纷隐患。比如，患者尸体移出病房，患者尸体移送太平间、殡仪馆等。最后，公安机关也可以与卫生行政部门一道，协助医患双方调处医疗纠纷。

3. 操作要求

（1）全国各地应因地制宜，协同治理，依法维护医患双方的合法权益。

此前，多个省市已经在有序地颁布切实可行的对医疗机构及医务人员的权益保障办法，如《天津市医院安全秩序管理条例》《北京市医院安全秩序管理规定》《上海市医疗卫生人员权益保障办法》。这些地方性立法维护了医院安全和医务人员合法权益，强调医疗卫生人员的人身安全和人格尊严不可侵犯，全面保护医疗卫生人员的合法权益，强调卫健部门、公安机关、医疗机构等各司其职，强调单位主责、协调联动、依法处置，有许多内容值得其他省市推广与借鉴。2021 年 9 月 22 日，国家卫生健康委等 8 部门联合印发《关于推进医院安全秩序管理工作的指导意见》（国卫医发〔2021〕28 号），提出了保障医院安全秩序的具体要求，其中吸收了一些地方的好的经验和做法，提出了“加强医院物防设施建设”“加强医院技防系统建设”“推进医院智慧安防”等要求。同时也有一些具体的指标要求，如医院保安员的数量应当遵循“就高不就低”的原则，按照不低于在岗医务人员总数的 3%，或者 20 张病床 1 名保安，或者日均门诊量 3‰的标准配备，有条件的医院可以在此基础上增加保安员的数量；建立、完善高风险就诊人员的信息共享、预警机制，对高危就诊人员实行“陪诊”制等。

北京市作为国家首都，在医院安全秩序管理的地方立法方面也起到了引领作用。北京市第十五届人民代表大会常务委员会第二十二次会议通过了《北京市医院安全秩序管理规定》，并于 2020 年 7 月 1 日起实施。该规定以维护医院安全秩序、惩治涉医违法犯罪行为、保护医务人员安全和社会公众利益为立法目的，按照医警联动、预防为主、综合治理、共同维护的工作原则设计制度、制定措施、设定条款，聚焦医疗安全秩序管理的主要矛盾和症结。

《北京市医院安全秩序管理规定》亮点如下：其一，强调预防。规定要求对醉酒、精神或行为异常并有暴力倾向等的就诊人员，医院可以安排治安保卫人员协助医务人员实施约束、隔离等保护性医疗措施。对有涉医违法犯罪前科和多次来医院无理缠闹，或者扬言实施暴力等的高风险就诊人员，医院发现后应当通知公安机关，由公安机关先对其进行法治宣教，告知不得有违法行为；在其承诺遵守医院管理规定后，由医院治安保卫人员陪诊监督，直至离开医院。其二，医院应建立安检制度。明确规定进入医院的人员有接受安检的义务，严禁携带枪支、弹药、匕首等管制器具和易燃易爆、有毒有害等危险物品及菜刀、斧头、棍棒等公安机关规定的其他禁带物品进入医院。不接受安全检查的，医院有权拒绝其进入。其三，医务人员的避险保护措施。该规定指出，医务人员在人身安全受到暴力威胁时，可以采取避险保护措施，回避对就诊人员的诊疗；在不危及就诊人员生命安全的情况下，医院可以暂停诊疗；影响医务人员人身安全情形消失后，应当及时恢复诊疗。其四，建立高危就医人员信息共享的联防联控机制。共享共用医疗纠纷信息、高风险就诊人员信息、涉医 110 警情和涉医案件违法犯罪行为人数据等信息。同时要求卫生健康部门、公安机关与医院定期会商通报信息，分析医院治安形势，开展矛盾纠纷排查调处，并进行风险评估预警。医院应当建立医疗纠纷风险评估制度，定期对医疗纠纷进行摸排分析，预防、减少并妥善化解医疗纠纷。

《上海市医疗卫生人员权益保障办法》亮点如下：其一，逐步提高医疗卫生人员的薪酬待遇，医疗卫生机构及其上级主管部门应会同有关部门，落实国家和本市关于医疗卫生事业单位工作人员收入分配各项政策规定，建立正常的调整机制，逐步提高医疗卫生人员的薪酬待遇。对参加突发公共卫生事件应急处理的医疗卫生人员，根据国家和本市规定及时落实相应的补助补贴等政策。其二，对长时间超负荷工作的人员安排强制休息，医疗卫生机构应当依法保障医疗卫生人员的休息休假时间。对于参加突发公共卫生事件应急处理或者执行紧急任务的医疗卫生人员，医疗卫生机构应当合理安排轮休、调休、补休，对长时间超负荷工作的人员安排强制休息。其三，保障医疗卫生人员的心理健康，医疗卫生机构应当重视医疗卫生人员的心理健康，建立心理疏导制度，定期进行心理健康宣传，为医疗卫生人员提供心理评估等服务。其四，要预防伤医行为的发生，建立行政机关、司法机关、医疗卫生机构，以及市场主体共同参与的跨部门、跨领域、跨区域的涉医失信联合惩戒机制。其五，对医闹人员实施失信惩戒。建立惩戒信息定期通报机制，相关部门定期将联合惩戒措施的实施情况反馈至市公共信用信息服务平台，市卫生健康主管部门应当定期汇总、分析并向各相关部门通报。根据医闹者违法行为的危害程度，区分一般失信处罚和严重失信惩罚。

（2）强化医务人员的法律意识，帮助医务人员正确认知自身职业及其相应的权利和义务，真正实现医生的执业安全。

要真正实现执业安全，还须医务人员进一步强化法律意识。法律意识在中国的医生执业培训中属于薄弱环节。加强依法行医的认识应当成为医生职业教育中的组成部分。中国医师协会对医生执业状况的调查表明，医生对提高自身法律知识的认知程度很高，但是整个医疗界对与医生密切相关的《医师法》和《民法典》的重视程度和认知水平还远远不够。外因是条件，内因才是事物发展变化的根本原因，只有医务人员进一步强化法律意识，正确认识自身的职业及其相应的权利和义务，才能真正实现医生的执业安全。

（三）案例分析

【案例 8-01】北京某医院眼科医生陶某被害案[①]

引起医疗界高度关注的崔某涉嫌故意杀人罪案，由北京市人民检察院第三分院于 2020 年 11 月 24 日向北京市第三中级人民法院提起公诉，2020 年 12 月 30 日，北京市第三中级人民法院依法公开审理该案。法院经审理查明，被告人崔某因其眼睛治疗效果未达预期，对北京市某医院陶某等诊治医生心生怨恨，伺机报复。2020 年 1 月 20 日 13 时 50 分，崔某持事先准备好的菜刀进入该医院门诊楼七层，趁正在为患者检查的医生陶某不备，砍击陶某的后脑部、颈项部，后继续追砍陶某至其他楼层，过程中又将陶某的手臂砍伤，并先后将阻拦其行凶的其他三人砍伤。根据陶某的伤情恢复情况，司法鉴定机构于 2020 年 11 月 4 日出具了鉴定意见，陶某的身体损伤程度为重伤二级。另经鉴定，其他三名被害人的身体损伤程度为一人轻伤二级，二人轻微伤。

一审法院认为，崔某预谋作案，持刀故意砍击他人要害部位，构成故

① 赵岩：《北京某医院伤医案一审宣判，崔某被以故意杀人罪（未遂）判处死缓》，载《人民法院报》2021 年 2 月 4 日，第 3 版。

意杀人罪，其在人员众多的医疗公共场所公然持刀追砍行凶，手段残忍、后果特别严重、社会影响极其恶劣、人身危险性极大，故判处被告人崔某死刑，缓期二年执行，剥夺政治权利终身。

分析与讨论

2012年4月30日，卫生部、公安部联合发布了《关于维护医疗机构秩序的通告》，明确警方可以依据《治安管理处罚法》，对参与“医闹”的相关主体予以处罚，严重者可以被追究刑事责任。《刑法修正案（九）》明确将“医闹”入刑，聚众扰乱医疗场所秩序的行为已经“犯罪化”。“医闹入刑”的立法实践表明了国家依靠法律打击“医闹”、保护医院和医卫人员正当权益的决心。不断加大对“医闹”事件的惩戒力度必然震慑到“医闹”的相关参与者，有助于维护正常的医疗秩序。

二、医师执业防护及工伤保险待遇的落实

（一）医师执业防护及工伤保险待遇概述

当前，我国各个医院的接诊量逐年上升，医院中的患者日渐增多，接触各类传染疾病患者的医务人员的职业暴露风险有所增加，医务人员在执业中具有潜在危险。而且，医务人员从事的医疗职业本身就具有极大的风险，如抗癌药物的挥发会对医务人员造成伤害，消毒时用的环氧乙烷是有毒有害气体，外科医生乙肝发病率较高和在手术中易扎破手有很大关系，骨科、放射科医生易受放射线损伤等，医生面临各种执业风险。因此，完善医师执业防护及对医务人员开展职业暴露防护及预防培训教育十分必要，这能降低医务人员职业暴露风险。①

医师在实际工作中往往扮演着帮助工伤患者诊治的角色，但如何有效落实医师的工伤保险待遇，在现实中也至关重要。首先要从法律的层面给予保障。医疗待遇，专指职工工伤的治疗费用，不包括其他费用，而工伤

① 陈孝利：《医务人员开展职业暴露防护及预防的措施分析》，载《中国社区医师》2018年第20期。

保险待遇则涵盖了《工伤保险条例》规定的各种待遇，也包括医疗待遇，如医疗费，住院伙食补助费，停工留薪期间的工资，护理费，异地治疗的食宿费、交通费，安装假肢、假牙、假眼等辅助工具的费用，达到伤残等级的一次性伤残补助费，生活不能自理的护理费，伤残津贴，死亡丧葬费，一次性死亡补助费，供养亲属的抚恤金，等等。我国的工伤保险制度形成于新中国成立初期，1951 年 2 月 26 日，政务院公布了《劳动保险条例》，该条例第 1 条开宗明义地规定："为了保护雇佣劳动者的健康，减轻其生活中的特殊困难，特依据目前经济条件，制定本条例。"工伤保险是迄今为止我国社会保险制度中最先步入法制化路径的社会保险项目，是法律规范最多、爆发纠纷（争议）最多的社会保险项目。我国的工伤保险法律制度运行多年，在为社会保障法蹚路前行、积攒经验的同时，也因大量的法律实践累积暴露了不少问题，有的是实体法领域的问题，有的是程序法上的问题；有的是宏观体制问题，有的是微观具体问题。[①] 随着本法的出台，医师的执业防护和工伤保险待遇也将逐步得到保障和落实。

（二）医师执业防护及工伤保险待遇条文理解

《医师法》	《执业医师法》
第 50 条　医疗卫生机构应当为医师提供职业安全和卫生防护用品，并采取有效的卫生防护和医疗保健措施。 **医师受到事故伤害或者在职业活动中因接触有毒、有害因素而引起疾病、死亡的，依照有关法律、行政法规的规定享受工伤保险待遇。**	新增条款

1. 关键词

医疗职业安全

医务人员是维护人民生命健康的卫士。因此，要保障医师的执业安全、提供充足有效的卫生防护措施和用品，从法律层面规定医疗卫生机构的义务，更加有效地保障医务人员的合法权益。同时要加强医师执业安全教育，特别是加强各种防护培训，及时更新观念，克服并改正不良习惯，提高医

① 郑尚元：《论工伤保险法制之完善》，载《法治研究》2018 年第 5 期。

务人员的防护意识和能力，完善医院感染和预防措施的监督体制，建立职业安全保障制度，确保防护措施的有效落实，以此提高医务人员的自身防护水平，减少执业损害的发生。

医疗职业卫生防护

职业卫生防护是指医师在开展医疗活动过程中面临各种传染性疾病、有毒有害化学物质等造成医师职业伤害的风险，医疗机构及有关部门应当为医师执业提供针对这些医疗职业病危害风险的防护设施、个人使用的职业病防护用品，以及职业病防治管理措施等。医师职业危害防护设施是以预防、消除或者降低工作场所的职业病危害、减少职业病危害因素对医务人员健康的损害、保护劳动者健康为目的的设施、装置或用品。

2. 条文含义

本条为新增条款，对医师的劳动保护、职业危害防护、工伤保险待遇等医师的权益作出了专门规定。

（1）对医师职业安全、卫生防护和医疗保健措施的规定。由于医疗工作的特殊性，医务人员在工作过程中经常会接触有毒、有害物质或者传染病病原体等危害因素，面临职业暴露带来的生物性、物理性、化学性、社会精神性等诸多不安全因素，它们都有可能给医务人员带来身心损害。《执业医师法》中没有专门对医师生命健康权及职业防护的条款，缺少对医师特殊职业的考虑，对此《医师法》增加了相关条款，有利于保障医师的生命健康权，有利于医师更加安心、放心工作，全心全意地为人民健康服务，保障人民群众的生命健康安全。

（2）对工伤保险待遇的规定。我国的工伤保险制度是一种针对特定劳动风险设立的保险项目，以社会集中建立基金的形式，对因工负伤致残或接触职业有害因素患疾病而丧失或部分丧失劳动能力的劳动者，以及职工死后无生活来源的遗属提供物质帮助。医务人员在工作中由于工作原因受到伤害，尤其是因接触有毒、有害物质引起疾病甚至死亡是否能享受工伤待遇一直是全社会关注的问题。本条明确，医师在工作中受到事故伤害或者在执业活动中因接触有毒、有害因素而引起疾病、死亡的，依照有关法律、行政法规的规定享受工伤保险待遇。本条的意义在于通过法律在保障医师权利的同时对其进行了相应的救济，从而确保医务人员的健康权益不受侵害。

3. 操作要求

前文已强调，医生这一职业本身是可能产生职业损害的高危职业，涉及工作的执业安全和医生以之为终身事业的职业安全是医生的基本权利。我们建议从以下四个方面落实对医师职业安全、卫生防护和医疗保健措施的执行和完善。首先，上级卫生监督部门应加强对医疗卫生机构保障医生职业安全和卫生防护工作的监管力度。应定期或不定期地抽查相关医疗卫生机构是否采取了有效的防护措施并且能够做到及时更新，对于多次不能完成正常医师职业防护、保障医师职业安全的卫生医疗机构应给予相应的行政处罚。其次，医疗卫生机构应开展有效、全面的执业暴露防护教育培训，并将培训内容应用在日常工作中，加强医务人员的执业安全培训，增强医务人员的执业暴露防范意识，有效减少执业暴露的发生。为医务人员提供充足的、品质优异的防护用品，使医务人员可以做好自身防护。再次，要完善相关的制度法规，建立和完善医务人员职业暴露报告系统。应由院感部门建立医务人员执业暴露报告系统，将相关的制度和规定以文件的形式下发给医院各个科室。最后，医生个人必须遵守执业防护相关规定，配合医院完成各种执业防护培训，在实际工作中严格执行各种执业防护要求。综上所述，上级卫生部门应加强监管，同时加强对医务人员执业暴露相关知识的培训，增强其个人防护意识，有效减少医务人员执业暴露。一旦发生相关职业损害，造成相应工伤损害，应严格按照工伤保险待遇的相关规定执行，切实保障医师的合法权益。需要注意的是，在工伤保险待遇问题上，一般由政府开办的医疗机构都能为医师依法购买社会保险，工伤保险待遇当然包括在内，但是有的民营医院没有为医师缴纳工伤保险，在这种情况下，一旦发生工伤事故，医疗机构及出资者、管理者将会面临自己承担相关费用的后果。

（三）案例分析

【案例 8-02】民营医院未给职工购买工伤保险纠纷案[①]

原告龚某于 2013 年 9 月 6 日到盘县某医院上班，月工资为 1450 元。2013 年 9 月 21 日，盘县某医院安排龚某乘坐高某驾驶的小型普通客车到刘官发放宣传单，当客车行驶至沪昆高速公路 2118km 处时，因潘某驾驶重型半挂牵引车牵引重型厢式半挂车在超车过程中未按操作规范安全驾驶，致使其驾驶的机动车与高某驾驶的小型普通客车发生碰撞，造成小型普通客车驾驶员高某及车上乘客孙某、陈某、龚某、何某、胡某受伤，小型普通客车全车多处受损，重型厢式半挂车受损和部分路产受损的交通事故。经六盘水市公安局交通警察支队调查，作出黔公交认定（2013）第 00026 号道路交通事故认定书，认定由潘某承担此次交通事故的全部责任，高某、孙某、陈某、龚某、何某、胡某无责任。2014 年，原告龚某提起民事诉讼，盘州市人民法院作出（2014）黔盘民初字第 1626 号民事判决书，判决中国人民财产保险股份有限公司南昌县支公司在机动车交通事故强制保险及商业第三者责任险限额内赔偿原告龚某误工费、护理费、残疾赔偿金等损失共计 510757.97 元。2014 年，经盘县劳动人事争议仲裁委员会仲裁，确认原告龚某与盘县某医院存在劳动关系。2016 年 4 月 8 日，六盘水市人力资源和社会保障局作出市人社盘工认字（2016）022 号认定工伤决定书，认定原告龚某在此次交通事故中所受之伤为工伤。2016 年 5 月 19 日，六盘水市劳动能力鉴定委员会作出工伤职工初次（复查）鉴定结论书，鉴定意见为，原告龚某伤残等级为一级，护理依赖等级为生活完全不能自理。2016 年 8 月 19 日，龚某收到劳动能力鉴定结论书，2017 年 8 月 16 日，龚某就本案主张的诉请向盘州市劳动人事争议仲裁委员会申请仲裁，盘州市劳动人事争议仲裁委员会于 2017 年 11 月 13 日开庭审理后，迟迟未作出裁决，原告遂提起诉讼。

原告因第三人的原因造成工伤，虽已向第三人主张权利并获得赔偿，

---

① 龚某与盘州市某医院有限公司工伤保险待遇纠纷案，贵州省盘州市人民法院（2018）黔 0222 民初 3967 号民事判决书；贵州省六盘水市中级人民法院（2018）黔 02 民终 2320 号民事判决书。

但《最高人民法院关于审理劳动争议案件适用法律若干问题的解释（二）》第6条规定，“劳动者因为工伤、职业病，请求用人单位依法承担给予工伤保险待遇的争议，经劳动争议仲裁委员会仲裁后，当事人依法起诉的，人民法院应予受理”，《社会保险法》第42条规定，“由于第三人的原因造成工伤，第三人不支付工伤医疗费用或者无法确定第三人的，由工伤保险基金先行支付。工伤保险基金先行支付后，有权向第三人追偿”，因此，劳动者因第三人原因造成工伤的并未排除劳动者享受除医疗费用外的工伤待遇，因此，原告主张工伤保险待遇，于法有据。本案中，盘县某医院未为原告购买工伤保险，根据《社会保险法》第41条之规定，职工所在用人单位未依法缴纳工伤保险费，发生工伤事故的，由用人单位支付工伤保险待遇。一审、二审法院经审理判决被上诉人盘州市某医院有限公司于本判决生效后十日内一次性赔偿上诉人龚某工伤保险待遇，一次性伤残补助金59111.10元、2016年5月19日至2017年8月19日的伤残津贴32839.50元，从2017年9月1日起按每月2189.30元的标准向上诉人龚某支付伤残津贴，直至龚某死亡。

分析与讨论

医疗卫生机构应该为医务人员及员工购买工伤保险，目前，公立医疗机构均可以做到，但部分民营医院还不够正规，未能做到为医务人员及员工购买工伤保险。此例纠纷虽然不是医师发生工伤，但也属于因民营医院未给员工购买工伤保险引发的纠纷。此例纠纷已经给民营医疗机构敲响警钟，提醒其应该做到完善对医务人员的职业保护并将工伤保险制度落地，不能存在侥幸心理。只有这样，才能切实保障医务人员安全执业、踏实工作、避免类似纠纷的发生。

三、医师健康的维护

（一）医师健康的维护概述

2008年，以4032名中国心内科执业医生的健康为样本的调查显示，男性医师及40岁以上女性医师的心脑血管疾病风险均是同龄同性别健康人群的2倍以上，并且随着年龄增长而增高。流行病学调查显示，医务人员的乙肝病毒感染率为67.9%，显著高于一般人群。可见，医务人员这个为他人提供健康保障服务的群体面临着相当大的健康风险。

医生猝死事件频发，过劳或是重要原因。医务人员工作时间长、工作强度大、休息时间少、工资待遇低、执业环境严峻成了行业常态。当医生用自己的生命去守护患者健康的时候，谁又在守护医者的健康？一个个白衣天使的离去，不仅仅是医院、病人的损失，更为一个个家庭留下了无尽的伤痛。中华传统文化一直赞扬吃苦耐劳的精神，在表彰先进医生时常常见到“早到晚退，经常加班”的用语。医生过度疲劳不仅会影响医生本人的身体健康，也会显著增加对病人的误诊误治和手术并发症等医疗过失的风险。从某种意义上讲，保护医生的健康，就等于拯救患者的健康和生命。因此，从立法的层面合理安排医师的工作时间、落实带薪休假、定期开展健康检查，维护医生的健康势在必行。

（二）医师健康维护条文理解

《医师法》	《执业医师法》
第51条　医疗卫生机构应当为医师合理安排工作时间，落实带薪休假制度，定期开展健康检查。	新增条款

1. 关键词

工作时间，带薪休假

医师是提供医疗服务的主体之一，其总量在一定程度上反映了提供医疗卫生服务的能力。然而，2013年我国每千人中的执业（助理）医师仅为2.06人，与世界部分国家相比，这一数量偏低。这种现状在客观上造成了我国医师“过劳”。由于我国医师总量不足，故其工作“超负荷”状态日渐明显。2013年，我国医院医师日均诊疗7.3人次、住院2.6人次，且呈现逐步增加的趋势。[①] 调查中，51.1%（1825例）的医师每周工作时间在40-60小时，37.6%（1343例）的医师每周工作时间在60小时以上，仅有11.1%（402例）的医师每周工作时间在40小时以内。[②] 我国《劳动法》虽然在条款中规定了劳动者的工作时间，但是“延时工作制度”的内容模糊不清。目前，在延时工作的限制基准中，我国既没有按照周、月、年等具体工作时限分档限定，也没有对适用不同工时制的劳动者实施区别限定。尤其针对医师执业，更没有具体的工作时数规定。由此可见，医师的“过劳死”与相关法律的空白有一定的关系。

首先，各级卫生健康行政部门、各医疗卫生机构要提高认识，严格执行国家颁布的劳动法规中有关职工劳动保障的规定，认真落实8小时工作制，认真执行公休日、带薪休假制度，人事部门要加强监督检查。2015年，中共中央、国务院印发了《关于构建和谐劳动关系的意见》，强调要完善并落实国家关于职工工作时间、全国年节及纪念日假期、带薪年休假等规定，全国总工会提出，将提案推动落实职工带薪休假制度。近年来，医务工作者的健康问题受到越来越多的关注，关于医务工作者身心健康状况的研究日益增多。有研究表明，采取分段休的科室，职工年假休完的概率是按个人需求休假的3.1倍，所在科室鼓励休假的，职工年假休完的概率是无明显休假政策科室的3.3倍，护士休完年假的概率是医生的5.4倍。[③] 其次，各级卫生计生行政部门，特别是医疗卫生机构要关注医师的健康状况，要确保这支队伍能够“兵强马壮”、精神饱满地服务在医疗卫生第一线。各医疗机构应列支职工健康经费，增加医师健康体检的频率，确保每一位医师或医务工作者至少每年有1次健康体检，年龄偏大的或承担健康风险因素较高的医务人员可缩短体检周期、增加相应体检项目。医师职业不仅技术含量高，而且还需要付出很强的脑力和体力劳动，超时、超负荷运作不仅

① 赵大仁、何思长、张瑞华等：《“过劳死”现象折射的医师执业生存环境探讨》，载《职业卫生与应急救援》2015年第3期，第224-226页。

② 张寒冰、李俊峰、李建涛：《医师工作时间及其影响因素的分析》，载《山西医药杂志》2016年第23期，第2743-2744页。

③ 孙静、赵春林、吴虎兵：《三级综合医院职工带薪休假现状及其影响因素》，载《医学教育管理》2016年第3期，第553-557页。

不符合劳动法的规定，也不利于医师的健康。建议有关部门切实强化医师的劳动保障，这不仅是对他们的关爱，更是为国民的健康负责。

2. 条文含义

本条为新增条款，针对目前存在的大量医师超负荷工作的现状，以及医师工作时间问题、带薪休假及健康体检的权益作出了专门规定。

第一，医师应合理安排工作时间并落实带薪休假制度。目前，在我国普遍存在各级医师超负荷工作的状况。由于行业特点，临床医师大多存在工作忙碌的现象，夜班频繁、加班加点、周末无休是很多医师的工作常态。因此，医师队伍普遍存在工作压力大，身心疲惫，工作积极性下降等情况。临床医师是医疗活动的主体，其诊治操作决定着医疗服务的水平和质量，而临床医师在自身职业倦怠的情况下，在诊疗过程中的判断能力、反应速度及准确性也会降低，进而增加医疗差错的发生率。同时，超负荷工作会给医师队伍带来健康隐患，近年来，由于过劳导致的医师猝死情况频发，因此医师队伍的健康问题受到了全社会的关注。

《医师法》明确规定，医疗卫生机构应当为医师合理安排工作时间，落实带薪休假制度，体现了对医师队伍的关心和爱护。医疗机构应当制定合理的轮班制度，保证临床医师有充足的休息时间。医疗机构应当根据不同科室工作强度、工作量，以及工作内容的不同，差异化地安排医师的工作时间。各级各类医疗机构应严格落实医师带薪休假制度，统一安排休假时间，要求医师在年初拟定休假计划，包括休假的日期、天数等，并做综合统计和安排。这样既能够落实医师带薪休假制度，又能够最大限度地减少对医疗工作的影响。

第二，医师队伍应定期开展健康检查。由于医疗工作的特殊性，医师队伍长期承受着比多数职业更大的工作强度及心理压力。临床医师倒班制的工作特点使其饮食、睡眠和休息都缺乏规律，明显干扰了其身体机能。种种不健康的生活方式影响了临床医师的身体和心理健康，受到最直接影响的就是临床的工作效率和患者的治疗及其预后情况。因此，临床医师更应该加强对自身健康的重视，定期开展健康检查，掌握自身的健康状况，养成良好的工作和生活习惯，提高对健康体检及自身健康的重视度，这不仅是对医师个人负责，也是对患者负责。

3. 操作要求

在我国目前的医疗现状中，的确存在医师数量严重不足，医患关系紧张，医师过劳以及由于以上因素造成带薪休假制度不能真正落实的情况。从长远的角度讲，必须扭转医患关系的紧张状况，吸引更多的有志青年加入为人民健康服务的医师队伍中来，及时补充和维持医师队伍正常的人口配置比例，保障医师合法权益，保证医师每周合理的工作时间，工作量逐步减少到正常水平。为了维护医师长期的身心健康，坚持执行带薪休假制度，从法律法规的层面，要求医院及医师遵守带薪休假制度，让医生真正地体会到职业的幸福感，保持身心健康，从而更好地服务于患者，保证工作质量、维持和延长职业年限。虽然短期内还无法快速达到增加合格执业医师、扭转医患紧张关系的目标，但应该相信，随着《医师法》的逐步推行，在法律的监管下，医师的合法权益将得到更好的保障。随着医疗改革的逐步推行和完善、国家对医疗卫生事业投入的逐步加大、医疗保险制度的健全，医患紧张关系将会逐步得到缓解。“不为良相，则为良医”，随着我国文化信心的复苏和逐步强大，医师行业终究还是人民心中美好和崇高的职业。

（三）案例分析

【案例 8-03】未订立劳动合同，未能享受带薪休假引起的劳动争议①

郭某（原告）于 2018 年 8 月 19 日入职长沙某门诊部有限责任公司（被告），从事内科医生工作，每天坐班 7 小时，考勤打卡，双方未签订书面劳动合同，但被告为原告缴纳了社会保险费。2020 年 4 月 24 日，原告以微信的形式通知被告公司离职。2020 年 4 月 25 日，原告以被告未与原告签订书面劳动合同、未依法足额缴纳社保、拖欠劳动报酬为由向被告邮寄了《被迫解除劳动关系通知书》。

2020 年 4 月 28 日，郭某以长沙某门诊部为被申请人向长沙县劳动人事

① 郭某与长沙某门诊部有限责任公司劳动争议案，湖南省长沙县人民法院（2020）湘 0121 民初 5077 号民事判决书；湖南省长沙市中级人民法院（2021）湘 01 民终 791 号民事判决书。

争议仲裁委员会申请仲裁，提出的仲裁请求与本案诉讼请求一致。2020 年 5 月 6 日，该仲裁委员会向郭某出具了逾期未受理证明书，原告遂向本院提起诉讼。

依照《劳动合同法》第 38 条第 1 款、第 46 条、第 47 条、第 50 条第 1 款，《工资支付暂行规定》第 6 条，《民事诉讼法》第 64 条第 1 款，《关于确立劳动关系有关事项的通知》第 1 条，《职工带薪年休假条例》第 3 条第 1 款之规定，法院判决被告向原告支付 2019 年 9 月到 2020 年 3 月的工龄工资 700 元，2019 年 12 月到 2020 年 3 月的基本工资差额 6000 元，2020 年 4 月的工资 2691.29 元，未休年休假的工资 6270 元，经济补偿金 15152 元等。

分析与讨论

本案在审理过程中，法院认为被告医疗机构未支付原告未休年假的工资，依照《职工带薪年休假条例》，需要支付原告相应的薪酬费用。薪酬不仅限于传统的货币薪酬，还包括带薪休假、工作氛围与环境、医学教育与培训、发展机会与荣誉等非物质薪酬，是影响职工工作满意度、医疗服务质量和卫生体系可持续性的重要决定因素。医师可依法要求合理带薪休假，医疗机构应严格执行带薪休假制度，对未行带薪休假的员工，也应依法给予补偿。

四、完善医疗风险分担机制

（一）完善医疗风险分担机制概述

医疗风险是医疗实践中客观存在的、具有不确定性的损害性事件，指在一定的社会历史条件和科技水平下，在医院管理活动或医疗机构为患者提供医疗服务的过程中可能发生的治疗结果与治疗预期目标之间的差异。即在整个医疗服务过程中，医疗行为会导致患者受到损害、伤残或者可能发生的一切不安全事情。医疗风险具有以下特点。其一，医疗风险是伴随诊疗疾病的需要而出现的，在治疗环节中具有无选择性。创伤性手术、特殊检查和操作对于患者来说没有选择性，是必须实施的。其二，部分医疗风险具有不确定性，具体体现为：一是医疗风险发生与否不确定。虽然可以从宏观上预测医疗风险的发生，但是具体到每个患者在治疗过程中是否会发生医疗风险是不能预知的。二是医疗风险何时发生不确定。从总体上来看，医疗风险必然存在，但具体到某一个医疗机构或者医务人员，该风险何时发生不能确定。三是部分医疗风险的损失程度不能确定。特殊治疗、手术操作、有创操作的损害后果的大小是不可预知的。其三，医疗风险的发生具有客观性，即科学技术发展的局限性。现代医药技术的发展不同于机械生产，是在实践中逐步成熟的。通过各方面努力，只能降低风险发生的频率和损失程度，不可能彻底杜绝。其四，医疗风险具有普遍性，医疗风险渗透至诊疗领域的各个方面。加上现代化医院管理理念不足导致医疗风险预警机制存在缺陷，医患配比、护患配比、医护配比失调及医患关系紧张等因素的影响，更加大了医疗风险的发生概率。

医疗风险转移和分担的方式早已受到全世界医学界的重视。大多数发达国家已经建立了多层次、多元化的医疗风险分担体系，我国的医疗风险分担机制也在不断发展和完善中。2018 年，国务院颁布实施了《医疗纠纷预防和处理条例》，明确国家建立完善医疗风险分担机制，发挥保险机制在医疗纠纷处理中第三方赔付和医疗风险分担的作用，鼓励医疗机构参加医疗责任保险，鼓励患者参加医疗意外保险。银保监会指导保险公司积极推进医疗责任保险试点工作，鼓励持续推进医疗责任保险产品创新，不断增强医疗责任保险服务能力，努力提高产品的覆盖面与投保率。目前，我国已形成以医疗责任保险为主体、医疗意外险为补充，其他险种共同发展的医疗保险产品和服务体系。医疗风险分担机制在防范化解医疗风险，缓解医患矛盾，维护正常的医疗秩序，保障医患双方合法权益等方面均发挥了重要作用。下一步，银保监会将进一步健全和完善医疗责任保险各项配套机制，鼓励保险公司加大条款、服务创新力度，完善医疗责任风险分担机制，提高协助处理医疗纠纷的能力。

（二）完善医疗风险分担机制条文理解

《医师法》	《执业医师法》
第52条　国家建立完善医疗风险分担机制。医疗机构应当参加医疗责任保险或者建立、参加医疗风险基金。鼓励患者参加医疗意外保险。	新增条款

1. 关键词

医疗责任险

医疗责任险是针对医疗机构在诊疗活动中存在过失、过错或者医院发生医疗事故时给予患者补偿或者赔偿的一种医疗纠纷解决方式。医疗责任保险由院方出资购买，一旦医院发生医疗过失或医疗事故，给患者造成人身损害，由保险公司对患者进行补偿或赔偿，以达到转移医疗风险、缓解医患矛盾、解决医疗纠纷的作用。2014年，国家卫生计生委等5部门联合下发了《关于加强医疗责任保险工作的意见》，明确要求到2015年年底，全国二、三级医院的参保实现全覆盖，2020年覆盖所有公立医院和80%以上的基层医疗机构。北京是最早一批开展该险种试点推广的城市之一，近年来，北京医疗责任保险的强制推行也取得了阶段性成果。

医疗风险基金

医疗机构也可建立或参加医疗风险基金，由政府、医院、医务人员和患者多方主体依据一定标准投入不同额度的资金作为基金来源，用以承担医院医疗工作中出现的各种风险。政府应在其中发挥主导作用，以体现基金的公益性；医疗机构可以考虑整体的医疗技术水平，诊疗工作量，既往医疗损害的发生率；医务人员可以考虑承担工作的风险性，自身医疗技术水平；患者可以考虑病种风险的高低。这些主体都可以根据自身情况缴纳数额不等的风险金。如果医疗纠纷属于医疗意外导致的不良后果，则可以从医院风险基金里扣除，用于救济患者，而医生个人将免予被惩罚，从而在一定程度上缓解医方进行高风险医疗行为时的心理压力。医院风险基金的设立本质上仍是医院风险自留的风险管理方式，像一种“土保险”，在此基础上，仍须尽快出台医疗意外险可操作险种，才能在更大范围内处理医院、医生和患者的三方关系。

医疗意外险

医疗意外险是一种借鉴航空意外险的保险模式，可以建立医疗、手术、产科、特殊检查、治疗等意外保险。患者通过购买各类医疗意外险，增强医疗风险防范意识，降低就医期望值，达到预防和有效处理医疗纠纷的效果。无须经过责任认定、鉴定，只要出现医疗意外，患者就可获得补偿。目前，医疗意外险以手术意外险和麻醉意外险为主。手术意外险在多个地区和医院的推行和实践已经达到了分散医疗风险、缓解医患矛盾、化解医疗纠纷的效果，受到了医疗机构的广泛好评。

2. 条文含义

由于医疗风险具有无选择性、不确定性、客观性（科学技术发展的局限性）及普遍性的特点，医疗风险无法完全避免。目前，我国已形成以医疗责任险为主体、医疗意外险为补充，其他险种共同发展的医疗保险产品和服务体系，初步建立了我国的医疗风险分担机制，在防范和化解医疗风险，缓解医患矛盾，维护正常的医疗秩序和保障医患双方合法权益等方面发挥了重要作用。但仍存在风险承担者主要还是医患双方和保险机构、险种单一、配套机制不完善、医疗机构参加医责险的积极性不高等问题。《医师法》第 52 条明确了我国进一步完善医疗风险分担机制的发展方向；肯定了医疗责任保险在转嫁医疗风险、缓解医患关系方面发挥的积极作用；强制投保的要求也在一定程度上促进了医疗责任保险在我国的进一步发展。鼓励患者参加医疗责任保险，强调了国家、政府、医疗机构、医务人员、患者等利益相关主体的风险共担，有利于增强公民对于医疗风险的客观认识，从而公正地处理因医疗风险导致不良后果产生的纠纷，促进医患关系的健康发展。

3. 操作要求

此处着重讨论多点执业医师个人购买保险的必要性问题。

2014 年，国家卫生计生委等部门联合印发了《关于印发推进和规范医师多点执业的若干意见的通知》（以下简称《通知》），将多点执业分为三类。一是政府指令型，是指医师的多点执业是受政府指派的，一般是去基层卫生机构进行帮扶，如卫生支农、支边等。二是医联体型，医联体是指多个医疗机构以协议的方式约定其医疗资源的分配、患者的就医转诊等事项的医疗联合体，目的是减少对医疗资源的浪费、方便患者就医等。医师可以在医联体内的机构间自由流动。三是医师主动受聘型，医师以自身需求为目的，经注册后在两个及以上医疗机构执业。事实上，我国医师多点执业的推行时间较短，制度及法律体系尚不健全，医师多点执业面临诸多风险，如医师与多点执业机构间法律关系的界定、医疗侵权责任的分担等。相关调研报告显示，医疗纠纷是医生多点执业的最大风险。

《通知》规定，医师在多点执业的过程中发生医疗损害或者纠纷，应当由当事的医疗机构或者医师承担相应的责任，其他非当事的医疗机构并不承担责任。医疗机构与医师之间的责任分配及纠纷处理方式应当通过合同或者协议的方式加以明确，即医师与多点执业的医疗机构之间的侵权责任分配以意思自治为先，责任的承担由双方协议确认。这仅仅明确了双方内部责任分担的问题，并没有明确多点执业医师是否要对外直接承担责任。根据深圳市 2016 年发布的《深圳经济特区医疗条例》第 33 条可知，医疗鉴定机构的鉴定意见中要明确说明医师的责任与医疗机构的责任，而非事后在医院内部进行划分。深圳市的这一举措，暗示了医师将作为责任主体独立对外承担侵权责任，也就是说多点执业医师将面临更大的侵权责任风险，但不同的多点执业形式承担的责任也会有所差别。政府指令型和医联体型这两类多点执业实质上是医院之间的合作，那么医师履行的就是职务行为，即是单位指派任务，属于单位行为，根据目前的法律法规，如果发生医疗损害赔偿纠纷，医师应该不存在直接对外承担责任的问题。但是对于主动申请多点执业的医师而言，其与多点执业机构的关系，从《通知》规定来看属于劳务合同关系。而在实务中，在劳务关系下产生的对第三者的赔偿责任应由接受劳务的一方，即医疗机构承担。

保险作为常用的风险管理手段，对于转移医师面临的赔偿风险具有重要作用，也是我国大力推行的。《通知》明确规定，支持医疗机构和医师个人购买医责险等医疗执业保险，医师个人购买的医疗执业保险适用于任一执业地点。因此，鼓励多点执业医师个人购买医师执业保险是合理分担多点执业医疗风险的有效方式。

（三）案例分析

【案例 8-04】多点执业医师发生医疗纠纷赔偿责任承担纠纷案①

原、被告签订的《医师多点聘用协议》约定：自2016年11月1日至2017年10月31日，韩某在某妃诊所处从事美容外科主诊工作；某妃诊所的就诊者由韩某操作治疗的，扣除成本后30%的金额为韩某的报酬，韩某自带的就诊者，扣除成本后的70%为韩某的报酬，某妃诊所不负责保险和其他福利；韩某在多点执业期间发生医疗责任事故和民事纠纷时，某妃诊所自己的就诊者，由某妃诊所承担70%、韩某承担30%的赔偿责任，韩某自带的就诊者，某妃诊所承担30%、韩某承担70%的赔偿责任等。

2016年11月16日，韩某自带的就诊者蓝某在某妃诊所处进行鼻部玻尿酸注射，某妃诊所共计收取治疗费25000元，扣除成本7440元后，某妃诊所按约向韩某支付了所收治疗费的70%计12292元作为韩某的报酬。术后，蓝某发生鼻部不适，鼻、脸红肿，部分肌肉发炎流脓等，但韩某却未将蓝某的情况向某妃诊所报告，而是一直与蓝某单线联系，并私自将蓝某安排在什邡市一个体诊所就诊。2017年1月5日至7日凌晨，蓝某带领数人盘踞在某妃诊所处，威胁某妃诊所负责人杨某及其员工，致使某妃诊所一直不能正常营业，其间，韩某拒绝与蓝某见面协商。在巨大的精神和经济压力下，经与韩某协商，杨某被迫与蓝某签订了赔偿55万元的《医疗纠纷一次性解决协议》。2017年1月7日，某妃诊所以受胁迫为由向什邡市人民法院提起诉讼，请求撤销《医疗纠纷一次性解决协议》。经法院数次开庭审理和法官释明，某妃诊所与蓝某于2017年4月7日重新达成了赔偿38万元的《医疗纠纷解决协议》，并于当天向蓝某付清了全部款项。某妃诊所认为，蓝某系韩某自带的就诊者，根据原、被告订立的《医师多点聘用协议》的约定，发生医疗责任事故和民事纠纷时，某妃诊所承担30%、韩某承担70%的赔偿责任。因此，美容诊所向法院请求判令韩某承担70%的赔偿款。

---

① 成都锦江某妃医学美容诊所与韩某合同纠纷案，成都高新技术产业开发区人民法院（2018）川0191民初5247号民事判决书。

该案经法院审查后，判令韩某按照《医师多点执业聘用协议》的约定承担266000元的赔偿款。

分析与讨论

本案涉及医师多点执业的待遇以及发生医疗纠纷、医疗损害赔偿时的责任承担。本案双方在签订《医师多点执业协议》时对发生医疗纠纷后的相关赔偿项目如何承担有明确约定，为后续双方发生纠纷时责任承担的解决提供了依据。本书提醒拟多点执业的医师和拟邀请医师多点执业的医疗机构重视多点执业合同内容的签订和约定，并对双方的权利义务、发生纠纷时的责任承担、医疗责任保险购买等做好约定。同时提醒多点执业医师，在个人的医疗保障、退休保障等方面，也应当购买商业保险进行补充。

五、新闻媒体在和谐医患关系中的作用

（一）新闻媒体与和谐医患关系概述

和谐医患关系是和谐社会的一个重要组成部分，构建社会主义和谐社会离不开和谐医患关系的构建。[①] 可是，医疗暴力事件时有发生，医患之间缺少信任和理解，医患纠纷也在增长。而近年来，多起恶劣伤医事件频发，更凸显了建立和谐的医患关系的紧迫性。新闻媒体作为沟通医患双方的纽带，是公众了解医疗卫生行业最主要的途径，对于解决医患关系之间的矛盾具有重要价值。新闻媒体应该明确在医患关系中的定位以及应尽的社会责任，坚持正确的舆论导向，进行公正的报道，为建立和谐医患关系体现其价值。新闻媒体应加强与医疗卫生部门的合作，努力创建有利于构建和谐医患关系的舆论环境，共同探索构建和谐医患关系的新路径，为构建和谐社会作出应有的贡献。[②]

---

① 王丽媛：《媒体在构建和谐医患关系中的责任》，载《青年记者》2014年第11期，第47-48页。

② 侯波：《和谐医患关系构建过程中的新闻媒体责任感》，载《新闻研究导刊》2020年第5期，第145页。

新闻媒体应当正确传播医学知识，宣传和弘扬杰出的医务工作人员，引导公众尊重医师。同时，新闻媒体也应加强医疗卫生法律法规的宣传，普及医疗卫生知识，引导患者理性对待医疗风险。出现医疗纠纷时要客观报道，积极引导患者合法维权。在医疗卫生领域，医务人员要学会与患者和媒体沟通。

（二）条文理解

《医师法》	《执业医师法》
第53条　新闻媒体应当开展医疗卫生法律、法规和医疗卫生知识的公益宣传，弘扬医师先进事迹，引导公众尊重医师、理性对待医疗卫生风险。	新增条款

目前医患关系的紧张，与患者及家属对医疗效果期望值过高、对医学知识以及医疗工作的不了解有一定的关系，有些患者及家属认为，有病到医院就应当能治好，如果病未能治好或者对治疗效果不满意，就是医院的过错，因此当出现未能治愈的情况时，就可能发生极端行为。针对目前医患关系中存在的问题，除了医务人员应主动为大众排除疑虑以外，新闻媒体也应该承担起科普宣传、提高公众的医学知识素养、使公众正视医疗服务存在的不足与局限性的责任，增强公众对医疗服务风险的防范意识。

新闻媒体作为医患关系中的纽带，对于突发的医疗事件，不能为了媒体的利益如上热搜、蹭热点等而诋毁医务人员。公众在社会问题面前，对媒体的权威资讯有着特殊的依赖，媒体引导的结果往往会影响事件的处理。所以当有些媒体对部分医疗事故进行失实报道，一味渲染患者治疗效果不佳和家属悲痛，把事故的责任全部推给医生，歪曲事实时，这种不负责的报道除了能吸引读者的眼球以外，更致命的作用就是导致大众对医院和医生不信任，造成不必要的医疗纠纷。部分丑化医务人员的舆论，直接影响到医疗的服务质量和安全，而另一些过度美化医务人员的宣传也同样会误导公众，使其对医务人员提出过高的甚至不现实的要求，而如果“理想”和现实出现反差，反而不利于构建和谐健康的医患关系。新闻媒体在报道医患关系时，应尽可能平衡正面新闻与负面新闻，不仅要监督和批判医疗行业存在的各种问题，也要宣传我国医疗事业取得的成就与先进人物的事迹。所以，媒体需要站在真实、客观、公正的角度报道，应当尊重科学，尊重医患双方，追求新闻事实的真相，这样才能更好地对医疗纠纷进行理性报道，营造更好的医患关系，既维护患者和医生的权益，也有利于整个医疗事业的发展。

第九章
法律责任

法律责任是法律构成要素中国家强制力的体现，法律对权利的保护和义务的履行是通过法律责任来实现的。法律责任往往对应于法律文件中相关义务的内容，在《医师法》中，主要对应第二章、第三章的义务性规定。我们在学习《医师法》的法律责任部分时，应当对照前面的有关章节。另外，有的条文的内容已在其他章节出现，本章将不再讨论。

第一节　法律责任概述

一、法律责任的概念和含义

法律责任是由特定法律事实引起的对损害予以补偿、强制履行或接受惩罚的特殊义务。法律责任有如下几个特点：首先，它表示一种因违反法律上的义务（包括违约等）关系而形成的责任关系，以法律义务的存在为前提；其次，法律责任还表现为一种责任方式，即承担不利后果；再次，法律责任具有内在逻辑性，即存在前因与后果的逻辑关系；最后，法律责任的追究是由国家强制力实施或者潜在保证的。

二、法律责任的分类

责任可以分为内部责任和外部责任。内部责任主要是单位内部的行政管理责任、纪律责任和技术责任；外部责任包括伦理责任、纪律责任、行政管理责任、法律责任，在法律责任中又包括民事责任、行政责任、刑事责任等。

- 个人责任
  - 内部责任
    - 单位内部责任
      - 管理责任——处分
      - 纪律处分——处分
      - 技术责任
    - 监管内部责任
      - 管理责任——行政处分
      - 纪律责任——纪律处分
      - 技术责任
  - 外部责任
    - 法律责任
      - 民事法律责任
      - 行政法律责任
      - 刑事法律责任
    - 行政管理责任
    - 纪律责任
    - 伦理责任

图 9-01　个人责任及其种类

就医师而言，内部责任包括单位内部责任和行业内部责任，医师的单位内部责任主要是指医师所在医疗机构对其实施人事管理、执业活动管理的责任，其中单位内部的管理责任、纪律责任一般也称为处分；医师的行业内部责任主要是指对医师有管理权的行政部门和行业协会对其实施人事管理、执业活动管理的责任，其中单位内部的管理责任、纪律责任，前者也被称为行政处分，后者也被称为纪律处分，与外部责任的行政处罚有本质区别。同时，外部责任中也有管理责任、纪律责任，一般也被称为行政处分，但与行政处罚还是不同。这里尤其要说明一下技术责任。由于医疗服务活动的特殊性，相关法律、法规对医师有很多执业规则要求，当医师的执业活动出现问题时，如其严重程度尚未达到相关管理部门的处理标准，则可以由医疗机构进行处理。比如，根据《处方管理办法》的规定，处方权由医师所在的医疗机构授予，如果医师违反处方开具规则，可以由医疗机构暂停、剥夺其处方权，我们把这类与医疗执业活动有关联的责任界定为技术责任。

外部责任主要是指医疗行业的行政管理部门、医疗行业协会及其他对医师执业活动有管理权的行政部门、公检法监机关对医师违反医疗卫生管理法律法规情节或者后果比较严重的追究其外部责任。例如，医疗损害责任纠纷中对于患者的侵权行为，医院对第三方承担的民事责任就是外部责任，而医院内部对于医生的处罚或者责任划分就是内部责任。纪律责任一般指行业纪律，属于社会中某一社会组织的章程、决议等，纪律责任的认定和对纪律责任者的处分也由行业组织进行，如各省市、各行业协会对入会成员的纪律要求等。

三、行政处理、行政强制、行政制裁、行政处分和行政处罚

在讨论法律责任时，有的时候会出现一些与法律责任近似或相关的概念，容易混淆，此处对相关问题阐述如下。

（一）行政处理

行政处理是指行政主体为了实现相应法律、法规和规章所确定的行政管理目标和任务，依行政相对人的申请或职权处理涉及特定行政相对人某种权利义务事项的具体行政行为。其表现形式一般为“行政处理决定”或者“行政决定”。行政处理行为一经作出即具有公定力、确定力、拘束力和执行力，且某些裁断性行政处理行为还具有不可变更力。此外，行政处理行为还具有不可争力，即一旦超过了复议或者诉讼期限，便不可对行政处理行为进行争议。行政处理是一个比较宽泛的概念，其中包含追究法律责任。

（二）行政强制

行政强制措施不是法律责任，而是一种影响行政管理相对人权益的、法律规定的强制手段。《行政强制法》第 2 条第 2 款规定，行政强制措施是指行政机关在行政管理过程中，为制止违法行为、防止证据损毁、避免危害发生、控制危险扩大等情形，依法对公民的人身自由实施暂时性限制，或者对公民、法人或者其他组织的财物实施暂时性控制的行为。在实践中，

行政强制措施多种多样，可以分为限制人身自由，处置财物，进入住宅、场所三种类型。《行政强制法》第 9 条规定，行政强制措施的种类有以下五种：（1）限制公民人身自由；（2）查封场所、设施或者财物；（3）扣押财物；（4）冻结存款、汇款；（5）其他行政强制措施。

（三）行政制裁

行政制裁，是指国家对行政违法者依其所应负的行政责任而实施的强制措施。依据制裁者与被制裁者的隶属关系，行政制裁分为行政处分和行政处罚两类。凡由特定的国家行政机关（如卫生、公安、税务、海关等机关）对个人或法人采取的制裁措施叫行政处罚；而由国家机关、企事业单位根据法律赋予的权限给予其所属人员的制裁叫行政处分，在有的领域亦称纪律处分。

（四）行政处分

行政处分是行政制裁的一种形式，是国家机关、企事业单位依照有关法律和有关规章，给在工作中违法失职的公务员实行的惩处和制裁，是对国家公务员的过错行为的一种否定和惩戒，使之受到抑制和消除，对未受到惩戒的国家公务员，也有着规范和警戒作用。同时，它又是被处分人的行政责任的体现形式之一。行政处分属于内部行政行为，由行政主体基于行政隶属关系依法作出，具有强烈的约束力，即使管理相对人不服，行政主体也可以强制执行。

行政处分和行政处罚有五点区别。（1）针对的对象不同。行政处分针对行政机关内部工作人员；行政处罚针对行政管理相对人。（2）作出决定的主体不同。行政处分一般由与被处分人有从属关系的行政机关作出；行政处罚由特定的法定组织作出。（3）针对的违法行为不同。行政处分针对行政机关工作人员的违法违纪及失职行为；行政处罚针对行政管理相对人违反行政法律规范的行为。（4）制裁的种类不同。行政处分的种类主要有：警告、记过、记大过、降级、撤职、开除等；行政处罚的种类主要有：警告、通报批评；罚款、没收违法所得、没收非法财物；暂扣许可证件、降低资质等级、吊销许可证件；限制开展生产经营活动、责令停产停业、责令关闭、限制从业；行政拘留；法律、行政法规规定的其他行政处罚等。(5) 执行的程序不同。行政处分由作出处分的行政机关执行，处分决定归入被处分人的人事档案，被处分人对行政处分不服的，不能向法院起诉，只能依法定程序申诉；行政处罚由作出处罚决定的行政机关执行或申请人民法院强制执行，被处罚人对行政处罚不服的，可以申请行政复议或提起行政诉讼。[①]

(五) 行政处罚

行政处罚，是指国家行政机关对构成行政违法行为的公民、法人或其他组织实施的行政法上的制裁。《行政处罚法》第9条关于行政处罚的种类分为：(1) 警告、通报批评；(2) 罚款、没收违法所得、没收非法财物；(3) 暂扣许可证件、降低资质等级、吊销许可证件；(4) 限制开展生产经营活动、责令停产停业、责令关闭、限制从业；(5) 行政拘留；(6) 法律、行政法规规定的其他行政处罚。

《医师法》第55条、第56条、第57条、第58条、第59条、第61条的规定都属于行政处罚。

行政处理和行政强制并未直接体现在《医师法》的条文中，《医师法》中均为对医师违法行为的行政处罚。但在司法实践中，相关执法机关在对医师违法行为实施行政处罚前，通常会采取一定的行政强制措施以制止违法行为、防止证据损毁，如冻结存款、回款，以确保违法主体牟取的非法利益能够被收缴。

四、民事责任、行政责任、刑事责任

(一) 民事责任

民事责任是指民事主体在民事活动中，因实施了民事违法行为，根据

① 张明芳：《行政处罚与行政处分之辨析》，载《法制日报》2005年1月19日。

民法应承担的对其不利的民事法律后果或者基于法律特别规定应承担的民事法律责任。民事责任属于法律责任的一种，是保障民事权利和民事义务实现的重要措施，是民事主体因违反民事义务所应承担的民事法律后果，它主要是一种民事救济手段，旨在使受害人被侵犯的权益得到恢复。

涉及医师行业的民事责任通常指医疗损害赔偿责任，具体是指医务人员在从事各种医疗行为的过程中，由于违反相关医疗卫生管理法律法规，因医疗程序或者医疗用药过失给患者造成生命和健康损害时，在患者和医务人员、医疗机构之间产生的赔偿债权债务关系。《医师法》与之相关的规定为第 63 条，“造成人身、财产损害的，依法承担民事责任”。

（二）行政责任

行政责任是指存在一般违法行为的单位或个人依照法律法规应承担的一种法律责任。上述行政处罚和行政处分均为行政责任。除《医师法》第 55 条至第 61 条关于行政处罚的规定外，还须注意《医疗事故处理条例》第 55 条之规定：“医疗机构发生医疗事故的，由卫生行政部门根据医疗事故等级和情节，给予警告；情节严重的，责令限期停业整顿直至由原发证部门吊销执业许可证……”这就属于对单位的行政处罚。在《医疗机构管理条例》中有大量对医疗机构作出行政处罚的规定。

（三）刑事责任

刑事责任是指犯罪人因实施犯罪行为应当承担的法律责任，按刑事法律的规定追究其法律责任。《医师法》第 63 条规定，违反本法规定，构成犯罪的，依法追究刑事责任。医师在执业过程中可能涉及的刑事犯罪主要有医疗事故罪、非法行医罪、非法进行节育手术罪。

五、医师违法的法律责任的几个变化

（一）医师违法处罚情形更为清晰

就医师违法的法律责任部分而言，《医师法》的规定均较《执业医师

法》更为具体和全面。比如，值得我们注意的新增条款：《医师法》第 57 条规定："违反本法规定，医师未按照注册的执业地点、执业类别、执业范围执业的，由县级以上人民政府卫生健康主管部门或者中医药主管部门责令改正，给予警告，没收违法所得，并处一万元以上三万元以下的罚款；情节严重的，责令暂停六个月以上一年以下执业活动直至吊销医师执业证书。"第 58 条规定："严重违反医师职业道德、医学伦理规范，造成恶劣社会影响的，由省级以上人民政府卫生健康主管部门吊销医师执业证书或者责令停止非法执业活动，五年直至终身禁止从事医疗卫生服务或者医学临床研究。"

（二）对牟利或者可能牟利的违法增加了罚款处罚类型

为了严管医师执业活动，《医师法》在法律责任一章中明显提高了对医师违法情形的处罚力度，对很多违法行为都增加了罚款处罚，并针对可能牟利的情况作出了罚款及罚款幅度的具体规定。一方面，对于原有的有罚款规定的条文，提高了处罚的额度：《医师法》第 59 条对非法行医行为的处罚金额由《执业医师法》第 39 条规定的"处十万以下的罚款"调整为"处违法所得二倍以上十倍以下的罚款，违法所得不足一万元的，按一万元计算"。另一方面，在过去没有罚款处罚的情形中大量增加了罚款，其中主要针对那些可能牟利的情形增加了罚款处罚，尤其是在《执业医师法》第 37 条规定的 12 种情形的基础上新增了新出现的违法情况，并将其分列为没有牟利可能和有牟利可能的，进而拆分成第 55 条和第 56 条。

（三）作出了禁业规定，并首次纳入"终身禁业"

执业医师终身禁业制度是指执业医师因实施严重违法及其他犯罪行为，被相关管理机关依据违法犯罪事实和法规条款，终身剥夺其执业资格的制度。

对医师应该不应该设立终身禁业的规定，一直是一个饱受争议的问题。据不完全统计，我国已对新闻记者、证券从业人员、银行从业人员、公务员、律师、教师、驾驶员这 7 种职业建立了终身禁入制度。[①] 不少学者认为，对于对道德要求较高、执掌“生杀大权”的执业医师更应该设立终身禁业的规定。他们认为，医师从事的是救死扶伤的职业，公众对于医师有更高的专业技术要求和职业素养要求，因此对于严重违规和道德沦丧的人，应当永久禁止其从事医疗行业，这才能体现对生命的尊重和爱护。

规定“医师终身禁业”是《医师法》的“亮点”，但实际上要真正“做到”并非易事。《医师法》第 58 条的具体规定为：“严重违反医师职业道德、医学伦理规范，造成恶劣社会影响的，由省级以上人民政府卫生健康主管部门吊销医师执业证书或者责令停止非法执业活动，五年直至终身禁止从事医疗卫生服务或者医学临床研究。”该法条载明的违法事实是：其一，严重违反医师职业道德、医学伦理规范；其二，造成恶劣社会影响。但在实际应用时，对于违法事实的追究，内容往往非常宽泛，对于这两个都不是很确定的“标准”，判定起来并不容易。且对最终是否对违法对象实施“终身禁止从事医疗卫生服务或者医学临床研究”的处罚，还有一个前提，即“由省级以上人民政府卫生健康主管部门责令吊销医师执业证书或者责令停止非法执业活动”，而实际上对医师依法作出“停止执业活动吊销医师执业证书”是县级卫生行政部门应有的权力，并不必然需要“由省级以上人民政府卫生健康主管部门责令”作出。最终，处罚的落脚点为“五年直至终身禁止”，有一个期限上的缓冲，并非直接“终身禁止”。这也符合行政处罚的“比例原则”。

第二节　医师违法的行政责任

一、医师的行政责任概述

根据责任行为所违反的法律的性质，可以把法律责任分为民事责任、

① 杨涛：《试述执业医师终身禁入制度》，载《医学与法学》2016 年第 3 期，第 35-37 页。

刑事责任、行政责任。行政责任是指因违反行政法规范或按行政法规定应承担的法律责任。行政责任大体上可以分为行政机关及其工作人员在行政管理中因违法失职而产生的法律责任和公民、法人等行政相对人因违反行政法律而产生的法律责任。

《医师法》属行政法范畴，《医师法》与《行政处罚法》的关系属于行政处罚的特别法与一般法。《医师法》行政处罚的种类来源于《行政处罚法》的规定。《行政处罚法》第9条规定了行政处罚的种类：(1) 警告、通报批评；(2) 罚款、没收违法所得、没收非法财物；(3) 暂扣许可证件、降低资质等级、吊销许可证件；(4) 限制开展生产经营活动、责令停产停业、责令关闭、限制从业；(5) 行政拘留；(6) 法律、行政法规规定的其他行政处罚。

二、关于医师资格的法律责任条文理解

《医师法》	《执业医师法》
第54条　在医师资格考试中有违反考试纪律等行为，情节严重的，一年至三年内禁止参加医师资格考试。 以不正当手段取得医师资格证书或者医师执业证书的，由发给证书的卫生健康主管部门予以撤销，三年内不受理其相应申请。 伪造、变造、买卖、出租、出借医师执业证书的，由县级以上人民政府卫生健康主管部门责令改正，没收违法所得，并处违法所得二倍以上五倍以下的罚款，违法所得不足一万元的，按一万元计算；情节严重的，吊销医师执业证书。	第36条　以不正当手段取得医师执业证书的，由发给证书的卫生行政部门予以吊销；对负有直接责任的主管人员和其他直接责任人员，依法给予行政处分。

(一) 关键词

考试纪律

符合考试条件的公民必须通过由省级以上人民政府卫生健康主管部门

组织实施的考试方能取得医师执业资格。违反考试纪律严重违背诚实信用原则，破坏了考试的严肃性和公平性，扰乱了国家医师资格管理及医师执业管理制度，需要对违法行为人作出严肃处理。

撤销、注销、吊销

撤销是指对已经生效的行政许可，基于实施过程中行政主体或被许可人的违法因素而被行政主体取消其效力。撤销是行政机关的纠错行为，是对实施中存在违法因素的行政许可行为的纠正，撤销的原因在于行政许可决定的违法性。

注销是指基于特定事实的出现，由行政机关依据法定程序收回行政许可证件或公告行政许可失去效力。注销是一种程序行为，并不直接影响被许可人的实体权利。注销的原因是被许可人从事许可事项的权利已经失去或无法实际行使。

吊销是指被许可人因违法从事行政许可事项的活动而被行政主体施以取消行政许可的处罚。吊销是行政处罚中的资格罚，是针对被许可人的违法行为作出的。吊销的原因是被许可人从事许可活动的违法性。

伪造、变造、买卖

伪造包括有形伪造（没有制作权限的人制作）与无形伪造（有制作权限的人擅自制作），伪造的医师执业证书与真实的医师执业证书不要求完全相同。

变造是指对真实的医师执业证书进行加工、改变其非本质内容的行为，改变本质部分则属于伪造。例如，将医师执业证书中的执业范围由内科专业改为外科专业，就属于变造。

买卖包括购买、出卖或者先买后卖医师执业证书的行为。

责令改正、行政处罚

首先，行政处罚是行政主体对违反行政管理秩序的行为依法定程序所给予的法律制裁；而责令改正是行政机关在实施行政处罚的过程中对违法行为人发出的一种作为命令。其次，两者的性质、内容不同。行政处罚是法律制裁，是对违法行为人的人身自由、财产权利的限制和剥夺，是对违法行为人的精神和声誉造成损害的惩戒；而责令改正违法行为本身并不是制裁，只是要求违法行为人履行法定义务，停止违法行为，消除不良后果，恢复原状。再次，两者的规制角度不同。行政处罚是从惩戒的角度，对行政相对人科处新的义务，以告诫违法行为人不得再违法，否则将受罚；而责令改正则是命令违法行为人履行既有的法定义务，纠正违法行为，恢复原状。最后，两者的形式不同。《行政处罚法》第 9 条规定了行政处罚的种类，而责令改正违法行为因各种具体违法行为不同而分别表现为停止违法行为、责令退还、责令赔偿、责令改正、限期拆除等形式。①

（二）条文含义

本条是对违法取得及处置医师资格证书等违法行为的处理规定，对违法取得及处置医师资格证书等违法行为进行了三个方面的规定。

《医师法》第 54 条第 1 款为新增条款，将违反考试纪律的相关处罚由部门规章上升为法律。2014 年，原国家卫生计生委发布《医师资格考试违纪违规处理规定》，对考生及相关人员违纪违规行为的认定与处理进行了详细的规定，考生被认定参与组织作弊的，当年考试成绩无效，终身不得报考医师资格。本次《医师法》规定，考生在医师资格考试中违反考试纪律等行为，情节严重的，1 年至 3 年内禁止参加医师资格考试，但未规定终身不得报考医师资格。

《医师法》第 54 条第 2 款规定了对以不正当手段取得医师资格证书或者医师执业证书的处理措施，该款在《执业医师法》的基础上增加了对医师资格证书的规定，符合医师执业需要具备医师资格证书和执业证书的现实。本法对于上述违法行为的处罚措施，由原来的“吊销”修改为“撤销”，一词之差，但用词更加准确和规范，如前所述，撤销的原因在于卫生健康行政部门作出医师资格证书或医师执业证书行政许可决定的违法性，而吊销的原因在于医师从事被卫生健康行政部门许可的诊疗活动的违法性。

《医师法》第 54 条第 3 款也是新增条款，规定了对违法使用医师执业

① 山东省淄博市人民政府与王某和再审审查与审判监督案，最高人民法院（2018）最高法行申 4718 号行政裁定书。

证书的行政处罚措施，“伪造、变造、买卖、出租、出借医师执业证书的，由县级以上人民政府卫生健康主管部门责令改正，没收违法所得，并处违法所得二倍以上五倍以下的罚款，违法所得不足一万元的，按一万元计算”的犯罪主体应该是一般主体，既包括持有医师执业证书的医师，也包括一般社会大众，而“情节严重的，吊销医师执业证书”的犯罪主体是持有医师执业证书的医师。

（三）操作要求

1. 正确理解相关法律术语。行政法中相类似的术语有很多，但往往具有不同的含义，适用于不同的法律语境，要认真区分。撤销、注销、吊销，伪造、变造、买卖、责令改正、行政处罚是经常遇到的法律术语，需要医务人员正确理解和适用。

2. 医生是准入门槛较高的职业之一，需要通过医师资格考试才能获得注册的条件。志愿从事医师职业的广大医学生只有通过认真的学习、实践才有机会通过医师职业资格考试，投机取巧只会受到法律的制裁，得不偿失。

3. 具有医师执业证书的医师要保管好医师执业证书，增强法律意识，既要做好病人的救治工作，又要注意看似并不重要的医师执业证书的保管、使用工作，不买卖、变造、出租、出借医师执业证书，认识到上述行为属于违法犯罪行为。如果违反规定，不仅会面临行政处罚，还有可能面临被吊销执业证书的风险。

4. 将医师资格证挂靠在医疗机构的做法属于违法行为。实践中，有医学毕业生通过了医师资格考试，获得了医师资格证，但并不从事医师工作，于是将其医师资格证挂靠在某医疗机构之下，供该医疗机构申请执业许可证之用。一方面，挂靠医师资格证的行为人面临被人冒名实施医疗行为的风险，并因此面临承担法律责任的风险；另一方面，挂靠医师资格证的行为，实质上是出租、出借医师资格证的行为，因而会面临《医师法》第 54 条第 3 款的处罚。

医师资格证、医师执业证撤销的相关内容，可参阅本书第三章。

（四）案例分析

【案例 9-01】以不正当手段取得医师资格证书和医师执业证书①

张某典（男，1963 年出生）与陈某（男，1980 年出生，口腔医学专业，毕业于南昌大学医学院）曾经是同事关系。张某典在获取陈某的身份信息后，制作了“假陈某”的身份证（“假陈某”的身份证号码只有最后一位与陈某的不同），用上述假身份证参加并通过了医师资格考试，而陈某则一直没有通过医师资格考试。2007 年，原广东省卫生厅为“假陈某”签发了《医师资格证书》（证书编码为 200744120）。2009 年 3 月，“假陈某”向广州市荔湾区卫生行政部门申请了首次医师执业注册，领取了编号为 120440103000104 的《医师执业证书》。

2013 年 1 月，“假陈某”填写了医师变更执业注册申请审核表，向广州市从化卫生计生局申请医师变更执业注册。广州市从化卫生计生局在进行形式审查后认为“假陈某”提交的申请办理医师变更执业注册的相关材料齐全且符合法定要求，作出准予变更注册，并颁发了编号为 120440184000104 的《医师执业证书》，在此次变更注册中，张某典将“假陈某”的身份证号变更为陈某的身份证号。

2016 年 5 月终于考取医师资格证的陈某，无法在江西省南昌市卫生部门注册成为真正的医生。原因是在全国医师执业注册联网管理系统中已存在一个身份证号、毕业院校等信息与自己完全一致的“假陈某”。由于“假陈某”的存在，系统无法“兼容”陈某注册执业。

广州铁路运输第一法院于 2017 年 11 月 2 日作出 2017（粤）7101 行初 1616 号行政判决，确认广州市荔湾区卫生和计划生育局（以下简称荔湾卫生计生局）于 2009 年 3 月 13 日颁发编号为 120440103000104 的《医师执业证书》的行为违法，该判决于 2017 年 11 月 21 日生效。

陈某向广州市从化卫生计生局提出撤销编号为 120440184000104 的《医师执业证书》的诉求没有得到解决，后提起行政诉讼。一审法院认为，根

---

① 广州市某区卫生和计划生育局与陈某行政诉讼案，广州铁路运输中级法院（2018）粤 71 行终 80 号行政判决书。

据《执业医师法》第36条之规定："以不正当手段取得医师执业证书的，由发给证书的卫生行政部门予以吊销……""假陈某"在申请医师变更执业注册时提供的身份证经核实是虚假的，在相关申请人基本身份信息材料存在虚假的情况下，"假陈某"申请医师变更执业注册所依据的事实基础已不存在，广州市从化卫生计生局根据上述材料颁发的编号为120440184000104的《医师执业证书》应当被依法撤销。一审法院依照《行政诉讼法》第70条第1项之规定，判决撤销被告广州市某区卫生和计划生育局于2013年5月27日颁发的编号为120440184000104的《医师执业证书》。二审法院认为原审法院判决撤销上诉人作出的被诉变更注册许可并无不当，予以维持。

分析与讨论

本案中，第三人张某某以不正当的手段获得了被诉变更注册许可，该行为严重违背了诚实信用原则，扰乱了国家医师资格管理及医师执业管理制度。

在相关申请人基本身份信息材料存在虚假的情况下，申请医师变更执业注册所依据的事实基础已不存在，广州市某区卫生计生局根据虚假材料颁发的《医师执业证书》也应当被依法撤销。

一审、二审人民法院根据《执业医师法》第36条"以不正当手段取得医师执业证书的，由发给证书的卫生行政部门予以吊销……"之规定，依据当事人的诉讼请求，支持了陈某要求卫生行政部门撤销案涉医师执业证书的请求。

需要注意的是，《执业医师法》第36条中规定的"吊销"应为"撤销"。因为"撤销"是对被许可人以欺骗等不正当手段取得的行政许可这一违法行为的纠正措施，并不属于对取得行政许可之后违反行政法规行为的处罚。

一审、二审人民法院依据《行政许可法》和《行政诉讼法》的规定，给予撤销医师执业证书的处理是完全正确的。而《医师法》已经纠正了《执业医师法》此项规定的缺陷。

三、关于医师违法执业法律责任条文理解

《医师法》	《执业医师法》
第55条　违反本法规定，医师在执业活动中有下列行为之一的，由县级以上人民政府卫生健康主管部门责令改正，给予警告；情节严重的，责令暂停六个月以上一年以下执业活动直至吊销医师执业证书： （一）在提供医疗卫生服务或者开展医学临床研究中，未按照规定履行告知义务或者取得知情同意； （二）对需要紧急救治的患者，拒绝急救处置，或者由于不负责任延误诊治； （三）遇有自然灾害、事故灾难、公共卫生事件和社会安全事件等严重威胁人民生命健康的突发事件时，不服从卫生健康主管部门调遣； （四）未按照规定报告有关情形； （五）违反法律、法规、规章或者执业规范，造成医疗事故或者其他严重后果。 第56条　违反本法规定，医师在执业活动中有下列行为之一的，由县级以上人民政府卫生健康主管部门责令改正，给予警告，没收违法所得，并处一万元以上三万元以下的罚款；情节严重的，责令暂停六个月以上一年以下执业活动直至吊销医师执业证书： （一）泄露患者隐私或者个人信息； （二）出具虚假医学证明文件，或者未经亲自诊查、调查，签署诊断、治疗、流行病学等证明文件或者有关出生、死亡等证明文件； （三）隐匿、伪造、篡改或者擅自销毁病历等医学文书及有关资料； （四）未按照规定使用麻醉药品、医疗用毒性药品、精神药品、放射性药品等； （五）利用职务之便，索要、非法收	第37条　医师在执业活动中，违反本法规定，有下列行为之一的，由县级以上人民政府卫生行政部门给予警告或者责令暂停六个月以上一年以下执业活动；情节严重的，吊销其执业证书；构成犯罪的，依法追究刑事责任： （一）违反卫生行政规章制度或者技术操作规范，造成严重后果的； （二）由于不负责任延误急危患者的抢救和诊治，造成严重后果的； （三）造成医疗责任事故的； （四）未经亲自诊查、调查，签署诊断、治疗、流行病学等证明文件或者有关出生、死亡等证明文件的； （五）隐匿、伪造或者擅自销毁医学文书及有关资料的； （六）使用未经批准使用的药品、消毒药剂和医疗器械的； （七）不按照规定使用麻醉药品、医疗用毒性药品、精神药品和放射性药品的； （八）未经患者或者其家属同意，对患者进行实验性临床医疗的； （九）泄露患者隐私，造成严重后果的； （十）利用职务之便，索取、非法收受患者财物或者牟取其他不正当利益的； （十一）发生自然灾害、传染病流行、突发重大伤亡事故以及其他严重威胁人民生命健康的紧急情况时，不服从卫生行政部门调遣的； （十二）发生医疗事故或者发现传染病疫情，患者涉嫌伤害事件或者非正常死亡，不按照规定报告的。

续表

《医师法》	《执业医师法》
受财物或者牟取其他不正当利益，或者违反诊疗规范，对患者实施不必要的检查、治疗造成不良后果； （六）开展禁止类医疗技术临床应用。	

（一）关键词

警告

警告属于申诫罚，是指县级以上人民政府卫生健康主管部门对有违法行为的医师提出警示和告诫，使其认识到所应负责任的一种处罚。其目的是通过给予医师告诫，使其以后不再作出违法行为。警告通常适用于违法程度轻微、社会危害性不大的行为。警告通常只对医师个人作出，知晓范围也限于医师本人或者限定范围内的人员，采取的是“点对点”的方式。[①]

暂停执业

暂停执业属于《行政处罚法》中的责令停产停业，是指县级以上人民政府卫生健康主管部门对有违法行为的医师暂时停止执业活动的制裁方法，属于能力罚，即在暂停执业期间，受处罚的医师不得开展执业活动，但医师执业资格并没有被剥夺，此前获得的医师职业资格证和医师执业证书仍然有效，经过整改和纠纷，在符合法定标准和要求后，医师无须重新申请医师执业资格和医师执业证书，就可以继续开展诊疗活动。

罚款、没收违法所得

罚款、没收违法所得都属于传统的财产罚。罚款是指由县级以上人民政府卫生健康主管部门责令有违法行为的医师在一定期限内缴纳一定货币的处罚行为。罚款是实践中被广泛使用的行政处罚种类。没收违法所得是指县级以上人民政府卫生健康主管部门将有违法行为的医师的违法所得收归国有的行政处罚，有强制性和无偿性的特征，较罚款而言，没收违法所

① 江必新、夏道虎：《行政处罚法条文解读与法律适用》，中国法制出版社 2021 年版，第 259-260 页。

得的惩戒程度更为严厉，在适用程序上也相对严格。

（二）条文含义

《医师法》第 55 条、第 56 条是从《执业医师法》第 37 条修订而来的，规定了对医师违反《医师法》相关义务性规定的行政处罚措施。第 56 条与第 55 条相比，由于相关违法行为可能涉及获取非法利益，因而增加了对有违法行为医师违法所得进行没收的行政处罚措施。《医师法》第 55 条、第 56 条规定的承担行政责任的主体都是具有执业医师证书的医师。具体行政处罚措施包括警告、没收违法所得、暂停 6 个月以上 1 年以下执业活动、处 1 万元以上 3 万元以下的罚款、吊销医师执业证书。

（三）操作要求

1. 理解法律竞合问题，正确适用法律规定。《立法法》第 88 条规定，法律的效力高于行政法规、地方性法规、规章。行政法规的效力高于地方性法规、规章。要根据上位法优于下位法、新法优于旧法的原则，正确适用法律规定。

（1）知情告知行政处罚问题。《医疗纠纷预防和处理条例》第 47 条规定，医务人员未按规定告知患者病情、医疗措施、医疗风险、替代医疗方案的，由县级以上人民政府卫生主管部门责令改正，给予警告，并处 1 万元以上 5 万元以下罚款；情节严重的，对有关医务人员可以责令暂停 1 个月以上 6 个月以下执业活动。《医师法》第 55 条规定，在提供医疗卫生服务或者开展医学临床研究时，医师未按照规定履行告知义务或者取得知情同意的，由县级以上人民政府卫生健康主管部门责令改正，给予警告；情节严重的，责令暂停 6 个月以上 1 年以下执业活动直至吊销医师执业证书。《医师法》没有罚款的规定，而增加了吊销医师执业证书的规定。根据上位法优于下位法的原则，应该适用《医师法》。

（2）隐匿、伪造、篡改或者擅自销毁病历等医学文书及有关资料的行政处罚问题。《医疗纠纷预防和处理条例》第 45 条规定，医疗机构篡改、伪造、隐匿、毁灭病历资料的，对有关医务人员责令暂停 6 个月以上 1 年以下执业活动；造成严重后果的，对有关医务人员由原发证部门吊销执业证书。《医师法》第 56 条规定，医师在执业活动中隐匿、伪造、篡改或者擅自销毁病历等医学文书及有关资料，由县级以上人民政府卫生健康主管部门责令改正，给予警告，没收违法所得，并处 1 万元以上 3 万元以下的罚款；情节严重的，责令暂停6 个月以上1 年以下执业活动直至吊销医师执业证书。《医师法》的规定更为严苛。根据上位法优于下位法的原则，应该适用《医师法》。

2. 重视患者隐私和个人信息保护。《医师法》将《执业医师法》中的“泄露患者隐私，造成严重后果的”修改为“泄露患者隐私或者个人信息”，不再要求造成严重后果，体现了在《民法典》背景下，对患者隐私或者个人信息的高度重视和保护，这就要求医师在诊疗活动中要高度重视保护患者隐私或者个人信息。

3. 了解《医师法》取消了使用未经批准使用的药品、消毒药剂和医疗器械引发的行政处罚措施。《执业医师法》第 37 条规定，使用未经批准使用的药品、消毒药剂和医疗器械的，由县级以上人民政府卫生行政部门给予警告或者责令暂停 6 个月以上 1 年以下执业活动。《医师法》第 28 条规定，医师应当使用经依法批准或者备案的药品、消毒药剂、医疗器械，该条为义务性条款，但是在法律责任中却未规定行政处罚措施。没有规定行政处罚措施并不代表可以对此进行滥用，要严格按照规范诊疗，做好知情告知。

（四）案例分析

【案例 9-02】医师伪造病历被行政处罚案[①]

山东省滕州市某医疗美容诊所法人陈某在未取得医师资格的情况下为患者魏某实施了隆鼻术并造成术后鼻头坏死，诊所医师孙某强在未参与诊疗过程的情况下伪造了病历资料。该医疗美容诊所使用非卫生技术人员陈某开展医疗美容手术并给患者造成伤害的行为违反了《医疗机构管理条例》

---

① 中华人民共和国国家卫生健康委员会：《国家卫生健康委公布 2019 年医疗美容违法违规典型案件》，载中华人民共和国国家卫生健康委员会官网，http：//www.nhc.gov.cn/zhjcj/s8380/201911/e-1a5b60cc8674ca7bad32a8b9502cfb4.shtml，最后访问日期：2021 年 8 月 29 日。

第 28 条，依据《医疗机构管理条例》第 48 条及《医疗机构管理条例实施细则》第 81 条第 1 款第 1 项，2019 年 4 月 1 日，滕州市卫生健康局对滕州市某医疗美容诊所作出罚款人民币 5000 元并吊销《医疗机构执业许可证》的行政处罚。陈某未取得医师资格即开展医疗美容手术并对患者魏某造成伤害的行为违反了《执业医师法》第 14 条第 2 款，依据《执业医师法》第 39 条的规定，2019 年 4 月 1 日，滕州市卫生健康局对陈某作出了罚款人民币 70000 元的行政处罚。医师孙某强伪造医学文书及有关资料的行为违反《执业医师法》第 23 条第 1 款，依据《执业医师法》第 37 条第 5 项的规定，2019 年 4 月 1 日，滕州市卫生健康局对孙某强作出了暂停 6 个月执业活动的行政处罚。

四、关于医师的超范围执业法律责任条文理解

《医师法》	《执业医师法》
第 57 条　违反本法规定，医师未按照注册的执业地点、执业类别、执业范围执业的，由县级以上人民政府卫生健康主管部门或者中医药主管部门责令改正，给予警告，没收违法所得，并处一万元以上三万元以下的罚款；情节严重的，责令暂停六个月以上一年以下执业活动直至吊销医师执业证书。	新增条款

（一）关键词

超范围执业

超范围执业首先肯定了医师执业主体的合法性，超范围执业的医生具有医师执业证书，具备开展医学活动、从事防治疾病的能力与资格，只不过未严格遵循注册的执业地点、执业类别、执业范围执业。超范围执业并不属于“非法行医”。

（二）条文含义

本条规定了关于超范围执业的行政处罚措施，承担行政处罚责任的主

体是具有医师执业证书的医师。本条规定的主要目的是维护医师执业的秩序。只要医师未按照注册的执业地点、执业类别、执业范围执业就属于违法，不管其有无造成具体的危害后果，都应当受到责任追究。

《医师法》第 14 条第 1 款规定，医师经注册后，可以在医疗卫生机构中按照注册的执业地点、执业类别、执业范围执业，从事相应的医疗卫生服务。《医师执业注册管理办法》第 7 条规定，医师执业注册内容包括：执业地点、执业类别、执业范围。执业地点是指执业医师执业的医疗、预防、保健机构所在地的省级行政区划和执业助理医师执业的医疗、预防、保健机构所在地的县级行政区划。执业类别是指临床、中医（包括中医、民族医和中西医结合）、口腔、公共卫生这几种类别。执业范围是指医师在医疗、预防、保健活动中从事的与其执业能力相适应的专业。《关于医师执业注册中执业范围的暂行规定》又对临床、中医、口腔、公共卫生 4 个执业类别进一步细分了专业范围。

按照注册的执业地点、执业类别、执业范围执业是医师开展诊疗活动的前提和基础，如果医师未按照注册的执业地点、执业类别、执业范围执业，将面临非常严格的行政处罚，处罚的种类包括警告、没收违法所得、并处 1 万元以上 3 万元以下的罚款，责令暂停 6 个月以上 1 年以下执业活动直至吊销医师执业证书。

（三）操作要求

在医疗实务中，医师的执业范围一般由医疗机构在内部分工来确定。医疗机构管理者在本医疗机构批准的诊疗科目内将新录用的医学专业毕业生分配到相应的临床科室，接受相关医学专业的临床训练，在其通过医师资格考试后，再为其申请医师临床执业注册时需要确定执业范围。医师执业范围是医疗机构因工作需要内部分工的结果。因此，对医师的执业范围，在其经过一定的培训、训练和考核之后，同样可以进行调整。

对医疗执业范围的理解和认定不宜过分狭隘和苛刻。在认定医师执业范围时应当排除作为医师所应当具备的基本的诊疗技能所及的疾病范围，考虑的是那些需要专科性很强的医学知识和技能才能处置的病症。认定医师执业范围时，应当区分共知性医学知识和技能与特殊性疾病的诊治。无视共知性医学知识和技能，机械地认定医师执业范围并予以处罚是形而上的，也是错误的，这种做法违背临床医学基本原理，也违背医师注册需要确定执业范围的本意。

随着医学诊疗新技术、新设备、新方法的应用和推广，医师执业类别和执业范围之间的界限呈现出模糊化、融合化、交叉性的特点，中医西医化、内科外科化，诊疗活动中超范围执业现象较为普遍，行政处罚也比较多。《医师法》积极回应现实中存在的问题，进行了制度性安排，通过增加医师职业类别、拓宽执业范围，为依法执业提供法律依据和保障。医疗机构和医师要做的是增强法律意识，做好自己执业的“守门人”，从源头上做到合法合规，认真按照《医师法》的要求，经培训和考核合格，增加执业范围，使用、采用与其专业相关的中医药、西医药技术方法。

有关超执业地点、超执业类别、超执业范围的认定，可参阅本书第二章第二节有关内容。

五、非医师行医的法律责任条文理解

《医师法》	《执业医师法》
第59条　违反本法规定，非医师行医的，由县级以上人民政府卫生**健康主管**部门**责令停止非法执业活动，**没收违法所得和药品、**医疗器械，**并处**违法所得二倍以上十倍以下的**罚款，**违法所得不足一万元的，按一万元计算。**	**第39条　未经批准擅自开办医疗机构行医或者**非医师行医的，由县级以上人民政府卫生**行政**部门**予以取缔，**没收其违法所得**及其**药品、器械，并处**十万元以下的**罚款；**对医师吊销其执业证书；给患者造成损害的，依法承担赔偿责任；构成犯罪的，依法追究刑事责任。**

（一）关键词

非医师行医

非医师行医，也称无证行医、非法行医。《医师法》第2条规定，医师是指依法取得医师资格，经注册在医疗卫生机构中执业的专业医务人员，包括执业医师和执业助理医师。第 13 条第 4 款规定，未注册取得医师执业证书，不得从事医师执业活动。故非医师行医是指没有医师（助理医师）执业证书却以医师的名义从事诊疗活动、进行执业活动的行为，是非法行医的一种表现形式。

医师违法行医

医师违法行医是指持有医师（助理医师）执业证书的医师在诊疗活动中违反医疗卫生管理法律、行政法规、部门规章和诊疗护理规范、常规。《医师法》第 55 条、第 56 条列举的行为就是违法行为。因此，违法行医与非法行医有着本质上的区别。

（二）条文含义

本条是关于非医师行医应当承担法律责任的规定。承担法律责任的行为主体是未取得《医师资格证书》和《医师执业证书》却以医师名义从事医师执业活动的人员和已经取得《医师资格证书》但未经医师注册取得执业证书却以医师名义从事医师执业活动的人员。行政处罚措施包括停止非法执业活动、没收违法所得、罚款。

非医师行医长期以来被界定为“非法行医”，但非法行医的概念又往往与违法行医的概念相混淆，尤其在卫生行政执法中界限不清。在理论和实务上出现的非法行医的概念，是强调开展医疗活动、实施医疗行为的人不具有医师执业资格。医疗活动存在有创性、风险性和结果的不确定性，因而对开展医疗活动的人有着特殊的专业资格的要求，这种资格的要求是基于行为人受过系统而专业的训练，并经考核、考试合格，行为人在开展医疗活动时能遵守诊疗技术规范、临床实践指南的要求，将医疗活动中的风险降至最低；相反，没有经过系统专业训练的人实施医疗活动，将会给患者带来各种危及生命和健康的风险。因此将没有执业资格的人开展诊疗活动专门界定为“非法行医”，有别于有执业资格的人违反法律、法规、诊疗规范开展医疗活动的“违法行医”。

目前，我国学界对非法行医相关理论的构建尚不完善，导致卫生行政执法乃至司法裁判时会出现一些偏差，本书认为，对于非医师行医的判断，需要先确定行为人所实施的行为是否是医疗行为。关于医疗行为的判断，我们强调应当同时具备两个条件：一是需要有医学理论知识支持才能做好；二是行为的实施存在对人的身体、生命、健康产生危害的可能。只有行为人实施的行为是医疗行为才要求行为人应当具有医疗执业资格。因此，关于非医师行医的认定，应当强调几个条件：其一，行为人实施的行为是医疗行为；其二，行为人没有医疗执业资格；其三，行为人针对不特定的对象实施这种行为；其四，行为人所实施的医疗行为具有长期性；其五，行为人以医疗活动为业。①

（三）操作要求

为了更好地理解本条的规定，除了要对非医师行医有所了解之外，还有必要对非卫生技术人员从事医疗卫生技术工作进行研究。

究竟什么是卫生技术人员？《医疗机构管理条例实施细则》第 88 条规定，卫生技术人员是指按照国家有关法律、法规和规章的规定取得卫生技术人员资格或者职称的人员。根据《关于深化卫生专业技术人员职称制度改革的指导意见》（人社部发〔2021〕51 号）的规定，卫生专业技术人员职称划分为医、药、护、技 4 个专业类别。《深圳经济特区医疗条例》第 80 条第 5 项规定，卫生技术人员，是指按照规定取得医师、护士（师）、药师（士）、技师（士）等相应资格或者职称从事医疗卫生技术工作的人员。通过比较分析，非卫生技术人员应该包括非医师。但是非卫生技术人员并非单纯的非医、药、护、技人员，通过梳理卫生相关的部门规章等，非卫生技术人员从事医疗卫生技术工作主要包括以下几种情形。

1. 无资格亦无职称行医。医疗机构违反规定安排未取得医师资格的医学专业毕业生独立从事临床工作的，按照《医疗机构管理条例》第 48 条②的规定处理。未取得医师资格的医学专业毕业生违反规定擅自在医疗机构

---

① 参见刘鑫：《医事法学》（第 2 版），中国人民大学出版社 2015 年版，第 14-19 页。

② 2022 年 3 月 29 日，国务院公布《国务院关于修改和废止部分行政法规的决定》，将《医疗机构管理条例》第 48 条改为第 47 条，修改为“违反本条例第二十七条规定，使用非卫生技术人员从事医疗卫生技术工作的，由县级以上人民政府卫生行政部门责令其限期改正，并可以处以 1 万元以上 10 万元以下的罚款；情节严重的，吊销其《医疗机构执业许可证》或者责令其停止执业活动”。

中独立从事临床工作的，按照《执业医师法》第39条的规定处理［《卫生部关于医学生毕业后暂未取得医师资格从事诊疗活动有关问题的批复》（卫政法发〔2005〕357号）］。

2. 有资格未注册行医。医疗机构聘用取得医师资格但未经医师注册取得执业证书的人员从事医师执业活动的，按照《医疗机构管理条例》第48条的规定处理［《卫生部关于取得医师资格但未经执业注册的人员开展医师执业活动有关问题的批复》（卫政法发〔2004〕178号）］，但已取得《医师资格证书》，并具备申请执业医师注册条件的医师，非本人原因导致未获得《医师执业证书》前，在其人事关系所在单位和工作时间内的执业活动不属非法行医。已取得《医师资格证书》，并具备申请执业医师注册条件的医师，非本人原因导致未获得《医师执业证书》前，在其受聘的医疗预防保健机构和工作时间内的执业活动不属于非法行医。

3. 超许可范围行医。《医疗机构管理条例实施细则》第81条第2款规定，医疗机构使用卫生技术人员从事本专业以外的诊疗活动的，按使用非卫生技术人员处理。该款适用的对象是卫生技术人员，只在特定情况下按照非卫生技术人员对待。实践中主要有以下几种情况：（1）临床科室医师从事非本专业的诊疗活动，如内科看外科、外科看内科等；（2）技工从事医师执业工作（如技工从事镶牙等口腔诊疗）等；（3）护士从事医师执业工作；（4）其他临床医师（非医学影像和放射治疗专业医师）出具超声诊断报告、心电诊断报告，其他临床医师（非医学检验、病理专业医师）出具病理诊断报告等；（5）医技人员出具相关检查诊断报告，如技师出具B超诊断报告、心电图诊断报告、病理诊断报告等。[①] 但是，随着《医师法》的颁布实施，医师经相关专业培训和考核合格，可以增加执业范围。医师可以通过增加执业范围的方式规避法律风险。

4. 其他情形。《处方管理办法》第54条规定，医疗机构有下列情形之一的，按照《医疗机构管理条例》第48条的规定处理：（1）使用未取得处方权的人员、被取消处方权的医师开具处方的；（2）使用未取得麻醉药品

---

① 马良国：《业务交流丨医疗机构使用非卫生技术人员的相关规定及查处依据》，载搜狐网，https://www.sohu.com/a/296202669_707859，最后访问日期：2021年8月29日。

和第一类精神药品处方资格的医师开具麻醉药品和第一类精神药品处方的；(3) 使用未取得药学专业技术职务任职资格的人员从事处方调剂工作的。《台湾地区医师在大陆短期行医管理规定》第17条规定，医疗机构聘用未经大陆短期行医执业注册的台湾医师从事诊疗活动，视为聘用非卫生技术人员，按照《医疗机构管理条例》第48条的规定处理。《香港、澳门特别行政区医师在内地短期行医管理规定》第17条规定，医疗机构聘用未经内地短期行医执业注册的港澳医师从事诊疗活动，视为聘用非卫生技术人员，按照《医疗机构管理条例》第48条的规定处理。

5. 刑事司法上的“非法行医”与行政管理上的“非法行医”有区别。根据《最高人民法院关于审理非法行医刑事案件具体应用法律若干问题的解释》第1条的规定，“未取得医生执业资格的人非法行医”是指以下情形之一：(1) 未取得或者以非法手段取得医师资格从事医疗活动的；(2) 被依法吊销医师执业证书期间从事医疗活动的；(3) 未取得乡村医生执业证书，从事乡村医疗活动的；(4) 家庭接生员实施家庭接生以外的医疗行为的。[①] 显然，在刑事司法上，认定非法行医是以行为人是否取得医师资格界定的，但对取得了医师资格但未经注册而行医的人，不能认定为非法行医罪的犯罪主体。

有关非医师行医的认定，可参阅本书第二章第二节的有关内容。

(四) 案例分析

【案例9-03】非医师行医被行政处罚案[②]

2019年7月22日，威海市某区卫健局在对某卫生院进行卫生监督管理中发现，马某义从2016年1月到2018年11月在某卫生院中医科从事雷火灸相关诊疗活动，其未取得《医师资格证书》和《医师执业证书》，涉嫌未取得医师执业资格擅自开展诊疗活动，遂予以立案调查。该卫健局于2019年7月22日依法制作了《现场笔录》，调取了接受雷火灸治疗的部分

---

① 《最高人民法院关于审理非法行医刑事案件具体应用法律若干问题的解释》(法释〔2016〕27号)。

② 马某义、威海市某区卫生健康局卫生行政管理诉讼案，山东省威海市环翠区人民法院 (2020) 鲁1002行初3号行政判决书；山东省威海市中级人民法院 (2020) 鲁10行终100号行政判决书。

患者的住院病历，同时对某卫生院依法作出了《卫生监督意见书》，提出监督意见：责令某卫生院不得使用非卫生技术人员从事医疗卫生技术工作，也不得使用卫生技术人员从事本专业以外的诊疗活动，应立即停止违法活动，并立即改正。

某区卫生局分别于2019年7月26日及9月5日依法对马某义进行了调查询问，并制作了《询问笔录》，在《询问笔录》中，马某义认可其以某卫生院的名义对外独立开展赵氏雷火灸诊疗活动，其病人到医院后先办理住院手续，然后根据病情在中医科由其对病人进行雷火灸治疗，其并未取得《医师资格证书》和《医师执业证书》。2019年9月20日，某区卫生局作出了《行政处罚事先告知书》，告知马某义其违法事实、拟作出的处罚及依据，并告知其享有陈述、申辩及听证的权利。同日，马某义申请进行听证。某区卫生局于2019年10月17日依法组织听证，并制作听证笔录。2019年10月18日，听证人员依法作出《听证意见书》，提出以下意见：听证认为本案事实清楚、证据确凿、程序合法、法律适用正确，建议对马某义未取得医师执业资格擅自开展诊疗活动的违法行为，给予罚款人民币50000元、没收违法所得人民币1625298元的行政处罚。某区卫生局于2019年10月18日作出了《行政处罚决定书》，并向马某义送达。马某义对该处罚决定书不服，遂诉至法院。

一审法院判决驳回了马某义的诉讼请求。二审法院判决驳回马某义的上诉，维持原判。

【案例9-04】非卫生技术人员从事医疗卫生技术工作被行政处罚①

2020年2月28日，某县卫健委执法人员发现某县人民医院的ICU医师何某锋持有的《执业医师资格证》的类别为“中医”，遂立案调查。经现场调查、询问，发现何某锋的《执业医师资格证》的类别为“中医”，《执业医师执业证书》的执业类别为“中医”、执业范围为“中医专业”；何某锋于2014年6月至9月在赣州市人民医院ICU进修学习，经考核合格，给予结业；何某锋于2016年12月15日参加了由江西省重症医学科质量控制

---

① 某县人民医院与某县卫生健康委员会行政诉讼案，江西省龙南县人民法院（2020）赣0727行初35号行政判决书；江西省赣州市中级人民法院（2020）赣07行终452号行政判决书。

中心主办的“江西省第五期重症医学科专业医师培训班”学习，考核合格。

某县卫健委于2020年2月28日向某县人民医院作出《卫生监督意见书》，要求立即停止何某锋在ICU从事诊疗活动。2020年3月3日，某县卫健委向某县人民医院作出《行政处罚事先告知书》，认定某县人民医院任用非卫生技术人员从事诊疗活动，拟对其作出警告并罚款人民币3000元整的行政处罚，并告知其享有陈述和申辩的权利等。2020年3月5日，某县人民医院向某县卫健委提出《行政处罚申辩书》，认为何某锋合法执业，不存在任用非卫生技术人员从事诊疗活动的行为，要求撤销《行政处罚事先告知书》及对某县人民医院的处罚决定。被告于2020年3月11日向某县人民医院作出《行政处罚决定书》，以某县人民医院任用非卫生技术人员从事诊疗活动的行为违反了《医疗机构管理条例》第28条的规定为由，依据《医疗机构管理条例》第48条及《医疗机构管理条例实施细则》第81条第2款的规定，参照《江西省卫生计生行政处罚裁量权实施办法》及《江西省卫生计生行政处罚裁量权细化标准（试行）》，按照《医疗机构管理条例实施细则》第81条细化标准的规定，决定予以某县人民医院警告并处罚款人民币3000元的行政处罚，同时告知其享有行政复议和行政诉讼的权利，并予以送达。某县人民医院对该决定不服，遂诉至法院。

法院经审理认为，《执业医师法》第14条规定：“医师经注册后，可以在医疗、预防、保健机构中按照注册的执业地点、执业类别、执业范围执业，从事相应的医疗、预防、保健业务。未经医师注册取得执业证书，不得从事医师执业活动。”《中医药法》第55条规定：“违反本法规定，经考核取得医师资格的中医医师超出注册的执业范围从事医疗活动的，由县级以上人民政府中医药主管部门责令暂停六个月以上一年以下执业活动，并处一万元以上三万元以下罚款；情节严重的，吊销执业证书。”《关于医师执业注册中执业范围的暂行规定》第2条第1款规定：“医师进行执业注册的类别必须以取得医师资格的类别为依据。医师依法取得两个或两个类别以上医师资格的，除以下两款情况之外，只能选择一个类别及其中一个相应的专业作为执业范围进行注册，从事执业活动。医师不得从事执业注册范围以外其他专业的执业活动。”《医疗机构管理条例实施细则》第81条规定："任用非卫生技术人员从事医疗卫生技术工作的，责令其立即改正，并可处以三千元以下的罚款；有下列情形之一的，处以三千元以上五千元以下罚款，并可以吊销其《医疗机构执业许可证》：（一）任用两名以上非卫生技术人员从事诊疗活动；（二）任用的非卫生技术人员给患者造成伤害。医疗机构使用卫生技术人员从事本专业以外的诊疗活动的，按使用非卫生技术人员处理。"《医疗机构管理条例》第28条规定："医疗机构不得使用非卫生技术人员从事医疗卫生技术工作。"第48条规定："违反本条例第二十八条规定，使用非卫生技术人员从事医疗卫生技术工作的，由县级以上人民政府卫生行政部门责令其限期改正，并可以处以5000元以下的罚款；情节严重的，吊销其《医疗机构执业许可证》。"根据上述规定可知，医师执业注册后，必须按照注册的"执业类别"和"执业范围"执业。本案中，何某锋持有的《执业医师资格证》的类别为"中医"，《执业医师执业证书》的执业类别为"中医"、执业范围为"中医专业"，但其却在某县人民医院的ICU从事临床医疗活动，并对外科患者进行诊疗，属于从事本专业以外的诊疗活动，该情形应按使用非卫生技术人员处理。即使何某锋经过了"重症医学科专业医师培训"学习，也不能据此认为其取得了临床类别的执业医师资格。所以，某县卫健委认定某县人民医院任用非卫生技术人员从事诊疗活动，并作出警告、罚款人民币3000元的行政处罚，具有事实和法律依据。一审法院判决驳回了某县人民医院的诉讼请求，二审法院判决驳回了某县人民医院的上诉，维持原判。

分析与讨论

按照《医疗机构管理条例实施细则》的规定，中医医师在ICU从事临床医疗活动属于非卫生技术人员从事医疗卫生技术工作。《医师法》第14条第2款规定，中医、中西医结合医师可以在医疗机构中的中医科、中西医结合科或者其他临床科室按照注册的执业类别、执业范围执业。第3款规定，医师经相关专业培训和考核合格，可以增加执业范围。法律、行政法规对医师从事特定范围执业活动的资质条件有规定的，从其规定。随着《医师法》的颁布和实施，中医医师的执业问题将会得到改善，其可以通过参加培训和考核、增加执业范围解决其执业的合法性问题。

六、医疗卫生机构不尽报告义务的行政处罚

《医师法》	《执业医师法》
第61条　违反本法规定，医疗卫生机构未履行报告职责，**造成**严重后果的，由县级以上人民政府卫生**健康主管**部门给予警告，**对直接负责的主管人员和其他直接责任人员**依法给予处分。	**第41条**　医疗、**预防、保健**机构未**依照本法第十六条的规定**履行报告职责，**导致**严重后果的，由县级以上人民政府卫生**行政**部门给予警告；**并对该机构的行政负责人**依法给予**行政**处分。

（一）关键词

报告职责

我国医疗服务采用医疗卫生机构执业制，非个人执业制。医务人员获得医师资格后，必须在一家医疗机构执业，并将该医疗机构注册为主要执业机构。医疗机构对在该医疗场所执业的医师负有管理义务，对医师执业活动中出现的违法、违规情况，接到医师报告的执业活动中的异常情况，或者医疗机构在管理过程中主动发现的需要上报的异常情况，有义务向批准设立该医疗机构的卫生行政部门及上级部门或者有关部门报告。

直接负责的主管人员

首先是对法律调整对象的角色定位，必须是主管人员。主管人员，一般是指在单位中对单位事务具有管理职权的人，即对单位具有组织、指挥、管理、监督等管理权的单位机关人员。在规模庞大、层级较多的单位，在单位领导机关授权范围内单位的部门负责人或者分支机构的负责人，也应视为单位的主管人员。其次是对其应当承担责任的原因进行规定，即直接负责。在其直接负责的主管范围、业务领域出现了状况，相关负责人因为懈怠、疏忽、不作为等，导致不良后果的发生，或者发生不良后果不及时采取补救措施，应当承担相应的责任。

直接责任人员

医疗场所不良事件的发生，可能原因众多，涉及主体、环节较多。有

的责任主体没有行政职务，甚至不是正式工作人员，而是实习生，或者其他部门的人员，但事件的发生与其不当操作、违法行为有关联，也应当承担责任。

（二）条文含义

《医师法》第61条规定了医疗卫生机构对医务人员、医疗场所、医疗服务的管理职责中的报告义务。需要报告的事项包括：（1）本法第17条规定，医师出现了法定情形，注销注册，废止医师执业证书，医师所在医疗卫生机构应当在30日内报告准予注册的卫生健康主管部门；（2）本法第33条规定了医师在执业活动中发现了传染病疫情、医疗不良事件、医疗事故、假药劣药、患者涉嫌伤害事件或者非正常死亡等，应当报告，医师一般直接向本医疗机构管理部门报告，医疗机构接到医师报告后，应当向卫生行政部门或者其他部门报告；（3）其他法律、法规对医疗机构还规定了一些特殊的报告义务。医疗机构对于应当报告而没有报告，导致不良后果的发生，在卫生行政部门对该事件进行调查处理时，对医疗机构及相关人员予以问责、处罚。

本条规定的问责处理是“双罚”，既对医疗机构进行处罚——警告；也对直接负责的主管人员和其他直接责任人员给予行政处分。对医疗机构的警告属于行政处罚的范畴，被处罚的医疗机构可以依法寻求法律救济。对人员的处理则属于行政问责，不属于行政处罚范畴。有关当事人对处分不服，可以依行政管理程序向有关部门申诉，要求复查。

（三）操作要求

1. 卫生行政部门适用该条对医疗卫生机构及相关人员的处理，主要是针对《医师法》第17条的情况。《医师法》对医师执业资格采取了更为严格的管理态度，医师执业资格依法应当注销、医师执业证书依法应予废止的，由于管理疏漏没有注销，没有废止，以至于不合格的人员仍然持有医师执业证书，仍然实施医疗行为，给患者造成了伤害，或者引发了其他严重后果，这是管理疏漏、不履行职责的结果，相关机构和人员应当被追究责任。

2. 适用本条对医疗机构及相关人员的问责，应当以事实调查为基础，严格遵守“以事实为依据，以法律为准绳”的原则进行问责。卫生行政部门应当严格遵守行政法律程序，对相关证据予以固定，相关人员的权益应当得以保障，并允许当事人进行陈述、申辩。相关的行政处理要严格遵循“比例原则”等。

七、与医师管理有关人员法律责任条文理解

《医师法》	《执业医师法》
第 62 条　违反本法规定，卫生**健康主管**部门**和其他有关部门**工作人员或者医疗卫生机构工作人员弄虚作假、滥用职权、玩忽职守、徇私舞弊的，依法给予处分。	**第 42 条**　卫生**行政**部门工作人员或者医疗、**预防、保健**机构工作人员违反本法**有关**规定，弄虚作假、玩忽职守、滥用职权、徇私舞弊，**尚不构成犯罪的**，依法给予**行政**处分；**构成犯罪的，依法追究刑事责任。**

（一）关键词

政务处分、处分

《公职人员政务处分法》规定，监察机关依法给予违法的公职人员政务处分。公职人员的任免机关、单位应当按照管理权限，依法给予违法的公职人员处分。二者的区别主要表现为主体不同，政务处分的主体是监察机关，处分的主体是公职人员的任免机关、单位。任免机关、单位给予其所管理的公职人员处分，与《公务员法》等现行法律法规的规定保持了协调。政务处分与处分不是对立的，二者存在许多共通之处。根据《公职人员政务处分法》的规定，政务处分与处分在种类（警告、记过、记大过、降级、撤职、开除）、期间、适用的违法情形，从重、从轻或者减轻、免予或者不予处分及对违法利益的处理等方面是完全一致的，确保了有同样违法行为的公职人员不因实施机关、单位的不同而受到轻重不同的责任追究，体现了责任追究的公正性。①

① 陈三坤：《正确理解和适用政务处分与处分》，载《中国纪检监察》2020 年第 13 期。

（二）条文含义

本条所规定的违法行为的主体是卫生健康主管部门和其他有关部门工作人员或者医疗卫生机构工作人员，而非医师。违法行为主体的客观表现是不法作为，即弄虚作假、滥用职权、玩忽职守、徇私舞弊。本条的处分既包括公职人员任免机关、单位按照管理权限加强对公职人员的教育、管理、监督，依法给予违法的公职人员处分，还包括监察机关按照管理权限，依法给予违法的公职人员政务处分。具体给予何种处分。应根据违法行政处罚行为的情节、违法程度及危害结果的不同分别作出决定。①

（三）操作要求

党的十八届四中全会提出依法治国战略方针后，建设法治政府、依法行政、依法履职已成为各级政府的重要施政原则，也成为社会监督的重要内容。卫生健康主管部门和其他有关部门的工作人员或医疗卫生机构的工作人员在工作中要始终坚持“为人民服务”的宗旨，严格按照法律法规的要求，依法履行法定职责。

第三节　医师违法的民事责任

一、医师违法的民事责任概述

民事责任指民事主体因违反民事义务而依法应承担的民事法律后果。《医师法》关于医师的民事责任的规定有两个方面：一方面本法第 27 条第 3 款规定，国家鼓励医师积极参与公共交通工具等公共场所急救服务；医师因自愿实施急救造成受助人损害的，不承担民事责任。另一方面本法第 63

① 江必新、夏道虎主编：《行政处罚法条文解读与法律适用》，中国法制出版社 2021 年版，第 259-260 页。

条规定，违反本法规定，构成犯罪的，依法追究刑事责任；造成人身、财产损害的，依法承担民事责任。在立法思路和用词上与《民法典》等法律法规保持了逻辑体系上的一致性，如《民法典》第184条、第1219条等。

在医疗过程中，涉及民事责任的纠纷主要有两种：医疗服务合同纠纷和医疗损害侵权责任纠纷。医疗服务合同是指由医患双方当事人约定的、由医方提供医疗服务、患方接受医疗服务并支付医疗费用的合同。医疗服务合同是非典型合同，其特点是强调过程，而非结果。因此，对医疗违约的认定，应考察医疗机构及其医务人员在为患者提供医疗服务过程中，是否尽到了与当时的医疗水平相应的诊疗义务，是否存在违法违规、违反诊疗规范并造成损害的事实，而不能仅以结果论是非，[①] 在法律适用上参照《民法典》合同编的一般规定承担相应违约责任。在传统的医疗纠纷诉讼中，由于合同违约不适用精神损害赔偿责任，当事人几乎都是通过损害赔偿提起侵权之诉，《民法典》实施后，这种情况可能会有所改变。《民法典》第996条规定了违约精神损害赔偿，即“因当事人一方的违约行为，损害对方人格权并造成严重精神损害，受损害方选择请求其承担违约责任的，不影响受损害方请求精神损害赔偿”，今后的医疗纠纷违约之诉可能会增多。鉴于人们的思维惯性，医疗纠纷侵权损害之诉仍然会是常态，本节主要讨论医疗侵权损害民事责任。

二、医师违法的民事责任条文理解

《医师法》	《执业医师法》
第63条　违反本法规定，构成犯罪的，依法追究刑事责任；造成人身、财产损害的，依法承担民事责任。	新增条款

① 刘鑫、陈伟、张宝珠主编：《民法典时代医疗活动实务指南》，国家行政管理出版社2021年版，第90页。

（一）关键词

医疗损害责任构成

医疗损害责任是侵权责任的一种特殊类型。侵权责任的构成必须具备4个要件：损害事实、违法行为、因果关系、主观过错，缺少其中任何一个要件，侵权责任都不能成立。医疗损害责任适用过错责任原则，在此情形下，其侵权责任构成同样要具备缺一不可的4个要件，对此，《民法典》第1218条作出了明确规定，“患者在诊疗活动中受到损害，医疗机构或者其医务人员有过错的，由医疗机构承担赔偿责任”。这条规定是医疗损害责任的一般条款，一是对“侵权责任编”第六章具有统领作用和指导意义；二是包含了侵权责任构成的所有要件，可以理解为对医疗损害责任构成的规定；三是明确了医疗损害的责任形态是替代责任。这是医疗机构及其医务人员规范诊疗行为或参与医疗纠纷诉讼、鉴定必须遵循的基本规则。

（二）条文含义

本条关于“违反本法规定……造成人身、财产损害的，依法承担民事责任”的规定是引致条款。[①] 这里的民事责任主要是指医疗卫生机构及其医务人员的违约行为或侵权行为给患者造成损害，依法应当承担的民事赔偿责任。因此，要准确理解本条规定的民事责任，就要将其与《民法典》合同编、侵权责任编的相关规定有机结合起来。这就要求医师不仅要依据《医师法》的规定对自己的执业行为予以约束和规范，还必须掌握《民法典》有关医疗违约、医疗损害的规定。

（三）操作要求

医疗损害责任的归责原则是指确定医疗机构承担医疗损害责任的一般原则，是在患者的人身损害事实已经发生的情况下，确定医疗机构对自己

① 引致条款又称引致规范，是指本身没有独立的规范内涵，甚至不具有解释规则的意义，单纯引致到某一具体规范，法官需要从所引致的具体规范的目的去确定其效果的法律条款。参见苏永钦：《私法自治中的经济理性》，中国人民大学出版社2004年版，第35页。

的医疗行为所造成的损害是否需要承担赔偿责任的准则。[①]《民法典》关于侵害民事权益的民事责任承担规定了3种归责原则：过错责任原则、过错推定责任原则和无过错责任原则。根据《民法典》第1218条，医疗损害责任适用过错责任原则，但第1222条规定的3种情形除外，该3种情形适用过错推定责任原则。

1. 一般过错责任原则

在《民法典》侵权责任编规定的7种特殊侵权责任类型中，除医疗损害责任类型外，均适用严格责任或过错推定责任，只有医疗损害责任明确规定适用过错责任和过错推定责任。过错责任原则，是指行为人侵害他人民事权益造成了损害，只有在存在过错的情况下，才对该行为所造成的损害承担侵权责任，没有过错的，即使造成损害后果或该行为与损害后果之间存在因果关系，也无须承担侵权责任，无过错则无责任。在诊疗活动中，如医疗机构或者医务人员的行为没有过错，即使患者有损害，医疗机构也无须承担任何责任。

2002年4月1日起施行的《最高人民法院关于民事诉讼证据的若干规定》第4条第8项规定，"因医疗行为引起的侵权诉讼，由医疗机构就医疗行为与损害结果之间不存在因果关系及不存在医疗过错承担举证责任"。这种无条件的双推定一直延续到了2010年7月1日《侵权责任法》实施。《侵权责任法》纠正了医疗损害责任一概适用过错推定归责原则的错误做法，更正为适用过错责任和有条件的过错推定。《民法典》沿用了《侵权责任法》的做法，在第1218条、第1222条分别作出了明确规定，在举证责任分配上回归"谁主张，谁举证"的诉讼规则。需要说明的是，2017年12月14日起施行的《最高人民法院关于审理医疗损害责任纠纷案件适用法律若干问题的解释》对此进行了微调，即患者主张医疗机构承担赔偿责任的，应当提交到该医疗机构就诊、受到损害的证据。患者无法提交医疗机构及其医务人员有过错、诊疗行为与损害之间具有因果关系的证据，依法提出医疗损害鉴定申请的，人民法院应予准许。

---

① 杨立新：《医疗损害责任研究》，法律出版社2009年版，第52页。

需要强调的是，医疗损害责任不适用“公平责任”。公平责任，又称衡平责任，是指在当事人双方对损害均无过错，但是依照法律的规定又不能适用无过错责任的情况下，由人民法院根据公平的理念，在考虑受害人的损害、双方当事人的财产状况及其他相关情况的基础上，判令加害人对受害人的财产损失予以适当补偿。[①] 公平责任本就不是侵权损害的归责原则，《民法典》之所以将第 1186 条规定放在侵权责任编损害赔偿一章，而没有放在一般规定的第一章，就是在说明该条是关于公平补偿责任的一般规定，而不是公平归责原则。从该条规定的内容上看，“受害人和行为人对损害的发生都没有过错的，依照法律的规定由双方分担损失”。这里的法律规定是指《民法典》第 1188 条（监护责任）、第 1190 条（暂时丧失意思能力损害责任）、第 1254 条（高空抛物坠物责任）规定的情形，医疗损害责任并不在其列。在司法实践中，为了“摆平”医患双方的利益冲突，采取所谓的公平原则以满足当事人无理索赔的判决并不鲜见，但这是不符合法律规定的。

2. 过错推定原则

所谓过错推定，是指行为人因过错侵害他人民事权益，依据法律的规定，推定行为人具有过错，如行为人不能证明自己没有过错，应当承担侵权责任。[②] 根据《民法典》侵权责任编第六章的规定，医疗损害责任原则上实行过错责任，在特殊情形下实行过错推定责任。关于医疗机构的过错推定，《民法典》第 1222 条规定了 3 种情形：（1）违反法律、行政法规、规章以及其他有关诊疗规范的规定；（2）隐匿或者拒绝提供与纠纷有关的病历资料；（3）遗失、伪造、篡改或者违法销毁病历资料。有观点认为，该条款的推定过错是直接认定，是不可推翻的过错推定，即直接认定医疗机构有过错，既不应该要求原告证明被告有错误，也不得准许被告举证证明自己无过错。本书认为这种观点值得商榷。过错推定是根据法定的基础事实推定侵权人有过错，本条法律规定的基础事实包括违反法律、行政法规、规章以及其他有关诊疗规范的规定，隐匿或拒绝提供病历资料，遗失、伪

① 《王利明学术文集·侵权责任编》，北京大学出版社 2020 年版，第 137 页。

② 《王利明学术文集·侵权责任编》，北京大学出版社 2020 年版，第 282 页。

造、篡改或者违法销毁病历资料。在医疗损害责任诉讼中，应先由患者举证证明推定过错适用的以上基础事实，适用过错推定的上述3种情形中任何一种情形存在，便可以由人民法院先推定医疗机构有过错，再给予医疗机构证明自己没有过错的机会，如果医疗机构能够证明其没有过错，所推定的过错则被推翻。反之，如果医疗机构未能有效证明自己没有过错，法院则可以最终认定其存在过错，并以此确定侵权责任。例如，患者主张自己受到了损害，医疗机构实施了伪造、篡改或者违法销毁病历资料的行为，将这些作为推定的基础事实，患者负有举证证明的义务，医疗机构对此当然可以予以反驳，如果能有效证明这些事实并不存在，则法院推定过错被推翻，过错推定并不等于过错认定。认为本条推定过错是直接认定、不得许可医疗机构证明自己没有过错的观点是明显站不住脚的、是武断的。另外，从侵权责任构成的角度讲，即使推定过错成立，也并不意味着其必然要承担侵权责任，因为过错行为与损害后果之间是否存在因果关系还是需要患者举证证明的。

【案例9-05】病历封存不及时，推定医疗机构存在过错[①]

丁某在某医院治疗，经抢救无效死亡。双方在医院启封复印原封存的病历资料时，医院工作人员在未告知患方的情况下加入了若干材料，致使双方发生纠纷，患方为此报警。封存件中的长期医嘱单、临时医嘱单存在两个不同的版本，证明医院确实向原封存的病历中加插了材料。因首次封存病历资料时，双方没有制作病历资料清单，故加入了哪些材料无法辨别。医院在一审中称不能确认加插材料的内容，二审中称所加插材料为死亡记录、死亡讨论记录等法律规定可以在患者死亡后补记的相关病历资料，医院亦未举证证明其加插材料的内容。在审理过程中，由于对病历存在争议，故无法鉴定。法院经审理认为，病历作为重要证据，医方加插材料，应当承担相应的侵权责任。一审法院判定医方承担60%的责任；二审认为医方应承担全部责任；高级人民法院再审认为医方应承担70%的责任；最后，最高人民法院认为，医院往已经封存的病历中加插材料的行为破坏了已封

① 曹某、丁某医疗过错损害赔偿纠纷案，最高人民法院（2016）最高法民再285号民事再审判决书。

存病历的完整性、真实性和客观性，明显系故意篡改病历的行为，推定医院有过错，由医方承担全部责任。

鉴于病历的重要作用，医疗机构应加强病历书写规范，应严格按照法律法规进行书写，医疗机构在病历书写方面要进行及时全面的培训。医务人员不得违规对病历进行涂改、伪造，避免画蛇添足。在医患双方发生争议后，医务人员最好不要再对病历内容进行任何形式的修改，包括整理、完善。否则可能会因病历的真实性存疑而承担不利的法律后果。由于医疗行为的高度科学性，患方的举证达到"可能"就有可能完成举证责任。

应注意，在司法实务中，笔误等与损害后果不存在因果关系的瑕疵并不一定会导致承担医疗损害责任。在实务中，常常见到由于病历存在矛盾、不足、修改痕迹而导致无法进行司法鉴定的情形，在此情形下，推定医疗机构存在过错及因果关系，故判定医疗机构承担相应的民事责任。

3. 无过错责任原则

在医疗损害责任中，有一种特殊情形，即医疗产品损害责任，其归责适用的是无过错责任原则（严格责任），医疗机构承担的是不真正连带责任，即医疗产品责任。所谓无过错责任，是指行为人的行为造成对他人的损害，不论该行为人是否具有过错，如不存在法定的免责事由，都应当承担侵权责任。[①]《民法典》第1223条规定，因药品、消毒产品、医疗器械的缺陷，或者输入不合格的血液造成患者损害的，患者可以向药品上市许可持有人、生产者、血液提供机构请求赔偿，也可以向医疗机构请求赔偿。患者向医疗机构请求赔偿的，医疗机构赔偿后，有权向负有责任的药品上市许可持有人、生产者、血液提供机构追偿。

可见，医疗机构承担的是不真正连带责任。所谓不真正连带责任，是指多数债务人就基于不同发生原因而偶然产生的同一内容的给付各负全部履行之义务，并因债务人之一的履行而使全体债务人的债务均归于消灭的债务。[②] 具体到医疗机构如何承担因医疗产品缺陷或血液不合格造成患者损害的民事责任，《最高人民法院关于审理医疗损害责任纠纷案件适用法律若

---

① 《王利明学术文集·侵权责任编》，北京大学出版社2020年版，第293页。

② 杨立新：《论不真正连带责任类型体系及规则》，载《当代法学》2012年第3期，第57-64页。

干问题的解释》第21条规定，因医疗产品的缺陷或者输入不合格血液受到损害，患者请求医疗机构，缺陷医疗产品的生产者、销售者或者血液提供机构承担赔偿责任的，应予支持。医疗机构承担赔偿责任后，向缺陷医疗产品的生产者、销售者或者血液提供机构追偿的，应予支持。因医疗机构的过错使医疗产品存在缺陷或者血液不合格，医疗产品的生产者、销售者或者血液提供机构承担赔偿责任后，向医疗机构追偿的，应予支持。这就是说，在医疗产品损害责任框架下，如果患者因医疗产品造成了损害并起诉了医疗机构，医疗机构应当先行赔偿，从这个角度上讲，医疗机构承担的是无过错责任，先行赔偿并不是最终责任，法律规定其可以向其他责任主体追偿，即不是真正的连带责任，但如果医疗机构本身存在过错，承担的赔偿责任可能就是最终责任。

【案例9-06】医疗机构与产品生产者承担连带责任的案件①

高某因伤到某医院住院治疗，医院为其进行了椎管内麻醉下右股骨切开复位钢板内固定术。高某在休养康复期间，其内固定钢板突然断裂，导致其再次住院治疗。高某先起诉了某医院，后在庭审过程中追加产品生产者某公司为共同被告。鉴定意见认为：(1) 产品质量不合格；(2) 金属接骨板断裂与质量缺陷存在因果关系；(3) 患者无过错。法院经审理认为，医院植入的钢板经鉴定存在缺陷，产品质量不合格，导致高某的二次伤害，致其伤残。在医疗产品责任纠纷案件中，产品本身的缺陷是产生问题的关键，但是对于给患者造成的损害，医疗机构开出的处方是不可或缺的，因此，医疗产品的生产者、销售者及医疗机构对患者的损害承担无过错连带赔偿责任。

医疗产品损害责任是不真正连带责任，患者可以向任意一方请求赔偿，之后赔偿方可以向真正的责任方追偿。在司法实务中，医疗机构在医疗产品损害责任中有着权重更大的责任，故医疗机构对于所使用的医疗产品应该更加细心、谨慎，严格遵守相应的法律法规，注意其来源、运输、仓储、使用、记录及发生事故时的封存等。如在使用大型医用设备、植入与介入

---

① 某公司与高某、某医院医疗产品责任纠纷案，湖北省襄阳市中级人民法院（2015）鄂襄阳中民二终字第00688号民事判决书。

类医疗器械时，应该在病历中标明其名称、关键性技术参数及唯一性标识信息。在实物的封存方面更强调医疗机构的义务，因未封存有争议的药品、输液器具，导致法院无法完全排除医疗产品不当与损害结果间的因果关系的，即医院未充分履行自己的举证义务，院方须承担相应的赔偿责任。

三、医疗损害责任的特殊问题

（一）紧急救治情况下注意义务要求降低

本部分讨论的紧急救治是在具有救助义务前提下的紧急救治。根据《医师法》第27条，医院不得拒绝急救处置，此时无法取得患者及其近亲属意见的，经医疗机构负责人或者授权的负责人批准，可以立即实施相应的医疗措施。《医师法》在法律上明确了在危急情况下医疗机构的紧急救治是义务，故医疗机构怠于救治的应当承担侵权责任。

司法实务中诉争的难点是“不能取得患者或者其近亲属的意见”是否包含其近亲属表示不同意的情形。这点在司法实务中尚没有达成一致意见。《最高人民法院关于审理医疗损害责任纠纷案件适用法律若干问题的解释》第18条规定了5种情形，即近亲属不明的；不能及时联系到近亲属的；近亲属拒绝发表意见的；近亲属达不成一致意见的；法律、法规规定的其他情形。故司法实务中大部分意见倾向于“近亲属表示不同意”不属于不能取得意见的情形，应该属于《民法典》第1224条第1款第1项规定的，患者或者其近亲属不配合医疗机构进行符合诊疗规范的诊疗，造成患者损害的，医疗机构不承担赔偿责任。

紧急情况下对生命垂危患者的救治，意味着患者病情危急，给医师留下的检查、诊断、制订方案、准备、操作的时间都有限，根据《民法典》第1221条的规定，医疗过错的判断是以医务人员是否尽到与当时的医疗水平相应的诊疗义务为标准，并且在第1224条第1款第2项规定，抢救生命垂危的患者的医师尽到与当时的医疗水平相应的诊疗义务的，不承担责任。

这些都说明在紧急救治情况下，对医师注意义务的要求降低。

【案例 9-07】李某父母诉北京某医院医疗损害赔偿纠纷案[①]

肖某陪李某就诊，因胎儿的父亲肖某始终不同意做剖腹手术，而是在手术单上写："坚持用药治疗，坚持不做剖腹手术，后果自负。"最终导致胎儿及李某抢救无效死亡。后李某的父母起诉北京某医院没有对李某采取有效的救助措施。法院经审理认定，北京某医院的医疗行为与李某的死亡后果之间没有因果关系，不构成侵权，不应当承担赔偿责任。最终，法院驳回了原告的诉讼请求，二审法院维持原判。

分析与讨论

医疗机构及其医务人员在依法履行了告知义务后，如果患者的近亲属不同意抢救，是不能强制实施抢救行为的，由此造成不良结果，医院的行为不构成侵权。

在紧急救治时，对于医疗机构造成不良后果性质认定的态度应当适当从宽，但同时应注意在紧急救治的过程中医疗机构也应尽到合理诊疗义务，存在过错的应当承担侵权责任。

（二）未取得医师执业资格行医的民事责任

在司法实践中，患者经常就诊疗人员的资质提出各种质疑，甚至可能针对诊疗文件中的每一个医务人员，故医疗机构应该尽到更多的审慎义务。

在医疗机构无法提供医务人员执业资格证书的情况下，医疗服务人员就属于无照执业，可能因此使医疗风险增加，给患者造成医疗损害，如果出现上述情况，法律对医疗机构及其医务人员的医疗行为将持否定评价，该行为本身具有违法性和主观过错，在这种行为与患者的损害后果之间存在因果关系的情况下，医疗机构应当对其工作人员的职务行为承担医疗损害责任。在一些消费性医疗案件中，如美容整形手术中，医师的执业资格存在问题，没有注册、超范围执业等，甚至可能会被科以《消费者权益保护法》第 55 条的惩罚性赔偿民事责任。

《医师法》第 34 条、第 35 条规定，执业助理医师应当在执业医师的指

---

① 中国应用法学研究所编：《侵权责任法疑难问题案例解读》，法律出版社 2011 年版，第 207 页。

导下参与临床诊疗活动；参加临床教学实践的医学生和尚未取得医师执业证书、在医疗卫生机构中参加医学专业工作实践的医学毕业生，应当在执业医师的监督、指导下参与临床诊疗活动，不得单独从事医师执业活动，不得出具任何形式的医学证明文件和医学文书。

根据《医师法》第15条的规定，医务人员可以在注册后多点执业。但是第57条也明确规定，超范围执业的，属于违法执业，当产生损害后果时，应承担相应的损害责任。因此，本书建议医师按照《医师法》第15条和《医师执业注册管理办法》的规定，办理多地点执业手续，或者变更执业的地点，否则就有承担法律责任的风险。当然，根据《医师法》第18条，会诊等行为不需要变更注册，也不属于超范围执业。如果在会诊中造成患者损害，根据《最高人民法院关于审理医疗损害责任纠纷案件适用法律若干问题的解释》第20条的规定，应该由邀请医疗机构承担赔偿责任。

【案例9-08】未取得执业医师资格的医学毕业生独立执业的损害赔偿责任案[①]

李某某因腹痛到某卫生院进行治疗，经治疗无效后宣告死亡。院方要求尸检，但家属拒绝尸检，后将遗体火化。在审理中，鉴定机构认为缺乏鉴定基础，不予受理。法院经审理认为，卫生院在患者死亡后没有立即封存病历资料，在纠纷的次日才将复印病历交给家属。本案现有的证据未能充分证明是见习医生独立治疗，但鉴于没有及时封存病历，不排除带教医生签名是事后在病历资料中补签的，即不排除见习医生独立从事了临床活动的可能性，故推定卫生院存在过错，由院方承担50%的责任。院方上诉后，二审维持了原判。

（三）医疗损害责任的免责事由

医疗损害责任除适用《民法典》侵权责任编第一章中“一般规定”的免责事由外，还适用第1224条的3种特殊免责事由：患者或者其近亲属不配合医疗机构进行符合诊疗规范的诊疗；医务人员在抢救生命垂危的患者

① 某中心卫生院与黄某金、黄某帮、黄某毅、黄某玲、黄某明、黄某英医疗损害责任纠纷案，广东省阳江市中级人民法院（2015）阳中法民一终字第275号民事判决书。

等紧急情况下已经尽到合理诊疗义务；限于当时的医疗水平难以诊疗。注意，在第一种情况下，医疗机构或者医务人员也存在过错的应当承担相应的责任。故医务人员在整个诊疗过程中应尽到合理注意义务。医疗机构管理者及医务人员应当认真分析和研究《民法典》第1224条的规定，将这3项原则性规定与医疗执业活动对号入座，并据此制定、修改医疗机构的规章制度、告知说明文书等文件，将医疗执业活动面临的医疗损害责任风险降至最低。

第四节　医师违法的刑事责任

一、医师违法的刑事责任概述

医师执业中的刑事法律责任是一种特殊主体职业犯罪的刑事法律责任，与一般的刑事法律责任不同，需要符合《医师法》规定的行为表现，从违背法律要求的特点上加以概括，可分为作为和不作为两种基本形式。作为是指以积极的外部动作实施法律所禁止的危害社会的行为。当然，在刑法意义上，这不是指某一个别的动作环节，而是由医师的一系列积极动作构成的。不作为是指医师有义务实施并且能够实施某种行为，而消极地不去实施自己应当履行义务的行为。医师在业务上有特定义务，在执业过程中必须履行，否则就是不作为。医师的职务行为构成犯罪的，追究其刑事责任，但必须明确其行为具备犯罪构成的要件。具体来说，就是在客观方面实施了《医师法》和刑法规定的危害行为，并且情节严重；在客体上侵犯了医疗卫生管理法律制度和公民的生命健康权；行为主体必须是取得医师资格和医师执业证书的合法医师；医师主观上必须有过错，即故意或过失。这4个方面是医师犯罪的法定基准线，是衡量罪与非罪、此罪与彼罪的尺度，四者构成了医师犯罪的一系列主观和客观要件的有机整体。《医师法》明确规定，医师执业的刑事责任是依法管理医疗卫生人员队伍、规范医师执业行为的重要法律手段，它使得我国医师制度的重要组成部分的法律责任问题更加全面和完善，对医师的法律约束更加明确和具体，将对保证和促进医师制度的健康发展发挥重要作用。

现行《刑法》的每一次修改都是在完善和健全我国的刑事法律制度，严格遵循罪刑法定原则。它针对医疗卫生领域的问题增加了危害公共卫生罪，将《刑法》的保护范围扩大至患者在接受医疗、预防、保健服务时，强化了医师在执业活动中的刑事法律义务。为此，《医师法》规定医师执业的刑事责任，就为医师正确行使在医疗、预防、保健执业活动中享有的法律权利、履行相应的法律义务提供了有力的法律保障。

医师因其以维护人民的生命健康和实现救死扶伤的人道主义目标的职业宗旨而具有神圣性，又因其有较高的收入而更具吸引力。然而，随着医疗市场的形成、医师队伍的扩大、同业竞争的日益激烈，行业不正之风也随之出现，一些严重违反医师职业道德和执业规则、漠视患者的生命健康利益，甚至触犯刑事法律的行为时有发生，严重损害了患者的合法权益，有些还造成了严重的后果。因此，《医师法》规定医师在执业活动中的刑事责任，既是完善医师执业法律责任的重要措施，也是对医师管理工作规范化的进一步强化，将更加严格地约束医师依法执业、依法行医。

二、医师违法的刑事责任条文理解

《医师法》	《执业医师法》
第 63 条　违反本法规定，构成犯罪的，依法追究刑事责任；造成人身、财产损害的，依法承担民事责任。	新增条款

（一）关键词

犯罪构成

犯罪构成是刑法学的基本概念，理论界通行的定义是：“犯罪构成就是我国刑法所规定，决定某种行为的社会危害性而为该行为所必需的一系列主客观要件的有机结合。”① 按照通行说法，犯罪构成的一般要件包括以下4个方面：“一是犯罪客体，指我国刑法所保护而犯罪行为所侵犯或威胁的社会关系；二是犯罪的客观方面，指犯罪人所实施的危害社会的行为、危害社会的结果，以及行为的方法、行为的时间、行为的地点等；三是犯罪主体，指具有刑事责任能力并实施危害社会行为的人；四是犯罪的主观方面，首先指行为人主观上有罪过（故意或过失），罪过是任何犯罪成立都必不可少的要件，对于某些犯罪构成来说，还要求必须具有特定的目的。”②

（二）条文含义

1. 本条为医师犯罪的指引性规定

本条为新增条文，是关于医师违反本法规定应当承担刑事责任及民事责任的法律依据。医师违法刑事责任，是指违反本法规定，符合《刑法》的犯罪构成要件，即可依法追究刑事责任。本条并没有具体规定医师的犯罪行为及刑罚，而是一种指引，具体犯罪应当适用《刑法》的有关规定。

2. 医师犯罪应当适用《刑法》的具体条文

医师违法刑事责任涉及的《刑法》条文主要有第141条生产、销售、提供假药罪，第266条诈骗罪，第335条医疗事故罪，第385条受贿罪等，可能涉及《刑法修正案（十一）》第38条非法采集人类遗传资源、走私人类遗传资源材料罪，第39条非法植入基因编辑、克隆胚胎罪，《刑法》第253条与《个人信息保护法》规定的侵犯公民个人信息罪等。表9-01罗列了部分医师职务犯罪的罪名。

表9-01　部分医疗职务犯罪罪名概览

序号	罪名	条文
1	医疗事故罪	335
2	非法行医罪	336（第1款）
3	非法进行节育手术罪	336（第2款）

① 贾宇：《刑法学》，中国政法大学出版社2009年版，第59页。
② 贾宇：《刑法学》，中国政法大学出版社2009年版，第63页。

续表

序号	罪名	条文
4	非法植入基因编辑、克隆胚胎罪	336之一
5	非国家工作人员受贿罪	163
6	受贿罪	385
7	侵犯公民个人信息罪	253之一
8	合同诈骗罪	224
9	诈骗罪	266
10	保险诈骗罪	198
11	妨害传染病防治罪	330
12	传染病防治失职罪	409
13	传染病菌种、毒种扩散罪	331
14	妨害国境卫生检疫罪	332
15	污染环境罪	338
16	生产、销售、提供假药罪	141
17	生产、销售、提供劣药罪	142
18	妨害药品管理罪	142之一
19	生产、销售不符合标准的医用器材罪	145
20	非法提供麻醉药品、精神药品罪	355
21	非法持有毒品罪	348
22	组织出卖人体器官罪	234之一（第1款）
23	非法组织卖血罪	333（第1款）
24	强迫卖血罪	333（第1款）
25	非法采集、供应血液、制作、供应血液制品罪	334（第1款）
26	采集、供应血液、制作、供应血液制品事故罪	334（第2款）
27	非法采集人类遗传资源、走私人类遗传资源材料罪	334之一
28	妨害动植物防疫、检疫罪	337（第1款）

（三）操作要求

关于医师违法的刑事责任，从狭义上讲，医师的行为首先应该违反《医师法》的规定（但不应仅限于违反《医师法》），其次应符合《刑法》的犯罪构成要件，即执业医师承担刑事责任的基本要件，是我国《刑法》规定的决定执业医师的某种执业行为构成犯罪所必须具备的客观和主观要件的有机整体，概括地说，就是犯罪的法定标准。其中包括 4 个方面：第一，犯罪客体是指我国《刑法》所保护，而为犯罪行为所侵犯的社会主义社会关系。执业医师的犯罪行为所侵犯的客体是复杂的客体，它既侵犯了病人的生命健康权，又侵犯了国家对医疗机构的管理秩序和医师执业制度，还侵犯了医疗单位的正常工作秩序，包括医疗机构的形象、声誉及名誉等。第二，犯罪客观方面，是指犯罪活动的客观外在表现。执业医师的犯罪客观方面具有自身的特殊性，主要表现在医师的执业活动中，因执业医师违反有关法律法规及制度规定而造成严重后果的情形。第三，犯罪主体，是指实施犯罪并承担法律责任的人。医师执业活动中的犯罪主体是特殊主体——执业医师，即在医疗、预防、保健机构中工作的，依照《医师法》第二章“考试和注册”中的有关规定，取得执业医师资格或者执业助理医师资格、经注册取得医师执业证书，从事相应的医疗、预防、保健业务的医生，不包括在医疗、预防、保健机构中从事医疗管理、后勤服务等工作的人员，也不包括虽有执业医师资格或者执业助理医师资格，但并不从事医师执业活动，而进行医学教学、医学理论研究或者医疗卫生行政管理等工作的人员，更不包括非法行医人员。未取得执业医师资格的人非法为他人进行节育手术或非法行医的，都不属于执业医师犯罪的主体，因而不属于本节讨论的范畴。第四，犯罪主观方面，是指犯罪主体对自己实施的危害社会的行为引起的危害社会的结果所持的心理态度，主要指罪过，也包括犯罪动机和目的。医师执业活动中，犯罪行为的犯罪主观方面既包括故意也包括过失。若要充分理解《医师法》中本条关于医师违法刑事责任的规定，就需要掌握《刑法》所规定的犯罪构成的 4 个要件。

三、案例分析

【案例 9-09】王某某、张某生产、销售假药案[①]

王某某（朝阳市某医院胃肠科承包人）、张某（该医院执业医师）在明知未经药品监督管理部门批准或检验的情况下，为张某接诊的病患开具未经批准或检验的中药处方，获利 34500 元。法院经审理认为：王某某、张某生产、销售假药，其行为已经构成生产、销售假药罪，王某某被判处有期徒刑 1 年，并处罚金人民币 100000 元，张某被判处有期徒刑 8 个月，缓刑 1 年，并处罚金人民币 30000 元。

【案例 9-10】于某某、陶某某、贺某某、张某某、杨某贪污案[②]

于某某（执业医师）受丹东市某某结合医院委托经营丹东市某某学校门诊部，法院经审理查明，于某某在经营某某门诊部期间伙同陶某某、贺某某、张某某、杨某，通过编造 700 余份《住院病历》《住院费清单》等材料，累计骗取特困居民医疗救助金人民币 1498757.80 元，个人实得 1099637.30 元。法院经审理认为：于某某犯诈骗罪，判处有期徒刑 10 年 6 个月，并处没收财产人民币 20 万元。

【案例 9-11】杨某、邓某受贿案[③]

杨某（所在医院骨科主任、执业医师）、邓某（所在医院骨科主治医师、执业医师）利用职务便利，在其担任职务的医院的骨科医疗器械采购、临床使用过程中为某医疗器械公司提供帮助，非法收受某医疗器械公司回扣 326208 元（杨某）、155928 元（邓某）。法院判决：杨某犯受贿罪，判处有期徒刑 3 年 3 个月，并处罚金 200000 元；邓某犯受贿罪，判处拘役 6 个月，缓刑 1 年，并处罚金 100000 元。

---

① 王某某、张某生产、销售假药案，辽宁省朝阳市双塔区人民法院（2017）辽 1302 刑初 27 号刑事判决书。

② 于某某、陶某某、贺某某、张某某、杨某贪污案，辽宁省丹东市中级人民法院（2015）丹刑二终字第 00009 号刑事裁定书。

③ 杨某、邓某受贿案，河南省潢川县人民法院（2016）豫 1526 刑初 185 号刑事判决书；河南省信阳市中级人民法院（2016）豫 15 刑终 441 号刑事裁定书。

分析与讨论

以上3起案例均来自中国裁判文书网，为医师违法刑事责任的典型案例，其违反执业医师相关法律法规，满足《刑法》规定的4个犯罪构成要件，其警钟无不为医师而鸣。随着社会的发展，越来越多的新型犯罪进入我们的视野，如《刑法修正案（十一）》第38条的非法采集人类遗传资源、走私人类遗传资源材料罪，第39条的非法植入基因编辑、克隆胚胎罪，《刑法》第253条与《个人信息保护法》规定的侵犯公民个人信息罪等。这就要求医师在执业过程中不仅要注意对医师法律法规的学习，更要有《刑法》等法律法规的基本常识，如此才不至于在执业生涯中留下遗憾与污点。

第五节　《医师法》实施中的鉴定问题

一、《医师法》涉及鉴定的情况概述

《医师法》在实施中，涉及法律事实的认定上，需要相关的证据证明。由于《医师法》规制的对象具有极强的专业特点，其在实践中往往需要借助科学证据，其中通过启动鉴定程序查明案件事实的情况比较常见，其所形成的鉴定意见为我国诉讼法规定的8种证据形式之一。

考察《医师法》的规定可以看到，很多条文涉及的法律要件在事实上都需要通过鉴定意见予以证明，例如，第55条第5项涉及医疗事故，是指医疗机构及其医务人员在医疗活动中，违反医疗卫生管理法律、行政法规、部门规章和诊疗护理规范、常规，过失造成患者人身损害的事故。在发生医疗事故争议时，往往需要依据医疗事故技术鉴定认定。

本法第63条规定的“民事责任”与“刑事责任”，包括因违反本法造成医疗损害而承担的民事责任、刑事责任。医疗损害刑事责任是指医疗事故罪，一般需要启动医疗事故技术鉴定。医疗损害民事责任是《民法典》

第 1218 条规定的医疗损害责任，因医疗损害发生争议诉讼到法院的，需要启动医疗损害鉴定进行责任认定。

本法第 16 条第 1 项规定，具有完全民事行为能力是准予医师注册的前提条件。由于医师是一个特殊职业，在治病救人的过程中，许多医疗措施是对人体有损伤的，如有创检查、手术、用药；由于职业的特殊性，医师常常会面对患者毫无自我保护能力的特殊状态，如瘫痪、制动、麻醉、意识模糊甚至昏迷，故医师具备民事行为能力是最基本的要求，也是保障医疗质量安全的首要条件。而在认定申请医师注册的公民有无民事行为能力时，则需要进行民事行为能力评定。

本法第 50 条规定，医师在职业活动中受到伤害的，依法享受工伤保险待遇。该条是《医师法》新增加的条款，一方面关注医师的职业风险，另一方面进一步保障了医师的合法权益。依据《工伤保险条例》（2010 年 12 月 20 日修订），工伤保险待遇包括工伤医疗待遇、康复费用、假肢辅助器具费用、护理费用、一次性伤残补助金等。职工发生工伤，经治疗伤情相对稳定后存在残疾、影响劳动能力的，应当进行劳动能力鉴定。

二、医疗事故鉴定与医疗损害鉴定

随着时代的发展、法律法规的出台，医疗事故的技术鉴定、医疗损害的鉴定制度也发生了改革和变迁，形成了“二元化”和“双轨制”的特点。在执行《医疗事故处理办法》时期，医疗损害鉴定制度采取的是省级卫生行政部门参与和管理的医疗事故技术鉴定模式，行政参与性是其主要特点。随着《医疗事故处理条例》《全国人民代表大会常务委员会关于司法鉴定管理问题的决定》《侵权责任法》（2021 年 1 月 1 日已被《民法典》取代）等法律法规的相继出台和实施，形成了医疗事故技术鉴定和医疗损害鉴定的“二元化”局面。医疗事故技术鉴定具有行政鉴定的性质，主要为医疗事故争议行政处理服务，是卫生健康主管部门对医疗机构及其医务人员进行行政处罚的依据；而后者主要为民事赔偿服务。当然，医疗事故技术鉴定意见也是法院处理医疗损害民事诉讼的依据。目前，诉讼前的医疗损害鉴定与诉讼中的司法鉴定，医学会和司法鉴定机构均可受理，医学会可以进行医疗事故技术鉴定与医疗损害鉴定，司法鉴定机构可以进行医疗损害鉴定。这种两个阶段、两种鉴定机构并存的“双轨制”模式是我国在这方面的特色。[①]

无论是医疗损害鉴定，还是医疗事故技术鉴定，鉴定的内容都包括：（1）是否存在医疗损害和损害程度；（2）是否存在医疗过错；（3）医疗过错与医疗损害是否存在因果关系；（4）医疗过错在医疗损害中的责任（原因力、参与度）程度。

（一）医疗过错鉴定

这是对医疗行为是否存在过错等专门性问题进行分析、评定和判断的活动。《民法典》第 1221 条规定，医务人员在诊疗活动中未尽到与当时的医疗水平相应的诊疗义务，造成患者损害的，医疗机构应当承担赔偿责任。因此，医疗过错的认定须考察医疗活动中医务人员是否尽到了其应当尽到的诊疗义务，包括注意义务和回避义务。前者指医务人员在对患者的病症进行检查和诊断时应当按照其职业上的要求，对患者的病症予以足够的、专业上的重视，对病症的细节和表现应当尽到专业的关注并作出恰当的诊断。同时，注意义务还表现在治疗方面，医务人员在制订治疗方案和实施过程中，要充分注意到患者的特殊性和治疗方案的危险性，对于可能发生的并发症、后遗症等应有相应的预测。[②]

但对于在鉴定过程中如何认定医疗过错，却没有相应权威的、具有高度确定性和可操作性的判定标准。无论是法律，还是行政法规，如《医疗事故处理条例》第 2 条与《民法典》第 1221 条等的规定都仅仅设立了大的医疗制度法律规范，从鉴定实践来看较为笼统而抽象，难以作为认定医疗过错的操作标准。关于医疗过错认定的、具有可操作性的标准不仅应当包括诊疗技术规范、操作规范和技术指南，还应包括没有书面文件但为

---

① 韩敏、黄伟、肖柳珍等：《医疗损害鉴定制度的挑战与反思》，载《中国卫生事业管理》2020 年第 4 期。

② 刘鑫：《医疗损害技术鉴定研究》，中国政法大学出版社 2014 年版，第 199 页。

业界公认的行业操作惯例。另外，在医疗过错的认定方面，《医师法》第三章第24条至第35条有关医疗执业规则的规定，都是医疗过错认定的依据。

关于医疗过错鉴定，应当把握两个要点。其一，医疗过错应当从医疗过程而不是医疗结果来判断。鉴定应从患者就医当时的情况往后查看医疗机构在实施医疗行为过程中是否存在违反法律、法规、诊疗规范、操作规程的医疗行为，不能用后面患者发展出来的结果倒推，要求医师在疾病早期、症状不典型的时候有准确的预见，倒推到当时医师该做什么医疗行为，这对医者是极其不公平也是极不科学与极不严谨的。其二，从具体操作层面上看，从注意义务的角度评价医疗过程，应从以下5个方面考察：问诊义务、检查义务、会诊义务、治疗义务、转诊义务，当然，并非所有案件都涉及这5个方面，有的案件只涉及1个或者几个方面。综上，构建科学合理的医疗过错鉴定规则体系是当务之急。①

（二）因果关系鉴定

在法律层面上，一般把因果关系分为法律因果关系和事实因果关系两类。法律因果关系是揭示在涉及法律争诉的法律关系中，当事人的行为与损害后果之间的具体关联情况；事实因果关系是科学层面的客观规律。由于判断法律因果关系是否存在的人必须是法官、医疗损害鉴定中分析判断的是事实因果关系。因此，鉴定人应当具备严谨的科学态度、高度的医学理论及科研造诣、丰富的学术研究经验和临床实践经验。但目前，无论是医学会还是司法鉴定机构作出的医疗鉴定文书大都只有因果关系的粗略判断，其结论表述较为武断，缺乏详细的判断依据。

鉴定人须从医学科学知识和理论的角度出发，结合循证医学的研究成果，对案件中医疗行为与损害结果之间的关联从科学角度进行判断。通过理论检索发现，循证医学与临床医学理论依据是科学判断的核心内容。循证医学的核心思想是在医疗决策中将临床证据、个人经验与患者的实际状况和意愿结合，而临床证据主要来自大样本随机对照临床试验和系统性评

---

① 刘鑫：《医疗损害技术鉴定研究》，中国政法大学出版社2014年版，第205-206页。

价或荟萃分析。临床医学理论是经过现代医学人几百年的研究和经验积累所形成的，已成为指导临床医师诊治疾病的重要理论依据。故本书建议，(1) 在因果关系鉴定实践中将循证医学与临床医学理论相结合，就因果关系进行分层判定：判定为有因果关系的应同时有循证医学（具有统计学意义的大样本随机对照临床试验）的证据支持，并有临床医学理论（包括相关的系统学说与理论）支持；(2) 判定为无因果关系应既无循证医学的证据支持也无临床医学理论支持，或者存在没有因果关系的循证证据；(3) 判定为不排除有因果关系的，往往是虽无循证医学的证据支持但有临床医学理论支持，或者仅有证据强度极低的循证证据支持。[①]

（三）原因力、参与度、损害结果

这是指医疗过错在医疗损害中的责任（原因力、参与度）程度。这里的责任不是法律意义上的责任，而是指在同时存在医疗过错行为、患者疾病因素等众多致害因素的医疗纠纷事件中，判断医疗过错行为在患者受到的损害后果上的参与度。这是在对过错医疗行为与损害后果的发生之间的定量因果关系作出评价，因而是判断医疗机构是否应当承担侵权责任及其程度的重要依据。根据2020年修正的《最高人民法院关于审理医疗损害责任纠纷案件适用法律若干问题的解释》第12条的规定，鉴定意见可以按照导致患者损害的全部原因、主要原因、同等原因、次要原因、轻微原因或者与患者损害无因果关系，表述诊疗行为或者医疗产品等造成患者损害的原因力大小。这就是行业中常用的“六分法”，可见属于比较模糊的等级判断，而不是一个可以量化的精准判断。有的鉴定人更愿意在因果关系表述上列出具体的数值，即用数值（赔偿比例）体现对因果关系的定量表达，对审判人员而言，可以在计算赔偿数额时直接将其代入公式计算，但是，这实际上是审判权向鉴定人的让渡，是鉴定取代司法的不良表现。因此，笔者认为由于没有相关的客观标准，目前采用模糊数学的方法建立参与度的模糊等级，而不是精确划分的方法是妥当的。具体的数值应由法官根据案件审理的情况进行认定，鉴定人将具体的百分比数值（如参与度为53%）

---

① 刘鑫：《医疗损害技术鉴定研究》，中国政法大学出版社2014年版，第239-240页。

写入鉴定文书是没有科学依据的。

损害结果是计算赔偿数额的依据，因此对存在残疾情况的，一般都需要判断损害结果，并对应相应的残疾等级标准进行鉴定。

（四）医疗损害

医疗损害是排除医疗行为给患者造成的正常的、合理的损害，即医疗损害导致的发生于患者身上的合理损害之外的组织器官破坏或者生理功能障碍。损害可以是一时可以恢复的，也可以是永久不能恢复的（如造成终身残疾或死亡）。医疗鉴定要先看是否存在医疗损害，无损害则无责任。一般是在医疗过程中已经发生了损害后果，为寻求事实原因，逆向探索和推导一切可以导致该结果的具有原因力的事实，因为这常常是医疗纠纷的起因。

长期以来，我国的医疗损害技术鉴定意见，无论是医学会做的，还是司法鉴定机构做的，不同鉴定机构、不同鉴定人针对同类专门性问题的鉴定，甚至对同一案件同一专门性问题的鉴定意见往往不同，甚至迥异。由于医疗损害鉴定意见缺乏稳定性和可预测性，使得医疗损害诉讼案件的不确定性增加，让人们无法预测案件处理的结果，不利于医疗纠纷的处理。鉴定意见的本质是科学证据，是掌握某一科学知识和经验的专家对法庭提交的正在审理的案件的专门性问题进行科学检验、分析并作出科学解释，提出科学意见。尤其在医疗损害鉴定领域，临床医学分科极其丰富、广泛而复杂，有的专业甚至分到了 4 级学科，而且随着医学科学技术的发展，新的分科还在不断产生。由于叠加医学科学技术的新颖性、复杂性因素，故在医疗损害鉴定领域，只有对医疗损害鉴定中的核心问题——医疗过错和因果关系鉴定的基本理论、鉴定方法和原则进行研究，构建一套学界公认并被业界遵守的鉴定理论、原则、方法，才能保证医疗损害鉴定具有可重复性，从而破解医疗损害鉴定的困境。

【案例 9-12】同时承担医疗事故的行政、民事、刑事责任的案例①

2015 年 12 月 3 日，王某因腹痛伴有恶心、呕吐来到十堰市某老年公寓诊所看病，被告人李某诊断其患胆囊炎，连续两天在诊所对其静脉输液治疗。12 月 5 日，静脉输液治疗后，王某于 15 时发烧，李某接电话后至王某家再次对其输液治疗。之后李某未履行观察、监视等义务，擅自离开现场。17 时许，王某出现大汗、“心里难受”等不适症状，呼叫 120 急救，20 时许，王某经十堰市人民医院抢救无效死亡。法医病理鉴定，王某系在输液过程中冠心病急性发作，致呼吸、循环衰竭而猝死。

经十堰市医学会进行医疗事故技术鉴定，医方存在以下过错：（1）诊治医生李某系执业助理医师，不具备独立的执业资质，且超出注册的执业地点行医，存在违法行为；（2）李某在诊疗过程中未正确判断病情，在明知其医疗条件有限时，未及时转诊，延误治疗；（3）病人出现异常反应后未观察病情，擅自离开，违反医疗卫生管理规章及诊疗常规。鉴定结论：一级甲等医疗事故，医方承担主要责任。

被告人李某对医学会的医疗事故技术鉴定结论不服，提出异议，要求重新鉴定。四川求实司法鉴定所出具医疗损害鉴定意见为：（1）患者死因符合冠心病急性发作致呼吸、循环衰竭死亡，属于心脏性猝死，这是王某生前自身所患的严重疾病所致；（2）李某对王某的医疗行为无明显过错，与王某的死亡无因果关系，理由有：“患者家处边远山区，距十堰市约 18 公里，李某作为个体诊所医生，可以独立从事一般医疗活动，为患者诊治没有违反《执业医师法》；12 月 5 日，处方签显示皮试阴性，故李某没有违反药物过敏试验的规定；患者所患疾病极其严重，即使及时送往各级大医院，死亡结果也必然发生。”

十堰市卫生和计划生育委员会于 2016 年 5 月 5 日依据《医疗事故处理条例》第 55 条第 1 款、《湖北省医疗机构管理实施办法》第 25 条的规定，决定吊销十堰市某老年公寓诊所（主要负责人：李某）的《医疗机构执业

---

① 湖北省十堰市张湾区人民检察院指控原审被告人李某犯医疗事故罪、原审附带民事诉讼原告人王某、赵某华提起附带民事诉讼案，湖北省十堰市中级人民法院（2018）鄂 03 刑终 71 号刑事判决书。

许可证》，认定李某涉嫌构成医疗事故罪，移送公安机关。[①]

法院在对患方提出的民事诉讼作出判决时认为，四川求实司法鉴定所出具的医疗损害鉴定意见：(1) 与本案患者居住在汉江街办居民区而非边远山区的实际情况不相符；(2) 与李某在汉江街办居民区的诊所执业而非乡镇医疗机构执业的实际情况不相符。认为李某作为执业助理医师能够独立执业，与《执业医师法》的规定并不相符。四川求实司法鉴定所出具医疗损害鉴定意见认为，“就算12月5日患者因自身疾病原因虽经抢救死亡结果也必然发生”，鉴定意见认为李某没有延误最佳治疗时机，患者所患疾病极其严重死亡结果必然发生的结论，稍嫌武断，不符合实际。李某明知患者出现了输液异常反应，未观察病情变化，擅自离开患者，擅离职守，严重违反国家明确规定的诊疗技术规范和常规，属严重不负责任，四川求实司法鉴定所出具的鉴定意见认为李某对患者的医疗行为无明显过错，不符合实际。

两家鉴定机构的鉴定意见并不存在效力高低之分。依据本案查明的事实情况，法院决定对四川求实司法鉴定所的鉴定意见不予采纳，认为十堰市医学会的医疗事故技术鉴定意见全面、有理、客观、有据，予以采纳。

综上，法院一审判决被告人李某的行为满足医疗事故罪的犯罪构成要件，构成医疗事故罪，附带民事诉讼，原告实际损失共计44213元。十堰市某老年公寓诊所对李某在诊疗活动中致患者死亡的损失应当承担连带赔偿责任。

李某对一审判决不服，上诉后，二审判决（终审判决）结合上诉人李某的犯罪情节、从轻减轻处罚情节和认罪态度，依法对其免予了刑事处罚。判决如下：上诉人（原审被告人）李某犯医疗事故罪，免予刑事处罚。

分析与讨论

该案例对医疗事故罪（第55条第5项）、因不负责任延误诊治（第55条第2项）、医疗损害鉴定（第63条）、助理执业医师的行医范围（第34条）及医师执业场所（第57条）均有所涉及。经两次鉴定后，由法院判为医疗事故罪。因此，医师应严格依照本法执业，避免承担民事责任、行政

---

① 《吊销〈医疗机构执业许可证〉公告》，载十堰市卫生健康委员会官网，http://wjw.shiyan.gov.cn/tzgg/201712/t20171229_1316809.shtml，最后访问日期：2021年8月30日。

责任、刑事责任。

1. 关于医疗损害鉴定和医疗事故技术鉴定：医疗事故技术鉴定只能由医学会进行，而医疗损害鉴定可以由鉴定机构出具，由于没有关于医疗损害鉴定的客观、科学、具体的鉴定标准，各机构的鉴定意见相去甚远，甚至完全相反，但鉴定意见在案件中对定罪及民事赔偿却有着重大影响。

2. 关于医疗事故罪：该案的涉案医师超执业范围执业，明知患者出现了输液异常反应，却未观察病情变化，擅自离开患者，擅离职守，严重违反了国家明确规定的诊疗技术规范和常规，属严重不负责任，且与患者的死亡有一定因果关系，构成医疗事故罪。

3. 关于执业地点：《医师法》第 15 条对医师多点执业有明确规定。《医师法》第 34 条规定了助理医师的执业权限，第 57 条规定了医师执业地点、执业范围和执业类别，而本案发生时尚不允许医师多点执业。以上法条均在该案例中有所体现，但不管是《医师法》还是《执业医师法》，关于医师上门服务时的执业地点怎么界定，均尚没有体现。

三、民事行为能力的鉴定

民事行为能力是指自然人能够以自己的行为，按照法律关系行使权利和承担义务，从而具有法律关系上的发生、变更、终止的能力或资格，具有辨认本人行为的性质和后果以及理解、审慎地处理本人事务的能力，包括完全民事行为能力、限制民事行为能力和无民事行为能力。评定时主要考虑两个要件：法学要件和医学要件。法学要件为自然人是否具有辨认能力及辨认能力受损的程度。传统的医学要件为存在某种精神障碍，与《民法通则》（已废止）第 13 条“不能辨认自己行为的精神病人是无民事行为能力人”相对应。在 2021 年起实施的《民法典》第 21 条中，关于无民事行为能力人的定义发生了变化，其规定不能辨认自己行为的成年人为无民事行为能力人。因此，笔者认为民事行为能力鉴定的医学要件也应当发生变化，不仅是精神障碍，还应包括影响其真实意思表达的其他疾病（如闭锁综合征），鉴定时则须重点审查辨认能力。医师作为专业医务人员，承担着防病治病、保护人民健康的职责，若其民事行为能力受损，不能辨认本人行为的性质和后果，将不能完成职业使命，甚至可能对患者造成严重的损害后果。因此，本法规定，对无民事行为能力或者限制民事行为能力人不予以注册，在某些地区，超过 65 周岁的司法鉴定人需要提供具有完全民事行为能力的鉴定意见书方可完成执业证年检注册。

（一）鉴定基本要求

在进行民事行为能力鉴定时，须依据提供的病历资料、旁证材料，并结合精神检查、心理测评等综合判定拟注册人员是否存在某种精神障碍或影响其真实意思表达的情况，包括器质性精神障碍、精神病性障碍或某些神经内科疾病（如闭锁综合征）等，以及该情况对其民事行为的辨认能力是否有损害，如有则评定损害程度。辨认能力的判断主要根据当事人的精神或躯体健康状况能否理解其行为并预见行为后果，以及能否作出真实意思表达等来认定。

（二）鉴定存在的问题

卫生健康主管部门负责对取得医师资格证的人员进行注册，但对在注册时的民事行为能力审查的程序是否需要进行民事行为能力鉴定及其鉴定的提出与委托，均无明确的规定。

另外，长期医疗实践可使医师积累丰富的临床经验和操作技能，故年长、资深的医师往往更受患者青睐，且许多医师也非常热爱自己的职业，在退休后依然在医师的岗位上继续工作，将自己丰富的专业技术充分应用到治病救人的事业中。但同时，医师也是一个高强度、高压力的工作，虽然《医师法》第 51 条就医师休假进行了法律上的规定与保障，但对于年迈、遭遇过外伤或特殊心理创伤事件，或常年应对应激临床死亡等不良事件的医师，其精神状态也同样值得关注，但目前尚无相应的评估机制。对于上述情况，笔者建议，卫生健康主管部门及医疗机构可根据当地实际情况，建立医师精神状态预警与评估机制，关注与促进医师心理健康，保障医疗行为的安全。

四、工伤保险涉及的鉴定问题

《医师法》第50条提到了工伤保险待遇的问题。本处是指医师在工作中或在规定的特殊情况下，遭受意外伤害或因患职业病导致暂时或永久丧失劳动能力以及死亡时，劳动者或其遗属从国家和社会获得物质帮助的一种社会保障制度。受害的医师在经治疗伤情相对稳定后存在残疾、影响劳动能力的，应当进行劳动能力鉴定。

（一）鉴定基本要求

依据《工伤保险条例》进行劳动能力鉴定的须满足两项基本要求：（1）认定为工伤；（2）经治疗伤情稳定后仍存在残疾、影响劳动能力。《工伤保险条例》第14条、第15条针对工伤认定的情形有明确的规定。笔者总结，主要为两大类，一类为因工负伤的，另一类为患职业病的。第21条“经治疗伤情稳定后”实为法医临床学鉴定实践中医疗终结的概念，须由鉴定人员评估是否达到伤残评定时机；在满足鉴定要求后，依据现行有效的《劳动能力鉴定　职工工伤与职业病致残等级》（GB/T 16180-2014）标准判断被鉴定人是否存在劳动功能障碍及其程度。

（二）鉴定存在的问题

医师因工作的特殊性，在医院面临医院感染与职业暴露的危险。但在实践中，对于医务人员因在诊疗、护理活动过程中接触有毒、有害物质，或因医疗意外感染细菌、病毒、病原体而损害健康或危及生命的情形，医务人员要依据目前的相关规定享受工伤保险待遇则尚有一定困难。在《工伤保险条例》里可认定为工伤的有两大类，即因工负伤与患职业病的，而《职业病分类和目录》中的职业性传染病仅包含炭疽、森林脑炎、布鲁氏菌病、艾滋病、莱姆病5类，结核、乙肝、梅毒等疾病均不在列。如何满足工伤认定条件，如何界定相关疾病（特别是感染性疾病）是因工作而感染而非自身疾病等，尚需进一步细化的规定来保障医务人员工伤保险的落地。

国务院办公厅曾出台《关于加强传染病防治人员安全防护的意见》(国办发〔2015〕1号)，规定对因在重大传染病疫情中参与传染病防治工作致病、致残、死亡的人员，参照机关事业单位工伤抚恤或工伤保险的有关规定给予抚恤、保障，但并未出台系统的补助或抚恤标准，也未明确其能享受到的工伤待遇。因此，为保障医师的合法权益，建议在职业病分类中增加传染性疾病的项目或在相关法规中明确将因工作原因感染疾病的列入工伤保险的保障范围。

后 记

《医师法》经过了大约两年的修改，终于出台了。《医师法》是在改革开放进入了一个崭新阶段后，我国医疗卫生工作出现了一些新情况、新问题的大背景下修改的。《医师法》回应了当前医疗卫生领域面临的一部分问题，但并非所有问题都得到了解决。毕竟《医师法》是一部“人法”“资格法”，解决的是这一职业的从业人员应当拥有什么资格、如何获得这种资格、获得这种资格的人如何开展医疗活动以及违反法律规定应当承担什么责任等的问题，所以，不要希望《医师法》能解决医疗卫生领域面临的所有问题。从资格法的角度评价，《医师法》的立法基本上是完成了它的使命。

《医师法》自2022年3月1日起实施。毕竟法律都是一些抽象性的规定，对其中的法律条文具体如何理解、如何落实，还有很多工作要做。一方面，相关部门应当根据《医师法》的原则性规定，出台相应的实施细则及配套文件；另一方面，对《医师法》中的相关制度和规定，尤其是新增加的内容，学界、业界应当加强调研，为相关部门制定配套文件、为《医师法》的宣贯提供理论支持，开拓人们的视野。本书基于这一目的，集中了国内医事法学界、医疗实务界的专家、学者展开研究，撰成此书。我们希望本书的出版，在《医师法》的实施和宣贯方面能发挥一定的作用。

本书在编撰过程中，得到了中国政法大学、北京积水潭医院、中国人民解放军医院、中国研究型医院学会、中国法医学会等单位的支持，在此表示衷心感谢！并对给本书的写作提供支持和帮助的专家、学者以及作者团队的家人们表示诚挚的谢意！

由于本书的编撰时间仓促，谬误之处在所难免，恳请各位方家斧正。

作者团队

2021年9月10日

附录 1：《医师法》与《执业医师法》条文对照表

医师法	执业医师法	条文对照情况
（2021 年 8 月 20 日第十三届全国人民代表大会常务委员会第三十次会议通过）	（1998 年 6 月 26 日第九届全国人民代表大会常务委员会第三次会议通过　根据 2009 年 8 月 27 日第十一届全国人民代表大会常务委员会第十次会议《关于修改部分法律的决定》修正）	
目录 第一章　总则 第二章　考试和注册 第三章　执业规则 **第四章　培训和考核** **第五章　保障措施** **第六章**　法律责任 **第七章**　附则	目录 第一章　总则 第二章　考试和注册 第三章　执业规则 **第四章　考核和培训** **第五章**　法律责任 **第六章**　附则	将第四章“考核和培训”**修改**为“培训和考核” **增加**“第五章　保障措施” 将“第五章　法律责任”**修改**为“第六章　法律责任” 将“第六章　附则”**修改**为“第七章　附则”
第一章　总则	**第一章　总则**	无变化
第一条　为了保障医师合法权益，**规范医师执业行为，**加强医师队伍建设，保护人民健康，**推进健康中国建设，**制定本法。	**第一条**　为了加强医师队伍**的**建设，提高医师的职业道德和业务素质，保障医师**的**合法权益，保护人民健康，制定本法。	**删除**“提高医师的职业道德和业务素质，” **增加**“规范医师执业行为，”“推进健康中国建设，”
第二条　本法所称医师，**是指**依法取得医师资格，经注册在医疗**卫生**机构中执业的专业医务人员，包括执业医师和执业助理医师。	**第二条**　依法取得**执业**医师资格**或者执业助理医师资格**，经注册在医疗、**预防、保健**机构中执业的专业医务人员，**适用本法。** 本法所称医师，包括执业医师和执业助理医师。	**删除**“依法取得执业医师资格或者执业助理医师资格，经注册在医疗、预防、保健机构中执业的专业医务人员，适用本法。” **增加**“是指依法取得医师资格，经注册在医疗卫生机构中执业的专业医务人员，”

续表

医师法	执业医师法	条文对照情况
第三条 医师应当**坚持人民至上、生命至上，**发扬人道主义精神，**弘扬敬佑生命、**救死扶伤、**甘于奉献、大爱无疆的崇高职业精神，恪守职业道德，遵守执业规范，提高执业水平，**履行防病治病、保护人民健康的神圣职责。 医师依法**执业**，受法律保护。**医师的人格尊严、人身安全不受侵犯。**	**第三条** 医师应当**具备良好的职业道德和医疗执业水平，**发扬人道主义精神，履行防病治病、救死扶伤、保护人民健康的神圣职责。 **全社会应当尊重医师。**医师依法**履行职责**，受法律保护。	**删除**“具备良好的职业道德和医疗执业水平，”“全社会应当尊重医师。” **增加**“坚持人民至上、生命至上，”“弘扬敬佑生命、”“甘于奉献、大爱无疆的崇高职业精神，恪守职业道德，遵守执业规范，提高执业水平，”“医师的人格尊严、人身安全不受侵犯。” 将“医师依法履行职责，受法律保护。”**修改**为“医师依法执业，受法律保护。”
第四条 国务院卫生**健康主管**部门**负责**全国的医师**管理**工作。**国务院教育、人力资源社会保障、中医药等有关部门在各自职责范围内负责有关的医师管理工作。** 县级以上地方人民政府卫生**健康主管**部门负责本行政区域内的医师**管理**工作。县级以上地方人民政府教育、人力资源社会保障、中医药等有关部门在各自职责范围内负责有关的医师管理工作。	**第四条** 国务院卫生**行政**部门**主管**全国的医师工作。 县级以上地方人民政府卫生**行政**部门负责**管理**本行政区域内的医师工作。	将“国务院卫生行政部门主管全国的医师工作。”**修改**为“国务院卫生健康主管部门负责全国的医师管理工作。” **增加**“国务院教育、人力资源社会保障、中医药等有关部门在各自职责范围内负责有关的医师管理工作。” 将“县级以上地方人民政府卫生行政部门负责管理本行政区域内的医师工作。”**修改**为“县级以上地方人民政府卫生健康主管部门负责本行政区域内的医师管理工作。” **增加**“县级以上地方人民政府教育、人力资源社会保障、中医药等有关部门在各自职责范围内负责有关的医师管理工作。”

续表

医师法	执业医师法	条文对照情况
第五条　每年8月19日为中国医师节。 对在医疗**卫生服务**工作**中**做出**突出**贡献的医师，**按照国家有关规定**给予**表彰**、奖励。 **全社会应当尊重医师。各级人民政府应当关心爱护医师，弘扬先进事迹，加强业务培训，支持开拓创新，帮助解决困难，推动在全社会广泛形成尊医重卫的良好氛围。**	**第五条　国家**对在医疗、**预防、保健**工作中**作出**贡献的医师，给予奖励。	**增加**“每年8月19日为中国医师节。” 将“国家对在医疗、预防、保健工作中作出贡献的医师，给予奖励。”**修改**为“对在医疗卫生服务工作中做出突出贡献的医师，按照国家有关规定给予表彰、奖励。” **增加**“全社会应当尊重医师。各级人民政府应当关心爱护医师，弘扬先进事迹，加强业务培训，支持开拓创新，帮助解决困难，推动在全社会广泛形成尊医重卫的良好氛围。”
第六条　国家建立健全医师医学专业技术职称**设置**、评定**和岗位**聘任**制度，将职业道德、专业实践能力和工作业绩作为重要条件，科学设置有关评定、聘任标准。**	**第六条　医师的**医学专业技术职称**和医学专业技术职务**的评定、聘任，**按照国家有关规定办理。**	**修改**整个条文
第七条　医师可以依法组织和参加医师协会**等有关行业组织、专业学术团体。** **医师协会等有关行业组织应当加强行业自律和医师执业规范，维护医师合法权益，协助卫生健康主管部门和其他有关部门开展相关工作。**	**第七条**　医师可以依法组织和参加医师协会。	**增加**“等有关行业组织、专业学术团体。” **增加**“医师协会等有关行业组织应当加强行业自律和医师执业规范，维护医师合法权益，协助卫生健康主管部门和其他有关部门开展相关工作。”
第二章　考试和注册	**第二章　考试和注册**	无变化
第八条　国家实行医师资格考试制度。 医师资格考试分为执业医师资格考试和执业助理医师资格考试。医师资格考试由省级以上人民政府卫生**健康主管**部门组织实施。	**第八条**　国家实行医师资格考试制度。医师资格考试分为执业医师资格考试和执业助理医师资格考试。 医师资格**统一**考试的办法，由国务院卫生**行政**部门制定。医师资格考试由省级以上	将“医师资格统一考试的办法，由国务院卫生行政部门制定。医师资格考试由省级以上人民政府卫生行政部门组织实施。”**修改**为“医师资格考试由省级以上人民政府卫生健康主管部门组织实施。”“医

续表

医师法	执业医师法	条文对照情况
医师资格考试的**类别和具体**办法，由国务院卫生**健康主管**部门制定。	人民政府卫生**行政**部门组织实施。	师资格考试的类别和具体办法，由国务院卫生健康主管部门制定。”
第九条　具有下列条件之一的，可以参加执业医师资格考试： （一）具有高等学校**相关**医学专业本科以上学历，在执业医师指导下，在医疗**卫生**机构中**参加医学专业工作实践**满一年； （二）具有高等学校**相关**医学专业专科学历，取得执业助理医师执业证书后，在医疗**卫生**机构中**执业**满二年。	**第九条**　具有下列条件之一的，可以参加执业医师资格考试： （一）具有高等学校医学专业本科以上学历，在执业医师指导下，在医疗**、预防、保健**机构中**试用期**满一年**的；** （二）取得执业助理医师执业证书后，具有高等学校医学专科学历，在医疗**、预防、保健**机构中**工作**满二年**的；具有中等专业学校医学专业学历，在医疗、预防、保健机构中工作满五年的**。	将“（一）在医疗、预防、保健机构中试用期满一年的”**修改**为“在医疗卫生机构中参加医学专业工作实践满一年” 将“（二）取得执业助理医师执业证书后，具有高等学校医学专科学历，在医疗、预防、保健机构中工作满二年的”**修改**为“（二）具有高等学校相关医学专业专科学历，取得执业助理医师执业证书后，在医疗卫生机构中执业满二年” **删除**“具有中等专业学校医学专业学历，在医疗、预防、保健机构中工作满五年的”
第十条　具有高等学校**相关**医学**专业**专科**以上**学历，在执业医师指导下，在医疗**卫生**机构中**参加医学专业工作实践**满一年的，可以参加执业助理医师资格考试。	**第十条**　具有高等学校医学专科学历**或者中等专业学校医学专业学历**，在执业医师指导下，在医疗**、预防、保健**机构中**试用期**满一年的，可以参加执业助理医师资格考试。	将“具有高等学校医学专科学历或者中等专业学校医学专业学历”**修改**为“具有高等学校相关医学专业专科以上学历”；“在医疗、预防、保健机构中试用期满一年的”**修改**为“在医疗卫生机构中参加医学专业工作实践满一年的”

续表

医师法	执业医师法	条文对照情况
第十一条 以师承方式学习**中医**满三年**，**或者经多年实践医术确有专长的，经县级以上人民政府卫生**健康主管**部门**委托的中医药**专业组织或者医疗**卫生**机构考核合格并推荐，可以参加**中医**医师资格考试。 **以师承方式学习中医或者经多年实践，医术确有专长的，由至少二名中医医师推荐，经省级人民政府中医药主管部门组织实践技能和效果考核合格后，即可取得中医医师资格及相应的资格证书。** **本条规定的相关**考试、**考核**办法，由国务院**中医药主管**部门**拟订，报国务院卫生健康主管部门审核、发布。**	**第十一条** 以师承方式学习**传统医学**满三年或者经多年实践医术确有专长的，经县级以上人民政府卫生**行政**部门**确定的传统医学**专业组织或者医疗**、预防、保健**机构考核合格并推荐，可以参加**执业**医师资格**或者执业助理医师资格**考试。考试**的内容和**办法由国务院**卫生行政**部门**另行制定**。	将"传统医学"**修改**为"中医" **增加**"，" 将"卫生行政部门确定的传统医学专业组织或者医疗、预防、保健机构考核合格并推荐，可以参加执业医师资格或者执业助理医师资格考试。"**修改**为"卫生健康主管部门委托的中医药专业组织或者医疗卫生机构考核合格并推荐，可以参加中医医师资格考试。" **增加**"以师承方式学习中医或者经多年实践，医术确有专长的，由至少二名中医医师推荐，经省级人民政府中医药主管部门组织实践技能和效果考核合格后，即可取得中医医师资格及相应的资格证书。" 将"考试的内容和办法由国务院卫生行政部门另行制定。"**修改**为"本条规定的相关考试、考核办法，由国务院中医药主管部门拟订，报国务院卫生健康主管部门审核、发布。"
第十二条 医师资格考试成绩合格，取得执业医师资格或者执业助理医师资格**，发给医师资格证书**。	**第十二条** 医师资格考试成绩合格，取得执业医师资格或者执业助理医师资格。	**增加**"，发给医师资格证书"

续表

医师法	执业医师法	条文对照情况
第十三条 国家实行医师执业注册制度。 取得医师资格的，可以向所在地县级以上**地方**人民政府卫生**健康主管**部门申请注册。医疗**卫生**机构可以为本机构中的**申请人**集体办理注册手续。 除有本法规定**不予注册**的情形外，卫生**健康主管**部门应当自**受理**申请之日起**二十个工作日**内准予注册，**将注册信息录入国家信息平台**，并发给医师执业证书。 **未注册取得医师执业证书，不得从事医师执业活动。** **医师执业注册管理的具体办法，由国务院卫生健康主管部门制定。**	**第十三条** 国家实行医师执业注册制度。 取得医师资格的，可以向所在地县级以上人民政府卫生**行政**部门申请注册。 除有本法**第十五条**规定的情形外，**受理申请的**卫生**行政**部门应当自**收到**申请之日起**三十日**内准予注册，并发给**由国务院卫生行政部门统一印制的**医师执业证书。 医疗、**预防**、**保健**机构可以为本机构中的**医师**集体办理注册手续。	将“卫生行政部门”**修改**为“卫生健康主管部门” 将“医疗、预防、保健机构可以为本机构中的医师集体办理注册手续。”**修改**为“医疗卫生机构可以为本机构中的申请人集体办理注册手续。” 将“除有本法第十五条规定的情形外，受理申请的卫生行政部门应当自收到申请之日起三十日内准予注册，并发给由国务院卫生行政部门统一印制的医师执业证书。”**修改**为“除有本法规定不予注册的情形外，卫生健康主管部门应当自受理申请之日起二十个工作日内准予注册，将注册信息录入国家信息平台，并发给医师执业证书。” 将第14条“未经医师注册取得执业证书，不得从事医师执业活动。”**修改**为本条第4款“未注册取得医师执业证书，不得从事医师执业活动。” **增加**“医师执业注册管理的具体办法，由国务院卫生健康主管部门制定。”
第十四条 医师经注册后，可以在医疗**卫生**机构中按照注册的执业地点、执业类别、执业范围执业，从事相应的医疗**卫生服务**。 **中医、中西医结合医师可以在医疗机构中的中医科、中西医结合科或者其他临床科室按照注册的执业类别、执业范围执业。**	**第十四条** 医师经注册后，可以在医疗、**预防**、**保健**机构中按照注册的执业地点、执业类别、执业范围执业，从事相应的医疗、**预防**、**保健**业务。 **未经医师注册取得执业证书，不得从事医师执业活动。**	将“医师经注册后，可以在医疗、预防、保健机构中按照注册的执业地点、执业类别、执业范围执业，从事相应的医疗、预防、保健业务。”**修改**为“医师经注册后，可以在医疗卫生机构中按照注册的执业地点、执业类别、执业范围执业，从事相应的医疗卫生服务。”

续表

医师法	执业医师法	条文对照情况
医师经相关专业培训和考核合格，可以增加执业范围。法律、行政法规对医师从事特定范围执业活动的资质条件有规定的，从其规定。 **经考试取得医师资格的中医医师按照国家有关规定，经培训和考核合格，在执业活动中可以采用与其专业相关的西医药技术方法。西医医师按照国家有关规定，经培训和考核合格，在执业活动中可以采用与其专业相关的中医药技术方法。**		**增加**“中医、中西医结合医师可以在医疗机构中的中医科、中西医结合科或者其他临床科室按照注册的执业类别、执业范围执业。 医师经相关专业培训和考核合格，可以增加执业范围。法律、行政法规对医师从事特定范围执业活动的资质条件有规定的，从其规定。 经考试取得医师资格的中医医师按照国家有关规定，经培训和考核合格，在执业活动中可以采用与其专业相关的西医药技术方法。西医医师按照国家有关规定，经培训和考核合格，在执业活动中可以采用与其专业相关的中医药技术方法。”
第十五条 医师在二个以上医疗卫生机构定期执业的，应当以一个医疗卫生机构为主，并按照国家有关规定办理相关手续。国家鼓励医师定期定点到县级以下医疗卫生机构，包括乡镇卫生院、村卫生室、社区卫生服务中心等，提供医疗卫生服务，主执业机构应当支持并提供便利。 卫生健康主管部门、医疗卫生机构应当加强对有关医师的监督管理，规范其执业行为，保证医疗卫生服务质量。		**本条新增加**
第十六条 有下列情形之一的，不予注册： **（一）无民事行为能力或者限制**民事行为能力； （二）受刑事处罚，刑罚	**第十五条** 有下列情形之一的，不予注册： （一）**不具有完全**民事行为能力的； （二）**因**受刑事处罚，**自**	**修改**整个条文 **删除**“申请人有异议的，可以自收到通知之日起十五日内，依法申请复议或者向人民法院提起诉讼。”

续表

医师法	执业医师法	条文对照情况
执行完毕不满二年或者被依法禁止从事医师职业的期限未满； （三）被吊销医师执业证书不满二年； （四）因医师定期考核不合格被注销注册不满一年； （五）法律、行政法规规定不得从事医疗卫生服务的其他情形。 受理申请的卫生健康主管部门对不予注册的，应当自受理申请之日起二十个工作日内书面通知申请人和其所在医疗卫生机构，并说明理由。	刑罚执行完毕之日起至申请注册之日止不满二年的； （三）受吊销医师执业证书行政处罚，自处罚决定之日起至申请注册之日止不满二年的； （四）有国务院卫生行政部门规定不宜从事医疗、预防、保健业务的其他情形的。 受理申请的卫生行政部门对不符合条件不予注册的，应当自收到申请之日起三十日内书面通知申请人，并说明理由。申请人有异议的，可以自收到通知之日起十五日内，依法申请复议或者向人民法院提起诉讼。	
第十七条　医师注册后有下列情形之一的，注销注册，废止医师执业证书： （一）死亡； （二）受刑事处罚； （三）被吊销医师执业证书； （四）医师定期考核不合格，暂停执业活动期满，再次考核仍不合格； （五）中止医师执业活动满二年； （六）法律、行政法规规定不得从事医疗卫生服务或者应当办理注销手续的其他情形。 有前款规定情形的，医师所在医疗卫生机构应当在三十日内报告准予注册的卫生健康主管部门；卫生健康主管部门依职权发现医师有前款规定情形的，应当及时通报准予注册的卫生健康主管部门。准予注册的卫生健康主管部门应当及时注销注册，废止医师执业证书。	**第十六条**　医师注册后有下列情形之一的，其所在的医疗、预防、保健机构应当在三十日内报告准予注册的卫生行政部门，卫生行政部门应当注销注册，收回医师执业证书： （一）死亡或者被宣告失踪的； （二）受刑事处罚的； （三）受吊销医师执业证书行政处罚的； （四）依照本法第三十一条规定暂停执业活动期满，再次考核仍不合格的； （五）中止医师执业活动满二年的； （六）有国务院卫生行政部门规定不宜从事医疗、预防、保健业务的其他情形的。 被注销注册的当事人有异议的，可以自收到注销注册通知之日起十五日内，依法申请复议或者向人民法院提起诉讼。	**修改**整个条文 **删除**“被注销注册的当事人有异议的，可以自收到注销注册通知之日起十五日内，依法申请复议或者向人民法院提起诉讼。” **增加**“有前款规定情形的，医师所在医疗卫生机构应当在三十日内报告准予注册的卫生健康主管部门；卫生健康主管部门依职权发现医师有前款规定情形的，应当及时通报准予注册的卫生健康主管部门。准予注册的卫生健康主管部门应当及时注销注册，废止医师执业证书。”

续表

医师法	执业医师法	条文对照情况
第十八条 医师变更执业地点、执业类别、执业范围等注册事项的，应当**依照本法规定**到准予注册的卫生**健康主管**部门办理变更注册手续。 **医师从事下列活动的，可以不办理相关变更注册手续：** **（一）参加规范化培训、进修、对口支援、会诊、突发事件医疗救援、慈善或者其他公益性医疗、义诊；** **（二）承担国家任务或者参加政府组织的重要活动等；** **（三）在医疗联合体内的医疗机构中执业。**	**第十七条** 医师变更执业地点、执业类别、执业范围等注册事项的，应当到准予注册的卫生**行政**部门**依照本法第十三条的规定**办理变更注册手续。	将“到准予注册的卫生行政部门依照本法第十三条的规定办理变更注册手续。”**修改**为“依照本法规定到准予注册的卫生健康主管部门办理变更注册手续。” **增加**“医师从事下列活动的，可以不办理相关变更注册手续： （一）参加规范化培训、进修、对口支援、会诊、突发事件医疗救援、慈善或者其他公益性医疗、义诊； （二）承担国家任务或者参加政府组织的重要活动等； （三）在医疗联合体内的医疗机构中执业。”
第十九条 中止医师执业活动二年以上**或者**本法规定**不予注册的**情形消失，申请重新执业的，应当由**县级以上人民政府卫生健康主管部门或者其委托的医疗卫生**机构、**行业组织**考核合格，并依照本法规定重新注册。	**第十八条** 中止医师执业活动二年以上**以及有**本法**第十五条规定**情形消失**的**，申请重新执业，应当由**本法第三十一条规定的**机构考核合格，并依照本法**第十三条的**规定重新注册。	**修改**整个条文
第二十条 **医师**个体行医**应当依法**办理审批**或者备案**手续。 **执业医师个体行医，须经注册后在医疗卫生机构中执业满五年；但是，依照本法第十一条第二款规定取得中医医师资格的人员，按照考核内容进行执业注册后，即可在注册的执业范围内个体行医。** 县级以上地方人民政府卫生**健康主管**部门对个体行医的医师，应当按照**国家有关**规定**实施**监督检查，发现有本法规定**注销注册**的情形的，应当及时注销注册，**废止**医师执业证书。	**第十九条** **申请**个体行医**的执业医师，须经注册后在医疗、预防、保健机构中执业满五年，并按照国家有关规定**办理审批手续；**未经批准，不得行医。** 县级以上地方人民政府卫生**行政**部门对个体行医的医师，应当按照**国务院卫生行政部门的**规定，**经常**监督检查，**凡**发现有本法**第十六条**规定的情形的，应当及时注销注册，**收回**医师执业证书。	**修改**整个条文 **增加**“执业医师个体行医，须经注册后在医疗卫生机构中执业满五年；但是，依照本法第十一条第二款规定取得中医医师资格的人员，按照考核内容进行执业注册后，即可在注册的执业范围内个体行医。”

续表

医师法	执业医师法	条文对照情况
第二十一条 县级以上地方人民政府卫生**健康主管**部门应当将准予注册和注销注册的人员名单**及时**予以公告，由省级人民政府卫生**健康主管**部门汇总，报国务院卫生**健康主管**部门备案**，并按照规定通过网站提供医师注册信息查询服务**。	**第二十条** 县级以上地方人民政府卫生**行政**部门应当将准予注册和注销注册的人员名单予以公告，**并**由省级人民政府卫生**行政**部门汇总，报国务院卫生**行政**部门备案。	将“卫生行政部门”**修改**为“卫生健康主管部门”，**增加**“及时”，**删除**“并”，**增加**“，并按照规定通过网站提供医师注册信息查询服务”
第三章　执业规则	**第三章　执业规则**	无变化
第二十二条 医师在执业活动中享有下列权利： （一）在注册的执业范围内，**按照有关规范**进行医学诊查、疾病调查、医学处置、出具相应的医学证明文件，选择合理的医疗、预防、保健方案； （二）获取**劳动**报酬，享受国家规定的福利待遇，**按照规定参加社会保险并享受相应待遇**； （三）**获得符合国家规定标准的执业基本条件和职业防护装备**； （四）从事医学**教育**、研究、学术交流； （五）参加专业培训，接受继续医学教育； （六）对所在**医疗卫生**机构和卫生**健康主管**部门的工作提出意见和建议，依法参与所在机构的民主管理； （七）法律、法规规定的其他权利。	**第二十一条** 医师在执业活动中享有下列权利： （一）在注册的执业范围内，进行医学诊查、疾病调查、医学处置、出具相应的医学证明文件，选择合理的医疗、预防、保健方案； （二）**按照国务院卫生行政部门规定的标准，获得与本人执业活动相当的医疗设备基本条件**； （三）从事医学研究、学术交流，**参加专业学术团体**； （四）参加专业培训，接受继续医学教育； （五）在执业活动中，人格尊严、人身安全不受侵犯； （六）获取**工资**报酬**和津贴**，享受国家规定的福利待遇； （七）对所在机构**的医疗、预防、保健工作**和卫生行政部门的工作提出意见和建议，依法参与所在机构的民主管理。	**修改**整个条文 **增加**“按照有关规范” **增加**“（七）法律、法规规定的其他权利。”

续表

医师法	执业医师法	条文对照情况
第二十三条 医师在执业活动中履行下列义务： （一）树立敬业精神，**恪守**职业道德，履行医师职责，尽职尽责**救治**患者，**执行疫情防控等公共卫生措施**； （二）**遵循临床诊疗指南**，遵守**临床**技术操作规范和**医学伦理规范等**； （三）尊重、关心、爱护患者，**依法**保护患者隐私**和个人信息**； （四）努力钻研业务，更新知识，提高**医学**专业技术**能力和**水平，**提升医疗卫生服务质量**； （五）宣传**推广与岗位相适应的健康科普**知识，对患者**及公众**进行健康教育**和健康指导**； （六）**法律、法规规定的其他义务**。	**第二十二条** 医师在执业活动中履行下列义务： （一）**遵守法律、法规**，遵守技术操作规范； （二）树立敬业精神，**遵守**职业道德，履行医师职责，尽职尽责**为**患者**服务**； （三）关心、爱护、尊重患者，保护患者**的**隐私； （四）努力钻研业务，更新知识，提高专业技术水平； （五）宣传**卫生保健**知识，对患者进行健康教育。	**修改**整个条文
第二十四条 医师实施医疗、预防、保健措施，签署有关医学证明文件，必须亲自诊查、调查，并按照规定及时填写**病历等**医学文书，不得隐匿、伪造、**篡改**或者**擅自**销毁**病历等**医学文书及有关资料。 医师不得出具**虚假医学证明文件以及**与自己执业范围无关或者与执业类别不相符的医学证明文件。	**第二十三条** 医师实施医疗、预防、保健措施，签署有关医学证明文件，必须亲自诊查、调查，并按照规定及时填写医学文书，不得隐匿、伪造或者销毁医学文书及有关资料。 医师不得出具与自己执业范围无关或者与执业类别不相符的医学证明文件。	将“或者销毁医学文书及有关资料。”**修改**为“、篡改或者擅自销毁病历等医学文书及有关资料。” 将“医师不得出具与自己执业范围无关或者与执业类别不相符的医学证明文件。”**修改**为“医师不得出具虚假医学证明文件以及与自己执业范围无关或者与执业类别不相符的医学证明文件。”

续表

医师法	执业医师法	条文对照情况
第二十五条 医师**在诊疗活动中**应当向患者**说明**病情、**医疗措施和其他需要告知的事项。需要实施手术、特殊检查、特殊治疗的，医师应当及时向患者具体说明医疗风险、替代医疗方案等情况，并取得其明确同意；不能或者不宜向患者说明的，应当向患者的近亲属说明，并取得其明确同意。**	**第二十六条** 医师应当**如**实向患者**或者其家属介绍**病情**，但应注意避免对患者产生不利后果。** **医师进行实验性临床医疗，应当经医院批准并征得患者本人或者其家属同意。**	**修改**整个条文。
第二十六条 医师开展药物、医疗器械临床试验和其他医学临床研究应当符合国家有关规定，遵守医学伦理规范，依法通过伦理审查，取得书面知情同意。		**本条新增加**
第二十七条 对**需要紧急救治的**患者，医师应当采取紧急措施进行诊治，不得拒绝急救处置。 **因抢救生命垂危的患者等紧急情况，不能取得患者或者其近亲属意见的，经医疗机构负责人或者授权的负责人批准，可以立即实施相应的医疗措施。** **国家鼓励医师积极参与公共交通工具等公共场所急救服务；医师因自愿实施急救造成受助人损害的，不承担民事责任。**	**第二十四条** 对**急危**患者，医师应当采取紧急措施进行诊治；不得拒绝急救处置。	将“急危”**修改**为“需要紧急救治的” **增加**第 2 款、第 3 款

续表

医师法	执业医师法	条文对照情况
第二十八条 医师应当使用经**依法**批准**或者备案**的药品、消毒药剂、医疗器械，**采用合法、合规、科学的诊疗方法**。 除**按照规范用于诊断**治疗外，不得使用麻醉药品、医疗用毒性药品、精神药品、放射性药品**等**。	**第二十五条** 医师应当使用经**国家有关部门**批准**使用**的药品、消毒药剂**和**医疗器械。 除**正当诊断**治疗外，不得使用麻醉药品、医疗用毒性药品、精神药品**和**放射性药品。	将“国家有关部门批准使用”**修改**为“依法批准或者备案” 将“除正当诊断治疗外，不得使用麻醉药品、医疗用毒性药品、精神药品和放射性药品。”**修改**为“除按照规范用于诊断治疗外，不得使用麻醉药品、医疗用毒性药品、精神药品、放射性药品等。”
第二十九条 医师应当坚持安全有效、经济合理的用药原则，遵循药品临床应用指导原则、临床诊疗指南和药品说明书等合理用药。 在尚无有效或者更好治疗手段等特殊情况下，医师取得患者明确知情同意后，可以采用药品说明书中未明确但具有循证医学证据的药品用法实施治疗。医疗机构应当建立管理制度，对医师处方、用药医嘱的适宜性进行审核，严格规范医师用药行为。		**本条新增加**
第三十条 执业医师按照国家有关规定，经所在医疗卫生机构同意，可以通过互联网等信息技术提供部分常见病、慢性病复诊等适宜的医疗卫生服务。国家支持医疗卫生机构之间利用互联网等信息技术开展远程医疗合作。		**本条新增加**
第三十一条 医师不得利用职务之便，**索要**、非法收受财物或者牟取其他不正当利益**；不得对患者实施不必要的检查、治疗**。	**第二十七条** 医师不得利用职务之便，**索取**、非法收受**患者**财物或者牟取其他不正当利益。	**增加**“；不得对患者实施不必要的检查、治疗”

续表

医师法	执业医师法	条文对照情况
第三十二条 遇有自然灾害、**事故灾难、公共卫生事件和社会安全事件等**严重威胁人民生命健康的**突发事件**时，**县级以上人民政府卫生健康主管部门根据需要组织医师参与卫生应急处置和医疗救治，**医师应当服从调遣。	**第二十八条** 遇有自然灾害、**传染病流行、突发重大伤亡事故及其他**严重威胁人民生命健康的**紧急情况**时，医师应当服从**县级以上人民政府卫生行政部门**的调遣。	**修改**整个条文
第三十三条 **在执业活动中有下列情形之一的，**医师应当按照有关规定及时向所在**医疗卫生**机构或者**有关**部门、**机构**报告： **（一）发现传染病、突发不明原因疾病或者异常健康事件；** **（二）发生或者发现医疗事故；** **（三）发现可能与药品、医疗器械有关的不良反应或者不良事件；** **（四）发现假药或者劣药；** **（五）**发现患者涉嫌伤害事件或者非正常死亡； **（六）法律、法规规定的其他情形。**	**第二十九条** 医师**发生医疗事故或者发现传染病疫情时，**应当按照有关规定及时向所在机构或者**卫生行政**部门报告。 **医师**发现患者涉嫌伤害事件或者非正常死亡**时，应当按照有关规定向有关部门报告。**	**修改**整个条文
第三十四条 执业助理医师应当在执业医师的指导下，在医疗**卫生**机构中按照**注册的**执业类别、**执业范围**执业。 在乡、民族乡、镇**和村**医疗**卫生**机构**以及艰苦边远地区县级医疗卫生机构中执业**的执业助理医师，可以根据医疗**卫生服务**情况和**本人实践经验，**独立从事一般的执业活动。	**第三十条** 执业助理医师应当在执业医师的指导下，在医疗**、预防、保健**机构中按照**其**执业类别执业。 在乡、民族乡、镇**的**医疗**、预防、保健**机构中**工作**的执业助理医师，可以根据医疗**诊治的**情况和**需要，**独立从事一般的执业活动。	**删除**“、预防、保健”；**增加**“注册的”“、执业范围” 将“的医疗、预防、保健机构中工作”**修改**为“和村医疗卫生机构以及艰苦边远地区县级医疗卫生机构中执业”；“医疗诊治的情况和需要”**修改**为“医疗卫生服务情况和本人实践经验”

续表

医师法	执业医师法	条文对照情况
第三十五条　参加临床教学实践的医学生和尚未取得医师执业证书、在医疗卫生机构中参加医学专业工作实践的医学毕业生，应当在执业医师监督、指导下参与临床诊疗活动。医疗卫生机构应当为有关医学生、医学毕业生参与临床诊疗活动提供必要的条件。		本条新增加
第三十六条　有关行业组织、医疗卫生机构、医学院校应当加强对医师的医德医风教育。 医疗卫生机构应当建立健全医师岗位责任、内部监督、投诉处理等制度，加强对医师的管理。		本条新增加
第四章　培训和考核	第四章　考核和培训	将“考核和培训”修改为“培训和考核”
第三十七条　国家制定医师培养规划，建立适应行业特点和社会需求的医师培养和供需平衡机制，统筹各类医学人才需求，加强全科、儿科、精神科、老年医学等紧缺专业人才培养。 国家采取措施，加强医教协同，完善医学院校教育、毕业后教育和继续教育体系。 国家通过多种途径，加强以全科医生为重点的基层医疗卫生人才培养和配备。 国家采取措施，完善中医西医相互学习的教育制度，培养高层次中西医结合人才和能够提供中西医结合服务的全科医生。		本条新增加

续表

医师法	执业医师法	条文对照情况
第三十八条 国家建立健全住院医师规范化培训制度，健全临床带教激励机制，保障住院医师培训期间待遇，严格培训过程管理和结业考核。 国家建立健全专科医师规范化培训制度，不断提高临床医师专科诊疗水平。		**本条新增加**
第三十九条 县级以上人民政府卫生**健康主管**部门**和其他有关部门**应当制定医师培训计划，采取多种形式对医师进行**分级分类**培训，为医师接受继续医学教育提供条件。 县级以上人民政府应当采取有力措施，**优先保障基层、欠发达地区和**民族地区**的医疗卫生人员接受继续医学教育。**	**第三十四条** 县级以上人民政府卫生**行政**部门应当制定医师培训计划，对医师进行多种形式的培训，为医师接受继续医学教育提供条件。 县级以上人民政府**卫生行政部门**应当采取有力措施，**对在农村和少数**民族地区**从事医疗、预防、保健业务的医务人员实施培训。**	将“卫生行政部门”**修改**为“卫生健康主管部门和其他有关部门”；“培训”**修改**为“分级分类培训” 将“县级以上人民政府卫生行政部门”**修改**为“县级以上人民政府”；“对在农村和少数民族地区从事医疗、预防、保健业务的医务人员实施培训。”**修改**为“优先保障基层、欠发达地区和民族地区的医疗卫生人员接受继续医学教育。”
第四十条 医疗**卫生**机构应当**合理调配人力资源**，按照规定和计划保证本机构医师**接受**继续医学教育。 **县级以上人民政府卫生健康主管部门应当有计划地组织协调县级以上医疗卫生机构对乡镇卫生院、村卫生室、社区卫生服务中心等基层医疗卫生机构中的医疗卫生人员开展培训，提高其医学专业技术能力和水平。** **有关行业组织**应当为医师接受继续医学教育提供服务和创造条件，**加强继续医学教育的组织、管理。**	**第三十五条** 医疗、**预防、保健**机构应当按照规定和计划保证本机构医师**的培训和**继续医学教育。 **县级以上人民政府卫生行政部门委托的承担医师考核任务的医疗卫生机构**，应当为医师**的培训和**接受继续医学教育提供和创造条件。	将“医疗、预防、保健机构”**修改**为“医疗卫生机构” **增加**“应当合理调配人力资源” **删除**“的培训和” **增加**“县级以上人民政府卫生健康主管部门应当有计划地组织协调县级以上医疗卫生机构对乡镇卫生院、村卫生室、社区卫生服务中心等基层医疗卫生机构中的医疗卫生人员开展培训，提高其医学专业技术能力和水平。” 将“县级以上人民政府卫生行政部门委托的承担医师考核任务的医疗卫生机构”**修改**为“有关行业组织” **增加**“，加强继续医学教育的组织、管理”

续表

医师法	执业医师法	条文对照情况
第四十一条　国家在每年的医学专业招生计划和教育培训计划中，核定一定比例用于定向培养、委托培训，加强基层和艰苦边远地区医师队伍建设。 **有关部门、医疗卫生机构与接受定向培养、委托培训的人员签订协议，约定相关待遇、服务年限、违约责任等事项，有关人员应当履行协议约定的义务。县级以上人民政府有关部门应当采取措施，加强履约管理。协议各方违反约定的，应当承担违约责任。**		**本条新增加**
第四十二条　国家实行医师定期考核制度。 县级以上人民政府卫生**健康主管**部门**或者其**委托的**医疗卫生**机构、**行业**组织应当按照医师执业标准，对医师的业务水平、**工作业绩**和职业道德状况进行考核，**考核周期为三年。对具有较长年限执业经历、无不良行为记录的医师，可以简化考核程序。** **受委托的**机构**或者组织**应当将医师考核结果**报**准予注册的卫生**健康主管**部门备案。 对考核不合格的医师，县级以上人民政府卫生**健康主管**部门**应当**责令其暂停执业活动三个月至六个月，并接受**相关专业培训**。暂停执业活动期满，再次进行考核，对考核合格的，允许其继续执业。	**第三十一条　受**县级以上人民政府卫生**行政**部门委托的机构**或者**组织应当按照医师执业标准，对医师的业务水平、**工作成绩**和职业道德状况进行定期考核。 **对**医师的考核结果，**考核**机构应当**报告**准予注册的卫生**行政**部门备案。 对考核不合格的医师，县级以上人民政府卫生**行政**部门**可以**责令其暂停执业活动三个月至六个月，并接受培训**和继续医学教育**。暂停执业活动期满，再次进行考核，对考核合格的，允许其继续执业；**对考核不合格的，由县级以上人民政府卫生行政部门注销注册，收回医师执业证书。**	**增加**“国家实行医师定期考核制度。” 将“受县级以上人民政府卫生行政部门委托的机构或者组织”**修改**为“县级以上人民政府卫生健康主管部门或者其委托的医疗卫生机构、行业组织” **增加**“，考核周期为三年。对具有较长年限执业经历、无不良行为记录的医师，可以简化考核程序” 将“接受培训和继续医学教育”**修改**为“接受相关专业培训” **删除**“；对考核不合格的，由县级以上人民政府卫生行政部门注销注册，收回医师执业证书”

续表

医师法	执业医师法	条文对照情况
第四十三条　省级以上人民政府卫生**健康主管**部门负责指导、检查和监督医师考核工作。	**第三十二条　县级**以上人民政府卫生**行政**部门负责指导、检查和监督医师考核工作。	将“县级以上人民政府卫生行政部门”**修改**为“省级以上人民政府卫生健康主管部门”
第五章　保障措施		**本章新增加**
第四十四条　国家建立健全体现医师职业特点和技术劳动价值的人事、薪酬、职称、奖励制度。 对从事传染病防治、放射医学和精神卫生工作以及其他特殊岗位工作的医师，应当按照国家有关规定给予适当的津贴。津贴标准应当定期调整。 在基层和艰苦边远地区工作的医师，按照国家有关规定享受津贴、补贴政策，并在职称评定、职业发展、教育培训和表彰奖励等方面享受优惠待遇。		**本条新增加**
第四十五条　国家加强疾病预防控制人才队伍建设，建立适应现代化疾病预防控制体系的医师培养和使用机制。 疾病预防控制机构、二级以上医疗机构以及乡镇卫生院、社区卫生服务中心等基层医疗卫生机构应当配备一定数量的公共卫生医师，从事人群疾病及危害因素监测、风险评估研判、监测预警、流行病学调查、免疫规划管理、职业健康管理等公共卫生工作。医疗机构应当建立健全管理制度，严格执行院内感染防控措施。 国家建立公共卫生与临床医学相结合的人才培养机制，通过多种途径对临床医师进行疾病预防控制、突发公共卫生		**本条新增加**

续表

医师法	执业医师法	条文对照情况
事件应对等方面业务培训，对公共卫生医师进行临床医学业务培训，完善医防结合和中西医协同防治的体制机制。		
第四十六条 国家采取措施，统筹城乡资源，加强基层医疗卫生队伍和服务能力建设，对乡村医疗卫生人员建立县乡村上下贯通的职业发展机制，通过县管乡用、乡聘村用等方式，将乡村医疗卫生人员纳入县域医疗卫生人员管理。 执业医师晋升为副高级技术职称的，应当有累计一年以上在县级以下或者对口支援的医疗卫生机构提供医疗卫生服务的经历；晋升副高级技术职称后，在县级以下或者对口支援的医疗卫生机构提供医疗卫生服务，累计一年以上的，同等条件下优先晋升正高级技术职称。 国家采取措施，鼓励取得执业医师资格或者执业助理医师资格的人员依法开办村医疗卫生机构，或者在村医疗卫生机构提供医疗卫生服务。		本条新增加
第四十七条 **国家鼓励**在村医疗卫生机构中向村民提供预防、保健和一般医疗服务的乡村医生**通过医学教育取得医学专业学历；鼓励符合条件的乡村医生参加医师资格考试，依法取得医师资格。** **国家采取措施，通过信息化、智能化手段帮助乡村医生提高医学技术能力和水平，进一步完善对乡村医生的服务收**	**第四十五条** 在乡村医疗卫生机构中向村民提供预防、保健和一般医疗服务的乡村医生，**符合本法有关规定的，可以依法取得执业医师资格或者执业助理医师资格；不具备本法规定的执业医师资格或者执业助理医师资格的乡村医生，由国务院另行制定管理办法。**	**增加**“国家鼓励” 将“符合本法有关规定的，可以依法取得执业医师资格或者执业助理医师资格”**修改**为“通过医学教育取得医学专业学历；鼓励符合条件的乡村医生参加医师资格考试，依法取得医师资格” **删除**“不具备本法规定的执业医师资格或者执业助理医师资格的乡村医生，由

续表

医师法	执业医师法	条文对照情况
入多渠道补助机制和养老等政策。 **乡村医生的具体管理办法，由国务院制定。**		国务院另行制定管理办法。” **增加**“国家采取措施，通过信息化、智能化手段帮助乡村医生提高医学技术能力和水平，进一步完善对乡村医生的服务收入多渠道补助机制和养老等政策。” **增加**“乡村医生的具体管理办法，由国务院制定。”
第四十八条 医师有下列情形之一的，**按照国家有关规定**给予表彰、奖励： （一）在执业活动中，医德高尚，事迹突出； （二）**在医学研究、教育中开拓创新，**对医学专业技术有重大突破，**做出**显著贡献； **（三）**遇有**突发事件**时，**在预防预警**、救死扶伤**等工作中**表现突出； **（四）**长期在**艰苦**边远地**区的县级以下医疗卫生机构**努力工作； **（五）在疾病预防控制、健康促进工作中做出突出贡献；** **（六）法律、法规规定**的其他情形。	**第三十三条** 医师有下列情形之一的，**县级以上人民政府卫生行政部门应当**给予表彰**或者**奖励： （一）在执业活动中，医德高尚，事迹突出**的**； （二）对医学专业技术有重大突破，**作出**显著贡献**的**； **（三）**遇有**自然灾害、传染病流行、突发重大伤亡事故及其他严重威胁人民生命健康的紧急情况**时，救死扶伤、**抢救诊疗**表现突出**的**； **（四）**长期在边远**贫困**地区、少数民族地区条件艰苦的基层单位努力工作**的**； **（五）国务院卫生行政部门规定应当予以表彰或者奖励的其他情形的。**	将“县级以上人民政府卫生行政部门应当给予表彰或者奖励”**修改**为“按照国家有关规定给予表彰、奖励” **增加**“（二）在医学研究、教育中开拓创新，” 将“（三）遇有自然灾害、传染病流行、突发重大伤亡事故及其他严重威胁人民生命健康的紧急情况时，救死扶伤、抢救诊疗表现突出的”**修改**为“（三）遇有突发事件时，在预防预警、救死扶伤等工作中表现突出” 将“（四）长期在边远贫困地区、少数民族地区条件艰苦的基层单位努力工作的”**修改**为“（四）长期在艰苦边远地区的县级以下医疗卫生机构努力工作” 将“（五）国务院卫生行政部门规定应当予以表彰或者奖励的其他情形的”**修改**为“（六）法律、法规规定的其他情形” **增加**“（五）在疾病预防控制、健康促进工作中做出突出贡献；”

续表

医师法	执业医师法	条文对照情况
第四十九条　县级以上人民政府及其有关部门应当将医疗纠纷预防和处理工作纳入社会治安综合治理体系，加强医疗卫生机构及周边治安综合治理，维护医疗卫生机构良好的执业环境，有效防范和依法打击涉医违法犯罪行为，保护医患双方合法权益。 医疗卫生机构应当完善安全保卫措施，维护良好的医疗秩序，及时主动化解医疗纠纷，保障医师执业安全。 禁止任何组织或者个人阻碍医师依法执业，干扰医师正常工作、生活；禁止通过侮辱、诽谤、威胁、殴打等方式，侵犯医师的人格尊严、人身安全。		本条新增加
第五十条　医疗卫生机构应当为医师提供职业安全和卫生防护用品，并采取有效的卫生防护和医疗保健措施。 医师受到事故伤害或者在职业活动中因接触有毒、有害因素而引起疾病、死亡的，依照有关法律、行政法规的规定享受工伤保险待遇。		本条新增加
第五十一条　医疗卫生机构应当为医师合理安排工作时间，落实带薪休假制度，定期开展健康检查。		本条新增加
第五十二条　国家建立完善医疗风险分担机制。医疗机构应当参加医疗责任保险或者建立、参加医疗风险基金。鼓励患者参加医疗意外保险。		本条新增加

续表

医师法	执业医师法	条文对照情况
第五十三条　新闻媒体应当开展医疗卫生法律、法规和医疗卫生知识的公益宣传，弘扬医师先进事迹，引导公众尊重医师、理性对待医疗卫生风险。		**本条新增加**
第六章　法律责任	**第五章　法律责任**	将“第五章　法律责任”**修改**为“第六章　法律责任”
第五十四条　在医师资格考试中有违反考试纪律等行为，情节严重的，一年至三年内禁止参加医师资格考试。 以不正当手段取得**医师资格证书或者**医师执业证书的，由发给证书的卫生**健康主管**部门予以**撤销，三年内不受理其相应申请。** **伪造、变造、买卖、出租、出借医师执业证书的，由县级以上人民政府卫生健康主管部门责令改正，没收违法所得，并处违法所得二倍以上五倍以下的罚款，违法所得不足一万元的，按一万元计算；情节严重的，吊销医师执业证书。**	**第三十六条**　以不正当手段取得医师执业证书的，由发给证书的卫生**行政**部门予以**吊销；对负有直接责任的主管人员和其他直接责任人员，依法给予行政处分。**	**增加**“在医师资格考试中有违反考试纪律等行为，情节严重的，一年至三年内禁止参加医师资格考试。” **增加**“医师资格证书” 将“吊销”**修改**为“撤销，三年内不受理其相应申请。” **删除**“；对负有直接责任的主管人员和其他直接责任人员，依法给予行政处分” **增加**“伪造、变造、买卖、出租、出借医师执业证书的，由县级以上人民政府卫生健康主管部门责令改正，没收违法所得，并处违法所得二倍以上五倍以下的罚款，违法所得不足一万元的，按一万元计算；情节严重的，吊销医师执业证书。”
第五十五条　违反本法规定，医师在执业活动中有下列行为之一的，由县级以上人民政府卫生**健康主管**部门**责令改正**，给予警告；情节严重的，**责令暂停六个月以上一年以下执业活动直至**吊销医师执业证书： **（一）在提供医疗卫生服务或者开展医学临床研究中，未按照规定履行告知义务或者**	**第三十七条**　医师在执业活动中，违反本法规定，有下列行为之一的，由县级以上人民政府卫生**行政**部门给予警告**或者责令暂停六个月以上一年以下执业活动**；情节严重的，吊销**其**执业证书；**构成犯罪的，依法追究刑事责任：** **（一）违反卫生行政规章制度或者技术操作**规范，**造成**严重后果的；	**将第 37 条拆分成第 55 条、第 56 条** **删除**（六） 将“（四）（五）（七）（九）（十）”**调整到**“第五十六条” 将“由县级以上人民政府卫生行政部门给予警告或者责令暂停六个月以上一年以下执业活动；情节严重的，吊销其执业证书；构成犯罪的，

续表

医师法	执业医师法	条文对照情况
取得知情同意； （二）对需要紧急救治的患者，拒绝急救处置，或者由于不负责任延误诊治； （三）遇有自然灾害、事故灾难、公共卫生事件和社会安全事件等严重威胁人民生命健康的突发事件时，不服从卫生健康主管部门调遣； （四）未按照规定报告有关情形； （五）违反法律、法规、规章或者执业规范，造成医疗事故或者其他严重后果。	（二）由于不负责任延误急危患者的抢救和诊治，造成严重后果的； （三）造成医疗责任事故的； （四）未经亲自诊查、调查，签署诊断、治疗、流行病学等证明文件或者有关出生、死亡等证明文件的； （五）隐匿、伪造或者擅自销毁医学文书及有关资料的； （六）使用未经批准使用的药品、消毒药剂和医疗器械的； （七）不按照规定使用麻醉药品、医疗用毒性药品、精神药品和放射性药品的； （八）未经患者或者其家属同意，对患者进行实验性临床医疗的； （九）泄露患者隐私，造成严重后果的； （十）利用职务之便，索取、非法收受患者财物或者牟取其他不正当利益的； （十一）发生自然灾害、传染病流行、突发重大伤亡事故以及其他严重威胁人民生命健康的紧急情况时，不服从卫生行政部门调遣的； （十二）发生医疗事故或者发现传染病疫情，患者涉嫌伤害事件或者非正常死亡，不按照规定报告的。	依法追究刑事责任”修改为“由县级以上人民政府卫生健康主管部门责令改正，给予警告；情节严重的，责令暂停六个月以上一年以下执业活动直至吊销医师执业证书” 将“（一）违反卫生行政规章制度或者技术操作规范，造成严重后果的”和“（三）造成医疗责任事故的；”合并修改为“（五）违反法律、法规、规章或者执业规范，造成医疗事故或者其他严重后果。” 将“（二）由于不负责任延误急危患者的抢救和诊治，造成严重后果的”修改为“（二）对需要紧急救治的患者，拒绝急救处置，或者由于不负责任延误诊治” 将“（八）未经患者或者其家属同意，对患者进行实验性临床医疗的”修改为“（一）在提供医疗卫生服务或者开展医学临床研究中，未按照规定履行告知义务或者取得知情同意” 将“（十一）发生自然灾害、传染病流行、突发重大伤亡事故以及其他严重威胁人民生命健康的紧急情况时，不服从卫生行政部门调遣的”修改为“（三）遇有自然灾害、事故灾难、公共卫生事件和社会安全事件等严重威胁人民生命健康的突发事件时，不服从卫生健康主管部门调遣”

续表

医师法	执业医师法	条文对照情况
		将“（十二）发生医疗事故或者发现传染病疫情，患者涉嫌伤害事件或非正常死亡，不按照规定报告的”**修改**为“（四）未按照规定报告有关情形”
第五十六条 违反本法规定，医师在执业活动中有下列行为之一的，由县级以上人民政府卫生**健康主管**部门**责令改正**，给予警告，**没收违法所得，并处一万元以上三万元以下的罚款**；情节严重的，**责令暂停六个月以上一年以下执业活动直至**吊销**医师**执业证书： （一）泄露患者隐私**或者个人信息**； **（二）出具虚假医学证明文件，或者**未经亲自诊查、调查，签署诊断、治疗、流行病学等证明文件或者有关出生、死亡等证明文件； （三）隐匿、伪造、**篡改**或者擅自销毁**病历等**医学文书及有关资料； （四）**未**按照规定使用麻醉药品、医疗用毒性药品、精神药品、放射性药品**等**； （五）利用职务之便，**索要**、非法收受财物或者牟取其他不正当利益，**或者违反诊疗规范，对患者实施不必要的检查、治疗造成不良后果；** **（六）开展禁止类医疗技术临床应用。**	**第三十七条** 医师在执业活动中，违反本法规定，有下列行为之一的，由县级以上人民政府卫生**行政**部门给予警告**或者责令暂停六个月以上一年以下执业活动**；情节严重的，吊销**其**执业证书；**构成犯罪的，依法追究刑事责任：** **（一）违反卫生行政规章制度或者技术操作规范，造成严重后果的；** **（二）由于不负责任延误急危患者的抢救和诊治，造成严重后果的；** **（三）造成医疗责任事故的；** （四）未经亲自诊查、调查，签署诊断、治疗、流行病学等证明文件或者有关出生、死亡等证明文件**的**； （五）隐匿、伪造或者擅自销毁医学文书及有关资料**的**； **（六）使用未经批准使用的药品、消毒药剂和医疗器械的；** （七）**不**按照规定使用麻醉药品、医疗用毒性药品、精神药品**和**放射性药品**的**； **（八）未经患者或者其家属同意，对患者进行实验性临床医疗的；**	将“由县级以上人民政府卫生行政部门给予警告或者责令暂停六个月以上一年以下执业活动；情节严重的，吊销其执业证书；构成犯罪的，依法追究刑事责任”**修改**为“由县级以上人民政府卫生健康主管部门责令改正，给予警告，没收违法所得，并处一万元以上三万元以下的罚款；情节严重的，责令暂停六个月以上一年以下执业活动直至吊销医师执业证书” 将“（九）泄露患者隐私，造成严重后果的”**修改**为“（一）泄露患者隐私或者个人信息” **增加**“出具虚假医学证明文件” **增加**“、篡改”“病历等” **增加**“，或者违反诊疗规范，对患者实施不必要的检查、治疗造成不良后果” **增加**“（六）开展禁止类医疗技术临床应用。”

续表

医师法	执业医师法	条文对照情况
	（九）泄露患者隐私，造成严重后果的； （十）利用职务之便，索取、非法收受患者财物或者牟取其他不正当利益的； （十一）发生自然灾害、传染病流行、突发重大伤亡事故以及其他严重威胁人民生命健康的紧急情况时，不服从卫生行政部门调遣的； （十二）发生医疗事故或者发现传染病疫情，患者涉嫌伤害事件或者非正常死亡，不按照规定报告的。	
第五十七条 违反本法规定，医师未按照注册的执业地点、执业类别、执业范围执业的，由县级以上人民政府卫生健康主管部门或者中医药主管部门责令改正，给予警告，没收违法所得，并处一万元以上三万元以下的罚款；情节严重的，责令暂停六个月以上一年以下执业活动直至吊销医师执业证书。		本条新增加
第五十八条 严重违反医师职业道德、医学伦理规范，造成恶劣社会影响的，由省级以上人民政府卫生健康主管部门吊销医师执业证书或者责令停止非法执业活动，五年直至终身禁止从事医疗卫生服务或者医学临床研究。		本条新增加
	第三十八条　医师在医疗、预防、保健工作中造成事故的，依照法律或者国家有关规定处理。	本条删除

续表

医师法	执业医师法	条文对照情况
第五十九条　违反本法规定，非医师行医的，由县级以上人民政府卫生**健康主管**部门**责令停止非法执业活动，**没收违法所得**和**药品、**医疗**器械，并处**违法所得二倍以上十倍以下的罚款，违法所得不足一万元的，按一万元计算。**	**第三十九条　未经批准擅自开办医疗机构行医或者**非医师行医的，由县级以上人民政府卫生**行政**部门**予以取缔，**没收**其**违法所得**及其**药品、器械，并处**十万元以下的罚款；对医师吊销其执业证书；给患者造成损害的，依法承担赔偿责任；构成犯罪的，依法追究刑事责任。**	**修改**整个条文
第六十条　违反本法规定，阻碍医师依法执业，干扰医师正常工作、生活，或者**通过**侮辱、诽谤、威胁、殴打**等方式，**侵犯医师**人格尊严、人身安全，构成违反治安管理行为的，依法给予治安管理处罚。**	**第四十条**　阻碍医师依法执业，侮辱、诽谤、威胁、殴打**医师**或者侵犯医师**人身自由、**干扰医师正常工作、生活的，**依照治安管理处罚法的规定处罚；构成犯罪的，依法追究刑事责任。**	**增加**“侵犯医师人格尊严、人身安全” 将“依照治安管理处罚法的规定处罚；”**修改**为“构成违反治安管理行为的，依法给予治安管理处罚。” **删除**“构成犯罪的，依法追究刑事责任。”
第六十一条　违反本法规定，医疗**卫生**机构未履行报告职责，**造成**严重后果的，由县级以上人民政府卫生**健康主管**部门给予警告，**对直接负责的主管人员和其他直接责任人员**依法给予处分。	**第四十一条**　医疗、**预防、保健**机构未**依照本法第十六条的规定**履行报告职责，**导致**严重后果的，由县级以上人民政府卫生**行政**部门给予警告；**并对该机构的行政负责人**依法给予**行政**处分。	将“医疗、预防、保健机构”**修改**为“医疗卫生机构” 将“并对该机构的行政负责人依法给予行政处分”**修改**为“对直接负责的主管人员和其他直接责任人员依法给予处分”
第六十二条　违反本法规定，卫生**健康主管**部门**和其他有关部门**工作人员或者医疗**卫生**机构工作人员弄虚作假、滥用职权、玩忽职守、徇私舞弊**的，**依法给予处分。	**第四十二条**　卫生**行政**部门工作人员或者医疗**、预防、保健**机构工作人员违反本法有关规定，弄虚作假、玩忽职守、滥用职权、徇私舞弊，**尚不构成犯罪的，**依法给予**行政**处分；**构成犯罪的，依法追究刑事责任。**	将“卫生行政部门工作人员或者医疗、预防、保健机构工作人员”**修改**为“卫生健康主管部门和其他有关部门工作人员或者医疗卫生机构工作人员” 将“尚不构成犯罪的，依法给行政处分；”**修改**为“依法给予处分。” **删除**“构成犯罪的，依法追究刑事责任。”

续表

医师法	执业医师法	条文对照情况
第六十三条 违反本法规定，构成犯罪的，依法追究刑事责任；造成人身、财产损害的，依法承担民事责任。		**本条新增加**
第七章 附则	**第六章 附则**	将“第六章 附则”**修改**为“第七章 附则”
第六十四条 **国家采取措施，鼓励具有中等专业学校医学专业学历的人员通过参加更高层次学历教育等方式，提高医学技术能力和水平。** **在本法施行前以及在本法施行后一定期限内取得中等专业学校相关医学专业学历的人员，可以参加医师资格考试。**具体办法由国务院卫生**健康主管**部门会同国务院**教育、中医药等有关**部门制定。	**第四十三条** **本法颁布之日前按照国家有关规定取得医学专业技术职称和医学专业技术职务的人员，由所在机构报请县级以上人民政府卫生行政部门认定，取得相应的医师资格。其中在医疗、预防、保健机构中从事医疗、预防、保健业务的医务人员，依照本法规定的条件，由所在机构集体核报县级以上人民政府卫生行政部门，予以注册并发给医师执业证书。**具体办法由国务院卫生**行政**部门会同国务院**人事行政**部门制定。	**修改**整个条文 **增加**“国家采取措施，鼓励具有中等专业学校医学专业学历的人员通过参加更高层次学历教育等方式，提高医学技术能力和水平。”
	第四十四条 **计划生育技术服务机构中的医师，适用本法。**	**删除本条**
第六十五条 **中国人民解放军和中国人民武装警察部队**执行本法的**具体**办法，由国务院、中央军事委员会依据本法制定。	**第四十六条** **军队医师**执行本法的**实施**办法，由国务院、中央军事委员会依据本法**的原则**制定。	将“军队医师”**修改**为“中国人民解放军和中国人民武装警察部队”
第六十六条 境外人员**参加**医师**资格**考试、申请注册、执业或者从事临床示教、临床研究、**临床学术交流**等活动的**具体管理办法，由国务院卫生健康主管部门制定。**	**第四十七条** 境外人员**在中国境内**申请医师考试、注册、执业或者从事临床示教、临床研究等活动的，**按照国家有关规定办理。**	将“在中国境内申请医师考试”**修改**为“参加医师资格考试” 将“按照国家有关规定办理”**修改**为“具体管理办法，由国务院卫生健康主管部门制定”

续表

医师法	执业医师法	条文对照情况
第六十七条 本法自2022年3月1日起施行。《中华人民共和国执业医师法》同时废止。	**第四十八条** 本法自1999年5月1日起施行。	**修改**整个条文 **增加**“《中华人民共和国执业医师法》同时废止。”

附录 2：相关法律文件全称、简称对照表

法律文件全称	法律文件简称
中华人民共和国宪法	宪法
中华人民共和国医师法	医师法
中华人民共和国执业医师法	执业医师法
中华人民共和国民法典	民法典
中华人民共和国民法通则	民法通则
中华人民共和国侵权责任法	侵权责任法
中华人民共和国老年人权益保障法	老年人权益保障法
中华人民共和国未成年人保护法	未成年人保护法
中华人民共和国消费者权益保护法	消费者权益保护法
中华人民共和国网络安全法	网络安全法
中华人民共和国行政处罚法	行政处罚法
中华人民共和国行政强制法	行政强制法
中华人民共和国治安管理处罚法	治安管理处罚法
中华人民共和国基本医疗卫生与健康促进法	基本医疗卫生与健康促进法
中华人民共和国中医药法	中医药法
中华人民共和国药品管理法	药品管理法
中华人民共和国疫苗管理法	疫苗管理法
中华人民共和国精神卫生法	精神卫生法
中华人民共和国民事诉讼法	民事诉讼法
中华人民共和国治安管理处罚法	治安管理处罚法
中华人民共和国刑法修正案（七）	刑法修正案（七）
中华人民共和国刑法修正案（九）	刑法修正案（九）
中华人民共和国刑法修正案（十一）	刑法修正案（十一）
最高人民法院关于贯彻执行《中华人民共和国民法通则》若干问题的意见（试行）	民通意见
最高人民法院关于适用《中华人民共和国民法典》时间效力的若干规定	民法典时间效力规定

续表

法律文件全称	法律文件简称
最高人民法院关于审理医疗损害责任纠纷案件适用法律若干问题的解释	医疗损害解释
最高人民法院关于审理人身损害赔偿案件适用法律若干问题的解释	人身损害赔偿解释
最高人民法院关于确定民事侵权精神损害赔偿责任若干问题的解释	精神损害赔偿解释

附录 3：本书案例索引

（共 46 个案例）

【案例 7-01】刘某因职称撤销诉湖南省卫生健康委员会卫生行政管理案
【案例 7-02】“三明医改”提升了医师待遇
【案例 7-03】因未完成下乡任务、晋升受挫引发的诉讼
【案例 7-04】未取得乡村医生执业证书上岗，被认定为非法行医罪
【案例 7-05】“时代楷模”李桓英
【案例 8-01】北京某医院眼科医生陶某被害案
【案例 8-02】民营医院未给职工购买工伤保险纠纷案
【案例 8-03】未订立劳动合同，未能享受带薪休假引起的劳动争议
【案例 8-04】多点执业医师发生医疗纠纷赔偿责任承担纠纷案
【案例 9-01】以不正当手段取得医师资格证书和医师执业证书
【案例 9-02】医师伪造病历被行政处罚案
【案例 9-03】非医师行医被行政处罚案
【案例 9-04】非卫生技术人员从事医疗卫生技术工作被行政处罚
【案例 9-05】病历封存不及时，推定医疗机构存在过错
【案例 9-06】医疗机构与产品生产者承担连带责任的案件
【案例 9-07】李某父母诉北京某医院医疗损害赔偿纠纷案
【案例 9-08】未取得执业医师资格的医学毕业生独立执业的损害赔偿责任案
【案例 9-09】王某某、张某生产、销售假药案
【案例 9-10】于某某、陶某某、贺某某、张某某、杨某贪污案
【案例 9-11】杨某、邓某受贿案
【案例 9-12】同时承担医疗事故的行政、民事、刑事责任的案例

图书在版编目（CIP）数据

中华人民共和国医师法理解与适用 /刘鑫，陈伟，张宝珠编著．—北京：中国法制出版社，2022.4（2023.12重印）
ISBN 978-7-5216-2626-1

Ⅰ.①中… Ⅱ.①刘…②陈…③张… Ⅲ.①医师-医药卫生管理-法规-法律解释-中国②医师-医药卫生管理-法规-法律适用-中国 Ⅳ.①D922.165

中国版本图书馆 CIP 数据核字（2022）第 058305 号

责任编辑：王林林　　　　封面设计：杨泽江

中华人民共和国医师法理解与适用
ZHONGHUA RENMIN GONGHEGUO YISHIFA LIJIE YU SHIYONG

编著/刘鑫，陈伟，张宝珠
经销/新华书店
印刷/北京虎彩文化传播有限公司
开本/710 毫米×1000 毫米　16 开　　　　印张/24.25　字数/326 千
版次/2022 年 4 月第 1 版　　　　2023 年12月第 3 次印刷

中国法制出版社出版
书号 ISBN 978-7-5216-2626-1　　　　定价：72.00 元

北京市西城区西便门西里甲 16 号西便门办公区
邮政编码：100053　　　　传真：010-63141600
网址：http：//www.zgfzs.com　　　　**编辑部电话：010-63141672**
市场营销部电话：010-63141612　　　　**印务部电话：010-63141606**

（如有印装质量问题，请与本社印务部联系。）